班组长能力提升系列题库

U0798394

班组长
设备管理能力题库

中华全国总工会劳动和经济工作部　技能强国-全国产业工人学习社区◎编

中国工人出版社

图书在版编目（CIP）数据

班组长设备管理能力题库 / 中华全国总工会劳动和经济工作部，技能强国–全国产业工人学习社区编. —北京：中国工人出版社，2024.4
ISBN 978-7-5008-8445-3

Ⅰ.①班…　Ⅱ.①中… ②技…　Ⅲ.①班组管理–设备管理–习题集
Ⅳ.①F406.6-44

中国国家版本馆CIP数据核字（2024）第072448号

班组长设备管理能力题库

出 版 人　董　宽
责任编辑　魏　可
责任校对　张　彦
责任印制　栾征宇
出版发行　中国工人出版社
地　　址　北京市东城区鼓楼外大街45号　邮编：100120
网　　址　http://www.wp-china.com
电　　话　（010）62005043（总编室）
（010）62005039（印制管理中心）
（010）62379038（职工教育编辑室）
发行热线　（010）82029051　62383056
经　　销　各地书店
印　　刷　天津中印联印务有限公司
开　　本　880毫米×1230毫米　1/32
印　　张　6.5
字　　数　120千字
版　　次　2024年4月第1版　2024年4月第1次印刷
定　　价　18.00元

本书如有破损、缺页、装订错误，请与本社印制管理中心联系更换

目　录
CONTENTS

单项选择题

1. 设备使用者要做到（　）（　），其中（　）是指严格遵守操作规程，不得蛮干、乱干，不得超速、超负荷使用，不得带病运转、超期服役；禁止精机粗用、大机小用；不在机身导轨面上放置工件、器具等。

A.“三好”“四会”“保管好”　B.“三好”“四会”“使用好”

C.“两定”“三包”“包使用”　D.“两定”“三包”“包养护”

2. 环保设备因故需倒换设备，可能造成超标排放时，应按照（　）规定执行。

A.《设备运行管理标准》　B.《安全生产管理标准》

C.《应急预案响应管理标准》　D.《环保管理标准》

3. 静密封点泄漏率应（　），动密封点泄漏率应≤ 0.2‰。

A. ≤ 0.2‰　B. ≤ 0.5‰

C. ≤ 0.3‰　D. ≤ 0.4‰

4. 对工具小车中的工具进行清点，工具丢失的打（　）。

A. √　B. △

C. X　D. \

5. 车间内每个系统的有关设备与管道应连接牢固可靠，接头处的接触电阻不应该超过（　）欧；在两个螺栓正常拧紧情况下，或是使用金属跨接线时，至少应有两处接地。

A. 0.06　B. 0.03

C. 0.05　D. 0.07

6. 吊装作业时，起重机械锁承受的载荷不得超过各自额定起重能力的（　）。

A. 0.8　　B. 0.85

C. 0.9　　D. 0.95

7. 设备役龄是指设备生产中服役的年限，发达国家的设备役龄为（　）年。

A. 10～14　　B. 11～14

C. 8～14　　D. 9～14

8. 当对设备进行内检修作业时，设备内照明电压应不大于 36 伏，在潮湿容器、狭小容器内作业应不大于（　）伏。

A. 24　　B. 12

C. 30　　D. 36

9. 特别潮湿、导电良好的地面、金属容器等触电高度危险场所，照明电源电压不得大于（　）。

A. 6 伏　　B. 12 伏

C. 24 伏　　D. 36 伏

10. 特种设备使用单位应当按照安全技术规范的定期检验要求，在安全检验合格有效期届满前（　）向特种设备检验检测机构提出定期检验要求。

A. 10 天　　B. 15 天

C. 20 天　　D. 1 个月

11. TPM 是 Total Productive Maintenance 的英文缩写，意为全员生产保全活动或全员生产维护活动，（　）年首先由日本人倡导提出。

A. 1970　　B. 1971

C. 1972　　D. 1973

12. 计量器具使用前，作业人员需检查计量器具标签有效期，如发现计量工具（　）后即将到期，应向工具室询问是否有送检计划。

A. 1 个月　　B. 1 周

C. 半个月　　D. 3 个月

13. 每班值班期间，对全部设备检查应不少于（　）次。

A. 1　　B. 2

C. 3　　D. 4

14. 压力容器必须进行定期检验，至少每年做 1 次外部检查，每（　）年做 1 次内外部检查，每 6 年做 1 次全面检查。

A. 1　　B. 2

C. 3　　D. 4

15. 生产经营单位的特种作业人员未按照规定经专门的安全作业培训并取得特种作业操作资格证书上岗作业的，将被责令限期改正；逾期未改正的，责令停产停业整顿，可以并处（　）万元以下罚款。

A. 1　　B. 2

C. 3　　D. 5

16. 手持电动工具电源线必须用橡套软线，长度不得超过（　）米，无接头或破损。

A. 2　　B. 2.5

C. 6　　D. 8

17. 设备管理的发展过程为（　）。①设备预防维修管理阶段；②事后维修阶段；③设备系统管理阶段；④设备综合管理阶段。

A. ①②③④　　B. ②①③④

C. ③④①②　　D. ③④②①

18. 钳工台上使用的照明以及手提行灯的电压不得超过（　）。

A. 36 伏　　B. 220 伏

C. 110 伏　　D. 12 伏

19. 班组开展日常点检时应核实计量特性设备检定日期是否在有效期，提前（　）或根据停产情况向车间设备专职人员告知。

A. 1 个月　　B. 2 个月

C. 半个月　　D. 1 个星期

20. 设备事故（故障）分级中，一般设备事故（故障）指标定义为（　）小时以上（含）8 小时以下的设备事故（故障）。

A. 2　　B. 3

C. 4　　D. 1

21. 贮存易燃气体、液化气体、液态碳氢化合物或其他有火灾危险的贮罐等容器，都应实施可靠接地；容积大于 50 立方米的贮罐，应沿其直径方向布设接地且不得少于（　）处。

A. 3　　B. 4

C. 5　　D. 2

22. 设备点检基准书的编制要领是简明实用、易读易做，应用（　）方法进行编制。

A. 4M1E　　B. 5W2H

C. 5W　　D. PDCA

23. 加热炉的日常运行及开停工必须严格执行技术规程、岗位操作法，严禁超温、超压、超负荷运行，并尽量避免过低负荷运行，其中过低负荷一般指低于设计负荷的（　）。

A. 50%　　B. 60%

C. 70%　　D. 80%

24. 手持电动工具按绝缘结构分类，（　）类是安全电压，在金属容器、管道等狭窄场所里必须使用。

A. Ⅰ　　B. Ⅱ

C. Ⅲ

25.（　）设备为重点设备，是车间生产的核心设备，是设备管理和维修的重点对象。

A. A 类　　B. B 类

C. C 类　　　　D. D 类

26.(　　) 出现故障将危及装置的正常运行或安全生产，其停运将造成装置降量或切断进料。

A. A 类设备　　　　B. B 类设备

C. C 类设备

27. TPM 活动的两大基石是：(　　)、重复性的小团队活动。

A. 改善提案　　　　B. QC 小组活动

C. 彻底的 5S 活动

28. 关于 TPM，以下说法正确的是（　　）。

A. TPM 的意思是全员生产维修，企业只要开展 TPM 就能马上实现停机为零、废品为零、故障为零

B. TPM 利用不包括操作者在内的生产维修活动，提高设备的全面性能

C. 推行 TPM 要在提高工作技能上下功夫，没有好的工作技能，全员参与将是一句空话

D. 生产维修对重要的设备实行事后维修，同时在修理中对设备进行改善维护

29. 按照设备安全操作要求，设备区域内人员应严格按照现场（　　）佩戴安全防护用具。

A. 环境　　　　B. 安全标志

C. 规定　　　　D. 工作分配情况

30. 吹扫密封油系统时，应避开（ ）部分。

A. 密封油　　B. 安全阀

C. 设备冲洗管线　　D. 机械密封

31. 安全阀是所有蓄力器都应有的安全装置，关于安全阀的说法正确的是（ ）。

A. 安全阀至少每 2 年校验一次

B. 安全阀至少每周自动排放一次

C. 安全阀至少每月自动排放一次

D. 安全阀校验项目为整定压力、密封性能等

32. 机械上常在防护装置上设置检修用的可开启的活动门，应使活动门不关闭机器就不能开动；在机器运转时，活动门一打开机器就停止运转，这种功能称为（ ）。

A. 安全联锁　　B. 安全屏障

C. 安全司索　　D. 密封保护

33. 国家对特种设备实施全过程一体化的监察制度，监察环节不包括（ ）。

A. 设计　　B. 安装

C. 使用　　D. 转售

34. 电梯的（ ），必须由电梯制造单位或者其委托的依照《特种设备安全法》取得相应许可的单位进行。

A. 设计、制造、维修　　B. 安装、改造、修理

C. 生产、调试、安装　　D. 以上都不是

35. 特种设备在出租期间的（　）由特种设备出租单位承担，法律另有规定或者当事人另有约定的除外。

A. 使用管理和维护保养义务　　B. 安装调试

C. 日常维护　　D. 以上都不是

36. 为确保设备维护的有效性，应该（　）。

A. 只进行定期维护　　B. 按照设备维护手册进行维护

C. 随意更换设备部件　　D. 忽略设备维护提示

37. 设备报废处理时，做法正确的是（　）。

A. 直接丢弃报废设备　　B. 按照相关规定进行报废处理

C. 私自拆卸报废设备零件　　D. 将报废设备随意转赠他人

38. 现场急用物料，为保证现场生产，由（　）领用。

A. 班组有权领料人　　B. 班组材料员

C. 班组工长　　D. 车间材料员

39.（　）应根据现场实际需求向班组材料员提报一类偶换件与辅料需求，原则上生产过程中不得补领。

A. 车间材料员　　B. 班组工长

C. 工位小组长　　D. 班组职工

40. 需根据检修情况确定加改项的必换件，（　）确定后及时通知综合车间。

A. 车间材料员　　B. 班组工长

C. 班组材料员　　D. 工位小组长

41. 在多班制操作设备的情况下，(　　) 应该在交接班时办理交接手续。

A. 操作人员　　B. 班组长

C. 维修组长　　D. 以上都是

42. TPM 工具可以直接改善七大浪费中的 (　　)。

A. 过量生产　　B. 搬运

C. 库存　　D. 等待

43. 电气安全工具每 (　　) 检验一次，其他工具每年检验一次。

A. 三个月　　B. 半年

C. 一年

44. 把电气设备正常情况下不带电的金属部分与电网的保护零线进行连接，称作 (　　)。

A. 保护接地　　B. 保护接零

C. 工作接地　　D. 工作接零

45. 对于过度使用的设备，必须保证有足够的 (　　) 时间，生产部要定时安排加油、去尘、空运行等必要的保养。

A. 维修　　B. 保养

C. 调养　　D. 检查

46. 每台设备必须编写操作 (　　) 规程和维护规程，作为正确使用维护的依据。

A. 使用　　B. 报废

C. 闲置

47. 设备出现故障时，应该首先采取（　）的措施。

A. 立即拆卸设备查找故障原因

B. 报告给专业维修人员

C. 尝试自行修理

D. 停止使用并关闭设备

48. 国家建立缺陷特种设备召回制度，因生产原因造成特种设备存在危及安全的同一性缺陷的，特种设备生产单位应当（　），主动召回。

A. 立即停止生产　　B. 报主管部门

C. 无须采取任何措施

49. 备件管理主要内容有备件经济管理、备件库存管理、备件定额管理、备件计划管理、备件技术管理，核心是（　）。

A. 备件经济管理　　B. 备件计划管理

C. 备件库存管理　　D. 以上都不是

50. 下列说法错误的是（　）。

A. 备品备件应具备完整、准确的基础资料和图纸，包括备件手册、备件台账、储备定额台账、库存台账、消耗记录、零部件图和有关装配图等图档资料及各项技术资料等

B. 备品备件手册由各运行部进行编制，备件手册的名称、规

格等信息应依据设备原厂资料进行编制

C. 运行部根据设备变更或修改情况，修订完善基础资料

D. 凡新上设备（包括技术、修改、更新等），在技术协议要求中无须注明所提供资料的范围和数量要求

51. 按摩擦面上油膜分布情况，润滑的分类不包含（　）。

A. 液体润滑　　B. 边界润滑

C. 半液体润滑　　D. 全面润滑

52. 过滤器的进、出口压差随着滤芯的堵塞而（　）。

A. 增大　　B. 不变

C. 减小　　D. 不确定

53. 设备安装的“四不漏”是指不漏电、（　）、不漏气、不漏水。

A. 不漏风　　B. 不漏油

C. 不漏灰　　D. 不漏声

54. 将部件、组件、零件联结组合为整台机器的操作过程，称为（　）。

A. 组件装配　　B. 部件装配

C. 总装配　　D. 零件装配

55. 以下不属于班组设备管理的是（　）。

A. 制定班组设备管理工作目标

B. 参与设备运行中的故障处理

C. 负责设备产生的经济效益

D. 根据操作规程对员工的操作行为进行检查和监督

56. 设备的新度系数是指设备的固定资产净值与（ ）之比。

A. 原值　　B. 残值

C. 总值　　D. 估值

57. 例行保养的定义是（ ）。

A. 根据设备实际工作状态定期进行的保养

B. 操作、使用、监管、巡视人员根据责任规定进行的保养

C. 由专业维修团队按季度进行的保养

D. 每次设备使用后必须进行的保养

58. 日常点检的主要依据是（ ）。

A. 设备维修手册

B. 操作工人的技术熟练度

C. 操作工人以五官感觉为主，对设备各部位进行技术状况检查

D. 维修工人的判断

59. 设备技改后，应在投入使用前更新（ ）并对岗位人员重新培训，使其掌握技改设备的作业要求和作业技能。

A. 作业标准　　B. 操作规程

C. 保养规程　　D. 设备档案

60. 维修对象的维修性设计、维修人员的（ ）和维修系统被称为维修三要素。

A. 岗位职责　　B. 操作水平

C. 职业素养　　D. 技术水平

61. 工具室在送检和接收计量器具时需检查计量器具实物标签与（　）是否匹配。

A. 说明书　　B. 厂家

C. 计量合格证　　D. 以上都是

62. 设备定置化管理的核心思想是（　）。

A. 位置固定　　B. 成本最低化

C. 自动化　　D. 效率最大化

63. 弹簧垫圈放松属于（　）放松装置。

A. 附加摩擦力　　B. 冲点

C. 机械　　D. 粘接

64. 特种设备安全技术规范由（　）负责特种设备安全监督管理的部门制定。

A. 国务院　　B. 地方政府

C. 生产、经营单位　　D. 检验、检测单位

65. TPM 以（　）为基础，依靠八大支柱，通过重叠式的活动来达到意识的变革和行为的变更。

A. 全员参与　　B. 递减维修欠缺

C. 5S

66. 临时借用工具的归还时间为借用后的（　），如遇借用人休假

需在休假前归还所借工具。

A. 当日下班前　　B. 第二天中午 12 点前

C. 当周周五下班前　　D. 当日中午 12 点

67. 设备操作人员通过对设备日常（　）、简单的零部件更换与处置，延长设备的使用寿命。

A. 保养、维修　　B. 点检、保养

C. 点检、维修　　D. 以上都不是

68. 电气控制电路设计应最大限度地满足（　）的需要。

A. 电压　　B. 电流

C. 功率　　D. 机械设备加工工艺

69. 发生放电时，人便遭到电击。由于它是放电造成的，所以人的感觉与放电能量有关。静电电击的严重程度与人体（　）大小、电压高低、对地电容、人体的位置、姿势及鞋子和地面的接触情况等因素有关。

A. 体积　　B. 电容

C. 身高　　D. 体重

70. 不属于特种设备的是（　）。

A. 锅炉　　B. 电梯

C. 压力管道　　D. 挖掘机

71. 锅炉、气瓶、氧舱、（　）、大型游乐设施的设计文件，应当经负责特种设备安全监督管理的部门核准的检验机构鉴定后，方可用于制造。

A. 客运索道 B. 电梯

C. 起重机械 D. 以上都不是

72. 锅炉、压力容器、压力管道元件等特种设备的制造过程和锅炉、压力容器、压力管道、(　)、起重机械、客运索道、大型游乐设施的安装、改造、重大修理过程，应当经特种设备检验机构按照安全技术规范的要求进行监督检验。未经监督检验或者监督检验不合格的，不得出厂或者交付使用。

A. 核设施

B. 电梯

C. 场（厂）内专用机动车辆

D. 以上都不是

73. (　) 不属于润滑油管理的“五定”。

A. 定人 B. 定点

C. 定质 D. 定具

74. 泵润滑的“五定”是指定时、定点、定质、定量、(　)。

A. 定期清洗与更换润滑油 B. 定岗

C. 定员 D. 定设备

75. 设备操作人员必须熟练掌握设备（　）保养知识和安全操作知识，熟悉设备性能的要求，并取得设备操作证后，方能操作设备。

A. 日常　　B. 定期

C. 周期　　D. 不定期

76. 对重复故障、瓶颈环节、损失大、故障强度高的设备进行有针对性地消除故障、提升设备效率的活动叫作（　）。

A. 事后保全　　B. 定期保全

C. 个别改善　　D. 改良保全

77.（　）不属于设备操作员的基本职责。

A. 按照操作规程操作设备

B. 定期对设备进行保养

C. 对设备进行故障排查和维修

D. 负责设备的安全运行

78. 设备润滑有三级过滤，是为了减少油液中的杂质含量、防止尘屑等杂质随油液进入设备而采取的措施，以下不属于设备润滑三过滤的是（　）。

A. 加油过滤　　B. 定期过滤

C. 发放过滤　　D. 入库过滤

79. 维修保养工作必须遵循“质量第一、（　）、随时保养”的原则，严格执行生产设备维修保养管理制度，尽量避免因设备维修保养不当而出现故障。

A. 日常维修　　B. 定期维修

C. 周期维修　　D. 不定期维修

80. 特种设备管理办法规定，机械作业队执行特种设备操作人员“三定”制度，其中“三定”是指（ ）。

A. 定人、定机、定岗位

B. 定任务、定计划、定岗位

C. 定岗位责任制、定经济指标、定工作计划

D. 以上都不是

81. 下列不属于工业管道的是（ ）。

A. 工艺管道　B. 动力管道

C. 制冷管道　D. 输油管道

82. 调整设备运行的部件时，要等设备停稳后方可进行操作，禁止在运行的设备部件上用工具进行调试，严禁（ ）以上人员同时调试设备。

A. 三人　B. 多人

C. 两人　D. 一人

83. 关于自主维修作业中安全锁的使用方法，下列说法错误的是（ ）。

A. 设备电源切断后启动开关防护锁扣

B. 多人进入设备时，需要使用多孔防护锁扣

C. 安全锁上需要有该操作者的联系方式与所在部门

D. 为了防止安全锁钥匙丢失，可以配备几把备用钥匙

84. 设备的定期维护是以定期检查为主，辅助以维护性检修的一

种间接预防性维修形式，主要内容有拆卸、检查、清洗、调整、紧固等。这样的维护被称为（ ）级保养（定期维护）程序。

A. 一 B. 二

C. 三 D. 四

85.（ ）级保养是以维持设备的技术状况为主的检修形式，包括：除完成一级保养所需进行的工作外，要求润滑部位全部清洗，并按油质状况更换或添加；检查、测定设备的主要精度和相关参数；修复、清洗、预检关键件等。

A. 一 B. 二

C. 三 D. 四

86. 设备完好率评定指标（ ）级设备是严重带“病”运行的设备。

A. 一 B. 二

C. 三 D. 以上都不是

87. 设备完好率评定指标（ ）级设备是能达到铭牌出力，可以安全运行，零部件基本完整，无较大缺陷的设备。

A. 一 B. 二

C. 三 D. 以上都不是

88. 设备完好率评定指标（ ）级设备是完好无损的设备，结构完整，零件齐全，性能全优，润滑良好，仪表准确，操作运行可靠，达到铭牌出力。

A. 一　　B. 二

C. 三　　D. 以上都不是

89. 设备巡回检查的目的是（　）。

A. 仅记录设备的使用情况

B. 发现事故预兆，排除隐患，保证设备良性运行

C. 检验操作工人的工作效率

D. 维护设备外观的清洁度

90. 当操作打磨工具时，必须使用（　）。

A. 围裙　　B. 防潮服

C. 防静电服　　D. 护眼罩

91. 漏电保护装置主要用于（　）。

A. 减小设备及线路的漏电

B. 防止供电中断

C. 减少线路损耗

D. 防止人身触电事故及漏电火灾事故

92.（　）不是设备异常操作锁定机制的作用。

A. 使设备只能按正常步骤往下操作

B. 防止设备被误操作

C. 提高设备的生产效率

D. 保护设备不受外界因素影响

93. 润滑油脂管理的“密闭输送”主要是为了（　）。

A. 防止油脂的泄漏　　B. 防止油脂的污染

C. 防止油脂的氧化　　D. 防止油脂的滥用

94. 下列关于腐蚀监测说法错误的是（　）。

A. 建立腐蚀监（检）测体系，根据各装置腐蚀机理的不同设置在线腐蚀监测、化学分析、挂片、测厚、旁路试验装置等监（检）测方法

B. 分析腐蚀监测周报、月报、年度报告，对发现的异常情况原因进行查找，制定处理措施

C. 推广应用先进的腐蚀监（检）测技术，提高腐蚀监（检）测结果的准确性与及时性

D. 在装置生产运行期间，开展设备设施腐蚀检查与评价工作

95. 加强锅炉压力容器停用期间的维护保养，是为了防止设备表面产生（　）。

A. 裂纹　　B. 腐蚀

C. 变形　　D. 磨损

96. 提高设备操作者的自主维修能力属于（　）。

A. 改善环境的体质　　B. 改善设备的体质

C. 改善人的体质　　D. 改善效率的体质

97. 雷电主要通过直击雷和感应雷两种形式入侵建筑物内的电气设备。直击雷是雷电直接击中线路并经过电气设备入地的雷

击过电流；感应雷是由雷闪电流产生强大的电磁场变化与导体感应出的过电压、过电流形成的雷击。(　　) 对电气设备的威胁更大。

A. 直击雷　　B. 感应雷

C. 直击雷和感应雷　　D. 两者都不是

98. 静电通常是指相对静止的电荷，它是由物体间的相互摩擦或感应而产生的。在一般工业生产中，它具有（　　）电位、（　　）电量、小电流和作用时间短的特点。

A. 高、低　　B. 高、高

C. 低、低　　D. 低、高

99. 使用条件不合理，造成设备结构和部件的加速损坏现象是（　　）。

A. 自然劣化　　B. 个别劣化

C. 风化劣化　　D. 强制劣化

100. 国家（　　）投保特种设备安全责任保险。

A. 禁止　　B. 鼓励

C. 限制　　D. 以上都不是

101. 活动人字梯两梯之间应有限制装置，撑锁（　　）。

A. 固定装置牢固　　B. 固定装置

C. 防滑装置　　D. 保护装置

102. 运行部负责设备台账的建立和管理，按照设备的重要性、关键性分类或在台账中标注好。按设备位号将（　）逐一进行登记建立设备台账，做到不出现遗漏，对设备台账准确性负责。

A. 部分设备　　B. 关键设备

C. 所有设备　　D. 静设备

103. 压力管道的末期检查及寿命评估主要是针对（　）。

A. 管道材料的老化情况　　B. 管道的严密性

C. 管道的振动情况　　D. 管道的磨损情况

104. 班组设备管理中，设备事故多由（　）造成的。

A. 设备本身存在问题　　B. 管理不善

C. 设备选型不当　　D. 设备操作人员技术不过关

105. 在进行设备控制系统安全调试时，（　）应确保设备及操作人员的安全。

A. 调试人员　　B. 管理人员

C. 班组长　　D. 维修人员

106. 测量较长导轨在垂直平面内的直线度误差时，采用（　）法较为合适。

A. 间接测量　　B. 光学基准

C. 直接测量　　D. 实物基准

107. 下列关于锅炉缺水事故的叙述中，不正确的是（　）。

A. 锅炉严重缺水会使锅炉蒸发受热面管子过热变形甚至

烧塌

B. 锅炉严重缺水会使受热面钢材过热或过烧，降低或丧失承载能力

C. 锅炉缺水应立即上水，防止受热面钢材过热或过烧

D. 相对容水量较大的小型锅炉缺水时，首先判断缺水程度，然后酌情予以不同的处理

108. 静电电流多为（　）安。

A. 微　　B. 毫

C. 谬　　D. 厘

109. 乙炔气瓶瓶体颜色为白色，瓶身字体颜色为（　）色。

A. 蓝　　B. 黑

C. 黄　　D. 红

110. 砂轮机的砂轮旋转方向要正确，使磨屑向（　）飞离砂轮。

A. 上方　　B. 后方

C. 前方　　D. 下方

111. 设备维护中，（　）的做法可以延长设备的使用寿命。

A. 频繁更换设备部件　　B. 忽视设备维护的重要性

C. 定期进行清洁和保养　　D. 超负荷使用设备

112. 安全帽、防护背心、安全带、（　）等安全防护用品不纳入工具管理。

A. 内卡钳　　B. 护目镜

C. 塞尺　　D. 万用表

113. 换热容器发生爆炸事故的起因主要是（　）。

A. 物理爆炸　　B. 化学爆炸

C. 原子爆炸　　D. 二次爆炸

114. 运行中压力容器的检查主要包括（　）三个方面。

A. 操作压力、操作温度、液位

B. 化学成分、物料配比、投料数量

C. 压力表、安全阀、缺陷

D. 工艺条件、设备状况、安全装置

115. 选择润滑剂应根据设备使用说明书要求及设备的具体工作状态和（　）综合考虑。

A. 企业性质　　B. 环境

C. 设备　　D. 参数

116. 班组长要经常进行设备使用和保养的教育活动，使每个职工都能做到“三好”“四会”，其中“四会”不包括（　）。

A. 会操作　　B. 会检查

C. 会个人防护　　D. 会排除故障

117. 在研磨工作中，对钳工而言，经常采用的是（　）研磨。

A. 机械　　B. 机动

C. 手工　　D. 自动

118. 施工现场设备的钢丝绳应用（　）油进行润滑。

A. 黄油

B. 机油

C. 重负荷齿轮油（钢索油）

D. 柴油

119. 清洗设备加工面的干油防锈层时，可用（　）。

A. 煤油　B. 机油

C. 酒精　D. 碱液

120.（　）是扑救电气火灾、防止触电事故的重要前提和基础。

A. 及时扑灭火灾　B. 及时报警

C. 及时切断电源　D. 及时向上级报告

121. 在制定企业目标的时候，TPM 要求企业一定追求零目标，即追求一种（　）的目标。

A. 极致　B. 极限

C. 极点　D. 以上都不是

122. 在安排生产计划时，（　）必须考虑设备装置的能力，防止设备装置超负荷运行，应考虑到水、电、汽、气的平衡。

A. 生产部门　B. 计划部门

C. 技术部门　D. 机械动力部门

123. 班组（　）制度主要包括业务学习制度、技术资料、设备管理台账等。

A. 安全管理　B. 技术管理

C. 设备管理　　D. 生产管理

124. (　) 不是设备安全管理的内容。

A. 缺陷、异常管理　　B. 技术监督管理

C. 设备巡视监控

125. 对工具没有遗留在作业对象内部风险的，由（　）到场组织复核。

A. 车间分管副主任　　B. 技术员

C. 班组工班长　　D. 工位小组长

126. 特种设备使用单位对在用特种设备应当至少每（　）进行一次自行检查，并作出记录。

A. 月　　B. 季

C. 半年　　D. 年

127. 运转设备如有异常，应（　），严禁强行运转或未检修好就启动。

A. 立即停机检查　　B. 继续运转

C. 置之不理　　D. 以上都不是

128. 计量器具广泛使用于车间生产中，纳入车间计量器具管理的具有测量功能的是（　）。

A. 具有测量功能的工具　　B. 检测设备用的辅助工装

C. 测量用的仪器仪表　　D. 以上都是

129. 班组设备管理制度中要求职工做到“四会”，即会使用、会

养修、会（　）、会排除故障。

A. 监督　　B. 检查

C. 修理　　D. 检修

130. 所谓设备日常保养的十字作业法指的是日常保养的五项活动，即清洁、润滑、调整、防腐和（　）。

A. 冷却　　B. 检查

C. 刷漆　　D. 紧固

131. 需停运全部（或单条）生产线而进行的全面的设备解体检查和检修，其检修项目包括标准项目和（　）两类。

A. 非标准项目　　B. 检修项目

C. 计划项目　　D. 委外项目

132. 对生产设备、装置危险、有害因素识别时，不属于机械设备识别的是（　）。

A. 触电　　B. 检修作业

C. 操作条件　　D. 误运转

133. 特种设备操作人员不得擅自拆除和损坏设备安全附件。安全附件应按国家规定的（　）周期进行检验，并取得相应的合格证件。

A. 使用　　B. 检验

C. 保养　　D. 维修

134. 特种设备生产、经营、使用单位与其主要负责人对其（　）

的特种设备安全负责。

A. 生产、经营、使用　B. 检验、使用

C. 设备安全管理　D. 以上都不是

135. 设备润滑的目的是（　）。

A. 保证设备正常运行　B. 减少摩擦

C. 延长设备使用寿命　D. 以上都是

136. 设备的预防性维护主要是（　）。

A. 提高设备性能　B. 减少设备故障率

C. 增加设备使用寿命　D. 降低设备维护成本

137. 生产的设备出租指的是（　）。

A. 将损坏的设备修理后出租

B. 将新购买的设备直接出租

C. 将闲置、多余或利用率不高的设备出租

D. 将所有设备统一出租

138. 内径千分尺的刻线方向与外径千分尺的刻线方向（　）。

A. 垂直　B. 交叉

C. 相同　D. 相反

139. 关于设备的节能性，描述正确的是（　）。

A. 节能性与设备的大小直接相关

B. 节能性好的设备通常体积更大

C. 节能性好的设备表现为能源消耗量少

D. 设备的节能性与设备的使用频率有关

140. 设备故障分析的第一步通常是（ ）。

A. 更换设备零件　　B. 进行设备维修

C. 识别并记录故障现象　　D. 统计故障发生的频率

141. 塔设备垂直度的检查方法常用的有铅垂线法和（ ）。

A. 传感器检测法　　B. 经纬仪法

C. 框式水平仪法　　D. 目测法

142. 生产经营单位（ ）国家明令淘汰、禁止使用的危及生产安全的工艺、设备。

A. 不得使用

B. 经主管部门同意的可以使用

C. 经主管领导同意的可以使用

D. 可以使用

143. 下列不属于特种设备的是（ ）。

A. 压力管道　　B. 景区观光车

C. 电梯　　D. 厂区平板式货车

144. 在机械密封中，起密封作用的关键零件是（ ）。

A. 动环密封圈　　B. 静环密封圈

C. 动环和静环　　D. 推环

145. 某企业通过设备点检，发现一个蒸汽阀门存在泄漏，安排进行检修，现在已经不漏了，这是在进行（ ）。

A. 纠正　　B. 纠正措施

C. 预防措施　　D. 设备检查

146. (　　) 不是故障诊断专家系统要完成的工作。

A. 故障分析　　B. 决策处理

C. 故障监测　　D. 故障预防

147. 在下列绝缘安全工具中，属于辅助安全工具的是 (　　)。

A. 绝缘棒　　B. 绝缘挡板

C. 绝缘靴　　D. 绝缘夹钳

148. 设备的技术寿命与 (　　) 的因素关联最大。

A. 设备的使用频率　　B. 科学技术的发展

C. 设备的维护质量　　D. 设备的原始设计缺陷

149. 设备防腐蚀工程未经竣工验收 (　　)。

A. 可以投入使用

B. 可以投入生产和施工同时进行

C. 不得交付生产使用

D. 办理延期交工后投入生产使用

150. 利用流过继电器的电流所产生的热效应的保护电器，称为 (　　)。

A. 熔断器　　B. 空气断路器

C. 热继电器　　D. 速度继电器

151. 下列关于特种作业人员管理做法，说法错误的是 (　　)。

A. 特种作业操作证一般每 3 年复审一次

B. 跨省、自治区、直辖市从业的特种作业人员，可以在户籍所在地参加培训

C. 特种作业操作证有效期为 6 年

D. 特种作业操作证的复审时间可以最多延长至每 8 年 1 次

152. 设备管理的主要目的是采用技术上先进、经济上合理的装备，采取有效措施，保证设备高效率、长周期、安全、经济地运行，(　　)。

A. 来保证企业获得最好的经济效益

B. 来确保操作安全

C. 来预防各类安全事故

D. 来保证安全生产

153. 大部分设备故障是可以提前预知并防止的，下列属于难防止的是(　　)。

A. 切屑堆积造成的故障　　B. 冷却液飞溅造成的故障

C. 油脂异常造成的故障　　D. 电器系统异常造成的故障

154. 在机械制造企业中，属于辅助生产设备的是(　　)。

A. 冲压机　　B. 冷轧机

C. 起重机　　D. 切割机

155. 设备可动率指的是在工作时间内，设备(　　)与应该开动时间的比值。

A. 实际开动时间　　B. 理论嫁动时间

C. 理论开动时间

156. 点检项目按点检的类型分为（　）。

A. 日常点检和定期点检　　B. 良否点检和倾向点检

C. 解体点检和非解体点检　　D. 长期点检和精密点检

157. 输送腐蚀性较强介质的管道，直管段长度大于 20 米时，一般纵向安排（　）测厚点。

A. 一处　　B. 两处

C. 三处　　D. 四处

158. 对于关键设备、重要设备，要实行（　）操作或（　）以上操作的制度，确保设备操作的安全性及准确性，避免因操作失误造成重大损失。

A. 三人　　B. 两人

C. 多人　　D. 一人

159. 机械产品设计应考虑维修性，以确保机械产品一旦出现故障，易发现、易检修。下列机械产品设计要求中，不属于维修性考虑的是（　）。

A. 足够的检修活动空间

B. 零部件的标准化与互换性

C. 维修设定点在危险区以外

D. 关键零部件的多样化设计

160. 爆破片装置与安全阀串联使用时，检查爆破片装置与安全阀之间的（　）是否正常，以确认爆破片装置、安全阀是否泄漏。

A. 温度指示　　B. 流量指示

C. 压力指示　　D. 液位指示

161. 设备检维修中的“三不见天”是指（　）。

A. 润滑油脂不见天、清洗过的机件不见天、打开的设备不见天

B. 螺栓工具不见天、铅粉不见天、清洗过的机件不见天

C. 滑油脂不见天、清洗过的机件不见天、接油的油桶不见天

162. 各班组根据分管范围，（　）对分管区域内的房建设备设施进行检查，并在《房建设备设施检查》记录。

A. 每周　　B. 每月

C. 每季度　　D. 每半年

163. 设备变更中不包含（　）。

A. 使用不同型号设备　　B. 模具较大型故障维修

C. 设备零部件更换　　D. 工位器具变更

164. 设备管理目的是通过规范操作有效减少设备（　），提高设备利用率，最大限度发挥设备经济效益。

A. 使用时间　　B. 磨损

C. 使用次数　　D. 长时间使用

165. 带传动的主要失效形式是带的（　）。

A. 疲劳拉断和打滑　　B. 磨损和胶合

C. 胶合和打滑　　D. 磨损和疲劳点蚀

166.（　）旨在通过全体员工参加生产设备维护和管理，以提高设备保全能力和设备效率，力求达到零灾害、零不良和零故障等目标。

A. 防错管理　　B. 目视化管理

C. 全面生产维护（TPM）　　D. 5S 管理

167. 万能角度尺是用来测量工件（　）的量具。

A. 内外角度　　B. 内角

C. 外角　　D. 直角

168. 润滑油的选择应兼顾使用性能级别、（　）与设备使用条件匹配。

A. 使用期限　　B. 黏度级别

C. 品牌　　D. 价格

169. 多次弯曲造成的（　）是钢丝绳破坏的主要原因之一。

A. 拉伸　　B. 扭转

C. 弯曲疲劳　　D. 变形

170. 加强设备的操作管理，做好日常维护和保养的管理方式适用于（　）。

A. 正常磨损期　　B. 偶发故障期

C. 初期故障期　　D. 初期磨损期

171. 在设备的使用过程中，由于零部件及电子元件出现超负荷、磨损、老化等，使系统处于频发故障状态。这一期间属于设备故障出现的（　）。

A. 早期故障期　　B. 偶发故障期

C. 耗损故障期　　D. 以上都不是

172. 电气设备着火，应使用（　）灭火。

A. 湿棉被　　B. 泡沫灭火器

C. 黄泥　　D. 干粉灭火器

173. 设备的“十二字”修旧方针不包括（　）。

A. 焊　　B. 配

C. 镀　　D. 织

174. 设备的“十二字”修旧方针中“喷”指的是（　）技术。

A. 喷油技术　　B. 喷漆技术

C. 喷丝技术　　D. 喷涂技术

175. 特种设备的检验检测和安全阀校验工作，应当由（　）的检验检测机构承担。

A. 经依法核准　　B. 批准

C. 检验设备齐全　　D. 持营业执照

176. 承压类特种设备的耐压试验主要用于检验设备承受（　）的

能力。

A. 液压强度　　B. 气压强度

C. 静压强度　　D. 动压强度

177. 电气设备各种保护、（　）、信号装置等应可靠有效。

A. 线缆　　B. 器件

C. 联锁　　D. 仪表

178. 生产中最常用的起冷却作用的切削液是（　）。

A. 水溶液　　B. 切削油

C. 乳化液　　D. 冷却机油

179. 水平管道上的阀门宜（　）安装。

A. 垂直向上　　B. 倾斜

C. 水平向下　　D. 侧向

180. 设备操作人员的四种能力是：清扫、（　）、润滑、紧固的能力。

A. 堵漏　　B. 清洁

C. 点检

181. 日常保养中的“十字作业法”是指（　）。

A. 清洁、润滑、调整、紧固、防腐

B. 清洁、润滑、调整、紧固

C. 清洁、润滑、调整

D. 清洁、润滑

182.（ ）不属于设备维护的常规内容。

A. 定期检查　　B. 清洁保养

C. 随意拆卸　　D. 维修更换

183.（ ）不属于设备管理的特点。

A. 全过程管理　　B. 全员管理

C. 全方位管理　　D. 全角度管理

184. 关于设备的安装、调试与验收，下列说法不正确的是（ ）。

A. 要明确设备商务验收和技术验收的管理要求及流程

B. 确保安装前的准备工作全部到位，依据设备工艺平面布置图等技术资料做好基础施工，对设备的安装进行准确定位

C. 设备调试和验证合格后，进行设备安装工程的最终验收，验收不合格也可办理设备移交手续

D. 验收合格交接时，应留存安装验收记录

185. 设备管理体系的目的是（ ）。

A. 仅保证设备的技术性能

B. 确保设备安全、稳定、经济运行

C. 保持设备最高效率

D. 减少设备维修时间

186. 设备管理员的主要职责是（ ）。

A. 管理设备购买计划　　B. 确保设备正常运行

C. 制定设备使用规范　　D. 负责设备报废处理

187. 安全帽上的制造年月标记的重要性体现在（　）。

A. 确定安全帽的生产厂家　　B. 确定安全帽的使用年限

C. 显示安全帽的型号　　D. 装饰和美观

188. TPM（全面生产维护）最早提出与实施的国家是（　）。

A. 德国　　B. 日本

C. 美国　　D. 英国

189. 设备管理包括设备的技术管理和（　）。

A. 经济管理　　B. 日常管理

C. 事故管理　　D. 资产管理

190. 在点检定修中，主作业线停产情况下进行的计划检修称为（　）。

A. 定修　　B. 日修

C. 大修　　D. 以上都不是

191. 设备三级保养中日常保养的保养周期为每日（　）次。

A. 一　　B. 三

C. 两　　D. 四

192. 设备三级保养中一级保养的保养周期为每季度（　）次。

A. 一　　B. 三

C. 两　　D. 四

193. 设备三级保养中二级保养的保养周期为每半年（　）次。

A. 一　　B. 三
C. 两　　D. 四

194. 特殊设备是指危险性较大、易发生事故且容易危及作业人员生命安全，并对管理有特殊要求的（　）类设备，如锅炉、压力器、压力管道、起重设备、架空索道等。

A. 一　　B. 三
C. 两　　D. 四

195. 润滑油油杯的油位应保持在（　）以上或标尺的规定刻度。

A. 1/3　　B. 2/3
C. 1/2

196. 从事设备维修人员，必须经（　），掌握本岗位基本安全操作技术技能，熟悉并严格遵守安全规章与安全操作规程。

A. 安全教育　　B. 三级安全教育
C. 公司教育　　D. 以上都不是

197. 特种设备安装、改造、修理竣工后，安装、改造、修理的施工单位应当在验收后（　）内将相关技术资料和文件移交特种设备使用单位。特种设备使用单位应当将其存入该特种设备的安全技术档案。

A. 10 日　　B. 30 日
C. 20 日　　D. 以上都不是

198. 在 ERP 设备管理模块中，（　）代表了一个独立的、可维修的（非替换的）物理对象，用来记录其发生的所有缺陷、维修活动、成本费用、安装使用历史以及技术参数。

A. 功能位置　　　　B. 设备

C. 工作中心　　　　D. 计划人员组

199. 设备故障的定义是（　）。

A. 设备需要维修的状态

B. 设备（系统）或零部件丧失其规定功能的状态

C. 设备运行效率降低的状态

D. 设备出现异常噪声的状态

200. TPM 活动的目标是（　）、培养具有改善设备能力的人才。

A. 提高设备综合效率　　　　B. 设备 0 故障

C. 设备不停机

201. 设备缺陷指的是（　）。

A. 设备的外观损伤

B. 设备本体损坏或功能存在欠缺

C. 设备操作复杂

D. 设备维修困难

202. 生产设备购买与安装步骤为：统计所需设备、确定采购方案、（　）、检验设备、安装设备。

A. 设备集选　　　　B. 设备采购

C. 设备方案调整　　　　D. 设备培训

203.（　）是设备管理的基础性工作，它为生产经营单位设备安全管理提供信息、资料和数据。

A. 后勤管理　　B. 设备档案管理

C. 人事档案管理　　D. 财务管理

204. 以下不属于自主保全四大基本功的是（　）

A. 设备的整顿和掌握设备的整顿基准

B. 设备的点检和掌握设备的点检基准

C. 设备的紧固和掌握设备的紧固基准

D. 设备的润滑和掌握设备的润滑基准

205. 设备故障的发展过程也可分为三个阶段：初期故障期、偶发故障期和劣化故障期。其中在偶发故障期（　）。

A. 故障率较高，操作者应尽快熟悉操作

B. 设备的故障率较低，通常出现故障的原因是设备的操作者使用不当

C. 出现故障的主要原因是磨损，故障率呈急剧上升的趋势

D. 以上都不是

206. 班组设备日常维护管理的环节包括（　）。

A. 设备的日常保养　　B. 设备的日常点检

C. 设备的润滑管理　　D. 以上都是

207. 设备的本质安全设计主要考虑的是（　）。

A. 设备的操作便捷性

B. 设备的生产效率

C. 设备即使在误操作或发生故障的情况下也不会造成事故

D. 设备维修的便捷性

208. 日常点检中操作工人的“五官感觉”主要用于检查（ ）。

A. 设备的技术参数　　B. 设备的外观清洁度

C. 设备各部位的技术状况　　D. 设备操作的正确性

209. 设备管理中的“三率”是指（ ）。

A. 设备的完好率、利用率、维修费用率

B. 设备的完好率、利用率、故障发生率

C. 设备的利用率、维修费用率、故障发生率

D. 设备的完好率、维修费用率、故障发生率

210. 设备的经济寿命主要考虑的是（ ）。

A. 设备的购置成本　　B. 设备的维修费用

C. 设备每年使用的代价　　D. 设备的残值

211. 在设备使用与闲置时，为保持设备良好状态和工作能力而进行的全面工作，称为（ ）。

A. 设备技术维护　　B. 设备经济管理

C. 设备技术诊断　　D. 以上都不是

212. 设备的物理寿命指的是（ ）。

A. 从设备开始使用到因技术落后而被淘汰的时间

B. 设备平均每年使用代价最低的年数

C. 设备从开始使用直到报废为止所经过的时间

D. 设备可以不断维修改造而延长的使用时间

213. 遵守操作设备的“五项纪律”不包含（　）。

A. 定人、定机，凭证操作设备

B. 设备润滑部位由专人负责加油

C. 遵守安全操作规程及交接班制度

D. 管好工具附件，不得丢失

214. 特种设备登记标志应当放置在（　）位置。

A. 设备内部　　B. 设备使用说明书上

C. 设备的显著位置　　D. 设备维护记录册中

215. 设备利用率高表示（　）。

A. 设备经常出现故障

B. 设备使用效率低

C. 设备维护得当，使用效率高

D. 设备处于闲置状态

216. 设备管理制度中，通常不包括（　）。

A. 设备使用规范　　B. 设备维护保养制度

C. 设备操作人员培训计划　　D. 设备购买价格清单

217. 设备前期管理包括（　）。

A. 设备规划

B. 设备运行

C. 设备维修

D. 设备规划、设计、制造、选型、购置、安装调试、验收

218. 设备修理通常在（ ）进行。

A. 设备需要升级时

B. 设备运行效率降低时

C. 设备技术状态劣化或发生故障后

D. 设备进行常规检查时

219. 国家对特种设备的生产、经营、使用，实施分类的、全过程的（ ）管理。

A. 安全监督 B. 设计

C. 检验 D. 以上都不是

220.（ ）不是防止异常操作的对策。

A. 操作标准化

B. 设置锁定装置

C. 明确非作业人员不得操作

D. 设备旁设置明显的警告标志

221. 设备的岗位责任制是本着设备谁使用、（ ）的原则。

A. 谁维护、谁负责 B. 谁管理、谁负责

C. 谁开机、谁负责 D. 谁后走、谁负责

222. GB/T19001-2008 标准中的 6.3“基础设施”可以是（ ）。

A. 生产设备　　　　B. 生产场地及设施

C. 信息系统和通信技术　　D. 以上都是

223. 班组（　）要求职工做到“三好”，即管理好、使用好、养修好。

A. 设备管理　　　　B. 生产管理

C. 质量管理　　　　D. 劳动管理

224. 进口的特种设备应当符合我国（　）的要求，并经检验合格；需要取得我国特种设备生产许可的，应当取得许可。

A. 安全技术规范　　B. 生产规范

C. 调试合格　　　　D. 以上都不是

225. 特种设备安装、改造、修理的施工单位应当在施工前将拟进行的特种设备安装、改造、修理情况书面告知（　）或者设区的市级人民政府负责特种设备安全监督管理的部门。

A. 直辖市　　　　B. 省级

C. 县级　　　　　D. 以上都不是

226. 锅炉由“锅”和“炉”以及相配套的附件、自控装置、附属设备组成。下列锅炉的附属设备中，属于“炉”部分的是（　）。

A. 水冷壁　　　　B. 省煤器

C. 炉膛　　　　　D. 对流管束

227. 特种设备使用单位应当在特种设备投入使用前或者投入使用

后（ ）内，在负责特种设备安全监督管理部门办理使用登记，取得使用登记证书。登记标志应当置于该特种设备的显著位置。

A. 30 日　　B. 15 日

C. 20 日　　D. 以上都不是

228. 设备是以（ ）形态和价值形态的形式存在的。

A. 实物　　B. 实体

C. 固体　　D. 物质

229. 设备维护的主要目的是（ ）。

A. 恢复设备精度

B. 使设备整齐、清洁、润滑、安全

C. 提高效率

D. 以上都是

230. 班组设备管理的主要内容不包括（ ）。

A. 操作　　B. 使用

C. 点检　　D. 维修

231. 使用手持电动工具时，下列注意事项正确的是（ ）。

A. 使用万能插座　　B. 使用漏电保护器

C. 身体或衣服潮湿　　D. 以上都不是

232. 通过建立特种设备（ ）可以使特种设备的管理部门和操作人员全面掌握其技术状况，了解和掌握运行规律，防止盲目使用。

A. 档案　　B. 使用说明

C. 使用规程　　D. 技术资料

233. 特种设备使用单位应当使用取得许可生产并经（　）的特种设备。

A. 试验校验　　B. 试运行

C. 检验合格　　D. 专家论证

234. 设备管理中，应把设备突发故障所造成的停工损失减小到（　）限度，把设备计划修理的停歇时间和修理费用降低到（　）限度，把备件库的储备资金压缩到合理供应的（　）水平。

A. 最低　　B. 适当

C. 合理　　D. 普通

235. 润滑油品储存的一般要求是（　）。

A. 室内储存，防雨、防晒、防尘、防冻

B. 室外储存，防雨、防晒、防尘、防冻

C. 任意地点储存，无须特别措施

D. 防潮、防尘、不考虑温度影响

236. 车间组长按照要求填写设备采购单，包括设备规格、（　）、型号、性能及所需要的零件等信息，并确保字迹清晰、无修改痕迹，同时注明设备采购原因。

A. 价格　　B. 数量

C. 颜色　　D. 合格证

237. 按照加油机泵源的不同，分为（　）加油机。

A. 自吸式和潜泵式　　B. 双枪式和多枪式

C. 小流量和大流量　　D. 叶片泵和齿轮泵

238. 旋转电机有一个共同的特点，就是不要用（　）扑救火灾，以防电机损坏。

A. 沙土　　B. 水

C. 二氧化碳　　D. 水蒸气

239. 检查切削液浓度所用到的工具是（　）。

A. 分光光度计　　B. 水分仪

C. 浓度计　　D. 折光仪

240. 固定式压力容器及其工艺管道需按照规定经过蒸汽吹扫、贯通，并经（　）试压合格，检查整体系统畅通情况和严密性。

A. 水或氮气　　B. 水或空气

C. 水或氧气　　D. 水或二氧化碳

241. 班组长应做好设备使用环境的管理工作，按照设备的运行要求，安排设备位置及安全防护措施；明确各类设备的合规操作要求，如特定设备的“（　）”原则。

A. 三定　　B. 四定

C. 五定　　　　　　　　D. 六定

242. 特种设备生产、经营、使用、检验、检测应当遵守有关（　）与相关标准。

A. 企业安全方针　　　　B. 特种设备安全技术规范

C. 企业经营　　　　　　D. 以上都不是

243. 特种设备使用单位应当对其生产场所范围内的特种设备逐台建立安全技术档案，安全技术档案中不包括（　）。

A. 特种设备的设计文件

B. 特种设备的日常使用状况记录

C. 特种设备的外观特征

D. 特种设备的产品质量合格证明

244. 班组设备故障管理的目的是（　）。

A. 减少设备故障的发生　　B. 提高设备故障的发生频率

C. 加强设备的维修工作　　D. 增长设备的使用寿命

245. TPM 活动就是（　）的全面改善活动。

A. 全面升级　　　　　　B. 提高效率

C. 全员参与

246. 为了实现人在操纵机械时不发生伤害，提出了诸多实现机械安全的途径与对策，其中最重要的三个步骤的正确顺序是（　）。

A. 使用安全信息—提供安全防护—实现本质安全

B. 提供安全防护—使用安全信息—实现本质安全

C. 实现本质安全—使用安全信息—提供安全防护

D. 实现本质安全—提供安全防护—使用安全信息

247. 联轴器装配的主要技术要求是应保证两轴的（　）要求。

A. 垂直度　　B. 同轴度

C. 平行度　　D. 结合度

248. 日常保养通常由（　）执行。

A. 设备制造商　　B. 外部专业团队

C. 操作者　　D. 管理层

249. 本质安全是通过设计等手段使生产设备或生产系统本身具有（　），即使在误操作或发生故障的情况下也不会造成事故。

A. 操作性　　B. 完整性

C. 本质性　　D. 安全性

250. 通用工具可用于不同部件（对象）的检测、加工和储存，如（　）等。

A. 扭力扳手　　B. 万用表

C. 电动扳手　　D. 以上都是

251. 整齐、清洁、润滑、安全是设备（　）的基本守则。

A. 修理　　B. 维护

C. 检查　　D. 以上都不是

252.《设备管理条例》规定，我国设备管理要坚持（　）的原则。

A. 设计、制造与使用相结合

B. 维护与计划检修相结合

C. 修理、改造与更新相结合

D. 以上都是

253. 设备一保和设备二保的区别主要体现在（　　）。

A. 维修的频率　　B. 维修的技术要求

C. 主导维护的人员　　D. 维护的设备类型

254. 设备操作人员应按照规定，详细规范地填写设备故障记录表，其中包括设备（　　）、设备使用情况及设备维修所需零件等，便于交接班时对设备进行合理的维护和使用。

A. 运行记录　　B. 维修记录

C. 运转时间　　D. 运行流程

255.（　　）应负责对本班组的生产安全防护装置进行调试，确保其符合企业的要求并能安全运行，保证班组生产人员的人身安全，做到及时发现异常情况，并进行有效的安全控制。

A. 调试人员　　B. 维修人员

C. 班组长　　D. 其他人员

256. 设备的日常点检是由（　　）负责。

A. 设备操作者　　B. 维修人员

C. 班组长　　D. 设备技术人员

257. 班组工具员需做好量具维护保养工作，确保投入使用的计量

器具状态良好，严禁将（　）的计量器具投入生产

A. 送检日期超期　B. 未粘贴计量合格标签

C. 损坏　D. 以上都是

258. 锅炉的三大安全附件分别是安全阀、压力表、（　）。

A. 电表　B. 温度计

C. 水位表　D. 易溶塞

259. 设备安装的基本要求不包括（　）。

A. 平　B. 稳

C. 快　D. 正

260. 机械设备寿命的长短就是指（　）阶段寿命的长短。

A. 初期磨损　B. 稳定磨损

C. 剧烈磨损　D. 疲劳磨损

261. 自主保全的 8 个步骤中，除初期清扫、发生源和污染源的改善、润滑注油基准制定及点检、设备的总点检管理、自主点检管理、工程品质活动展开、自主管理，还应包括（　）。

A. 彻底的 5S　B. 问题查找

C. 编制计划

262. 自主保养有的四个法则是（　）。

A. 树立谁操作、谁负责的原则

B. 细心爱护自己操作的机器

C. 成为专业的设备操作者

D. 学会运用可视化管理的手段检测设备运行的状态

E. 以上都是

263. 国务院负责特种设备安全监督管理的部门对全国特种设备安全实施监督管理，（　）以上地方各级人民政府负责特种设备安全监督管理的部门对本行政区域内特种设备安全实施监督管理。

A. 市级　　B. 县级

C. 地区级　　D. 以上都不是

264. 特种设备安全管理人员应当对特种设备使用状况进行经常性检查，发现问题应当立即处理；情况紧急时，可以决定（　）特种设备并及时报告本单位有关负责人。

A. 停止使用　　B. 现场修理

C. 现场调试　　D. 以上都不是

265. 特种设备生产、经营、使用单位应当遵守《特种设备安全法》和其他有关（　），建立、健全特种设备安全和节能责任制度，加强特种设备安全和节能管理，确保特种设备生产、经营、使用安全，符合节能要求。

A. 法律、法规　　B. 宪法、法制

C. 安全生产制度　　D. 以上都不是

266. 设备运行初期需要保留的记录为（　）。

A. 运行参数记录　　B. 性能记录

C. 故障记录　　　　　　　D. 以上都是

267. 安全帽上必须标记的三项内容包括（　）。

A. 生产日期、使用年限、型号

B. 许可证编号、制造厂名及商标、型号

C. 型号、颜色、使用单位

D. 制造年月、许可证编号、质量等级

268. 关于设备维护保养的注意事项，以下描述不正确的是（　）。

A. 进行设备保养前，必须关闭设备电源，在电闸上挂牌明示，并穿戴好防护用品设备。内部保养完毕后，应仔细检查有无遗留杂物在设备内

B. 严格遵守保养程序，进行定期保养时，要先外后内

C. 加工中心等数控设备保养完毕，试运行后，应将机床回零

D. 以上均不正确

269. 锅炉爆管事故指的是锅炉蒸发受热面管子在运行中爆破。锅炉爆管的形成原因不包括（　）。

A. 水循环故障

B. 严重缺水

C. 制造、运输、安装中管内落入异物

D. 锅水品质太差

270.（　）是导致锅炉爆炸的常见原因。

A. 超压，严重缺水，严重缺陷

B. 严重水击

C. 汽水共腾

D. 严重水击，汽水共腾

271. (　　) 不属于特种设备。

A. 高压配电柜　　B. 氧气瓶

C. 电梯　　D. 起重机

272. 设备备件管理水平评价为每（　　）年评价一次。

A. 半　　B. 一

C. 两　　D. 三

273. 按照设备安全操作要求，在关键设备的要害岗位实行两人操作确认制度，即（　　）人操作，(　　) 人在旁监护，避免出现操作失误，导致重大人身事故和设备事故的发生。

A. 一、一　　B. 一、二

C. 二、一　　D. 二、二

274. 闲置设备是指企业中，除了在用、备用、维修、改装、特种储备、抢险救灾、军工经核定封存的和动员生产等所必需的设备以外，其他连续停用（　　）年以上的设备，新购进厂（　　）年以上不能投产或变更计划后不用但仍有使用价值的设备。

A. 一、半　　B. 一、一

C. 一、二　　D. 二、二

275. 设备按适用范围可分为（　）设备。

A. 通用、专用　　B. 一般、特殊

C. 普通、特殊　　D. 单项、多项

276. 在用安全阀的检验周期是（　）。

A. 半年　　B. 一年

C. 一年半　　D. 两年

277. 工具室需建立车间计量工具送检计划，在计量器具到期前（　）通知班组将计量器具归还后安排送检。

A. 一个月　　B. 一周

C. 两个月　　D. 半年

278. 下列说法错误的是（　）。

A. 按照国家和行业标准，根据装置的生产工艺、介质的腐蚀情况，设计制定安全、经济、有效、可行的工艺及设备防腐蚀方案

B. 依据工艺介质的腐蚀特性、流动状态与相态、温度、压力及设备的应力状况、冲击载荷等因素选材，设备结构的设计不造成设备腐蚀

C. 在电化学保护设计时，应根据土壤的相关腐蚀参数选择电化学保护设施，无过保护引起的腐蚀加剧等问题

D. 腐蚀防护项目的设备材料到货后，由生产装置使用部门

组织验收

279. 工具物料遗失，须及时上报信息，信息内容应包括（ ）。

A. 发现遗失的时间

B. 遗失工具名称、尺寸

C. 初步确认的最后出现时间及工位

D. 以上都是

280. 设备一保的特点是（ ）。

A. 以维修工人为主，由操作工人辅助

B. 以操作工人为主，由维修工人辅助

C. 只由操作工人完成

D. 只由维修工人完成

281. 设备零件在使用中的磨损过程是指由于零件的运转和相互摩擦力的作用，零件之间表面上的高低不平处以及氧化层、脱碳层很快地被磨平。设备逐渐适应生产环境，生产效率不断提高。这一阶段时间较短，被称为（ ）磨损阶段。

A. 正常　　B. 异常

C. 开始　　D. 平常

282. 下列选项（ ）不是设备可申请报废的原因。

A. 使用年限已满，丧失使用效能，无修复价值的

B. 因生产条件改变，但未丧失原有使用价值的

C. 使用年限未满，但缺乏配件无法修复使用的

D. 固定资产毁损，无修复使用价值的

283. 设备安全岗位责任制要求严格落实岗位责任制，构建安全风险分组管控和（　）双重预防体系。

A. 设备安全培训　　B. 隐患排查治理

C. 设备本质安全　　D. 设备完好率

284. 钳工常用的刀具材料有（　）。

A. 合金工具钢、高速钢

B. 硬质合金、优质钢

C. 合金工具钢、硬质合金、高速钢、碳素工具钢

D. 高速钢、优质钢

285. 下列说法不属于设备管理“三好”的是（　）。

A. 管好　　B. 用好

C. 维修好　　D. 废旧设备处理好

286. 润滑油脂管理的“对路使用”是指（　）。

A. 使用正确的方法给设备加油

B. 油品必须通过特定的管道输送

C. 使用正确的润滑油脂对适应的设备进行润滑

D. 保证润滑油脂的使用方向正确

287. 金属切削作业存在较多危险因素，包括机械危险、电气危险、热危险、噪声危险等因素，可能会对人体造成伤害。因此，切削机床设计时应尽可能排除危险因素。下列切削机床

设计中，针对机械危险因素的是（　）。

A. 控制装置设置在危险区以外

B. 友好的人机界面设计

C. 工作位置设计考虑操作者体位

D. 传动装置采用隔离式的保护装置

288. 电子水平仪是一种（　）的高精度水平仪。

A. 没有水准泡　　B. 有水准泡

C. 水准管内装有乙醚　　D. 水准管内装有导电溶液

289. 再制造技术是指废旧产品及其零部件修复、升级成质量等同于或优于（　）的各项技术的统称。其中包括再制造拆解技术、再制造清洗技术、再制造检测技术、零件再制造加工技术、再制造装配技术等。

A. 现设备　　B. 原设备

C. 原产品　　D. 新品

290. 下述类型设备中，承压性能最好的是（　）。

A. 球形容器　　B. 圆筒形容器

C. 方形容器　　D. 椭圆形容器

291. 凡不需要在主作业线停产条件下进行的计划检修称为（　）。

A. 定修　　B. 月修

C. 日修　　D. 年修

292. 进给系统减少摩擦阻力和动静摩擦之差，是为了提高进给系统的（　）。

A. 传动精度

B. 运动精度和刚度

C. 快速响应性能和运动精度

D. 传动精度和刚度

293. 修理工作中，要按照设备（　）进行修复，严格把握修理的质量关，不得降低设备原有的性能、原始数据和精度要求。

A. 损坏程度　　B. 运转情况

C. 维修工艺要求　　D. 原本参数

294. 合理润滑的定义是（　）。

A. 最少油品使用，达到润滑效果

B. 在技术、经济允许的条件下，实现设备的可靠运行和性能改善的各种技术措施的总称

C. 选择成本最低的润滑油品

D. 仅根据设备厂商推荐的油品进行润滑

295. 因电机风扇的原因造成的电机温度高，可采取的措施是（　）。

A. 停机抢修风扇　　B. 增大扇片

C. 继续运行　　D. 不停机更换

296. 设备使用防冻液的主要理化指标有（　）、沸点、腐蚀三项指标。

A. 冰点　B. 黏度
C. 浓度　D. 倾点

297. 设备润滑油的选择具有较为严格的要求，根据设备工作的条件不同应选择不同质地的润滑油。设备载荷大、间歇性或冲击力大时，应选用（　）的润滑油。
A. 黏度小　B. 黏度大、油性大
C. 凝固点低　D. 凝固点高

298. 游标卡尺不能用来测量（　）。
A. 深度　B. 长度
C. 平面度　D. 内径

299. 设备使用记录的主要目的是（　）。
A. 记录设备使用人员
B. 掌握设备使用情况
C. 统计设备使用次数
D. 记录设备购买时间

300.（　）不属于设备点检十大要素。
A. 磨损　B. 振动
C. 电量　D. 流量

301. 设备日常维护，实行“十字作业法”的内容是清洁、润滑、紧固、（　）、防腐。
A. 整理　B. 整顿

C. 素养　　D. 调整

302. 设备维护保养应达到的四项要求是（　）。

A. 整齐、清洁、润滑、安全

B. 整洁、有效、润滑、安全

C. 整齐、有效、润滑、安全

D. 整洁、畅通、润滑、安全

303. 以下不属于设备维护保养“四项要求”的是（　）。

A. 安全　　B. 整齐

C. 效率　　D. 润滑

304. 压力容器的最高工作压力，多指在（　）情况下，容器顶部可能出现的最高压力。

A. 非正常操作　　B. 正常操作

C. 特殊　　D. 以上都不是

305. 锤击检查是一种常用的（　）。

A. 量具检查　　B. 直观检查

C. 无损检查　　D. 金相检查

306.（　）是明晰并落实全员 HSE 责任制的有效方式和具体体现，既是一种管理理念，也是一种工作要求。

A. 有感领导　　B. 直线责任

C. 属地管理　　D. 以上都是

307. 对于未列入国家特种设备目录的设备，管理方式为（　）。

A. 不需要进行任何形式的管理

B. 只需要进行基本的使用记录

C. 需要建档、检验、培训、检查等日常管理

D. 只需进行定期的自我检查

308. 强制保养制的特点是（　）。

A. 根据设备实际情况灵活调整保养计划

B. 只在设备出现故障时进行维护保养

C. 定期按计划进行无条件的检查和维护保养

D. 仅对特种设备实施

309. 下列机械安全措施中，属于直接安全措施的是（　）。

A. 在机械设备上采用和安装各种安全有效的防护装置

B. 制定机器安装、使用维修的安全规程

C. 在设计机器时考虑消除机器本身的不安全因素

D. 以上都不是

310.（　）组件不属于润滑系统。

A. 机油泵　　B. 中冷器

C. 机油冷却器　　D. 机油滤清器

311. 按承压方式分，压力容器可以分为内压容器和外压容器，若某内压容器设计压力为 12 兆帕，则该压力容器为（　）。

A. 低压容器　　B. 中压容器

C. 高压容器　　D. 超高压容器

312. 特种设备出现故障或发生异常情况，使用单位应当对其进行（　）检查，消除事故隐患后，方可重新投入使用。

A. 局部　　B. 重点

C. 全面　　D. 针对性

313. 处于使用状态的 A 类设备应保证每（　）至少点检 1 次。

A. 三天　　B. 周

C. 月　　D. 季度

314. 游标卡尺由（　）和副尺及辅助游标组成。

A. 尺架　　B. 主尺

C. 钻座　　D. 长管

315. 按设备重要程度实施分级管理，A 级设备是指（　）。

A. 关键设备　　B. 主要设备

C. 一般设备　　D. 重要设备

316. 润滑油脂管理的基本要求不包括（　）。

A. 品质把关　　B. 专罐专储

C. 定期添加　　D. 再生利用

317. 精密、大型、稀有、关键的主要生产设备应选用（　）的维修方式。

A. 定期维修　　B. 状态监测维修

C. 故障维修　　D. 事后维修

318. 以生产操作人员为主进行的对设备的外表层面的检查属

于（　）。

A. 计划维修　　B. 自主维修

C. 前期管理　　D. 安全与卫生

319.（　）不属于工具的编号方法。

A. 十进位法　　B. 字母法

C. 综合法　　D. 顺序法

320.（　）不是设备安全操作的基本要求。

A. 使用设备前进行安全培训

B. 遵守设备操作规范

C. 根据个人习惯操作设备

D. 定期检查设备安全性能

321. 设备操作人员的“五项纪律”不包括（　）。

A. 经常保持设备整洁，按规定加油，保证合理润滑

B. 遵守设备交接班制度

C. 管好设备附件及工具，不得遗失

D. 发现异常坐视不理

322. 自主保全的点检方法有 3 个，下列说法错误的是（　）。

A. 日常点检　　B. 作业中点检

C. 作业后点检　　D. 作业前点检

323. 班组设备使用管理的内容包括（　）。

A. 制定操作规程　　B. 做好精度校正

C. 交接班要清楚　　D. 以上都是

324. 润滑管理工作的“一密封”是指（　）。

A. 做好水系统密封　　B. 做好油箱密封

C. 做好润滑系统密封　　D. 做好润滑油嘴密封

多项选择题

1. TPM 活动的展开步骤有：（　　）、制作 TPM 总体推进计划、构筑生产部门效率化体制、构筑 TPM 设计及初期流动管理体制、构筑品质保全体制、构筑管理间接部门的效率化体制、构筑安全、卫生和环保的管理体制、TPM 完全实施和提高水准。

A. 最高经营者的 TPM 导入决议宣言

B. TPM 导入教育和实践活动

C. 成立 TPM 推进组织

D. TPM 基本方针和目标设定

E. TPM 实施活动正式启动

2. 维修计划实施控制主要内容包括（　　）。

A. 进度控制　　B. 费用控制

C. 质量控制　　D. 安全控制

3. 电梯出厂时，应当随附（　　）、监督检验证明等相关技术资料和文件。

A. 设计文件　　B. 设计文件鉴定

C. 产品质量合格证明　　D. 安装与使用维护保养说明

4. 生产工具管理工作方法中通用型工具的具体管理方法包括（　　）。

A. 建立工具的报废、报损和丢失的处理制度

B. 做好工具事故的处理工作

C. 对工具节约和工具改进给予物质奖励和精神鼓励

D. 按规定手续进行工具的领用和借用

E. 做到工具的合理保管

F. 做到工具的合理使用，即一切工具都必须按其性能和工艺规范进行使用

5. 班组设备维修计划分为（ ）。

A. 班组设备大修的年、季、月明细计划

B. 班组设备项修的年、季、月明细计划

C. 班组设备定期检查的月明细计划

D. 班组设备定期维护计划

E. 班组设备预防性试验计划

6. 设备状态的“四个保持”是（ ）。

A. 保持设备的外观整洁　B. 保持设备的结构完整

C. 保持设备的性能和精度　D. 保持设备的自动化程度

7. 所谓保全，大体上可以理解为（ ）加（ ）的意思，只是保全的概念含有了更多的（ ）成分。

A. 维修　B. 点检

C. 维护　D. 保养

E. 管理

8. 设备管理的具体任务有（ ）。

A. 提高设备管理的经济效益　B. 做好设备的更新换代工作

C. 提高优良的技术装备　D. 保证设备时刻处于最佳状态

9. 设备备件的储备类型有（　）。

A. 成品储备　B. 半成品储备

C. 成对储备　D. 部件储备

E. 毛坯储备

10. 生产设备保养中，设备检查一般包含（　）。

A. 液压、油路系统　B. 工装夹具

C. 压缩空气　D. 操作机能

E. 动力传送结构　F. 外观

11. 设备维修计划的编制依据为（　）。

A. 班组设备技术状态的鉴定资料

B. 班组设备检测和故障诊断的相关资料

C. 班组设备故障维修记录及分析资料

D. 产品质量对班组设备性能及精度的要求

E. 班组动力设备、受压容器等预防性试验结果的分析资料

F. 班组设备的维修复杂系数和大修间隔期及其各项定额资料

12. 企业生产管理人员在进行自制与外购决策时所采用的决策准则是基于多方面的因素的，各种影响因素可以分为（　）。

A. 经济利益因素

B. 非经济的和难以确定的因素

C. 技术先进的因素

D. 产业适应性因素

13. 特种设备是指对人身和财产安全有较大危险性的锅炉、(　　)、客运索道、大型游乐设施。

A. 压力容器　　B. 压力管道

C. 起重机械　　D. 厂内专用机动车

E. 电梯

14. 设备隐患管理“四落实”是(　　)。

A. 组织落实　　B. 技术落实

C. 人员落实　　D. 措施落实

E. 时间落实

15. 点检的“五项结论”是(　　)。

A. 企业一切设备管理业务始于点检

B. 点检是设备预防预知维修的基础

C. 点检是企业关键设备的核心

D. 点检是企业产品作业设备的管家

E. 点检是现代企业设备管理的核心

16. (　　)等部位应保持清洁，不积水，照明采用安全电压且照明充足。

A. 电缆夹层　　B. 竖井

C. 电缆隧道　　D. 电缆沟

17. 企业作业的电气设备易于发生隐患和劣化的部位是(　　)。

A. 电气元件与电磁、绝缘无关的部位

B. 电气零部件与之不接触的部位

C. 电气柜被粉尘、灰尘污染的部位

D. 电气元件受周边湿度影响的部位

E. 电气设备受环境潮气侵入的部位

18. 在操作设备相关作业时，有时需要停机断电，防止设备意外动作，造成人员伤害。以下各种作业，在操作时必须停机断电的是（　）。

A. 调整、检查、清扫设备　　B. 装卸、测量工件

C. 装卸防护罩　　D. 调整或更换工模具

19. 设备润滑的基本要求包含（　）。

A. 定点　　B. 定质

C. 定量　　D. 定期

E. 定过程　　F. 定人

20. 点检标准按专业和使用条件分为（　）。

A. 通用点检标准　　B. 专用点检标准

C. 日常点检标准　　D. 定期点检标准

21. 设备润滑“五定”是（　）。

A. 定点　　B. 定质

C. 定量　　D. 定时

E. 定人　　F. 定位

22. 设备操作人员的“四懂、三会”中“四懂”内容是（　）。

A. 懂性能　　B. 懂结构

C. 懂原理　　D. 懂用途

E. 懂制造

23. 在生产过程中发现监视和测量设备不适用、偏离检定、校准状态或被损坏时，必须进行的处理措施是（　）。

A. 立即将监视和测量设备送往质量检验部，进行复查评定

B. 使用部门对自本检定或校准周期至发生问题时间段的测量结果复查，评价其有效性

C. 无须使用部门对自本检定或校准周期至发生问题时间段的测量结果复查，评价其有效性

D. 对监视和测量设备进行报废处理

24. 库存物品应分垛码放，每垛占地面积不大于 100 平方米，并保证（　）。

A. 垛与垛间距不小于 1 米

B. 垛与墙间距不小于 0.5 米

C. 垛与梁间距不小于 0.3 米

D. 垛与柱间距不小于 0.3 米

25. 润滑油存放的原则是专罐、专储、密闭输送、（　），不同油品应分开堆放并标志清楚品名、牌号、级别、数量及入库等。

A. 防晒　　B. 防潮

C. 防尘　　D. 防盗

26. 特种设备使用单位应当对在用特种设备的（　）部件进行定期校验、检修，并做好记录。

A. 安全附件　　B. 安全保护装置

C. 测量调控装置　　D. 附属仪器仪表

27. 故障管理的方式包含（　）。

A. 预知与状态维修

B. 故障检查技术

C. 改变系统物理状态，减少、控制故障过程和故障激发能量

D. 改变人的行为

E. 改变系统设计，控制故障后果

28. 自主保养活动开展的目的是（　）。

A. 发挥设备的极限　　B. 舒适的作业环境

C. 防止设备的劣化　　D. 改革人员意识

29. 设备定期点检的内容包括（　）。

A. 点检　　B. 调整

C. 清扫　　D. 给油

E. 排水　　F. 修理

30. 点检的四大标准是（　）。

A. 维修技术标准　　B. 周期管理标准

C. 维修作业标准　　D. 给油脂标准

31. 变化点类型中属于机的因素有（　）。

A. 设备、模具、夹具等调整

B. 设备维修

C. 设备移动

D. 工具变更

32. 根据设备专业和使用条件的不同，维修技术标准可分为（　）。

A. 通用维修技术标准　　B. 特种设备维修技术标准

C. 专用维修技术标准　　D. 工业建筑维修技术标准

33. 属于电气设备点检的十大要素的有（　）。

A. 异音　　B. 震动

C. 电量　　D. 龟裂

34. 锅炉运行中，遇有下列情况之一时，应紧急停炉的是（　）。

A. 锅水温度急剧上升失去控制时

B. 循环泵或补给水泵全部失效时

C. 压力表或安全阀全部失效时

D. 锅炉元件损坏，危及运行人员安全时

35. 能够提升设备稼动率的合理条件是（　）。

A. 设备短暂停工零化　　B. TPM 改善活动

C. 设备开动损失递减　　D. 换模调整损失递减

E. 设备故障零化

36. 机械设备点检的十大要素：（　）、泄漏、供脂（油）状况、杂音、振动、龟裂折损、磨损、松弛。

A. 压力　　B. 温度

C. 流量　　D. 灰尘

37. TPM 八大支柱包括：自主保全、(　)、(　)、初期管理、教育培训、品质保全、事务改善、环境安全。

A. 全员改善　　B. 质量保全

C. 个别改善　　D. 计划保全

38. 润滑管理工作的“二洁”是指（　）要清洁。

A. 加注人手　　B. 加油口

C. 设备　　D. 加注工具

39. POKA-YOKE 防错的基本思路包括（　）。

A. 消除　　B. 替代

C. 简化　　D. 检测

E. 减少

40. 关于设备管理正确的是（　）。

A. 会执行、会操作、会检查、会排除故障

B. 安全处理不好不下班、卫生不合格不下班、设备运转不正常不下班

C. 管好、用好、保护好

D. 交接班严格检查；正常巡回要严格检查；不放心设备要严格检查；天气变化要严格检查；设备修理后要严格检查

41. 现代设备的特点有（　　）。

A. 作业自动化　　B. 操作智能化

C. 安全防错化　　D. 节能环保化

42. 自主维修就是以操作人员为主，对设备和装置特定的标准，凭五官（听、触、嗅、看、味）及简单工具进行外表面的检查，自主开展（　　）等设备保养和维护活动。

A. 清扫　　B. 备品更换

C. 加油　　D. 紧固

E. 故障处理　　F. 点检

43. 下列属于设备一级保养工作内容的是（　　）。

A. 拆卸指定部件、箱盖及防尘罩等，并进行彻底清洗

B. 疏通油路，清洗过滤器，更换油线、油毡、滤油器、润滑油等

C. 补齐手柄、手球、螺钉、螺母、油嘴等机件，保持设备完整

D. 紧固设备的松动部位，调整设备的配合间隙，更换个别易损件及密封件

E. 清洗导轨及各滑动面，清除毛刺及划痕

44. 设备维护“三化”为（　　）。

A. 规范化　　B. 工艺化

C. 标准化　　D. 经济化

E. 制度化

45. 特种设备使用单位应当建立（　　）等安全管理制度，制定操作规程，保证特种设备安全运行。

A. 岗位责任　　B. 隐患治理

C. 应急救援　　D. 经济性分析

46. 生产设备维修管理工作内容包括（　　）。

A. 依据经营目标及生产需要制订生产设备规划

B. 选择、购置、安装、调试所需要的生产设备

C. 对投入运行的生产设备正确、合理地使用

D. 精心维护、保养和及时检查设备，保证生产设备正常运行

E. 适时改造和更新生产设备

47. 手持电动工具年检需要检查的项目包括（　　）。

A. 外观、导线是否完好

B. 厂家应有的铭牌标志是否完好

C. 使用单位上次定期检验合作标志是否过期

D. 开关、机械装置是否动作正常

E. 测量绝缘电阻

F. 进行耐压试验

48. 为了保证运行中设备及备用设备完好性，确保故障时正确投入工作，必须对设备定期进行（　　）。

A. 巡视　　B. 试验

C. 交接　　　　　　　　D. 轮换

49. 设备事故处理有几个不放过原则，包括（　）。

A. 事故原因分析不清不放过

B. 事故责任者没有得到处理不放过

C. 设备没有得到赔偿不放过

D. 没有防范措施不放过

E. 相关人员未受到教育不放过

50. 水是最常用的灭火剂，木头等起火，可以直接用水扑灭，（　）起火不能直接用水扑灭。

A. 带电设备火灾

B. 油类火灾

C. 电石等特殊的化学品火灾

D. 木头火灾

51. 选购设备应注意的因素有（　）。

A. 设备生产率　　　　　　B. 设备可靠性

C. 节能型　　　　　　　　D. 耐用性

E. 维修性

52. 设备管理是企业管理大系统中的一个重要分系统，其工作标准主要包括（　）等方面。

A. 能保证正常生产秩序

B. 能做到优质、高产、低耗、低成本的生产制造管理

C. 能够不断提高劳动生产率

D. 能预防各类生产事故的发生，保证安全生产

53. 在安排生产计划时，生产部门必须考虑设备装置的能力，防止设备装置超负荷运行，应考虑到水、(　　) 的平衡。

A. 电　　B. 汽

C. 门　　D. 气

54. 润滑管理工作的“三级过滤”是指（　　）、加油过滤。

A. 转桶过滤　　B. 购买过滤

C. 领油过滤　　D. 弃置过滤

55. 设备管理工作内容包括（　　）。

A. 设备的选型

B. 合理地使用设备

C. 设备的改造、更新、换代

D. 切实做好设备验收、建档、建卡、使用、转让、事故处理及报废等日常管理工作

E. 建立健全设备管理制度和责任制度

F. 对设备进行综合管理

56. 点检项目按点检的周期分为（　　）。

A. 日常点检、定期点检　　B. 长期点检

C. 解体点检和非解体点检　　D. 倾向点检

57. 对于封存的设备应做好（　　）、除锈防腐、断水断电、挂牌存

放、定期维保等工作。

A. 妥善保管　　B. 冬防保温

C. 上盖下垫　　D. 清洗润滑

58. 国家对特种设备的生产、经营、使用，实施（　）安全监督管理。

A. 分类的　　B. 整体的

C. 每一环节的　　D. 全过程的

59. 以下属于点检前期的五项确定（点检事前的五个准备）的是（　）。

A. 确定状态受控点点检的部位

B. 确定状态受控点点检的数量

C. 确定状态受控点点检员资质

D. 确定状态受控点点检的周期

E. 确定状态受控点点检的方法

60. 班组设备管理的主要内容包括（　）。

A. 设备的使用管理　　B. 设备的维护保养

C. 设备的日常维护管理　　D. 设备的故障管理

61. 班组设备管理制度的主要内容为（　）、设备签订、设备隐患处理、记名式检修等。

A. 设备管理　　B. 设备维修

C. 设备保养　　D. 设备登记

62. 设备管理的技术因素有（　　）。

A. 设备的设计技术

B. 诊断技术

C. 决策技术（再生补修、防止磨损等）

D. 设备管理技术

63. 定修模型设定的依据是（　　）。

A. 工艺特点　　B. 维修体制

C. 生产经营计划　　D. 设备技术状况

E. 维修费用

64. 设备管理人员需组织设备安装人员做好（　　）等方面的工作。

A. 设备安装技术资料　　B. 设备相关技术标准

C. 设备操作人员　　D. 设备相关专家

E. 作业现场

65. 下列（　　）属于设备标志所包括的内容。

A. 分合指示　　B. 旋转方向

C. 切换位置的指示　　D. 设备相色

66. 所采购的设备到厂或到达指定的安装地点后，设备验收的内容主要包括（　　）。

A. 设备外观验收　　B. 设备性能验收

C. 设备技术资料验收　　D. 设备预算验收

E. 设备产出厂商验收　　F. 设备标准验收

67. 影响设备状态受控点故障概率的主要因素为（ ）。

A. 设备状态受控点作业的频繁程度

B. 设备状态受控点作业的难易程度

C. 设备状态受控点的作业环境因素

D. 设备状态受控点的作业人员因素

E. 设备状态受控点本身的耐用性、可靠性

68. 设备精密点检的内容包括（ ）。

A. 定期精密点检及异常诊断

B. 设备故障调查

C. 设备综合性调查

D. 施工记录，试运转会同

E. 购入关键零件

F. 精密点检器具的管理

69. 点检作业的五个要素或五个具体步骤包括（ ）。

A. 制订状态受控点的点检标准

B. 编制状态受控点的点检计划

C. 设计状态受控点的点检路线

D. 实施状态受控点的状态点检作业

E. 状态受控点的点检记录实绩管理

70. 设备部经理制订设备采购计划时应考虑（ ），各部门主管及车间班组长等都需配合设备部经理完成设备采购计划的编制

工作。

A. 维持企业正常的生产经营活动，避免因供应中断而影响产销活动

B. 避免因设备储存过多而占压企业流动资金

C. 使企业资产得到合理配置，获得最大的经济效益

D. 使采购部门能够有充足的准备，选择有利时机采购设备

E. 确定设备损耗标准，便于企业有效控制采购数量和采购成本

F. 配合企业整体生产经营计划的实现

71. 移动式压力容器、气瓶充装单位，应当（　），并经负责特种设备安全监督管理的部门许可，方可从事充装活动。

A. 有与充装和管理相适应的管理人员和技术人员

B. 有与充装和管理相适应的充装设备、检测手段、场地厂房、器具、安全设施

C. 有健全的充装管理制度、责任制度、处理措施

D. 有使用单位领导同意

72. 在设备预算编制过程中，需要考虑（　）。

A. 设备需求　　B. 成本估计

C. 更新周期　　D. 市场趋势

E. 技术升级

73. 应该切实做好设备（　）等日常工作。

A. 建档　　　B. 使用

C. 转让　　　D. 事故处理

74. TPM（全面生产保全）追求的目标是（　）。

A. 故障零化　　　B. 不良零化

C. 成本零化　　　D. 事故零化

75. 起重机械，如（　）等，应安置平稳牢固，并设有制动和逆止装置。

A. 绞磨　　　B. 汽车吊

C. 卷扬机　　　D. 手摇绞车

76. 编制设备润滑标准时，班组长应提醒设备润滑标准编制人员注意，协助编制人员完善设备润滑标准，具体要求为（　）。

A. 新增设备或当设备由于技术改良原因更改润滑部位或改变润滑方式时，应相应增补和修改润滑标准

B. 新增设备或当设备由于检修等原因更改润滑部位或改变润滑方式时，应相应增补和修改润滑标准

C. 通过 PDCA（全面质量管理）工作循环，不断完善设备润滑标准

D. 首先编制设备部件补油标准和更换油脂标准，然后编制化验油的标准。一般对容积大于 500 升的供油部位要进行油化验

E. 凡改用新油种或替代油种，必须经上级权威部门审批

77. 润滑油脂的主要质量指标有黏度、闪点、（　）、酸值、凝点、滴点、锥入度等。

A. 机械杂质　　B. 冰点

C. 硬度　　D. 水分

78. TPM 的目标可以概括为四个“零”，即（　）。

A. 停机为零　　B. 废品为零

C. 事故为零　　D. 速度损失为零

79. 特种设备主要包括：涉及生命安全、危险性较大的锅炉、压力容器、压力管道、电梯、门式起重机、桥式起重机、（　）等。

A. 汽车起重机

B. 塔式起重机

C. 公路架桥机

D. 铁路客运专线箱梁制运架设备

80. 设备更新可分为（　）。

A. 技术更新　　B. 物质更新

C. 原型更新　　D. 外观更新

81. 设备维护计划的内容包括（　）。

A. 委外维护与保养设备的预算

B. 维护与保养的注意事项

C. 维护与保养的步骤和操作指南

D. 维护与保养的期限

E. 维护与保养项目及具体要求

F. 责任单位和责任个人

82. 电梯、客运索道、大型游乐设施的运营使用单位应当将电梯、客运索道、大型游乐设施的（　）置于易于为乘客所注意的显著位置。

A. 安全使用说明　　B. 安全注意事项

C. 警示标志　　D. 维修保养记录

83. 厂家技术人员参加现场设备调节器试工作前，设备运行管理单位应告知（　）。

A. 安全注意事项　　B. 现场危险点

C. 有关技术要求　　D. 现场电气设备接线情况

84. 吊车起吊重物后，不允许（　）。

A. 重物在空中长时间停留　　B. 在重物下方经过

C. 上升、下降　　D. 斜拉歪拽

85. 负责特种设备安全监督管理的部门对依法办理使用登记的特种设备应当建立完整的（　）。

A. 特种设备操作人员档案　　B. 特种设备安全管理人员档案

C. 监督管理档案　　D. 信息查询系统

86. 设备的技术性能是技术规格、（　）、运行参数、工艺规范、生产能力的总称。

A. 精度等级　　B. 利用时率

C. 结构特性　　D. 修保能力

87. 班组设备使用管理的原则包括（　）。

A. 适当安排设备任务　　B. 合理配备操作人员

C. 创造良好运转环境　　D. 严格执行作业制度

88. 设备使用的“三好”是指（　）、修好设备。

A. 管好设备　　B. 用好设备

C. 买好设备　　D. 养好设备

89.（　）属于运动危险因素。

A. 运动中的金属接头　　B. 运转中的带链

C. 升降中的工作台　　D. 咬合运转中的齿轮

90.（　）时，安全阀应当离线检查。

A. 安全阀校验有效期已经到期

B. 在线运行时，安全阀出现故障或者性能不正常

C. 安全阀从被保护设备上拆卸

D. 以上都不是

91. 安全阀在线检测的方法有（　）。

A. 采用被保护系统及其压力进行试验

B. 采用其他压力源进行试验

C. 采用辅助开启装置进行试验

D. 以上都不是

92. 对安全阀校验的介质要求是（　）。

A. 用于蒸汽的安全阀，其试验需要用蒸汽进行，当试验装置能力有限时，如果可以在安装后进行调试，可以用空气代替蒸汽进行试验

B. 用于空气或者其他气体的安全阀，其试验可以用空气进行

C. 用于液体的安全阀，其试验可以用水进行

D. 以上都不是

93. 计量（测量）设备管理基本要求有（　）。

A. 必须在规定检定周期内正确使用，并纳入日常点检管理

B. 出现故障时必须立即安排处理，确保精度等级

C. 新更换的计量（测量）设备必须首检或校验合格才能使用

D. 以上都不是

94. 设备综合效率 OEE 跟（　）有关。

A. 时间开动率　　B. 性能开动率

C. 合格品率　　D. 以上都不是

95. 行车是生产现场常见的空中吊运设备。作为一名行车工，必须严格遵守行车操作安全管理制度，坚决做到“十不吊”。以下属于“十不吊”的内容是（　）。

A. 指挥信号不明、重量不明、光线暗淡不吊

B. 工件下站人或工件上面放有活动物的不吊

C. 埋在地下的物件不吊

D. 以上都不是

96. 设备异动应包含（　）。

A. 异动依据

B. 改变前后接线方式及附图

C. 改变前后的设备规范、容量、电压等级和编号

D. 异动执行人、异动执行日期、异动情况确认人等

97. 设备故障诊断的方法有（　）。

A. 振动诊断法　　B. 声学诊断法

C. 油液分析技术诊断法　　D. 音波诊断法

98.（　）等防火、防爆重点场所的照明、通风设备应采用防爆型。

A. 开关室　　B. 蓄电池室

C. 油罐室　　D. 油处理室

99. 设备检修计划的内容，一般由（　）构成。

A. 产品作业线设备的停产检修计划

B. 普通作业线设备（包括备用机组等）的不停产检修计划

C. 维修工程以外（如安全部门要求的）委托项目的设备停产检修计划

D. 预测设备故障（如解体、精密点检）而设定的设备停产检修计划

100. 设备寿命可分为（　）。

A. 自然寿命　　B. 技术寿命

C. 经济寿命　　D. 原型寿命

101. 一般来说，设备可分为（　）。

A. 管理设备　　B. 动力设备

C. 生产设备　　D. 运输设备

102. 企业应建立从设计审查、（　）、周期检验、现场抽测、技术改造直至报废等全过程、全方位的技术监督管理制度，规范技术监督工作。

A. 订购验收　　B. 设备监造

C. 安装调试　　D. 运行维护

103. 设备用油“三过滤”是（　）。

A. 入库过滤　　B. 发放过滤

C. 旁路过滤　　D. 在线过滤

E. 加油过滤

104. 机器设备应随时保持干净、（　），岗位周围的环境也应定期（　）。

A. 清洁　　B. 清扫

C. 整顿　　D. 整理

105. 班组设备维护保养必须（　）。

A. 经常对操作人员进行爱护设备的教育

B. 合理地安排设备的生产任务

C. 配备好合格的操作人员

D. 制定一套合理的、切实可行的规章制度

106. 制造部门在自主保养活动中要承担下列（　）的业务。

A. 清洁、点检、加油、紧固

B. 掌握进行设备日常管理的技能

C. 从专业的角度出发，进行设备的维持管理、故障修理、定期维护、性能测定等活动

D. 致力于引进性能优良设备的 MP 活动

107. TPM 活动八大支柱是：（　）、初期管理、质量改善、环境改善、事务改善、人才培养。

A. 自主保全　　B. 彻底的 5S 活动

C. 个别改善　　D. 专业保全

108. 生产工具管理工作方法中，专用型工具的具体管理方法包括（　）。

A. 专用型工具是用来加工某种特种零件的工具，其管理方法基本上和通用工具的管理方法相同

B. 专用工具一般由生产制造企业自行进行设计、制造

C. 对于在使用中发现的问题，要向上级报告，以便进一步修正

D. 专用型工具与通用性工具管理要求、管理方法完全一致

E. 不同的专用工具，有特殊的管理要求，车间要按工具特

性的要求进行管理

F. 首次制造的专用工具，使用前必须经过技术验证合格，由质量管理部门发给工装产品合格证

109. 刀具磨损管理常用的方法有（　）。

A. 时长管理　　B. 目视管理

C. 加工数量管理　　D. 自働化预测管理

110. 设备管理指标分为（　）。

A. 设备性能维护和发挥类指标

B. 设备维护成本及生产损失类指标

C. 维修组织管理类指标

D. 综合评价类指标

111. TPM 第三个管理思想就是全员参与经营，体现在（　）。

A. 提高组织成员的能力

B. 为提高热情而活跃组织

C. 改善经营外部环境

D. 组织成果的最大化

112.《特种设备安全法》规定，（　）应当按照国家有关规定取得相应资格，方可从事相关工作。

A. 特种设备安全管理人员

B. 检测人员

C. 作业人员

113. 计划保全的基本概念体系中，提高设备效率的活动是（ ）。

A. 自主保全活动

B. 延长设备平均无故障工作时间的活动

C. 缩短设备平均无故障工作时间的活动

114. 我国的设备管理和维修工作取得了不小的进步，但与国际水平和国内经济发展形势相比，还相差较远，主要表现在（ ）。

A. 企业设备陈旧落后的情况相当严重。设备更新速度十分缓慢，设备带病运转和失修的情况还较普遍

B. 对生产与维修的辩证关系认识不足。重生产轻维修，重使用轻管理，放松基础工作的倾向仍然存在，使得设备检修质量下降，直接影响了安全生产和产品质量的提高

C. 片面地追求产值、速度和利润指标，挤掉正常生产维修和设备大修计划，设备失修和拼设备的短期行为还是存在

D. 设备管理措施不落实，设备管理专业人员不足。对新设备、新技术的操作人员、维修人员的技术培训工作做得不够

115. 在规划设备引进时应注意（ ）。

A. 配套性　　B. 维修条件

C. 运输、安装、验收　　D. 涉外法规

116. 设备是现代工业生产活动不可或缺的器具，这里所述的设备

是指企业在生产过程中使用的机器、工具及它们的混合体，通常企业一般使用的设备类型有（ ）。

A. 直接生产设备　　B. 辅助生产设备

C. 办公设备　　D. 生活设备

117. 班组生产现场中要使用的设备主要有（ ）。

A. 操作设备，如机床、打包机、自动插件机等

B. 计测器，用于品质判定的测量用具

C. 工具，如电钻、扳手

D. 工装夹具

118. 在规划设备的技术方案时，针对企业今后各个时期的发展目标，可将各种设备区分为（ ）。

A. 在开发产品的品种、系列时能继续使用的设备

B. 经调整和改装后可以适应企业开发的设备

C. 不能适应企业开发而必须更换的设备

D. 待添置的新设备。

119. 设备技术性能的先进与落后，主要表现在（ ）。

A. 设备精度的高低及其保持性，指对产品质量要求的满足程度及其稳定性

B. 设备生产效率的高低，即在单位时间内生产合格品数量的多少

C. 设备的工作能力（出力）与能耗水平比率的高低

D. 设备可靠性和维修性的优劣，即平均故障间隔期和平均修理时间的长短。

120. 设备管理准备阶段的 4S 管理包括（　）。

A. 对零乱设备进行整理　　B. 对设备进行标识整顿

C. 对设备进行定期清扫　　D. 对设备整体进行清洁。

判断题

1. 对设备集中停放场地，要加强防火、防洪措施，并组织看守防盗。(　　)

A. 正确　　　　B. 错误

2. 企业为了追求更大的效益，生产规模越来越大，所用的设备日趋大型、精密、复杂，固定资产所占的比重日益增大，设备的使用维修费用在产品成本中占了很大份额。因此，设备规划就成了企业技术上至关重要的大事。(　　)

A. 正确　　　　B. 错误

3. 设备前期管理是从设备规划到设备运行初期阶段的管理工作，包括设备规划、设计、制造、选型、购置、安装调试、验收等。(　　)

A. 正确　　　　B. 错误

4. 电机是电—机能量转换的装置。(　　)

A. 正确　　　　B. 错误

5. 双吊钩起重机在主副钩换用时，两钩在达到相同高度后，不准再同时开动两个钩。(　　)

A. 正确　　　　B. 错误

6. 班组长不能把设备保持良好状态的希望完全寄托在专业维修上，因为专业维修一般只处理班组内无法处理的设备故障。(　　)

A. 正确　　　　B. 错误

7. 企业中有设备维修部门，设备保养不仅是他们的职责，还是全体员工的职责。(　)

A. 正确　　B. 错误

8. 容易碰到的、裸露的带电体及机械外露的转动和传动部分，需加装防护罩或遮拦防护。(　)

A. 正确　　B. 错误

9. 闭合主电源前应使所有的控制手柄置于零位。(　)

A. 正确　　B. 错误

10. 低压带电作业应设专人监护，使用有绝缘柄的工具。(　)

A. 正确　　B. 错误

11. 设备有形磨损分三个阶段：初期磨损阶段、正常磨损阶段、剧烈磨损阶段。(　)

A. 正确　　B. 错误

12. 设备运转过程中可能产生的公害有粉尘与有害气体、噪声与振动、废液、废渣、电磁波与电离辐射。(　)

A. 正确　　B. 错误

13. 在初期磨损阶段，设备处于最佳运行状态，操作者应严格按照操作规程来操作，注意设备的保养，尽量延长该阶段，使设备发挥最大效用。(　)

A. 正确　　B. 错误

14. 设备安全操作不仅可以保持设备良好的技术状态，防止发生

非正常磨损和突发性故障，同时还可延长设备使用寿命，提高设备使用率，从而保障设备的安全运行，提高企业的经济效益。(　)

A. 正确　　B. 错误

15. 定期点检通常是检查振动、温升、磨损、异音、电压、电流等内容。(　)

A. 正确　　B. 错误

16. 精益生产既追求制造设备的高度自动化和现代化，也强调对现有设备的改造和根据实际需要采用先进技术。(　)

A. 正确　　B. 错误

17. TPM 仅仅是关于设备管理的理论。(　)

A. 正确　　B. 错误

18. 移动模架制梁，模架拼装作业支腿、主梁、横联应及时连接，并按规定设置爬梯、人行通道及栏杆。(　)

A. 正确　　B. 错误

19. 只要提高设备的设计制造质量，就可以彻底解决漏油问题。(　)

A. 正确　　B. 错误

20. 设备故障一般是指设备失去或降低其规定功能的事件或现象，表现为设备生产运行异常，设备的某些零件失去原有的精度或性能等。(　)

A. 正确　　B. 错误

21. 按设备的重要程度，可将设备分为一般设备与关键设备两大类。(　)

A. 正确　　B. 错误

22. 起重机工作结束后，臂杆、吊钩应置于规定方位，稳中有降控制操作杆拨回零位，轨道式起重机固定制动装置，切断电源。(　)

A. 正确　　B. 错误

23. 预防性保养的原则是防缺陷。(　)

A. 正确　　B. 错误

24. 设备安装确认过程中，应检查设备上计量仪表的校准证书及有效期和安装位置。(　)

A. 正确　　B. 错误

25. 设备是为保证正常生产所配置的技术装备、仪器、仪表和试验、检测、控制设施等的总称。(　)

A. 正确　　B. 错误

26. 严禁随意撤除设备设施的安全装置、仪器、仪表、警示装置。(　)

A. 正确　　B. 错误

27. 常用油润滑装置有油嘴、油杯、油毡、油泵、油枪、油壶等。(　)

A. 正确　　　　B. 错误

28. 设备状态的“四个保持”是保持设备的外观整洁、保持设备的结构完整、保持设备的性能和精度、保持设备的自动化程度。(　)

A. 正确　　　　B. 错误

29. 发现微小缺陷的方法，主要是在设备出现故障后发现。(　)

A. 正确　　　　B. 错误

30. 自主保全样机是选定外表比较脏的设备，不用考虑设备故障的多少。(　)

A. 正确　　　　B. 错误

31. 设备管理常态化以能够快速地实施点检、润滑、紧固等日常保养工作为目的，达到设备 0 故障。(　)

A. 正确　　　　B. 错误

32. 在对设备进行评估时，应将现场设备作为评价的重点。(　)

A. 正确　　　　B. 错误

33. 工作前要认真检查设备所使用工具的状态，设备异常不严重情况下可以继续作业。(　)

A. 正确　　　　B. 错误

34. 开工前应对检测设备进行点检、确认。(　)

A. 正确　　　　B. 错误

35. 工具物料遗失，对齿轮箱、轴箱、联轴节、牵引电机等关键

部件内部的复核确认，班组应拍照或拍摄视频留存。(　)

A. 正确　　B. 错误

36. 设备安装完成后，对于大型关键设备，企业需由主管副总建立调试小组负责其调试验收工作，班组长应积极参与调试验收工作，熟悉设备情况。(　)

A. 正确　　B. 错误

37.《特种设备安全监察条例》规定，特种设备检验检测机构所从事的特种设备检验检测工作应当符合安全技术规范的要求。(　)

A. 正确　　B. 错误

38. 巡回检查时不仅要查设备，也要查安全设施是否完整齐全。(　)

A. 正确　　B. 错误

39. 对不同级别设备的维护水平是不同的，对企业的精密、大型、稀有、关键设备以及企业自己划分的重点设备应在日常管理、维修、润滑等方面制定专门的管理标准。(　)

A. 正确　　B. 错误

40. 在安排处理每台设备缺陷前，必须有相应的措施，明确专人负责，以免缺陷扩大。(　)

A. 正确　　B. 错误

41. 安全光栅破损、在危险的位置作业属于设备、环境的异

常。(　)

A. 正确　　　　B. 错误

42. 外协队伍设备进场，需验收的内容包括：设备的种类、规格、数量是否满足施工需要，以及操作人员是否有相应的操作证。(　)

A. 正确　　　　B. 错误

43. 生产班组长在进行设备安全检查维护时，可在全面生产维修制的基础上，采用三级保养与大修组合、三级保养与小修和大修组合，以及三级保养与小修、中修和大修组合等多种组合方式，保证设备安全检查维护的科学性和有效性。(　)

A. 正确　　　　B. 错误

44. 设备效能指设备的生产效率和功能，衡量设备效能的指标随设备种类不同而异。(　)

A. 正确　　　　B. 错误

45. 接班人员应提前 30 分钟进入施工现场，了解工作内容及工作环境，并对设备进行检查，认真查阅运行日志，询问当班人员设备的运行情况。(　)

A. 正确　　　　B. 错误

46. 对于床身长度大于 8 米的机床调整水平时，可先经过“自然调平”，使导轨的偏差调至允许偏差 2 倍的范围内，而后可借助紧固地脚螺栓等方法强制机床达到精度的要求。(　)

A. 正确　　　　　　　　　B. 错误

47. 吊钩起升后，在空间允许的条件下尽量将重物起升到最高处。(　)

A. 正确　　　　　　　　　B. 错误

48. “四懂、三会”是指：懂原理、懂结构、懂性能、懂检修，会使用、会保养、会排除故障。(　)

A. 正确　　　　　　　　　B. 错误

49.《液化气体铁路罐车安全管理规程》规定，罐体停用时间超过一年者，使用前应按中修内容进行检验。(　)

A. 正确　　　　　　　　　B. 错误

50. 起重工应取得特种设备作业操作证。(　)

A. 正确　　　　　　　　　B. 错误

51. 设备在实际运作中，有形磨损和无形磨损必然同时发生，并且相互影响。(　)

A. 正确　　　　　　　　　B. 错误

52. 在每周工作开始之日，司机应试验所有控制装置。(　)

A. 正确　　　　　　　　　B. 错误

53. 可视化管理不可用于 TPM。(　)

A. 正确　　　　　　　　　B. 错误

54. 设备修理方式也称设备维修方式，它具有设备维修策略的定义。较普遍的维修方式有预防维修和事后维修，预防维修方

式又分为状态监测维修和定期维修。(　)

A. 正确　　B. 错误

55. 设备管理的目的是减少设备事故的发生，保持、提高设备的性能、精度，降低维修费用，提高企业的生产能力和经济效益。(　)

A. 正确　　B. 错误

56. 自主维修活动首先要从简单的开始做起，进行简单的修理、调整等作业。(　)

A. 正确　　B. 错误

57. 设备的润滑方式有油质润滑、固体润滑、气体润滑。(　)

A. 正确　　B. 错误

58. 设备管理不需要数据。(　)

A. 正确　　B. 错误

59. 应在不降低设备性能的基础上尽可能减少投入在设备上的各种间接费用。(　)

A. 正确　　B. 错误

60. 安全防护装置如发现损坏，应将它拆除。(　)

A. 正确　　B. 错误

61. 推进点检标准化作业的八项标准化，即：①基准标准规范化；②行为动作规范化；③安全工作标准化；④管理方法标准化；⑤工作时间标准化；⑥工作程序标准化；⑦服装标志标准化；

⑧礼仪环境标准化。(　)

A. 正确　　B. 错误

62. 对生产作业现场的安全设施所使用的机械设备要经常检查，做好日常维护保养。(　)

A. 正确　　B. 错误

63. 大型吊装设备试验前应做一般技术检验、空载试验、额定荷载及超载试验，在试验前先对整机的外观进行全面检查，看润滑油是否充足，机件的装配是否牢固，操作装置与试验项目是否符合要求。(　)

A. 正确　　B. 错误

64. 未经定期检验或检验不合格的特种设备，不得继续使用。(　)

A. 正确　　B. 错误

65. 设备操作前“三违”分别指：违章操作、违章急停、违反劳动纪律。(　)

A. 正确　　B. 错误

66. 在易燃易爆场所严禁打手机或明火作业。(　)

A. 正确　　B. 错误

67.《液化气体汽车罐车安全监察规程》适用的液化气体汽车罐车罐体的气压试验时，对环境温度有专门要求。(　)

A. 正确　　B. 错误

68. 工程中描述螺纹连接拧紧程度的指标是力矩。(　)

A. 正确　　　　　　　　B. 错误

69. A 类设备检修的含义是主要生产设备和对主要生产设备有直接影响的辅助设备的大中修或年修。(　)

A. 正确　　　　　　　　B. 错误

70. 一般润滑油的使用温度必须比凝固点高 5～10 摄氏度，最高工作温度应低于闪点 20～30 摄氏度；一般润滑脂的滴点应比工作温度高 15～20 摄氏度。(　)

A. 正确　　　　　　　　B. 错误

71. 设备定修的策略是通过点检手段，确定定期检修的周期。(　)

A. 正确　　　　　　　　B. 错误

72. 设备的更新改造要根据设备的技术更新来进行。(　)

A. 正确　　　　　　　　B. 错误

73. 设备现场“五不缺”的内容是保温油漆不缺、螺栓手轮不缺、门窗玻璃不缺、灯泡灯罩不缺、地沟盖板不缺。(　)

A. 正确　　　　　　　　B. 错误

74. 润滑的目的是减少摩擦，降低磨损。(　)

A. 正确　　　　　　　　B. 错误

75. 起重用钢丝绳或吊链夹角必须不大于 120 度。(　)

A. 正确　　　　　　　　B. 错误

76. 岗位日常点检通常由运行人员负责日常的点检，发现异常，排除小故障，开展小维修，即防止设备事故发生的第一层防护线。(　)

A. 正确　　　　B. 错误

77. 润滑作业标准中，规定了给油脂作业的基本事项，包括“润滑五确定”，即确定该加油脂的点、确定润滑油脂的品种、确定加油脂的程度、确定加油换油的时间、确定实施润滑作业的人。(　)

A. 正确　　　　B. 错误

78. 操作人员上班时要对设备进行检查和加油，下班时可以不用清扫设备，按润滑图表要求进行润滑即可。(　)

A. 正确　　　　B. 错误

79. 应依据动态资料，列出设备薄弱环节，按时组织审理，确定当前应解决的项目，提出改进方案。(　)

A. 正确　　　　B. 错误

80. 班组长应明确认识到设备工作环境对设备运转、设备使用寿命以及对生产现场人员的重要性，了解设备布置原则和方法以及设备环境管理要求等，保证设备的正常运行，避免设备发生因设备环境原因造成的故障和事故。(　)

A. 正确　　　　B. 错误

81. 检修项目的安全协议由 A 类重点检修项目的安全协议设备管

理部门组织签订，其余检修项目的安全协议由设备所属单位组织签订。(　　)

A. 正确　　　　　　　　B. 错误

82. 整个设备的生命周期应该建立各项管理制度和责任制度，做到科学地管理。(　　)

A. 正确　　　　　　　　B. 错误

83. 特种设备安装（拆除）方案应包括安装（拆除）程序、安全措施、人员（附有质监部门发放的有效操作证的复印件）、机具配备及后勤保障和制定应急预案。(　　)

A. 正确　　　　　　　　B. 错误

84. 脚手架、安全网要由持证架子工搭设安装，并经专业人员（或工作领导人）验收认证合格方可使用。(　　)

A. 正确　　　　　　　　B. 错误

85. 压力容器的故障现象共有 6 种，分别为超压、超温、异常泄漏、异常振动或声音、安全阀失效、液面计假液位。(　　)

A. 正确　　　　　　　　B. 错误

86. 定期检修、状态检修、故障检修、改良性检修都是方案内的检修。(　　)

A. 正确　　　　　　　　B. 错误

87. 低压电气工器具应指定专人管理，定期试验检查，使用时应按有关规定接好漏电保护器和接地。(　　)

A. 正确　　　　　　　　B. 错误

88. 自主维护的第一步骤是：初期清扫。(　)

A. 正确　　　　　　　　B. 错误

89. 液压系统中油液的温度越高，系统就越容易产生泄漏。(　)

A. 正确　　　　　　　　B. 错误

90. 机械操作人员必须听从指挥，端正服务态度，保证作业质量，并对机械设备进行定期安全检查，如发现有故障，应立即停止使用，以确保设备和操作人员的安全。(　)

A. 正确　　　　　　　　B. 错误

91. 数控机床导轨按摩擦性质的不同可分为滑动导轨、滚动导轨和静压导轨。(　)

A. 正确　　　　　　　　B. 错误

92. 日常点检与定期点检都是由专业点检员完成。(　)

A. 正确　　　　　　　　B. 错误

93. 设备管理规程包括设备操作规程、设备使用规程、设备维护规程等。班组长应该了解这些规程，并按规程检查和监督员工的作业情况。(　)

A. 正确　　　　　　　　B. 错误

94. 改良性检修是指对设备先天性缺陷或频发故障，按照当前设备技术水平与开展趋势进展改造，从根本上消除设备缺陷，以提高设备的技术性能与可用率，并结合检修过程实施的检

修方式。(　)

A. 正确　　　　B. 错误

95. 设备分类是设备定修策略的基础工作，一般按 A、B、C 三类进行划分。(　)

A. 正确　　　　B. 错误

96. 在设施使用管理中，新购设备精度足够，在使用前不需要校验。(　)

A. 正确　　　　B. 错误

97. 设备维修规范的三大要素有维修流程规范化、维修技术标准化、维修质量验收标准化。(　)

A. 正确　　　　B. 错误

98. 临时借用工具的归还时间为借用后的第二天中午 12 点前，如遇借用人休假需在休假前归还所借工具。(　)

A. 正确　　　　B. 错误

99. 在设备维修工作中，为了减少停机时间，必须事先采购、加工并储备好各种零（部）件，用于替换故障或劣化件以恢复设备原有性能，这些零（部）件统称为备件。(　)

A. 正确　　　　B. 错误

100. 点检管理包括点检标准的编制、点检方案的编制与实施、点检实绩的记录与分析、点检工作台账。(　)

A. 正确　　　　B. 错误

101. 设备的清扫就是对设备外表、设备内部易污染部位进行灰尘、铁屑、油污的处理。(　)

A. 正确　　B. 错误

102. 故障分析前，班组长应汇总记录故障的各种报表，与相关人员一起分析设备故障原因。班组长在查找故障具体原因时，可采用故障树分析法进行调查分析。(　)

A. 正确　　B. 错误

103. 设备 TPM 是设备维护保养，由设备管理部门牵头推进，与品质改善的关系不大。(　)

A. 正确　　B. 错误

104. 自检、互检、专检称为“三检制”。(　)

A. 正确　　B. 错误

105.《液化气体汽车罐车安全监察规程》规定，液化气体汽车罐车罐体气压试验时，应采用连续加压的方法以维持检查期间压力不变。(　)

A. 正确　　B. 错误

106. 设备完好率 = 设备完好台数 / 设备总台数。(　)

A. 正确　　B. 错误

107. 全过程设备管理就是将设备的整个生命周期作为一个整体进行综合管理。(　)

A. 正确　　B. 错误

108. “两不见天、三不落地”的“两不见天”是指油料储存不见天、清洗过的精密机件不见天。(　)

A. 正确　　B. 错误

109. 设备委托维修验收是保证班组设备维修后达到规定的质量标准、减少返工维修、降低返修率的重要环节。设备维修班组在验收时一定要严把质量关，按设备精度标准验收，及时发现质量问题并在维修作业现场解决。(　)

A. 正确　　B. 错误

110. 设备事故修复费在 50 万元及以上属特大设备事故。(　)

A. 正确　　B. 错误

111. 涉及放射工作场所和放射性同位素材料运输、贮存的企业，应配置防护设备和报警装置，为接触放射线的从业人员佩戴个人剂量计。(　)

A. 正确　　B. 错误

112. 为防止焊工受到弧光伤害，焊接时必须使用镶有特别防护镜片的面罩，并按照焊接电流的强度不同选用不同型号的滤光镜片。(　)

A. 正确　　B. 错误

113. 年修是指检修周期较长（一般在一年以上）、检修日期较长（一般为几十天）的停机检修。(　)

A. 正确　　B. 错误

114. 设备定修推行“方案值”管理方式，方案值的制定基于各级设备管理人员日常工作的积累，要求方案命中率逐步提高。(　)

A. 正确　　B. 错误

115. 手持电动工具使用前应做好安全点检，防护罩、电源插头应完好。(　)

A. 正确　　B. 错误

116. 设备管理必须以效益为中心，坚持依靠技术进步，促进生产发展和预防为主的方针。(　)

A. 正确　　B. 错误

117. 卷扬机卷筒转动时，严禁用手拉、脚踩的方式排列钢丝绳。(　)

A. 正确　　B. 错误

118. 为了谋求生存和发展，企业总是想方设法降低生产成本，具体的做法就是在保证生产正常进行的条件下，降低生产设备的损耗，合理使用和延长生产设备的使用寿命，降低生产设备在制造、采购、维修保养等方面的费用和成本。(　)

A. 正确　　B. 错误

119. 日常点检是由操作工人按规定标准，以五官感觉为主，对设备各部位进行技术状况检查的设备状况管理维修方法。(　)

A. 正确　　B. 错误

120. 设备定修就是我们传统意义上的定期方案检修。( )

A. 正确　　B. 错误

121. 从价值观点出发，设备从投入使用到它的经济效益低于新设备所经历的时间，称为经济寿命或最佳更新期。( )

A. 正确　　B. 错误

122. 对于露天工作的轨道式起重机，为了防止大风吹起起重机，应在起重机上配备夹轨器。( )

A. 正确　　B. 错误

123. 班组应当在有较大危险因素的有关设施、设备上设置明显的安全警示标志。( )

A. 正确　　B. 错误

124. 专职点检员高级水平指：具有较高的专业技术水平，能用管理新模式的理论来指导点检业务发挥个人的独创性，能制定出分管设备开拓性的管理规划和实施方案。( )

A. 正确　　B. 错误

125. 专职点检员初级水平指：具有点检岗位必要的基础知识，能根据具体的计划实施简单的点检业务。( )

A. 正确　　B. 错误

126. 高度尺主要用于划线，装上测量爪可以测量高度尺寸，装上指示表可以测量工件的形状误差。( )

A. 正确　　B. 错误

127. 一般来说，一部机器由标准件和非标件组成。(　)

A. 正确　　B. 错误

128. 设备的维修方式一般有预防维修和事后维修。(　)

A. 正确　　B. 错误

129. 设备在使用或闲置过程中，会发生两种形式的磨损：有形磨损和无形磨损。(　)

A. 正确　　B. 错误

130. 设备使用维护制度是班组安全管理的基本制度之一。(　)

A. 正确　　B. 错误

131. 员工做好每日的基本点检是 TPM 实施的关键。(　)

A. 正确　　B. 错误

132. 班组设备管理制度中要求职工做到“四会”，即会使用、会养修、会监督、会排除故障。(　)

A. 正确　　B. 错误

133. 电器公司设备定修策略中的设备分类中，A 类设备是指该设备损坏后，对生产、质量或其他重要设备的安全构成严重威胁或直接影响公司正常生产秩序的设备。(　)

A. 正确　　B. 错误

134. 为评价生产现场设备维护相关责任人的工作效果，生产班组长应建立设备维护绩效评价体系，保证设备维护绩效评价的科学性、合理性，为设备维护工作的改进提供资料和依

据。（ ）

A. 正确　　B. 错误

135. 设备的维护保养的主要工作有三种：检修、保养、维护性修理。（ ）

A. 正确　　B. 错误

136. 设备使用“三好”中的“修好设备”是指设备操作工人要配合维修工人修理设备，及时排除设备故障。（ ）

A. 正确　　B. 错误

137. 调试过程是对设备安装参与各方成果的综合检验，各班组使用设备的人员较多，应组织所有人员进行设备全系统的试运行、投料试车、性能保证试验等设备调试工作。（ ）

A. 正确　　B. 错误

138. 工具物料遗失，如无法准确确认相关信息，需将信息掌握清楚后再汇报。（ ）

A. 正确　　B. 错误

139. 生产班组长应针对设备伤害制定预案，以保证生产现场发生设备伤害情况时，能够快速、有序地进行事故处理。（ ）

A. 正确　　B. 错误

140. 设备清洁是指将设备的整理、整顿、清扫工作制度化和规范化，并贯彻实施及维持成果，使设备保持干净整洁。（ ）

A. 正确　　B. 错误

141. 企业设备更新规划的制定工作是在企业主管副总或总工程师的直接领导下，以设备管理部门或设备动力部门为主，企业规划、技术、生产、计划、财务部门参与和配合而进行的。(　)

A. 正确　　　　B. 错误

142. 班组设备委托维修是指由于企业的维修条件或维修能力不能满足维修任务的要求，或者从企业经济效益方面考虑，自行修复不如委托修复更为经济合算时，将维修任务委托给其他单位进行的维修。(　)

A. 正确　　　　B. 错误

143. 运用现代化管理手段保证设备始终处于安全、经济运行状态，确保固定资产保值增值，是公司总工程师的职责。(　)

A. 正确　　　　B. 错误

144. “三会”的技术要求是会使用、会维护保养、会排除故障。(　)

A. 正确　　　　B. 错误

145. 特种设备检验检测机构，应当具备与所从事的检验检测工作相适应的检验检测人员，与所从事的检验检测工作相适应的检验检测仪器和设备，健全的检验检测管理制度、检验检测责任制度。(　)

A. 正确　　　　B. 错误

146. 设备的故障包括功能停止型故障和功能低下型故障。(　　)

A. 正确　　B. 错误

147. 在使用清洁设备时，应做好漏电、防滑等安全防护措施。(　　)

A. 正确　　B. 错误

148. 班组长负责编写、修订所有部门设备使用、维护、保养的安全管理制度。(　　)

A. 正确　　B. 错误

149. 设备的全过程管理必须以降低成本最佳为目标，这是有别于只管理维修一段的传统设备管理的主要标志。(　　)

A. 正确　　B. 错误

150. 特种设备检验检测机构和检验检测人员对检验检测结果、鉴定结论负责。(　　)

A. 正确　　B. 错误

151. 设备使用“三好”中的“管好设备”是指操作者应负责保管好自己使用的设备，未经领导同意，不准其他人操作使用。(　　)

A. 正确　　B. 错误

152. 设备使用的基本原则是“三好”“四会”、五项纪律。(　　)

A. 正确　　B. 错误

153. 设备不需要每天清扫，因为设备本来就是脏的。(　　)

A. 正确　　B. 错误

154. 设备润滑中“三级过滤”是：一级进油桶，二级进油壶，三级进加油点。(　)

A. 正确　　B. 错误

155. 设备点检标准是点检工作的重要技术文件，点检标准制定得是否合理，直接影响设备点检的质量。(　)

A. 正确　　B. 错误

156.《锅炉压力容器使用登记管理办法》规定，安全状况等级中所述缺陷，是制造该压力容器最终存在的状态。如缺陷已消除，则以消除后的状态，确定该压力容器的安全状况等级。(　)

A. 正确　　B. 错误

157. 设备操作前的三紧指：袖口紧、下摆紧、衣领紧。(　)

A. 正确　　B. 错误

158. 企业设备管理的主要任务是对设备进行综合管理，保持设备完好，不断改善和提高企业装备素质，充分发挥设备效能，取得良好的投资效益。(　)

A. 正确　　B. 错误

159. 交接班制度是机械设备安全生产的重要环节，必须严肃认真，一丝不苟。(　)

A. 正确　　B. 错误

160. 各班组设备使用人员要协助设备润滑标准编制人员，依据设备使用说明书、同类设备资料以及工厂或企业有关技术部门推荐的设备润滑使用技术，编制设备润滑标准。（　）

A. 正确　　B. 错误

161. 液化气体罐车发生交通事故，导致罐体上的阀门损坏、介质泄漏，属于特种设备事故。（　）

A. 正确　　B. 错误

162. 维修作业标准的主要内容有：修理项目的作业区域、设备名称、作业名称、作业标准、作业条件、作业工时、作业人员、使用工器具、保护用具、设备材料的要求、作业网络图、作业顺序说明、作业要求（项目）、作业内容、技术要点、安全要点、维修程序图等。（　）

A. 正确　　B. 错误

163. 各班组设备操作人员在每天设备开动和运转过程中，要随时检测设备的磨损情况，设备专门检测人员也应定时检测设备的磨损情况，保证设备正常使用，确保生产按计划顺利完成。（　）

A. 正确　　B. 错误

164. 特种设备存在严重事故隐患，无改造、维修价值，或者超过安全技术规范规定使用年限，特种设备使用单位应当及时予以报废。（　）

A. 正确　　　　　　　　B. 错误

165. 机械设备传动机构距离地面 2 米以下应设置防护罩，2 米以上可不设防护罩。(　)

A. 正确　　　　　　　　B. 错误

166. 进行 4S 管理是设备管理准备阶段最基础的工作。(　)

A. 正确　　　　　　　　B. 错误

167. 检修用电设备时必须停电、验电、做接地及挂牌操作，并设专人监护。(　)

A. 正确　　　　　　　　B. 错误

168. 温度仪表在使用现场一般采用比较法进行校验。(　)

A. 正确　　　　　　　　B. 错误

169. 机器可以自己判断异常情况，并能自动停止，而不需要人来管理，这就是带人字旁的自働化。只有这样的自働化才能达到省人化。(　)

A. 正确　　　　　　　　B. 错误

170. 开展自主维修的基础是全员工作经验一年以上。(　)

A. 正确　　　　　　　　B. 错误

171. 设备运行安全检查是设备安全管理的重要措施，是防止设备故障和事故发生的有效方法。(　)

A. 正确　　　　　　　　B. 错误

172. TPM 共同活动第一阶段的活动内容是暂订基准的制

订。(　)

A. 正确　　B. 错误

173. 点检定修制是一种科学的设备管理制度，其实质是以预防维修为基础，以点检为核心的全员维修机制。(　)

A. 正确　　B. 错误

174. 超载限制器的载荷控制系统一经调整完毕切不可擅自更动，非设备的维修人员更不可随意调整其任何部件或零件。(　)

A. 正确　　B. 错误

175. 在安装设备之前，生产现场各车间班组长应协助设备部提前确定设备具体的安装位置。(　)

A. 正确　　B. 错误

176. 只要有一支精干的设备修理队伍，修理好设备，就能保证公司正常生产，设备使用人员并不重要。(　)

A. 正确　　B. 错误

177. 施工设备使用必须严格遵守安全操作规程和适用技术条件，禁止简化操作程序或在合并适用条件下使用。(　)

A. 正确　　B. 错误

178. TSGZ7001-2004《特种设备检验检测机构核准规则》规定：鉴定评审分为首次核准的鉴定评审、换证核准的鉴定评审以及增项核准的鉴定评审。(　)

A. 正确　　B. 错误

179. 生产中，设备的正常运作与否、工具的好坏都会影响生产进度、产品质量。(　　)

A. 正确　　　　B. 错误

180. 设备一保是以操作工人为主，由维修工人辅助，按计划对设备进行的定期维护。(　　)

A. 正确　　　　B. 错误

181. 设备选型应遵循的原则是生产上适用、技术上先进、经济上合理。(　　)

A. 正确　　　　B. 错误

182. TSGR7001-2004《压力容器定期检验规则》规定，压力容器全面检验外观检查时，对于内部无法进入的容器，应当采用内窥镜或者其他方法进行检查。(　　)

A. 正确　　　　B. 错误

183. 高层次设备管理主要是指企业领导为组织实施企业发展战略而规定的设备更新、关键设备的技术改造以及重要设备的引进、购置等决策。(　　)

A. 正确　　　　B. 错误

184.《特种设备无损检测人员考核与监督管理规则》中规定：特种设备无损检测人员资格证书有效期为 4 年。(　　)

A. 正确　　　　B. 错误

185. 一些寿命即将结束的部件，要等到完全坏了才更换。(　　)

A. 正确　　　　　　　　　B. 错误

186. 制定设备自制预算，是为了采购部凭此进行采购，并控制设备设计、制造、验收交付过程中预算费用的支出，也方便财务部门据此筹措和安排所需资金，保证资金支付的准确性与及时性。(　　)

A. 正确　　　　　　　　　B. 错误

187. 已经确认报废的设备不得继续使用，应拆除回收。(　　)

A. 正确　　　　　　　　　B. 错误

188. 备件管理的目的是用最少的备件资金、合理的库存储藏，保证设备维修的需要，不断提高设备的可靠性、维修性与经济性。(　　)

A. 正确　　　　　　　　　B. 错误

189. 设备试验与负荷试验主要试验机械设备的起动性能、动力性能、经济性能、操作性能等，对试验中所发生的问题进行认真分析与处理，以便做出是否合格、能否使用的决定，试验合格后应按照技术试验记录本逐项填写，由相关人员签字即可。(　　)

A. 正确　　　　　　　　　B. 错误

190. 班组可通过全员参与、全过程控制、保全管理等方式，实现设备全生命周期管理。(　　)

A. 正确　　　　　　　　　B. 错误

191. 备件资金的核算应结合企业规模、行业特点、设备技术状态和维修情况等综合考虑。目前，企业采用的核算方法有：按设备固定资金原值的一定比例核算、按资金周转期核算、按统计数据核算、按备件卡上规定的储备定额核算。(　)

A. 正确　　　　B. 错误

192. 压力容器使用中，介质燃烧的特征为发光、发热、生成新物质；燃烧的三个必要条件为可燃物、助燃物、着火源；燃烧的种类分为闪燃、着火、自燃、爆炸。(　)

A. 正确　　　　B. 错误

193. 标准化作业主要包括标准周期时间、标准作业顺序、标准在制品存量。(　)

A. 正确　　　　B. 错误

194. 临时借用扭力扳手，在借出使用期间禁止调整扭力，当需要调整扭力时，需重新对新设置扭力进行校验后继续使用。(　)

A. 正确　　　　B. 错误

195. 拆装内部有弹簧的设备时，防止弹簧弹出伤人，不可将手插入阀门与伐座之间。如拆装自动主气门、调速气门时，应均匀地放松弹簧。(　)

A. 正确　　　　B. 错误

196. 若同一班组同一小组需要跨工位临时借用工位工具，工位所

在小组组长做好记录即可。(　)

A. 正确　　　　B. 错误

197. 局部通风机不用安装在进风巷道中。(　)

A. 正确　　　　B. 错误

198. 凡发生事故或故障隐瞒不报者，经查出后升级处理。(　)

A. 正确　　　　B. 错误

199. 人字梯须具有坚固的铰链和限制开度的拉链及防滑垫。(　)

A. 正确　　　　B. 错误

200. 锅炉、压力容器（含气瓶）、压力管道、电梯、起重机械、客运索道、大型游乐设施、市场（公司）内专用机动车辆等特种设备的作业人员及其相关管理人员统称特种设备作业人员。(　)

A. 正确　　　　B. 错误

201. 所有升降口、大小孔洞、楼梯和平台必须安装不低于 1050 毫米高的栏杆和不低于 100 毫米高的护板。(　)

A. 正确　　　　B. 错误

202. 安全带使用两年后，按批量购入情况，抽验一次，使用频繁的安全带，要经常进行外观检查，发现异常时，应立即更换。带子使用期为 3～5 年，发现异常应提前报废。(　)

A. 正确　　　　B. 错误

203. 特种设备检验检测机构和检验检测人员对涉及的被检验检测

单位的商业秘密，负有保密义务。(　)

A. 正确　　B. 错误

204. 多台起重机械的操作应制定联合起升作业计划，还应包括仔细估算每台起重机按比例所搬运的载荷。(　)

A. 正确　　B. 错误

205. 设备选型应遵循的原则是生产上适用、技术上领先、功能上要有富余。(　)

A. 正确　　B. 错误

206. 设备的点检分为三类：日常、定期、专项。(　)

A. 正确　　B. 错误

207. 设备改造通常表现为设备技术改造，是指为了提高企业的经济效益，通过采用国内外先进的技术成果，改变现有设备的性能、结构、工作原理，以提高设备的技术性能或改善其安全性和环保性，使之达到或局部达到先进水平而采取的技术改造措施。(　)

A. 正确　　B. 错误

208. 典型的 TPM 活动的八大支柱是：自主保全、计划保全、设备前期管理、个别改善、教育训练、品质保全、间接部门效率化、安全与卫生八个方面。(　)

A. 正确　　B. 错误

209. 漏电保护装置主要用于防止人身触电事故、防止漏电火灾事

故。( )

A. 正确 B. 错误

210. 起重用钢丝绳发现断股、断丝，吊链发现裂纹，吊钩发现裂纹、明显变形的情况时必须进行更换，以免发生坠落事故。( )

A. 正确 B. 错误

211. 设备修理是修复由于不同原因造成的设备损坏和精度劣化，通过修理更换已经磨损、老化和腐蚀的零部件，使设备性能得到恢复。( )

A. 正确 B. 错误

212. TPM 活动要达成灾害零化安全、故障零化设备、不良零化质量的目标。( )

A. 正确 B. 错误

213. 在日常管理工作中，用于设备备件管理的常用方法是 ABC 管理法。ABC 管理法，又称 ABC 分类法，通过对备件的品种、资金占用量、重要程度、消耗频率等因素的统计、分析，确定管理的重点对象和一般对象，分别采取不同的管理对策，以取得较高的工作效率和较好的经济效果。( )

A. 正确 B. 错误

214. 设备运行确认过程中，运转设备应由低速到高速依次提速试车，每次转速试验不少于 30 分钟，最高转速下运行不少于

2 小时，直至轴承温度稳定。(　)

A. 正确　　B. 错误

215. 无论是采用保护接地还是保护接零，每台电气设备可以单独与接地体或零线、干线连接，也可以串联。(　)

A. 正确　　B. 错误

216. 设备二保是以操作工人为主，由维修工人辅助，按计划对设备进行的定期维护。(　)

A. 正确　　B. 错误

217. 班组长在日常工作中会接触到的生产设备主要是指在企业中直接用于生产过程或直接为生产服务的机器和设备，主要包括机械设备、动力设备及传导设备等。(　)

A. 正确　　B. 错误

218. 设备生产维护的四项要求是整齐、安全、清洁、润滑良好。(　)

A. 正确　　B. 错误

219. 编制检修计划的两要点是指：企业各产品作业线设备的工序组合（哪些基层部门可以放在一起停产检修）和每次停产检修的工作量（该次停产检修所需求的机械、电气等施工的人数）。(　)

A. 正确　　B. 错误

220. 班组设备日常维护制度化主要包括定人制、定机制、定点

制、定交接班制、定时定路线制、定修制等。(　)

A. 正确　　B. 错误

221. 自投入使用之日起，设备因物质形态的磨损而丧失功能所经历的时间，称为自然寿命或使用寿命。(　)

A. 正确　　B. 错误

222. 特种设备事故发生后，应立即向上级管理部门上报，按《特种设备事故应急救援预案》开展救援，严格保护事故现场，采取措施抢救伤员和防止事故事态进一步扩大。(　)

A. 正确　　B. 错误

223. 各类设备都应有可靠的安全装置和防护设施，保证设备安全运行。(　)

A. 正确　　B. 错误

224. 点检路线图即点检作业行进的路径，无论专业点检员还是日常点检，均应有自己的点检路线图。(　)

A. 正确　　B. 错误

225. 按照《锅炉压力容器压力管道及特种设备检验人员资格考核规则》的规定，取得了锅炉、压力容器定期检验项目的检验人员，才能申报相应的监督检验项目。(　)

A. 正确　　B. 错误

226.《锅炉压力容器压力管道及特种设备检验人员资格考核规则》中规定：检验人员的检验项目分为定期检验和监督检

验。( )

A. 正确 B. 错误

227. 从事特种设备无损检测工作的人员，应当按《特种设备无损检测人员考核与监督管理规则》经资格考核，取得国家市场监督管理总局统一颁发的证件，方可从事相应方法的特种设备无损检测工作。( )

A. 正确 B. 错误

228. 设备运行的四项制度是岗位责任制、巡回检查制、润滑管理制、维护保养制。( )

A. 正确 B. 错误

229. 现场设备使用人员通过润滑设备的摩擦部分，可减少设备零部件之间的摩擦抵抗，防止烧结和磨损、减少动力的消耗，提高设备工作效率，从而提高班组生产效率。( )

A. 正确 B. 错误

230. 设备管理伴随近代大工业生产的出现而诞生。( )

A. 正确 B. 错误

231. 设备的技术磨损即设备在使用过程中自身的消耗，如某些零部件的磨损。( )

A. 正确 B. 错误

232. 设备管理对产品成本的影响，除了产量和质量因素外，还有设备的维修、动力、燃料和润滑油脂消耗等费用。( )

A. 正确　　　　　　　　B. 错误

233. 设备磨损一般分为物质磨损和技术磨损两种。其中，物质磨损又可分为运转使用的磨损和闲置过程中的磨损。(　)

A. 正确　　　　　　　　B. 错误

234. 设备运转率越高越好。(　)

A. 正确　　　　　　　　B. 错误

235. TPM 活动、自主保养活动、初期清扫活动、打扫卫生的关系是：TPM 活动就是自主保养活动，自主保养活动就是初期清扫，初期清扫目的就是打扫卫生。(　)

A. 正确　　　　　　　　B. 错误

236. “设备定号”就是按照固定资产目录为每台设备依顺序统一编号，使每台设备都有自己的固定号码。(　)

A. 正确　　　　　　　　B. 错误

237. 根据各种设备不同的性能、结构和技术特点，恰当地安排工作负荷，使设备各尽其用，避免“大机小用”“精机粗用”等现象。(　)

A. 正确　　　　　　　　B. 错误

238. 移动模架拆除要编制专项施工方案，并按方案要求设缆风绳及临时支撑。(　)

A. 正确　　　　　　　　B. 错误

239. 大车啃道是由于起重机车体相对于轨道产生歪斜运动，在运

行中产生剧烈摩擦，甚至发生铁屑剥落现象。(　)

A. 正确　　B. 错误

240. 实行执证上岗制度：所有大型设备的操作人员均执证上岗，上岗证必须是国家权威部门颁发和相关机构的、在有效期内的证件，同时操作证上的机械和实际的操作的机械应相符。(　)

A. 正确　　B. 错误

241. 带电设备着火时，应使用干式灭火器、二氧化碳灭火器等灭火，不得使用泡沫灭火器。(　)

A. 正确　　B. 错误

242. 设备管理发展的三个阶段是：事后维修阶段、预防性定期修理阶段、报废阶段。(　)

A. 正确　　B. 错误

243. 压力容器按工艺要求可分为反响容器、换热容器、别离容器、储存容器。(　)

A. 正确　　B. 错误

244. 安全锁是指使用锁来维持切断机器动力后的停止状态，防止他人误操作的措施。(　)

A. 正确　　B. 错误

245. 设备检测需要用检测工具，除此之外没有其他方法。(　)

A. 正确　　B. 错误

246. 班组设备的日常“三级保养”中班组长是负责一级保养的。( )

A. 正确　　B. 错误

247. 安全日常检查是指设备操作者、班组长、车间安全员及其他人员每天应对作业环境、设备设施、从业人员的作业行为等进行日常检查。( )

A. 正确　　B. 错误

248. 自主维修活动是全员参与的活动。( )

A. 正确　　B. 错误

249. 跨工位借出工具的归还，借用人在借用完毕后需当天及时归还至借出工位。( )

A. 正确　　B. 错误

250. 按照《安全生产法》规定，班组必须对安全设备进行经常性维护、保养，并定期检测，保证正常运转。维护、保养、检测应当做好记录，并由相关负责人签字。( )

A. 正确　　B. 错误

251. 在完成所有工具遗失调查工作后，由车间负责工具管理技术员确认工具已经遗失并填写相关资料。( )

A. 正确　　B. 错误

252. 活动人字梯两梯之间应有限制装置，撑锁固定装置牢固。( )

A. 正确　　B. 错误

253. TSGR7001-2004《压力容器定期检验规则》规定，压力容器定期检验工作包括全面检验和耐压试验。(　)

A. 正确　　B. 错误

254. TPM 小组活动一般由 3～10 人组成，小组有活动目标，目标与公司目标一致。(　)

A. 正确　　B. 错误

255. 设备事故的处理，要严格执行“三不放过”的原则。即：事故原因分析不清不放过、没有防范措施不放过、责任人不受到处理不放过。(　)

A. 正确　　B. 错误

256. 设备检修验收后，在保修期内的返修率，可用下式计算：返修工时率 = 返修工时 / 实际检修总工时 ×100%。(　)

A. 正确　　B. 错误

257. 设备分类是设备定修策略的基础工作，一般按机械、电器、特种设备等专业进行划分。(　)

A. 正确　　B. 错误

258. 特种设备安装、改造、修理竣工后，安装、改造、修理的施工单位应当在验收后 60 日内将相关技术资料和文件移交特种设备使用单位。特种设备使用单位应当将其存入该特种设备的安全技术档案。(　)

A. 正确　　　　　　　　B. 错误

259. 生产班组长应了解现今企业生产现场设备维护一般采用三级保养制，将设备维护与保养工作分为日常维护与保养、一级保养、二级保养三个不同等级的保养措施。(　　)

A. 正确　　　　　　　　B. 错误

260. 设备事故发生后，除按“三不放过”的原则处理外，不用在经济上对直接责任者和事故班组进行惩罚。(　　)

A. 正确　　　　　　　　B. 错误

261. 设备管理的层次一般分为高层次设备管理、中层次设备管理、作业层设备管理。(　　)

A. 正确　　　　　　　　B. 错误

262. 技术诊断与倾向管理是点检管理的重要组成部分，是确定设备状态的依据，是防止设备事故发生的第四层与第五层防护线。(　　)

A. 正确　　　　　　　　B. 错误

263. 凡经过大修改造重新组装的机械设备，在使用前应进行技术试验和安全装置检验，经试验未取得合格签证前不准投放使用。(　　)

A. 正确　　　　　　　　B. 错误

264. 设备管家管理设备，应从操作方、检修方、定期点检、解体点检、倾向管理、专项试验、故障统计、资材采购和用户满

意等方面，进行数据的收集、用统计技术方法进行分析，从而为设备管家管理设备做决策和实施设备改进时，积累充实的依据。(　)

A. 正确　　B. 错误

265. 严禁在运行中的机车、车辆前方抢越。(　)

A. 正确　　B. 错误

266. 班组长负责制订和组织实施控制异常和未遂的安全目标，按设备系统（施工程序）进行安全技术分析预测，做到及时发现问题和异常，并进行安全控制。(　)

A. 正确　　B. 错误

267. 由于特种设备的特殊性，企业设备安装管理部应选择有安装资格的制造厂家，形成制造、安装、调试一条龙的服务模式，也可选择具有省级质量技术监督部门颁发的《特种设备安装安全认可证》的专业设备安装企业。(　)

A. 正确　　B. 错误

268. 机床调平后，垫铁组伸入机床底座底面的长度不应超过地脚螺栓的中心，垫铁端面应露出机床底面的外缘。(　)

A. 正确　　B. 错误

269. 设备选型重点要考虑设备的使用性能、经济性、可靠性和可维修性等。(　)

A. 正确　　B. 错误

270. 工件的夹紧和定位都是将工件固定，所以两者的原理是一样的。(　)

A. 正确　　B. 错误

271. 作业者每个人以自己的设备自己维护为目的，负责实施自己设备的清扫、日常点检、注油、部品更换、修理、异常的早期发现、精密度确认等，这就是自主保全。(　)

A. 正确　　B. 错误

272. 清扫就是将机器设备内看得见和看不见的地方以及机器外部清扫干净，并保持现场干净整洁，有利于改善员工的心情、保证产品的品质、减少设备故障。(　)

A. 正确　　B. 错误

273. 严禁带电检修，检修时搬迁电气设备电缆、电线。(　)

A. 正确　　B. 错误

274. 在管路中，闸阀一般不用作调节流量的阀门。(　)

A. 正确　　B. 错误

275. 设备使用的“四定”是：定人、定机、定岗位、定制度。(　)

A. 正确　　B. 错误

276. 涂改、移动、损害、拔除电力设施建设的测量标桩和标记属于危害电力设施建设的行为。(　)

A. 正确　　B. 错误

277. 安全工具每年检验一次，其他工具每半年检验一次。(　　)

A. 正确　　　　B. 错误

278. 设备改造是对设备的局部更新，是对旧设备的技术改进与革新，它通过局部更新，改善旧设备性能，提高加工精度，延长使用寿命。(　　)

A. 正确　　　　B. 错误

279. 设备交接是指多班制生产情况下，不同班组交接时就设备的运行状况等进行的交接工作。(　　)

A. 正确　　　　B. 错误

280. 安全帽上的三项永久标记是许可证编号、制造厂名及商标、型号、制造年月。(　　)

A. 正确　　　　B. 错误

281. 班组长要想对设备磨损进行合理分析，必须了解设备磨损的规律，同时掌握设备磨损的主要原因。(　　)

A. 正确　　　　B. 错误

282. 依靠科技在设备修理中积极采用“三新”技术即：新工艺、新材料、新方法。(　　)

A. 正确　　　　B. 错误

283. 特种设备培训，工班长负责将具体要求传达至参培人员，掌握送培学习情况及进度、出勤等情况，从培训日起每 10 天向职教专职或职教副主任上报一次相关情况，如遇突发情况

立即上报。(　)

A. 正确　　　　B. 错误

284. 在清洁保养设备前必须做到的“三停”指：停电、停水、停机。(　)

A. 正确　　　　B. 错误

285. 生产班组长应根据设备伤害的不同种类，详细了解设备伤害的基本救护方法和步骤，以提高伤员救治效率和生存率。(　)

A. 正确　　　　B. 错误

286. 设备的使用人员精心使用、维护设备是非常重要的，可以节省维修费用，并延长设备的使用寿命。(　)

A. 正确　　　　B. 错误

287. 可维修设备的故障率随时间的推移呈曲线形状，这就是著名的“浴盆曲线”。设备维修期内的设备故障状态分为 4 个时期。(　)

A. 正确　　　　B. 错误

288. 设备定置化管理是指通过位置固定，建立人、物、场所三者关联，实现效率提升的管理模式。(　)

A. 正确　　　　B. 错误

289. 对于生产规模较大的大型生产制造企业而言，一般会设置二级设备管理机构，即总企业（或总厂）设备部与分企业（或

分厂）设备办公室。(　　)

A. 正确　　　　B. 错误

290. 点检基础上的检修是对主要生产流程中的设备，按点检结果或轮换检修的方案安排所进展的检修，简称定修，定修工程一般在月度方案中安排。

A. 正确　　　　B. 错误

291. 企业进行自制设备的规划时，需遵循“生产上适用、技术上先进、经济上合理”三项基本原则。(　　)

A. 正确　　　　B. 错误

292. 设备可视化管理是指利用各种形象直观、色彩适宜的视觉手段，实现管理目标。(　　)

A. 正确　　　　B. 错误

293. 平日小修理是指进行小修理的工程，这种修理工程有的是月度方案中已列入的工程，它的方案一般以周方案的形式下达。(　　)

A. 正确　　　　B. 错误

294. 设备大修结束，还要再次核对接线，检查无误并对大修设备进行调试合格后，才能办理检修设备的移交手续。(　　)

A. 正确　　　　B. 错误

295. 设备管理准备阶段的 4S 管理是指对生产现场凌乱的设备进行整理、整顿、清扫和清洁，以确保生产现场的干净、整

洁。(　　)

A. 正确　　　　B. 错误

296. 三级保养制是专业管理维修与群管群修相结合的一种设备维修制度。(　　)

A. 正确　　　　B. 错误

297. 电器线路中能用铜丝代替保险丝。(　　)

A. 正确　　　　B. 错误

298. 设备的节能性指设备利用能源的性能。(　　)

A. 正确　　　　B. 错误

299. 当发现设备运转不正常、工艺文件不齐全以及主要设备和原材料无使用说明书或合格证时，班组长无权暂停设备运转，需要上报上级领导。(　　)

A. 正确　　　　B. 错误

300. 起重机司机在工作前应对起重机进行全面检查，在确认一切正常后，再启动起重机。(　　)

A. 正确　　　　B. 错误

301. 班组设备的日常保养分为四级，即操作人员、班组长、车间主任和设备管理部门对设备的保养都负有一定的责任。(　　)

A. 正确　　　　B. 错误

302. 设备的选型购置，应综合考虑，在保质量的前提下，选择信誉好、质量有保证的供给商，进行比价采购。(　　)

A. 正确　　　　　　　　B. 错误

303. 班组承担的生产作业任务的性质和工艺要求，无法决定班组各种设备之间的比例关系。(　)

A. 正确　　　　　　　　B. 错误

304. 砂轮作业时，使用前检查砂轮有无破裂和损伤，操作者站在砂轮正面是安全的。(　)

A. 正确　　　　　　　　B. 错误

305. 要根据“谁操作，谁点检”的原则确定日常点检的人员，要根据“谁懂行，谁点检”的原则确定定期点检的人员。(　)

A. 正确　　　　　　　　B. 错误

306. 设备检修的“三检制”是指专职检验、领导检验、自检三种检验制。(　)

A. 正确　　　　　　　　B. 错误

307. 生产作业前必须对所操作的机械设备、作业环境条件进行全面的检查，确认安全可靠后方能进入岗位作业。(　)

A. 正确　　　　　　　　B. 错误

308. 设备完整性是指：设备的性能状态，即设备在正常运行条件下应具有的状态。要采取技术改进措施和设备规范管理相结合的方法来确保整个装置中关键设备运行状态的完整性。(　)

A. 正确　　　　　　　　B. 错误

309. 锅炉、压力容器、压力管道元件等特种设备的制造过程和锅炉、压力容器、压力管道、电梯、起重机械、客运索道、大型游乐设施的安装、改造、重大修理过程，应当经特种设备检验机构按照安全技术规范的要求进行监督检验；未经监督检验或者监督检验不合格的，可以出厂或者交付使用。(　)

A. 正确　　B. 错误

310. 不是自己操作的设备，不准随意开动；各种开关、阀门、警告牌等不准乱动。(　)

A. 正确　　B. 错误

311. 设备验收的作业规范步骤为：外观检验、数量检验、性能检验、填写验收记录表、提交内容。(　)

A. 正确　　B. 错误

312. 班组设备成本的管理包含设备停工损失。(　)

A. 正确　　B. 错误

313. 高处作业区周围的孔洞、沟道等应设盖板、安全网或围栏。(　)

A. 正确　　B. 错误

314. 设备管理实行“三全、一推进、一多种、一加强”的管理模式，其中“三全”是指全员、全过程、全效率管理，设备检维修管理要全面推进预知维修管理理念；在设备管理中应用多种现代化管理方法、技术、理论；设备日常管理中加强基

础工作。(　)

A. 正确　　B. 错误

315. 设备在闲置过程中，不会丧失其精度和工作能力。(　)

A. 正确　　B. 错误

316. TPM 八大支柱包括：自主保全、个别改善、计划保全、初期管理、教育培训、品质保全、管理部门效率、安全卫生环境。(　)

A. 正确　　B. 错误

317. 开展自主维修的基础是 4S。(　)

A. 正确　　B. 错误

318. 固定扭力值扳手为长期借用并存放于固定工位的扭力扳手，在扭力扳手从借出到归还期间，必须按借出时设置的扭力值使用，禁止在借出过程中随意调整扭力。(　)

A. 正确　　B. 错误

319. 自主保全的三种神器：看板、会议、计划。(　)

A. 正确　　B. 错误

320. 设备在安装前，首先应选择设备的安装地点，确定工艺布局。(　)

A. 正确　　B. 错误

321. 自主维修活动是以操作人员为主，对设备依据特定标准，凭五官进行表层面的检查，自主开展清扫、点检、加油、紧固

等维修活动，以及对微小故障做简单的恢复和改善。(　)

A. 正确　　B. 错误

322. 车间内的每台设备都有其自己的性能和使用要求，因此为了保持设备的良好技术状态，必须合理地使用设备，要求设备操作人员严格按操作规程使用设备。赶进度时可适当超负荷使用设备。(　)

A. 正确　　B. 错误

323. 设备设施危险辨识的范围和内容包括：机械设备的运动部件和工件、操作条件、检修作业、误运转和误操作。(　)

A. 正确　　B. 错误

324. 定期检修是一种以时间为基础的预防性检修，根据设备磨损与老化的统计规律，事先确定检修等级、检修间隔、检修工程、需用的备件及材料等的检修方式。(　)

A. 正确　　B. 错误

325. 自主维修活动主要目的是发现微小缺陷，所以彻底清擦并不重要。(　)

A. 正确　　B. 错误

326. 设备的隔绝、清洗、置换必须由设备使用单位负责。(　)

A. 正确　　B. 错误

327. 设备的验收包括开箱验收、运行验收、最终验收。(　)

A. 正确　　B. 错误

328. 润滑剂的主要作用是润滑、冷却、洗涤、密封、防锈、减震、传递动力等。(　)

A. 正确　　B. 错误

329. 机械设备启动前检查设备各部位是否正常，润滑是否良好、安全防护装置等是否紧固安全可靠，然后方可进行操作。(　)

A. 正确　　B. 错误

330. TPM 活动中应坚持的“三现主义”是：现地、现在、现时(实)。(　)

A. 正确　　B. 错误

331. 设备管理包括设备的技术管理和资产管理。(　)

A. 正确　　B. 错误

332. 日常点检通常为良否点检、加油脂等内容。(　)

A. 正确　　B. 错误

333. 在指导新员工操作机床时，必须经常对新员工加强安全教育。(　)

A. 正确　　B. 错误

334. 特种设备是指涉及生命安全、危险性较大的锅炉、压力容器、压力管道、电梯、起重机械、客运索道、大型游乐设施等设备。(　)

A. 正确　　B. 错误

335. 润滑油的质量指标有：黏度、凝固点、闪点、水分、酸值、抗氧化安定性、抗乳化性；润滑脂的质量指标有：针入度、滴点、水分、抗氧化安定性。(　)

A. 正确　　B. 错误

336. 锅炉和压力容器发生爆炸的直接原因是爆炸点周围的介质发生急剧的压力突跃变化。(　)

A. 正确　　B. 错误

337. 机械设备的操作人员必须遵守安全操作规程和保养规程，做到精心保养，正确操作，合理使用，并做到“四懂、三会、二精”，即：懂原理、懂构造、懂性能、懂价格；会操作、会维修、会排除故障；精心保养，精心操作。(　)

A. 正确　　B. 错误

338. 设备主要技术经济管理指标有设备维修费指标、设备运行指标、备件管理指标。(　)

A. 正确　　B. 错误

339. 大型成套施工设备施工作业指导书，开工前必须组织对操作人员进行技术交底。(　)

A. 正确　　B. 错误

340. 在日常点检与专业点检的基础上，点检员与专业技术人员精细点检是防止设备事故发生的第三层防护线。(　)

A. 正确　　B. 错误

341. 各班组负责本班组计量器具的到期送检。(　)

A. 正确　　B. 错误

342. 设备维修必须切断电源，并设置“禁止合闸，有人工作”警示牌。(　)

A. 正确　　B. 错误

343. 备件的库存管理是一项复杂而细致的工作，是备件管理工作的重要组成部分。(　)

A. 正确　　B. 错误

344.《计量法》中规定：县级以上人民政府计量行政部门对社会公用计量标准器具，部门和企业、事业单位使用的最高计量标准器具，以及用于贸易结算、安全防护、医疗卫生、环境监测方面的列入强制检定目录的工作计量器具，实行强制检定。(　)

A. 正确　　B. 错误

345. 气瓶减压器的压力表及安全阀应准确、灵敏可靠，压力表应至少每年检定 1 次。(　)

A. 正确　　B. 错误

346. 在用锅炉由质量技术监督部门每年进行一次外部检验，每两年进行一次内部检验，检验合格方可继续使用。(　)

A. 正确　　B. 错误

347. 起重工作必须由专人负责指挥，禁止非指挥人员参与指挥或多人指挥。重大、特殊的起重工作，须制定专门的施工方案和安全技术措施，经总工程师批准后执行。起重机械、起重索具，严禁超负荷使用；严禁用非起重用机械吊、运重物。(　　)

A. 正确　　　　B. 错误

348. 加强对生产设备的定期维护保养，可以使零件减少磨损，延长使用寿命，这是一种积极的预防措施。(　　)

A. 正确　　　　B. 错误

349. 设备管理的效率在于怎样才能及时抢修。(　　)

A. 正确　　　　B. 错误

350. 按照《锅炉压力容器压力管道及特种设备检验人员资格考核规则》的规定，具有监督检验项目的压力容器检验师（RS）可以从事第一类压力容器、第二类压力容器、第三类压力容器、医用氧舱、超高压容器、气瓶的制造、安装、维修和进出口安全性能监督检验工作。(　　)

A. 正确　　　　B. 错误

351. 设备管理的基础工作，包括凭证管理、数据管理、定额管理、档案资料管理和规章制度管理。(　　)

A. 正确　　　　B. 错误

352. 应该把设备的运作负荷提高到最大限度，最好是能够超过设备的负荷能力。(　　)

A. 正确　　B. 错误

353. 安全阀应铅封完好，动作灵敏、可靠，定期校验；介质应排放至安全的地方。(　　)

A. 正确　　B. 错误

354. 应根据技术上先进、经济上合理的原则正确地选购设备。(　　)

A. 正确　　B. 错误

355. 专用电源电缆盘导线长度不宜超过 10 米，电缆线盘金属外壳接地（零）良好且无破损。(　　)

A. 正确　　B. 错误

356. 班组设备维修的定额是制订班组设备维修计划、考核班组设备修理中的各项消耗及分析设备修理经济效益的依据，一般包括工时定额、停歇时间定额、维修费用定额及材料消耗定额等。(　　)

A. 正确　　B. 错误

357. 进口设备一般价格昂贵，技术复杂，备件供应困难，涉外手续繁杂，并且多数为企业重点关键设备。(　　)

A. 正确　　B. 错误

358. 维修活动就是为了使设备故障未然防止，而进行的微小缺陷发现及修复活动。(　　)

A. 正确　　B. 错误

359. 由于班组的生产很多实行轮班制，按设备交接班制度做好交接班工作非常重要。(　)

A. 正确　　B. 错误

360. 特种设备存在严重事故隐患，无改造、修理价值，或者达到安全技术规范规定的其他报废条件的，特种设备使用单位应当依法履行报废义务，采取必要措施消除该特种设备的使用功能，并向原登记的特种设备安全监督管理部门办理使用登记证书注销手续。(　)

A. 正确　　B. 错误

361. 关键设备的维护保养实行“机、电、仪、操、管”五位一体的特级维护。(　)

A. 正确　　B. 错误

362. 全员生产维护（TPM）的基本理念是通过提升员工的素质，达到提高设备的运作效率和品质的效果，从而在根本上提升企业整体的运作效率。(　)

A. 正确　　B. 错误

363. 班组安全工器具由班长指定的班员负责管理。(　)

A. 正确　　B. 错误

364. 班组的设备修理不需要有计划性和切合实际情况。(　)

A. 正确　　B. 错误

365. TPM 的目标是通过改善设备、改善工作环境，从而改变人

的意识，最终实现企业体质的根本性改变。（ ）

A. 正确 B. 错误

366. 计量器具使用前作业人员需检查计量器具标签有效期，如发现计量工具即将于一个月内到期，应向工具室询问是否有送检计划。（ ）

A. 正确 B. 错误

367. 检查是设备维修和管理的必要环节。（ ）

A. 正确 B. 错误

368.《计量法》规定：属于强制检定范围的计量器具，未按照规定申请检定或者检定不合格继续使用的，责令停止使用，可以并处罚款。（ ）

A. 正确 B. 错误

369. 设备分为强制劣化、自然劣化两种劣化形式。（ ）

A. 正确 B. 错误

370. 机床安装时，机床底座接缝处的两侧，应各垫一组垫铁。（ ）

A. 正确 B. 错误

371. 设备由于严重的有形或无形磨损不能继续使用而退役的为闲置。（ ）

A. 正确 B. 错误

372. 对易发生火灾、危险的场所如发电站、变电站、配电室、油

库、空压机房等，要设立警告标志，配备消防器材，建立安全制度，定期检查。(　)

A. 正确　　B. 错误

373. 禁止带压拆装容器连接部件，禁止切割密封容器和管道。(　)

A. 正确　　B. 错误

374. 在点检技术标准中，详细规定了企业设备“点检”作业的基本事项，使所有的“状态受控点”的检查，都应做到“五定”即定部位、定项目、定方法、定标准和定周期。(　)

A. 正确　　B. 错误

375. 设备点检制度的“八定”为：定人、定点、定量、定周期、定标准、定计划、定记录、定流程。(　)

A. 正确　　B. 错误

376. 锅炉一般应装在单独建造在锅炉房内。(　)

A. 正确　　B. 错误

377. 设备故障是指设备或零部件在规定的使用条件下丧失其规定性能的状态。(　)

A. 正确　　B. 错误

378. 设备的巡回检查是指由管理或操作人员按规定检查的时间、路线和检查内容对设备使用状态进行检查，目的是发现事故预兆，排除隐患，保证设备良性运行。(　)

A. 正确　　B. 错误

379. 严重啃轨的起重机在轨道接头间隙很大时，轮缘可能爬至轨顶，造成脱轨事故。(　)

A. 正确　　B. 错误

380.《安全生产法》规定，涉及生命安全、危险性较大的特种设备的目录由国务院负责特种设备安全监督管理的部门制定并批准。(　)

A. 正确　　B. 错误

381. 班组应建立设备故障库，以便对设备故障进行维修保养以及其他管理，通过对各设备的各种故障原因进行分类并进行统一，节约选择设备故障处理办法的时间。(　)

A. 正确　　B. 错误

382. 外包施工的设备检修、维护工作及高压设备区刷漆、建筑施工、绿化等，必须由设备管辖单位签发工作票，严格履行工作许可手续，必要时指定专人监护。(　)

A. 正确　　B. 错误

383. 开关箱与用电设备之间，可实行“一闸多机”和一台漏电保护器同时保护几台设备的做法。(　)

A. 正确　　B. 错误

384. 对爆破作业、架体拆除、起重吊装、水下施工、基坑支护和降水、土方开挖、脚手架搭设、大型模板安装、营业线要

点、隧道开挖施工等危险性较大的作业，必须编制专项安全施工技术方案。(　　)

A. 正确　　B. 错误

385. 机器防护罩的主要作用是防止操作事故发生。(　　)

A. 正确　　B. 错误

386. 在工厂生产过程，电气安装三相五线制系统中，把电气设备配电箱、配电柜、电源箱、负载、网络柜等正常情况下不带电的金属部分与电网的接地线进行连接，称作保护接地。(　　)

A. 正确　　B. 错误

387. 生产经营单位对安全设备的维护、保养、检测应当做好记录。(　　)

A. 正确　　B. 错误

388. 电危害包括带电部位裸露、漏电、静电、电火花、雷电、其他电危害等。(　　)

A. 正确　　B. 错误

389. 起重机的起升机构经常使用的是同向捻结构钢丝绳。(　　)

A. 正确　　B. 错误

390. 轴承按运动元件形状不同，可分为滚动轴承和滑动轴承两大类。(　　)

A. 正确　　B. 错误

391. 设备安全教育宣传工作的主要途径包括安全意识教育、安全技术培训以及设备事故说明会（总结会）等。（ ）

A. 正确 B. 错误

392. 车间建立计量特性设备台账（班组可不建立）并根据检定日期做好更新。（ ）

A. 正确 B. 错误

393. 锅炉压力容器发生事故时，必须按国家《锅炉压力容器压力管道特种设备事故处理规定》进行处理。（ ）

A. 正确 B. 错误

394. 设备出现问题，但是还能维持生产，为了不影响本班产量，当班班长决定继续生产，设备问题留给下一个班组处理。（ ）

A. 正确 B. 错误

395. 现代设备的发展方向是自动化、集成化、可靠化。（ ）

A. 正确 B. 错误

396. 使用已知的好 / 坏零件分别通过防错装置，以确认防错装置的防错功能是否有效的动作叫作防错装置验证。（ ）

A. 正确 B. 错误

397. 实行机械设备施工前安全检查制度：根据机械设备隐含或表现出的异常磨损、裂痕、变形、断裂等情况，联系机械设备的结构、工作原理判断出设备的安全隐患，及时给予正确、

有效的处理，使其更趋合理、有效并可安全施工。(　)

A. 正确　　B. 错误

398. 特种设备销售单位应当建立特种设备检查验收和销售记录制度。(　)

A. 正确　　B. 错误

399. 设备维护应严格执行工作票和挂牌制度。(　)

A. 正确　　B. 错误

400. 设备利用率指标：设备利用率 = 全年设备实际开动时间 / 全年日历开动时间。(　)

A. 正确　　B. 错误

401. 设备点检制不仅是一种检查方式，还是一种制度管理方法。(　)

A. 正确　　B. 错误

402. “四懂”的技术要求是：懂设备性能、懂用途、懂一般结构、懂工作原理。(　)

A. 正确　　B. 错误

403. 设备安装基本完成后，班组长应检查设备的固定情况，除少数可移动的设备外，绝大部分设备须牢固地固定在设备基础上，尤其对于重型、高速、振动大的生产设备更应注意，以避免发生事故。(　)

A. 正确　　B. 错误

404. 凡列入《依法管理计量器具目录》的计量器具都应实行强制检定。(　)

A. 正确　　B. 错误

405. 设备更新是指以结构更合理、技术更先进、功能更完善、生产效率更高、原材料和能源耗费更少的新型设备，去替换物理上不能继续使用或经济上不宜继续使用的陈旧设备。(　)

A. 正确　　B. 错误

406. 设备技术改造完成后，班组长与设备操作人员应认真接受技术人员的培训，学习设备经过改造后的使用方法和原理，确保改造后的设备正常运行。(　)

A. 正确　　B. 错误

407. 闲置装备是指未使用或已经连续停用一年以上且在可预见未来也不再使用，但仍具有使用价值的装备。(　)

A. 正确　　B. 错误

408. 设备的综合效率，是指设备完好率、主要设备可开动率、主要设备大修理实现率、主要设备利用率、主要设备有效利用率、设备维修费用率和库存各种资金周转期七项技术经济指标的综合指标。(　)

A. 正确　　B. 错误

409. 公司购置设备时，严格实行比价采购制度，价格越低越好。(　)

A. 正确　　　　B. 错误

410.《安全生产法》规定：国家对严重危及生产安全的工艺、设备实行淘汰制度。(　　)

A. 正确　　　　B. 错误

411. 点检制五层防护，就是把岗位日常点检、专业定期点检、专业精细点检、技术诊断、倾向管理等结合起来，以保证设备安全、稳定、经济运行的防护体系。(　　)

A. 正确　　　　B. 错误

412. 用两台或多台起重机吊运同一重物时，钢丝绳应保持垂直，如达不到要求，应降低额定起重能力至 80%。(　　)

A. 正确　　　　B. 错误

413. 密封的基本作用是阻止介质的泄漏。(　　)

A. 正确　　　　B. 错误

414. 加强维护保养，能有效地延长设备的使用寿命和检修周期，节省维修费用。但过分维修，则会增加维修成本。如何合理地确定检修周期，对于不同种类的设备，有不同的确定原则。(　　)

A. 正确　　　　B. 错误

415. 设备管理是以设备为对象，以追求设备综合效率为目的，应用一系列理论、方法，通过一系列技术、经济、组织措施，对设备使用寿命周期全过程进行的管理，包括选择设备、正

确使用设备、维护和修理设备以及更新改造设备全过程的管理工作。( )

A. 正确　　B. 错误

416. 状态检修是指根据状态监测与诊断技术提供的设备状态信息，评估设备的状况，在故障发生前进行检修的方式。( )

A. 正确　　B. 错误

417. 班组设备维护管理的基本任务是：合理使用设备、精心保养设备、及时维修设备，做好必要的原始记录，使设备经常处于良好的技术状态。( )

A. 正确　　B. 错误

418. 设备维修中的事后维修是指出了故障再修，不坏不修。( )

A. 正确　　B. 错误

419. 高压设备在任何条件下都不能实行单人值班或操作。( )

A. 正确　　B. 错误

420. 日常维修作业是以维修台账为基础进行点检的。( )

A. 正确　　B. 错误

421. 设备隐患管理的基本要求有：设备隐患实行分级、动态管理，做到组织落实、人员落实、措施落实、时间落实，并建立隐患档案。( )

A. 正确　　B. 错误

422. 电气设备的金属外壳接地属于工作接地。( )

A. 正确　　　　　　　　B. 错误

423. 设备整顿就是将整理后所留下来的必需品或所腾出来的空间做一个整体性的规划，旨在提高使用设备的效率。(　　)

A. 正确　　　　　　　　B. 错误

424. 禁止对已经报废或者未经检验、检测的移动式压力容器、气瓶进行充装。(　　)

A. 正确　　　　　　　　B. 错误

425. 设备三级保养的具体内容包括每月保养（通称为例保）、一级保养（简称一保）和二级保养（简称二保）。(　　)

A. 正确　　　　　　　　B. 错误

426. 按修理的复杂程度和工作量的大小划分，修理可分为小修、中修和大修。(　　)

A. 正确　　　　　　　　B. 错误

427. 防护罩、安全阀属于安全防护设施。(　　)

A. 正确　　　　　　　　B. 错误

428. 设备使用过程中“四不超”指的是：不超温、不超压、不超负荷、不超速。(　　)

A. 正确　　　　　　　　B. 错误

429. 设备检修计划的含义是：作为产品作业设备，是为了企业的发展而提供强有力保障的，是需要不断地保养和提高其性能的，为实现此目的而编制的维护检修所必需的“施工人数和

停产时间”的计划，称之为“设备检修计划”。( )

A. 正确 B. 错误

430. 全面生产维护是全面质量管理的重要组成部分。( )

A. 正确 B. 错误

431. 精心的保养可以在一定程度上减缓设备的有形磨损。( )

A. 正确 B. 错误

432. 对动力电气设备除一般巡回检查外，不需要在大雨、大风、降雪、晚间和雷雨后，进行特殊的巡回检查。( )

A. 正确 B. 错误

433. 电气安全工具每半年检验一次，其他工具每年检验一次。( )

A. 正确 B. 错误

434. 设备安全事故的管理工作主要包括事故应急处理、事故原因调查、责任追究等内容。( )

A. 正确 B. 错误

435. 消防设备的标识颜色应使用红色。( )

A. 正确 B. 错误

436. 严禁戴手套或袖口敞开情况下操作旋转设备。( )

A. 正确 B. 错误

437. 计量器具是指能用以直接测出被测对象量值的装置、仪器仪表、量具和用于统一量值的标准物质。( )

A. 正确　　　　　　　　B. 错误

438. 危险源就是可能导致事故发生的设备。(　)

A. 正确　　　　　　　　B. 错误

439. 起吊时应使吊钩与重物重心在一条垂直线上，并应缓缓起钩。(　)

A. 正确　　　　　　　　B. 错误

440. 设备定修按检修性质分类通常有定期检修、改良性检修、状态检修、故障检修与节日检修。(　)

A. 正确　　　　　　　　B. 错误

441. 生产设备润滑管理制度中规定：油品的更新换代要列入年度设备工作计划中，并经过试验，保证安全方可加以实施，油品更新前不必对油具、油箱、管路进行清洗。(　)

A. 正确　　　　　　　　B. 错误

442. 润滑“二十字”方针是指对号用油、专储专输、密闭过滤、定期检测、按质换油。(　)

A. 正确　　　　　　　　B. 错误

443. 设备责任事故是指由于人为原因造成的设备事故，例如违反操作规程、擅离工作岗位、超负荷、超越规程运行、润滑不良、未按期或按规程检修、修理质量不良、忽视安全措施等。(　)

A. 正确　　　　　　　　B. 错误

444. 交班者应主动向接班者介绍设备运行情况，必须实事求是，不得隐瞒，否则发生事故由交班者承担。(　)

A. 正确　　B. 错误

445. 国务院特种设备安全监督管理部门应当组织对特种设备检验检测机构的检验检测结果、鉴定结论进行监督抽查。县级以上地方负责特种设备安全监督管理的部门在本行政区域内也可以组织监督抽查，但是要防止重复抽查。监督抽查结果应当向社会公布。(　)

A. 正确　　B. 错误

446. 设备维护保养，是延长设备使用寿命的重要手段之一。(　)

A. 正确　　B. 错误

447. 班组设备维修是指由于正常或不正常的原因造成了生产设备损坏或精度劣化，影响到生产班组的正常生产，为使设备恢复原有的性能而采取的技术措施。(　)

A. 正确　　B. 错误

448. 文明检修“三净”的具体内容是停工场地净、检修场地净、开工场地净。(　)

A. 正确　　B. 错误

449. 设备、设施缺陷包括强度不够、刚度不够、密封不良、稳定性差、应力集中、外形缺陷、外露运动件、制动器缺陷、控制器缺陷、设备设施其他缺陷等。(　)

A. 正确　　B. 错误

450. 搭设脚手架所用的杆柱可采用木杆、竹竿或金属管。(　)

A. 正确　　B. 错误

451. 设备定修按检修时间的长短分类，分为年度检修、点检基础上的检修与平日小修理。(　)

A. 正确　　B. 错误

452. 班组长等现场生产人员在提出设备改造建议时，以及设备改造人员在设备改造之前，应明确设备改造的目的，兼顾改造成本和改造质量。(　)

A. 正确　　B. 错误

453. 特种作业包括：电工作业、锅炉司炉、压力容器操作、起重机械作业、爆破作业、金属焊接（气割）作业、机动车辆驾驶、建筑登高架设作业。(　)

A. 正确　　B. 错误

454. 设备故障诊断技术的作用是了解和掌握设备在使用过程中的状态，确定其整体或局部是否正常或异常，早期发现故障及其原因，并能预测故障发展趋势。(　)

A. 正确　　B. 错误

455. 企业中有设备维修部门，设备保养是他们的职责。(　)

A. 正确　　B. 错误

456. 对于岗位操作人员无力排除的设备缺陷要详细记录，但无须

逐级上报。( )

A. 正确 B. 错误

457. 采用目视管理的设备管理是以能够正确地、高效率地实施清扫、点检、加油、紧固等日常保养工作为目的，以期达成设备的零故障目标。( )

A. 正确 B. 错误

458. 检修设备时，必须切断电源，并挂上“有人工作，禁止合闸”的安全警示牌。( )

A. 正确 B. 错误

459. 起重用钢丝绳或吊链夹角必须不大于 100 度。( )

A. 正确 B. 错误

460. 现代化设备具有精度高、连续化、自动化程度高、设备投资大、维修费用高、停机损失大等特点。( )

A. 正确 B. 错误

461. 起重机属于特种设备，需要定期到指定检验机构进行检验。检验合格后，由检验机构发放检验合格证明，企业才能继续使用起重机械。( )

A. 正确 B. 错误

462. 随着设备规模的增大，生产量增加，企业固定成本被分摊到更多的生产量中，使单位费用减少，生产班组长为降低设备成本，应合理安排设备生产任务，提高设备利用率。( )

A. 正确　　　　　　　　B. 错误

463. 厂房内的应急照明和指示标识应齐全、完好、有效。（　）

A. 正确　　　　　　　　B. 错误

464. 设备保养是指设备经过一段时间使用后进行保养与维护的过程，一般下班期间，其工作内容为设备清擦。（　）

A. 正确　　　　　　　　B. 错误

465. 岗位日常点检、专业定期点检、专业技术人员精细点检是同一种行为与设备检查方法。（　）

A. 正确　　　　　　　　B. 错误

466. TPM 的三大管理思想是：预防哲学、零化目标、全员参与（含小集团活动）。（　）

A. 正确　　　　　　　　B. 错误

467. 设备安装找平的目的是保持其稳定性，减轻振动，避免设备变形，防止不合理磨损及保证加工精度等。（　）

A. 正确　　　　　　　　B. 错误

468. 对可能突然溢出大量易燃易爆、有毒气体造成急性中毒的室内作业场所，应设置事故通风装置及与事故排风系统相连锁的泄漏报警装置。（　）

A. 正确　　　　　　　　B. 错误

469.《液化气体汽车罐车安全监察规程》适用的汽车罐车，其紧急切断装置，包括紧急切断阀、远控系统以及易熔塞自动切

断装置。(   )

A. 正确　　　　　　　　B. 错误

470. 设备故障按技术性原因，可分为四大类，即磨损性故障、腐蚀性故障、断裂性故障及老化性故障。(   )

A. 正确　　　　　　　　B. 错误

471. 操作人员必须经技术培训，熟练掌握技术操作规程和安全操作规程后，方可取得操作证。操作证可以转借。(   )

A. 正确　　　　　　　　B. 错误

472. 特种设备检验检测机构和检验检测人员应当客观、公正、及时地出具检验检测结果、鉴定结论。检验检测结果、鉴定结论经检验检测人员签字后，由检验检测机构负责人签署。(   )

A. 正确　　　　　　　　B. 错误

473. 设备润滑中“五定”包括定人、定点、定质、定量、定时。(   )

A. 正确　　　　　　　　B. 错误

474. 公差是允许尺寸的变动量，可以是正数或零，但不能是负数。(   )

A. 正确　　　　　　　　B. 错误

475. 变压器、电动机等设备的铁芯，如果铁芯绝缘损坏或长时间过电压、涡流损耗和磁滞损耗，将导致过热。(   )

A. 正确 B. 错误

476. 对设备的改进改良、引进新装置、使设备自动化的改善，是现场改善中的设备改善。( )

A. 正确 B. 错误

477. 设备维持费用的多少，直接影响着产品成本的高低。每个月消耗的备件和燃料、动力是设备维持费用的主要组成部分。( )

A. 正确 B. 错误

478. 只要起重量不超过额定起重量，把小工作级别的起重机用于大工作级别情况，不会影响起重机安全。( )

A. 正确 B. 错误

479. 故障检修是指设备在发生故障或其他失效时进行的非方案检修。( )

A. 正确 B. 错误

480. 设备分级管理一般可分为三个层次：厂部设备管理部门、车间设备管理人员、班组设备工管员。( )

A. 正确 B. 错误

481. 设备磨损的类型为有形磨损和无形磨损。( )

A. 正确 B. 错误

482. 设备的耐用性是衡量设备在使用过程中所经历的自然寿命期长短的指标。( )

A. 正确 B. 错误

483. 平均失效周期（MTBF）是设备两次故障间隔时间的平均值。根据其平均值，判断下次设备可能的故障时间。在故障可能再次发生以前，采取预防性点检，更换零部件，避免设备能力波动，甚至停产，属于预测性维护和保养。MTBF=负荷时间／总故障次数。（ ）

A. 正确 B. 错误

484. 设备的整修、性能校正与改善要由设备管理部门负责。（ ）

A. 正确 B. 错误

485. 班组长或生产车间主任在协助设备部进行设备更新时，应站在咨询者的立场，而不是使用设备的立场分析问题，为设备更新提供合理的建议。（ ）

A. 正确 B. 错误

486. 各班组负责收集作业标准的修订意见，通过日常设备的日常使用维护、对照检查收集作业标准存在的问题。（ ）

A. 正确 B. 错误

487. 特种设备检验检测机构和检验检测人员，出具虚假的检验检测结果、鉴定结论或者检验检测结果、鉴定结论严重失实，造成损害的，应当承担赔偿责任。（ ）

A. 正确 B. 错误

488. 设备维修管理内容主要包括设备维修策略、维修模式的设

计、维修资源的组织和力量配置、维修行为规范、维修工艺流程的制订。(　)

A. 正确　　B. 错误

489. 漏电保护器的使用是防止电压波动和电荷超负荷。(　)

A. 正确　　B. 错误

490. 设备管理过程是从实物形态与价值形态两个方面进行全面管理的过程。(　)

A. 正确　　B. 错误

491. 同一类型、同一厂家的设备也需要制定各自的《设备点检基准》，操作者只需要按照《自主维修点检卡》进行点检就可以，不需要编制《设备点检要领书》。(　)

A. 正确　　B. 错误

492. 所有配电装置的适当地点，均应设有与接地网相连的接地端，接地电阻应合格。(　)

A. 正确　　B. 错误

493. 设备的“十二字”修旧方针是焊、补、铆、镶、配、喷、镀、改、效、胀、缩、粘。(　)

A. 正确　　B. 错误

494. 事后维修模式适用于故障后果不严重，对设备本身和生产均不会造成严重影响的设备。(　)

A. 正确　　B. 错误

495. TPM 是一项需要长期坚持的工作，通过推行 TPM 可以有效地降低成本。(　)

A. 正确　　B. 错误

496. 实行操作人员岗前培训制度即：设备进场对其操作人员进行设备安全施工的培训工作，主要是安全操作、机械保养、故障识别、施工现场的互相协调、系统指挥、高压线路周边的机械操作等，培训后颁发培训合格上岗证，不合格的操作人员也可以临时上岗。(　)

A. 正确　　B. 错误

497. 可移动式电动工具的电源线一般不超过 2 米，使用时不应跨越安全通道，配线及插头应符合安全要求。(　)

A. 正确　　B. 错误

498. 设备维护最基本的工作是：清扫、点检、紧固、堵漏。(　)

A. 正确　　B. 错误

499. 实行维修保养制度：每一台设备的操作人员详细填写《设备维修保养记录》和《司机交接班记录》，将设备的管理责任到人，增强设备管理的可追溯性，避免了由于相互推诿造成的安全事故。(　)

A. 正确　　B. 错误

500. 生产设备是指企业中直接参与生产过程或改变原材料属性、形态和功能的各种工作用设备。(　)

A. 正确　　　　　　　　B. 错误

501. 发现工具物料遗失，须立即上报车间领导或技术组，分管技术员研判遗失的工具物料是否会造成安全质量隐患，以及隐患大小，决定启动相应处置流程。(　　)

A. 正确　　　　　　　　B. 错误

502.《特种设备作业人员监督管理办法》将锅炉、压力容器（含气瓶）、压力管道、电梯、起重机械、客运索道、大型游乐设施、场（厂）内机动车辆等特种设备的作业人员及其相关管理人员统称特种设备作业人员。(　　)

A. 正确　　　　　　　　B. 错误

503. 点检标准是点检人员开展设备点检、检查作业的依据，是编制点检计划表、点检计划卡以及如何进行点检作业的基础，它明确了待点检设备各部位的点检项目、内容，点检时设备的状态、周期、判断标准值以及点检过程的分工、方法等。(　　)

A. 正确　　　　　　　　B. 错误

504. 设备技术人员应用现代化的技术成就和先进经验，根据生产的具体需要，改变旧设备的结构或增加新装置、新部件等，以改变旧设备的技术性能，使它达到目前生产的新设备的水平，就是设备的技术改造。(　　)

A. 正确　　　　　　　　B. 错误

505. 润滑就是在相对运动的各种摩擦接触面之间加入润滑剂，使两接触表面之间形成润滑膜，变外摩擦为润滑剂内部分子间的内摩擦，以达到减少摩擦、降低磨损、延长机械设备使用寿命的目的。(　　)

A. 正确　　B. 错误

506.《锅炉压力容器压力管道及特种设备检验人员资格考核规则》规定：只有受聘于经国家质量技术监督局锅炉压力容器安全监察机构注册的检验单位的符合相应条件的人员，才能申报压力容器检验资格。(　　)

A. 正确　　B. 错误

507. 工业生产中所用的中低压容器大多是圆筒形，一般由筒体、封头、法兰、接管、人孔、支座等六个局部组成。(　　)

A. 正确　　B. 错误

508. 企业内部单位之间设备的借出与借入称为设备的借用。设备租赁指企业单位之间设备的租入与租出。(　　)

A. 正确　　B. 错误

509. 对于设备操作人员，其素质的级别要求“三好”的内容是管好设备、用好设备、修好设备。(　　)

A. 正确　　B. 错误

510. 特种设备安装、拆除施工中，要制定作业程序和机械车辆走行路线，现场设专人指挥、调度，并设立明显标志，防止相

互干扰碰撞，机械作业要留有安全距离，确保协调、安全施工。（ ）

A. 正确 B. 错误

511. 设备进场前实行检验制度即：每台设备进场均需提供本台设备出厂合格证（在有效期内）或检测、检验证明，各工区必须组织有经验的管理人员对进场设备进行检查并认真填写“进场机械设备验收记录”，对不满足使用条件、有安全隐患的设备坚决予以清退出场。（ ）

A. 正确 B. 错误

512. 设备的无形磨损与设备是否使用无关，无论是否使用设备，都会发生无形磨损。（ ）

A. 正确 B. 错误

513. 设备磨损是指设备在生产运转使用过程中，相互运动的零部件的表面在力的作用下，因摩擦而产生各种复杂的变化，使表面磨损、剥落和形态改变，与物理、化学的原因引起的零部件疲劳、腐蚀和老化等无关。（ ）

A. 正确 B. 错误

514. 不准跨越运转的设备和各种输送带、输送链；严禁对正在运行的设备进行加油、擦拭和清扫等工作。（ ）

A. 正确 B. 错误

515. 防缺陷就是要防止设备的重大缺陷。（ ）

A. 正确　　　　　　　　B. 错误

516. 当起重机运行到轨道终端并与设在终端的止挡相撞时，缓冲器能吸收碰撞的能量，使起重机能平稳地停车。（　）

A. 正确　　　　　　　　B. 错误

517. 防爆泄压设施有：安全阀、爆破片、防爆门、放空管。（　）

A. 正确　　　　　　　　B. 错误

518. 操作者能正确分析判断一般常见故障，并可承担排除故障工作。能根据设备磨损情况，按产品工艺质量要求，进行一般零件的更换工作。排除不了的疑难故障，应该及时报检、报修。（　）

A. 正确　　　　　　　　B. 错误

519. B 类设备每季度至少点检 1 次。（　）

A. 正确　　　　　　　　B. 错误

520. 塔吊的拆装必须由取得建设行政主管部门颁发的拆装资质证书的专业队伍进行，拆装时应有技术和安全人员在现场监护。（　）

A. 正确　　　　　　　　B. 错误

521. 设备事故的定义是凡正式投产的设备，在运行过程中所造成一切设备损坏（特殊原因除外），导致生产突然中断的事故。（　）

A. 正确　　　　　　　　B. 错误

522. 设备的环保性是指设备的噪声和设备排放出有害物质以及设备的各种泄漏对环境的污染程度。( )

A. 正确 B. 错误

523. 一级保养由操作工人负责，二级保养由操作工人和维修工人共同完成，三级保养由维修工人负责。( )

A. 正确 B. 错误

524. 电气设备危险辨识的范围和内容包括断电、触电、火灾、爆炸、异常停电、误运转和误操作、静电、雷电等。( )

A. 正确 B. 错误

525. 设备故障指设备（系统）或零部件丧失其规定功能的状态。( )

A. 正确 B. 错误

526. 班组所使用的任何计量器具都应实行强制检定。( )

A. 正确 B. 错误

527. 点检技术标准包含通用标准和专用标准两类。( )

A. 正确 B. 错误

528. 设备作为企业基础保障的主体组成，任何机构都可以采用强制性的行政命令来管理，根据市场对企业产品的需求来取舍。( )

A. 正确 B. 错误

529. 清扫、点检、紧固、堵漏是设备维护最基本的工作。( )

A. 正确 B. 错误

530. 气瓶颜色识别即：氧气气瓶是天蓝色的、乙炔气气瓶是白色的。(   )

A. 正确 B. 错误

531.《生产设备润滑管理制度》规定：为保证润滑油的质量，需不定期进行过滤分析和化验工作，对不同设备规定不同的取样化验时间。经化验后的油品不符合使用要求时，要及时更换润滑油脂。(   )

A. 正确 B. 错误

532. 起升机构制动器动作时间长，会产生溜钩现象。(   )

A. 正确 B. 错误

533. 专业保全是装备部的事，搞专业保全影响生产。(   )

A. 正确 B. 错误

534. 设备“三定户口化”制度就是“设备定号、管理定户、保管定人”的制度。(   )

A. 正确 B. 错误

535. 起重机械、锅炉压力容器等特种设备的修理改造，必须委托有相应资质的单位承当。(   )

A. 正确 B. 错误

536. 班组要基本设施完善，工器具齐全，推行信息化管理和定置管理，实现管理规范化。(   )

A. 正确　　B. 错误

537. 班组长应按规定，随机组织人员做好对所属设备安全装置和其他设施的校验工作。(　　)

A. 正确　　B. 错误

538. 设备的前期管理，对于企业能否保持设备完好，不断改善和提高企业技术装备水平，充分发挥设备效能，取得良好的投资效益起着至关重要的作用。(　　)

A. 正确　　B. 错误

539. 状态不良的设备应修复后再申请办理封存，以便随时可以使用。(　　)

A. 正确　　B. 错误

540. 有爆炸危险的场所使用的电气必须是防爆电气。(　　)

A. 正确　　B. 错误

541. 设备运转情况、故障处理情况填在交接班记录本内就好，没必要当面交接。(　　)

A. 正确　　B. 错误

542. 设备点检是通过人的听觉、味觉、触觉、目测、嗅觉五感，尽早发现设备、工程的异常，建立迅速反应异常的机制。(　　)

A. 正确　　B. 错误

543. 提高设备投资效益的根本途径在于推行设备的综合管

理。(　)

A. 正确　　B. 错误

544. “企业设备管理，应当依靠技术进步、促进生产发展和以预防为主”，这是我国设备管理的三条方针。(　)

A. 正确　　B. 错误

545. 设备运转时，严禁跨越、触摸或擦拭运动部位，严禁随意跨越输送链。(　)

A. 正确　　B. 错误

546. 特种设备要按照规定配备管理人员和操作人员。管理人员和操作人员应持有质监部门发放的特种设备操作人员证书，操作人员实际操作设备与持证的项目和类别相符合，按规范及时填写设备运转记录。(　)

A. 正确　　B. 错误

547. 自主维修活动的主要目的是彻底清擦设备，使设备干净。(　)

A. 正确　　B. 错误

548. 特种设备检验检测机构和检验检测人员利用检验检测工作故意刁难特种设备生产、使用单位，特种设备生产、使用单位有权向特种设备安全监督管理部门投诉，接到投诉的特种设备安全监督管理部门应当及时进行调查处理。(　)

A. 正确　　B. 错误

549. 锅炉、压力容器、电梯、起重机械的使用基本要求是使用单

位应在特种设备检验有效期内安排检验。(　)

A. 正确　　B. 错误

550. 设备资产管理的基础资料包括设备资产卡片、设备编号台账、设备清点登记表、设备档案等。(　)

A. 正确　　B. 错误

551. 专业保全是由设备管理人员进行的针对设备开展的专门维护、有计划的定期点检、周期性保养、大修等活动。(　)

A. 正确　　B. 错误

552. 特种设备检验检测机构和检验检测人员进行特种设备检验检测，应当遵循诚信原则和方便企业的原则，为特种设备生产、使用单位提供可靠、便捷的检验检测服务。(　)

A. 正确　　B. 错误

553. 配电箱、配电柜等机电设备外壳接地应牢固、可靠。(　)

A. 正确　　B. 错误

554. 禁止从设备上跨越或在器具之间穿行。(　)

A. 正确　　B. 错误

555. 如果发生异常，要靠自己的判断对应用设备异常进行处理。(　)

A. 正确　　B. 错误

556. 钢丝绳使用一段时间后开始出现断丝，断丝数逐渐增加，其时间间隔越来越短。(　)

A. 正确　　　　　　　　B. 错误

557. 断裂性故障可分脆性断裂、疲劳断裂、应力腐蚀断裂、塑性断裂等。(　)

A. 正确　　　　　　　　B. 错误

558. 设备管理的内容就是如何降低设备的故障停机时间。(　)

A. 正确　　　　　　　　B. 错误

559. 调节装置的作用是根据模具的高度，通过滑块调节电机带动蜗轮蜗杆来调节滑块与工作台之间行程的高度。(　)

A. 正确　　　　　　　　B. 错误

560. 设备使用“三好”中的“用好设备”是指严格贯彻操作维护规程和工艺规程，不超负荷使用设备，禁止不文明的操作。(　)

A. 正确　　　　　　　　B. 错误

561. 设备保养是指设备经一段时间使用后所进行保养与维护的过程，一般集中安排在节假日和夏季停装检修期间，其工作内容介于设备清擦与一级保养之间。(　)

A. 正确　　　　　　　　B. 错误

参考答案

单项选择题

1. B	2. C	3. B	4. B	5. B
6. A	7. A	8. B	9. B	10. D
11. B	12. B	13. C	14. C	15. D
16. C	17. B	18. A	19. A	20. A
21. D	22. B	23. B	24. C	25. A
26. A	27. C	28. C	29. B	30. D
31. D	32. A	33. D	34. B	35. A
36. B	37. B	38. A	39. C	40. C
41. D	42. D	43. B	44. B	45. B
46. A	47. D	48. A	49. B	50. D
51. D	52. A	53. B	54. C	55. C
56. A	57. B	58. C	59. A	60. D
61. C	62. A	63. A	64. A	65. C
66. B	67. B	68. D	69. B	70. D
71. A	72. B	73. D	74. C	75. A
76. C	77. C	78. B	79. A	80. A
81. D	82. C	83. D	84. A	85. B
86. C	87. B	88. A	89. B	90. D

91. D	92. C	93. B	94. D	95. B
96. C	97. B	98. A	99. D	100. B
101. A	102. C	103. A	104. B	105. C
106. B	107. C	108. A	109. D	110. D
111. C	112. B	113. A	114. C	115. B
116. C	117. C	118. C	119. A	120. C
121. B	122. A	123. C	124. B	125. C
126. A	127. A	128. D	129. B	130. D
131. A	132. A	133. B	134. A	135. D
136. B	137. C	138. D	139. C	140. C
141. B	142. A	143. D	144. C	145. A
146. D	147. C	148. B	149. C	150. C
151. D	152. A	153. D	154. C	155. A
156. B	157. C	158. B	159. D	160. C
161. A	162. B	163. C	164. B	165. A
166. C	167. A	168. B	169. C	170. B
171. C	172. D	173. D	174. D	175. A
176. C	177. C	178. A	179. A	180. C
181. A	182. C	183. D	184. C	185. B
186. B	187. B	188. B	189. A	190. A
191. C	192. A	193. A	194. A	195. C

196. B	197. B	198. B	199. B	200. A
201. B	202. B	203. B	204. A	205. B
206. D	207. C	208. C	209. A	210. C
211. A	212. C	213. B	214. C	215. C
216. D	217. D	218. C	219. A	220. D
221. B	222. D	223. A	224. A	225. A
226. C	227. A	228. A	229. B	230. D
231. B	232. C	233. C	234. A	235. A
236. B	237. A	238. A	239. D	240. B
241. B	242. B	243. C	244. A	245. C
246. D	247. B	248. C	249. D	250. D
251. B	252. D	253. C	254. C	255. C
256. A	257. D	258. C	259. C	260. B
261. A	262. E	263. B	264. A	265. A
266. D	267. B	268. C	269. D	270. A
271. A	272. B	273. A	274. C	275. A
276. B	277. A	278. D	279. D	280. B
281. A	282. B	283. B	284. C	285. D
286. C	287. D	288. D	289. D	290. A
291. C	292. C	293. A	294. B	295. A
296. A	297. B	298. C	299. B	300. C

301. D	302. A	303. C	304. B	305. B
306. D	307. C	308. C	309. C	310. B
311. C	312. C	313. B	314. B	315. A
316. C	317. B	318. B	319. D	320. C
321. D	322. A	323. D	324. C	

多项选择题

1. ABCDE	2. ABCD	3. ACD	4. ABCDEF
5. ABCDE	6. ABCD	7. BDE	8. ABCD
9. ABCDE	10. ABCDEF	11. ABCDEF	12. AB
13. ABCDE	14. ACDE	15. ABCDE	16. ABCD
17. CDE	18. ABCD	19. ABCDF	20. AB
21. ABCDE	22. ABCD	23. AB	24. ABCD
25. ABC	26. ABCD	27. ABCDE	28. ABCD
29. ABCDEF	30. ABCD	31. ABCD	32. AC
33. ABD	34. ABCD	35. ABCDE	36. ABC
37. CD	38. BD	39. ABCDE	40. ABCD
41. ABCD	42. ABCDE	43. ABCDE	44. ABE
45. ABC	46. ABCDE	47. ABCDE	48. BD

49. ABDE	50. ABC	51. ABCDE	52. ABCD
53. ABD	54. AC	55. ABCDEF	56. AB
57. ABD	58. AD	59. ACDE	60. ABCD
61. ABC	62. ABCD	63. ABCD	64. ACE
65. ABCD	66. ABC	67. ACE	68. ABCDEF
69. ABCDE	70. ABCDEF	71. ABC	72. ABCDE
73. ABCD	74. ABCD	75. ABCD	76. ACDE
77. AD	78. ABCD	79. ABCD	80. AB
81. ABCDEF	82. ABC	83. ABD	84. ABD
85. CD	86. AC	87. ABCD	88. AB
89. ABCD	90. ABC	91. ABC	92. ABC
93. ABC	94. ABC	95. ABC	96. ABCD
97. ABC	98. BCD	99. ABCD	100. ABC
101. ABCD	102. ABCD	103. ABE	104. AB
105. ABCD	106. AB	107. ACD	108. ABCEF
109. ACD	110. ABCD	111. ABD	112. ABC
113. BC	114. ABCD	115. ABCD	116. ABCD
117. ABCD	118. ABCD	119. ABCD	120. ABCD

判断题

1. A	2. A	3. A	4. A	5. A
6. A	7. A	8. A	9. A	10. A
11. A	12. A	13. B	14. A	15. A
16. B	17. B	18. A	19. B	20. A
21. A	22. A	23. B	24. A	25. A
26. A	27. A	28. A	29. B	30. B
31. B	32. A	33. B	34. A	35. A
36. A	37. A	38. A	39. A	40. A
41. B	42. A	43. A	44. A	45. B
46. A	47. B	48. B	49. B	50. A
51. A	52. A	53. B	54. A	55. A
56. A	57. A	58. B	59. A	60. B
61. A	62. A	63. A	64. A	65. B
66. A	67. A	68. A	69. A	70. A
71. A	72. A	73. A	74. A	75. A
76. A	77. A	78. B	79. A	80. A
81. A	82. A	83. A	84. A	85. A
86. B	87. A	88. A	89. A	90. A

91. A	92. B	93. A	94. A	95. A
96. B	97. A	98. A	99. A	100. A
101. B	102. A	103. B	104. A	105. A
106. A	107. A	108. B	109. A	110. B
111. A	112. A	113. B	114. A	115. A
116. A	117. A	118. A	119. A	120. B
121. A	122. A	123. A	124. A	125. A
126. A	127. A	128. A	129. A	130. B
131. A	132. B	133. A	134. A	135. A
136. A	137. A	138. B	139. A	140. A
141. A	142. A	143. B	144. A	145. A
146. A	147. A	148. B	149. A	150. A
151. A	152. A	153. B	154. A	155. A
156. A	157. A	158. A	159. A	160. A
161. A	162. A	163. A	164. A	165. A
166. A	167. A	168. A	169. A	170. B
171. A	172. B	173. A	174. A	175. A
176. B	177. A	178. A	179. A	180. A
181. A	182. A	183. A	184. A	185. B
186. A	187. A	188. A	189. A	190. A
191. A	192. A	193. B	194. A	195. A

196. A	197. B	198. A	199. A	200. A
201. A	202. A	203. A	204. A	205. B
206. A	207. A	208. A	209. A	210. A
211. A	212. B	213. A	214. A	215. B
216. B	217. A	218. A	219. A	220. A
221. A	222. A	223. A	224. A	225. B
226. A	227. A	228. A	229. A	230. A
231. B	232. A	233. A	234. B	235. B
236. A	237. A	238. A	239. A	240. A
241. A	242. B	243. A	244. A	245. B
246. B	247. A	248. A	249. A	250. B
251. B	252. A	253. A	254. A	255. B
256. A	257. B	258. B	259. A	260. B
261. A	262. B	263. A	264. A	265. A
266. A	267. A	268. B	269. A	270. B
271. A	272. A	273. A	274. A	275. A
276. A	277. B	278. A	279. A	280. A
281. A	282. A	283. B	284. B	285. A
286. A	287. B	288. A	289. A	290. A
291. A	292. A	293. A	294. A	295. A
296. A	297. B	298. A	299. B	300. A

301. A	302. A	303. B	304. B	305. A
306. B	307. A	308. A	309. B	310. A
311. A	312. A	313. A	314. A	315. B
316. B	317. A	318. A	319. B	320. A
321. A	322. B	323. A	324. A	325. B
326. A	327. A	328. A	329. A	330. B
331. B	332. A	333. A	334. A	335. A
336. A	337. B	338. A	339. A	340. A
341. B	342. A	343. A	344. A	345. A
346. A	347. A	348. A	349. B	350. A
351. A	352. B	353. A	354. A	355. B
356. A	357. A	358. A	359. A	360. A
361. A	362. A	363. B	364. B	365. A
366. A	367. A	368. A	369. A	370. A
371. B	372. A	373. A	374. A	375. A
376. A	377. A	378. A	379. A	380. B
381. A	382. A	383. B	384. A	385. A
386. A	387. A	388. A	389. A	390. B
391. A	392. B	393. A	394. B	395. B
396. A	397. A	398. A	399. A	400. A
401. A	402. A	403. A	404. B	405. A

406. A	407. A	408. A	409. B	410. A
411. B	412. A	413. A	414. A	415. A
416. A	417. A	418. A	419. A	420. A
421. A	422. B	423. A	424. A	425. B
426. A	427. A	428. A	429. A	430. A
431. A	432. B	433. A	434. A	435. A
436. A	437. B	438. B	439. A	440. B
441. B	442. A	443. A	444. A	445. A
446. A	447. A	448. A	449. A	450. A
451. A	452. A	453. A	454. A	455. B
456. B	457. A	458. A	459. B	460. A
461. A	462. A	463. A	464. B	465. B
466. A	467. A	468. A	469. A	470. A
471. B	472. A	473. A	474. B	475. A
476. A	477. A	478. B	479. A	480. A
481. A	482. A	483. A	484. A	485. B
486. A	487. A	488. A	489. A	490. A
491. B	492. A	493. A	494. A	495. A
496. B	497. A	498. B	499. A	500. A
501. A	502. A	503. A	504. A	505. A
506. A	507. A	508. A	509. A	510. A

511. A	512. A	513. B	514. A	515. B
516. A	517. A	518. A	519. B	520. A
521. A	522. A	523. A	524. A	525. A
526. B	527. A	528. B	529. B	530. A
531. B	532. A	533. B	534. A	535. A
536. A	537. B	538. A	539. A	540. A
541. B	542. A	543. A	544. A	545. A
546. A	547. B	548. A	549. A	550. A
551. A	552. A	553. A	554. A	555. B
556. A	557. A	558. B	559. A	560. A
561. A				

国家出版基金项目
NATIONAL PUBLICATION FOUNDATION

"十四五"
国家重点出版物
出版规划项目
—
中国国家治理
现代化研究丛书

中国国家治理中的基层效能

陈建平 等 著

中国工人出版社

图书在版编目（CIP）数据

中国国家治理中的基层效能 / 陈建平等著. -- 北京：中国工人出版社, 2024. 12. -- ISBN 978-7-5008-8621-1

Ⅰ. D630.1

中国国家版本馆CIP数据核字第202426U71U号

中国国家治理中的基层效能

出版人	董　宽
责任编辑	傅　娉
责任校对	张　彦
责任印制	黄　丽
出版发行	中国工人出版社
地　　址	北京市东城区鼓楼外大街45号　邮编：100120
网　　址	http://www.wp-china.com
电　　话	（010）62005043（总编室） （010）62005039（印制管理中心） （010）62379038（社科文艺分社）
发行热线	（010）82029051　62383056
经　　销	各地书店
印　　刷	北京印刷集团有限责任公司
开　　本	880毫米×1230毫米　1/32
印　　张	13.25
字　　数	344千字
版　　次	2025年1月第1版　2025年1月第1次印刷
定　　价	88.00元

前　言

习近平总书记指出："要在加强基层基础工作、提高基层治理能力上下更大功夫。"① "基层强则国家强，基层安则天下安，必须抓好基层治理现代化这项基础性工作。"② 特别是2021年印发的《中共中央国务院关于加强基层治理体系和治理能力现代化建设的意见》，可以说是新时代推进基层治理现代化建设的一份纲领性文件。在这些重要思想和政策精神的指导下开展有关基层有效治理乃至高效治理的研究，无论从议题聚焦，还是从时序维度而言，可谓正当其时，适逢其势。

以基层治理现代化助推中国式现代化

党的二十大报告提出，要"以中国式现代化全面推进中华民族伟大复兴"。2023年底，习近平总书记首次提出了"必须把推进中国式现代化作为最大的政治"③。中国式现代化涵摄了人、物质、精神、生态、发展路径等各领域、全方位的现代化。这既需要我们从宏观层面来理解和把握中国式现代化的深刻内涵，也需要从微观

① 《习近平谈治国理政》第四卷，外文出版社2022年版，第60页。

② 中共中央党史和文献研究院：《习近平关于基层治理论述摘编》，中央文献出版社2023年版，第6页。

③ 詹成付：《必须把推进中国式现代化作为最大的政治》，《红旗文稿》2024年第2期。

视角更为具体的内容维度去重视和抓好抓实基层治理的现代化问题。“中国式现代化应当而且能够实现活而不乱、活跃有序的动态平衡。”[①]尽管活力与秩序的逻辑关系是推进中国式现代化需要处理好的重大关系之一，但这一重要思想对于我们更好地把握基层治理现代化，进而理解以基层治理现代化助推中国式现代化无疑具有重要的指导意义。推进基层治理现代化，要寓治理活力于基层秩序之中，建稳定秩序于有效治理活力之上，充分调动各方的积极性，包括基层内部与外部、上层指导与基层自发有为，从而释放治理与发展的潜能，激发基层社会治理与创新活力。基层治理是国家治理的基石，基层治理现代化是国家治理体系和治理能力现代化的应有之义。近年来，随着基层治理方式不断创新，基层治理体系不断完善，基层治理能力也不断增强，为成功防范和化解各类风险挑战，实现社会经济的稳序发展打下了坚实的基础。随着我国迈上全面建设社会主义现代化国家的新征程，我国基层治理既面临难得的机遇，也要应对各种矛盾和风险叠加带来的新挑战。这就要求我们建构更加科学有效的基层治理体系、培育提升更加高强的基层治理能力。

基层之治的场域开掘

就治理单元本身而言，基层是国家治理的最末端，同时也是服务群众的最前沿。因此，贯彻落实党中央决策部署的“最后一公里”，甚至“最后一米”都在基层。本研究中不同章节因为论证的侧重点不同，对“基层”的单元界定略有不同，对“基层”作相对广义的理解。总体而言，有关“基层”的单元界定主要限定于县乡村，兼而也偶涉城市中的社区治理。就治理体系层级而言，基层治

① 习近平：《推进中国式现代化需要处理好若干重大关系》，《求是》2023年第19期。

理可谓是国家治理的“神经末梢”，在国家治理体系和治理能力现代化的整体布局中处于基础工程的地位。某种程度而言，基层治理的水平直接影响社会治理的整体效果，也影响着国家治理的整体效能。因此，有关新时代基层治理主体、体系、内容、过程、结果评价等一系列“为什么”“是什么”和“怎么样”等学术议题亟待开展。这是一个充满内在张力的学术“富矿”，理解中国的基层之治，讲好中国基层治理的故事，理应成为当代中国政治研究本土化的最大动力和学术自觉。当前，百年未有之大变局正在加速演进，经济社会发展转型也在加速迭变，新旧矛盾相互交织，利益关系更加多变，这就对基层治理提出了更高要求。同时也促使我们必须把基层治理摆到社会治理、国家治理体系更加重要的位置上，坚持为基层减负与放权赋能并重，不断提高基层治理效能。基层善治，治理有效是基础和关键。这不仅关系到基层本身的改革发展，更关乎党在农村的执政基础。以有效之治推动基层治理现代化，让基层既充满活力又拥有良好秩序。

本书的内容概要

治国安邦重在基层。高效能的基层治理是国家治理现代化的基础性工程。本研究紧扣基层治理现实，围绕着高效能基层治理的内在实现逻辑展开研究。本研究认为基层每个治理层级和主体的角色使命构成了基层治理的秩序结构，更重要的是聚焦了基层效能的核心议题。中国共产党的领导是中国特色社会主义最本质特征和最大优势，这在基层高效能治理中就突出地体现为党领共治的主体格局。而以人民为中心的治理逻辑就构成了高效能基层治理的价值底色。随着我国从“乡土中国”到“城乡中国”的境遇转变，作为现代化治理因素扩散，逐步形成了“制度下乡”“规则下乡”与传统的“礼治”“村规民约”等共同构成了基层制治格局，成为常态之治的重要模式。随着“风险社会”的来临，我国基层风险治理也愈益突出，在应对各类风险中形成了一定的韧性治理优势。随着数字治理的兴起及其向基层延伸，我们还需要解锁基层治理“新技能”，实现数字技术支撑、数据驱动的基层治理。乡村是我国基本的治理单元，乡村治理是国家治理的基石，实现乡村社会治理的有效性，健全“三治融合”体系是关键。以上从多个角度探讨了应然状态的高效能基层治理，为了更好地认知“高效能”，还需要从学理基础和指标体系等内容去建构实然评价的维度，做到定性与定量相结合。最后通过分析基层治理创新的时代境遇，由政治驱动力、价值牵引力、制度保障力、技术支撑力四个维度构成的基层治理创新的复合驱动机制，将驱使基层治理创新朝着生态化、民主化、法治化、数字化等方向变革发展。

本书的特点

首先是紧扣现实性。基层治理是国家治理的基石，基层强则国家强，基层安则天下安。高效能的基层治理是国家治理现代化的基础性工程。本研究紧扣基层治理现实，围绕高效能基层治理的内在实现逻辑展开，针对基层治理的热点、难点和重点进行了聚焦分析，从研究选题和研究内容来看具有很强的现实意义。

其次是凸显系统性。承上所述，围绕高效能基层治理的内在实现逻辑展开研究，旨在“解密”基层治道。以往的研究或者侧重某个方面进行，或者虽然进行了综合性学理分析，但对基层治道的内在逻辑揭示不够系统，因此本研究从高效能基层治理的“时空境遇与核心议题—主体格局—价值锚定—治理手段（常态治理—规则之治）—非常态治理（基层危机管理）—治理工具（基层数治—技术之治）—新实践面向（‘三治融合’）—评价维度—创新变革”这样一个论证逻辑展开，既关注了基层治理的热点和重点，又凸显了研究的系统性，遵循基层治理的内在逻辑规律，避免了研究的零散性和片面性。

最后是注重多维性。即注重运用多学科研究的交叉视角。已有的研究中，关注基层治理主要以社会学为主，注重采用个案研究，对基层治理的内在运行逻辑进行“以小见大”式的理论勾画。或者从政治学视角，运用治理理论来阐释基层场域中的治道逻辑。本研究吸收了上述两个学科视角的优势，同时还借鉴和运用了马克思主义学科、公共管理学科、社会学科等分析思路和视角，从多维度“解密”基层治道。特别是习近平总书记有关基层治理的重要论述作为本研究的指导思想和基层治理的实践指南，相比现有研究成果，本研究也予以了更为充分的体现。

当然，本研究可能也存在很多不足：基层有效乃至高效治理是一个重要而复杂的理论问题，更是一个实践问题，同时也是一个多维度、多变量相互作用的过程。本研究虽然尝试从九个方面，从时代环境切入，从主体到过程，从条件到方法，从现实到未来等不同视角进行了分析和讨论，但也难免挂一漏万，可能在某些重要角度尚未涉及或者涉足不深。虽然在方法运用这个层面尽量予以了考虑，但也可能在一手资料获取、个案研究、实证调查分析等方法呈现方面依然不够充分、不够饱满。恳请学界前辈和同行们不吝赐教，多给予批评和指正！

目 录

第一章　城乡中国：高效能基层治理的时空境遇

基层治理是中国地方治理研究中的重要议题，其重要性主要体现在两个方面。首先，基层治理处于纵向行政体系与横向社会网络的交会点，是国家治理的末端，具有基础性地位，其治理效果直接影响国家秩序的稳定和社会发展的活力[①]。其次，随着国家在乡村社会的重新介入，大量公共资源和行政职能下沉到基层，越来越多的乡村事务重新纳入科层治理的议程[②]。然而，作为最基层的政府层级，基层政府缺乏足够的体制性和常规性治理资源，治理困境越发明显，事务繁多、责任重大与能力有限的矛盾日益突出[③]，导致基层治理面临的舆情与信用风险也不断增加。因此，对于基层治理的复杂性及其有效治理的目标诉求有赖于我们回到基层治理具体的

① 参见李春根、罗家为：《从动员到统合：中国共产党百年基层治理的回顾与前瞻》，《管理世界》2021 年第 10 期。

② 参见杨磊：《返场、控制与捆绑：乡镇干部的压力源及其解释》，《公共管理与政策评论》2020 年第 1 期。

③ 参见钟伟军、陶青青：《压力下的权威拓展：基层政府如何塑造非正式治理资源？——基于浙江省 W 镇“仲规依”的案例分析》，《公共管理学报》2021 年第 2 期。

时空境遇来予以体察和思考。

一、城乡中国：高效能基层治理的思考原点

论及传统中国基层尤其是乡村社会的特质与治理秩序，须臾离不开回望著名社会学家费孝通的经典著作《乡土中国》，因为“费老的作品是对中国传统农村最好的理解”。他曾深刻地指出：“从基层上看去，中国社会是乡土性的。”“乡土社会在地方性的限制下成了生于斯、长于斯的社会。”“这是一个‘熟悉’的社会，没有陌生人的社会。”“不但对人，他们对物也是‘熟悉’的。”“乡土社会里从熟悉得到信任。”[①] 在这极具“乡土本色”的时空境遇里，相伴而生的典型治理机制为“一曰礼治秩序，二曰无讼，三曰无为政治，四曰长老政治”[②]。可见，这种乡土性，深深地影响着中国基层社会的文化、制度、秩序、变迁等诸多方面。时空流转，伴随着经济基础、社会结构、体制政策等的急剧变动，我国已然实现从“乡土中国”向“城乡中国”的转变。《乡土中国》成书于 1947 年，彼时中国的城镇化率仅有 10% 左右，2011 年我国城镇化率首次超过 50%，而截至 2023 年底，我国常住人口城镇化率为 66.16%，至少已有 9 个省份城镇化率超过 70%。在中国现代化进程中，城乡关系的重塑不仅是社会发展的重要内容，更是实现国家治理现代化的核心课题。作为社会转型的“城乡中国”，它体现了从传统农业社会向现代工业社会的过渡，推动了经济结构的深刻变革和社会治

① 费孝通：《乡土中国》，上海人民出版社 2013 年版，第 6–10 页。

② 贺雪峰：《论半熟人社会：理解村委会选举的一个视角》，《政治学研究》2000 年第 3 期。

理模式的创新。作为空间连接的“城乡中国”，它打破了城乡二元对立，通过基础设施的互联互通和公共服务的均等化，构建起城乡一体化发展的新格局。作为文明新形态的“城乡中国”，它不仅融合了城市的现代文明和乡村的传统文化，还创造出一种兼具多元性和包容性的社会文化新形态。在这一背景下，基层高效能治理成为城乡融合发展的关键支撑，通过科学、精细、智能化的治理手段，推动城乡在经济、社会、文化等各领域实现协同发展，为构建美好生活共同体提供坚实基础。

（一）作为社会转型的“城乡中国”

经过近百年的结构变迁，中国的城乡关系在 2003 年至 2010 年发生了革命性的飞跃，进入了我们称为“城乡中国”的阶段。这一阶段的划分依据在于，农民与土地以及农民与村庄的关系发生了根本性的变化。而引发这一转变的关键力量是“农二代”——这群继承了上一代离开土地、迁出村庄的农民。由于他们在工作和居住方式上的城市化，以及在出村前与土地和农业的疏远关系，大多数“农二代”选择了不回村、不务农。这一选择带来了人地关系、农地制度、农业经营制度、农业发展模式以及村庄演化与分化等方面的重大变化[①]。

“城乡中国”作为社会转型的代表，是理解中国改革开放以来社会变迁的重要视角。社会转型指的是社会结构、社会关系以及社会运行机制的全面变革，具体到城乡中国，主要体现为以下几个方面：

1. 城乡二元结构被逐步打破

新中国成立不久，政府实行计划经济体制，城市与农村的经济

① 参见刘守英、王一鸽：《从乡土中国到城乡中国——中国转型的乡村变迁视角》，《管理世界》2018 年第 10 期。

职能有着根本的区别。城市是工业生产和政治管理的中心，享有更多的资源配置和更先进的技术设施。相比之下，农村地区主要聚焦于农业生产，其生产方式相对落后，科技应用有限，农民往往依赖传统耕作方法，生产效率低。此外，工业产品多集中在城市，农村地区往往难以获得这些产品，这进一步加剧了物质条件上的不平等。

1956 年以后我国逐步建立起限制人口流动与迁徙的城乡二元户籍制度。除了极少数例外，农民几乎不可能改变基于身份制的农业户口。户籍制及长期附着其上的十数项制度（诸如粮油供应、劳动就业、医疗保健、教育、社会福利等），限制了乡村居民的流动与迁徙自由，造就了影响深远的城乡二元隔绝体制[①]。城市户口的居民可以享受到更优质的教育、医疗和就业机会，而农村户口的居民则在这些方面处于明显劣势。这种制度不仅限制了人口的自由流动，也拉大了城乡居民在生活质量上的差距。例如，城市居民能够接受更好的教育，从而有机会获得更高的社会地位和经济回报；相反，农村居民的教育机会受限，其社会流动性相对较低。

此外，城市因其多元化和开放性，更容易接触到国内外的新思想、新文化。城市居民可以享受到各种文化设施如博物馆、图书馆、剧院等，这些文化资源的丰富为城市居民提供了广泛的知识视野和审美体验。而农村地区由于资源有限，加之传统观念的影响，文化生活相对单一，新的文化元素渗透速度缓慢，这种差异进一步加深了城乡在思想和生活方式上的鸿沟。这些经济、社会和文化上的差异，都是建立在严格的城乡分割体制之上的。这种分割体制不仅影响了资源的分配，也影响了人们的生活方式、价值观念以及对

① 参见王海光：《移植与枳变：中国当代户籍制度的形成路径及其苏联因素的影响》，《党史研究与教学》2011 年第 6 期。

未来的期待。

随着市场经济体制的建立和发展，城乡之间的壁垒逐渐被打破。大量农村劳动力向城市转移，形成了庞大的农民工群体。据统计，1999 年，全国到乡以外就业的农村劳动力有 5203.6 万人，比 1998 年增加 268 万人，其中到省外就业的有 2115 万人，占 40.6%；2000 年，农村外出就业劳动力人数达到 7550 万人，又比 1999 年增加 699 万人[①]，其中流向城市的占 50.69%[②]；从 2001 年到 2017 年，跨省流动的农民工由 3625 万人增加至 7675 万人，占当年外出农民工总数的 44.7%[③]。随着内地农民大规模跨省、跨地区流动，许多人开始进入沿海地区务工，真正实现了“离土”“出村”，城乡之间的屏障被打破[④]。这不仅推动了城市的快速发展，也促进了农村居民收入的增加，改善了农村居民的生活水平。除了人口流动，城乡间的经济互动也在逐步加强，城市的资本、技术和信息等资源开始向农村渗透，推动了农村经济的多元化发展。例如，城市的先进农业科技通过各种途径被引入农村，改变了传统农业的生产方式，促进了农业机械化、智能化的发展。许多农村地区通过引进现代化的农业技术，不仅改进了耕作方法，还优化了种植结构，从而显著提升了农产品的产量和质量。以“公司 + 农户”的新型农业经营模式为例，这种模式在各地迅速推广，成为城乡经济互动的典范。公司提供技术支持、市场信息和资金投入，农户则负责具体的生产和管理，通过这种合作，农产品的市场竞争力大大增强。许多

① 刘怀廉：《中国农民工问题》，人民出版社 2005 年版，第 145 页。

② 李强：《农民工与中国社会分层》，社会科学文献出版社 2004 年版，第 18 页。

③ 国家统计局：《2017 年农民工监测调查报告》，国家统计局官方网站 2018 年 4 月 27 日。

④ 刘守英：《中国乡村转型与现代化》，中国人民大学出版社 2023 年版，第 15 页。

企业还与农户签订了收购合同，确保农产品的销售渠道畅通，从而减少了农户的市场风险。这一模式不仅提高了农民的收入水平，还激发了农村经济的活力。

通过上述变化，可以看到，“城乡中国”这一概念的提出，可以让我们更好地理解中国城乡关系的变革，并为未来的发展提供新的思路和方法。

2. 农村社会结构的变化

改革开放前，中国农村社会结构相对稳定，以传统农业经济为基础。那时，人口高度集中在农村，约 80% 以上的人口居住在农村地区，依赖农业为生。由于户籍制度的严格限制，农村劳动力的流动性非常低，社会流动性也受到严格控制，农民基本无法离开土地和农村从事其他行业。经济活动主要集中在农业，农民以种植粮食和简单的副业为主，经济条件相对落后，生产技术滞后，农村居民生活水平较低。

然而，改革开放后，家庭联产承包责任制极大地解放了农业生产力，农产品和农业劳动力出现剩余，中国农村人口结构发生了深刻变化。大量农村人口涌入城市，形成了显著的城乡人口流动现象。这种人口迁移一方面缓解了农村的劳动力过剩问题，另一方面也导致了农村劳动力的老龄化和性别比例失衡，留下的多为老年人和儿童，形成了典型的“空心村”现象。这不仅影响了农村的经济活力，也带来了社会治理和公共服务的新挑战。

随着农村人口不断向城镇迁移，农村家庭结构也经历了显著而深刻的变化。传统的大家庭模式——通常包括几代人同堂居住和共同生活的形式，正在逐渐被小家庭模式所取代。[①] 这种转变不仅反

① 参见王天夫：《数字时代的社会连接与研究转变》，《中国社会科学评价》2024 年第 1 期。

映了农村居民生活方式的现代化，也是社会进步和经济发展的必然结果。

在传统的大家庭模式中，家庭成员往往紧密联系，共同承担家务和农作劳动。然而，这种模式也带来了很多限制，家庭成员在决策时需要考虑到更多的利益相关者，个人的自主性和独立性较少。而随着农村人口向城镇的迁移，年青一代更倾向于独立居住和生活，形成了以核心家庭为单位的小家庭模式。这种模式下，家庭成员的数量减少，家庭结构更加简洁明了，夫妻和子女的关系更加紧密。

小家庭模式的兴起，不仅是生活方式现代化的表现，更重要的是增强了家庭的自主性和独立性。[①] 每个家庭在生活安排、经济决策等方面有了更多的自主权，家庭成员能够根据自己的意愿和实际情况做出决策，而不再受到传统大家庭模式下长辈或其他成员的过多干预。这种变化使得家庭内部的沟通和决策过程更加高效，生活质量也得到了提升。

此外，新型家庭结构的出现，也进一步推动了农村社会的现代化进程。家庭作为社会的基本单位，其结构和功能的变化对整个社会的发展具有重要影响。小家庭模式更符合现代社会的节奏和需求，使得农村居民能够更好地适应快速发展的经济和社会环境。随着小家庭模式的普及，农村的教育、医疗、文化等各方面资源配置也得到了优化，农村居民的整体素质和生活水平显著提高。

总之，农村家庭结构从传统大家庭向小家庭模式的转变，是农村城镇化和现代化进程中的一个重要现象。它不仅反映了农村居民生活方式的现代化，还极大地增强了家庭的自主性和独立性，为农村社会的全面进步提供了有力支持。

---

① 参见王跃生：《当代中国家庭结构变动分析》，《中国社会科学》2006 年第 1 期。

随着城乡互动的加强，农村社会的传统结构逐渐被打破，现代化的社会组织形式开始在农村生根发芽。原有的家族和村落组织形式逐渐弱化，取而代之的是更加多元化和现代化的社会组织，如农民专业合作社、专业技术协会、农村信用社、农村合作基金会以及农村股份合作企业等。这些新型社会组织不仅提高了农村经济的组织化程度，也为农村社会治理提供了新的力量。

当前，在许多农村地区，农民专业合作社通过集中资金和资源，实现了规模化种植和养殖，显著提高了农民的收入水平和生活质量。农民专业合作社对自身行业的发展有着深入了解，从而能够帮助政府制定并落实相关产业政策。自中国加入世界贸易组织后，政府对农业的宏观调控主要集中在“绿箱”和“黄箱”政策方面，[①] 而这些政策的落实如果依赖传统的行政渠道，执行成本高昂且效率低。农民专业合作社的发展为国家对农民和农业的扶持提供了新的渠道。此外，针对这些合作经济组织，政府可以通过发布相关的农业产销、科技和政策等信息，提高对农业经济调控的针对性和有效性。与此同时，农民也可以通过利用农民专业合作社及时将自己的意愿和要求反馈给政府，从而与政府进行有效互动。[②]

3. 基层治理方式的转型

在乡土中国时期，基层治理主要依赖宗族、家族、乡绅和村社等传统社会结构，形成了一套独特而复杂的治理体系。宗族和家族是当时基层社会的基本单元，乡约礼治则是当时主要的治理方式。[③] 宗族以血缘关系为纽带，通过宗族领袖的权威和影响力进行

---

① 丁学东：《世界贸易组织与农业政策》，中国财政经济出版社 2004 年版，第 36 页。

② 参见刘锐、袁明宝：《接点治理与国家政权建设——湖北荆门 J 村调查》，《天津行政学院学报》2013 年第 3 期。

③ 费孝通：《乡土中国》，上海人民出版社 2013 年版，第 36–40 页。

治理。宗族内部有一套完整的规约和规范，涵盖婚姻、丧葬、财产继承等方面，这些规约通过道德、舆论和宗族力量的结合，确保成员的行为符合宗族的期望。宗族祠堂是宗族活动的中心，祭祀祖先不仅强化了宗族成员的认同感，也凝聚了宗族力量。①

乡绅在乡土中国的基层治理中扮演了关键角色。他们通常是当地有文化、有经济实力和社会威望的人士，通过其资源和影响力治理地方事务②。乡绅在经济上富裕且文化修养较高，通过道德教化和社会服务来维护地方秩序和稳定，充当地方和官府之间的桥梁，协调地方利益与国家政策之间的关系。他们通过捐资助学、修建基础设施和组织赈灾等活动改善地方的公共福利，既提高了自身在地方的声望，也加强了地方社会的稳定性和凝聚力。

村社是乡土社会的基本治理单元，具有较强的自治性。村社内部通过协商和集体决策管理日常事务。村社中的重大事务通常通过村民大会或村社会议讨论和决定，每个家庭都有发言权和表决权，决策过程注重共识和公平。村社内部强调互助合作，特别是在农忙时节和重大活动中，村民通过劳动力和资源的互换共同完成任务，既提高了生产效率，又增强了村社的凝聚力③。

此外，乡土中国的基层治理还深受民间习俗和非正式制度的影响。这些习俗和制度虽然没有明确的法律地位，但在实际生活中具有很大的约束力。习惯法在乡村社会中比正式法律更具实际效力，它以传统习俗和地方惯例为基础，通过长期的社会实践形成，具有

① 梁漱溟：《乡村建设理论》，上海人民出版社 2011 年版，第 69 页。

② 杜赞奇：《文化、权力与国家：1900—1942 年的华北农村》，江苏人民出版社 2020 年版，第 168 页。

③ 黄宗智：《长江三角洲的小农家庭与乡村发展》，广西师范大学出版社 2023 年版，第 149 页。

灵活性和适应性。纠纷解决通常依靠民间调解而非诉诸正式司法，调解人通常是地方德高望重的长者或乡绅，他们通过调解来解决冲突，维护地方和谐。然而，随着社会的现代化和城市化，这种基层治理方式面临着转型和调整的压力。新的社会结构和治理方式正在逐渐形成，以适应现代社会的需求。

进入城乡中国阶段，乡村人口呈现出“离土”、“守土”与“归土”的“三土聚合”特征，人口结构变得更加复杂、多元[①]，不仅农民与土地的黏度发生了变化，而且农民与村庄的黏度也发生了变化。一方面，在城镇化进程的不同影响下，村庄数量大幅减少，村庄分化加剧，一部分村庄出现活化机遇，但多数村庄呈现人走村衰面貌。另一方面，村庄的治理方式与村庄作为文化规范等非正式制度的规范发生改变，村庄作为一种制度装置的内涵处于变革之中[②]。

在城乡中国格局下，乡村的公私秩序会面临重构。有调查发现，在不少村庄，不仅是人走带来的空心化，实际上“公”的部分本身也被抽空，结果带来的是大量村庄以私侵公或以公肥私等现象。另外，人口流动是否会将城市社会基于陌生人规则的人际关系模式带回乡村，或者是否会生成新的规则和公私秩序，尚不得而知，但无论如何这都可能意味着传统乡土中国那种以人情维系的“熟人社会”、“差序格局”和“礼治秩序”等为统合规则的乡村社会将面临不可逆的重大变化，村庄的治理结构和治理规则必将发生重大变迁。20 世纪 40 年代，像费孝通所看到、忧虑的那样：“现行的司法制度在乡间发生了很特殊的副作用，它破坏了原有的礼治

① 李小云：《乡村振兴的维度》，生活 · 读书 · 新知三联书店 2024 年版，第 32–34 页。

② 参见刘秉镰、朱俊丰：《新中国 70 年城镇化发展：历程、问题与展望》，《经济与管理研究》2019 年第 11 期。

秩序，但并不能有效地建立起法治秩序。”[①] 目前来看，村庄能否走城市社区治理模式；党支部、集体经济组织与村民自治三级之间的关系如何处置；自治、法治、德治的治理体系如何构建等，都是未来村庄治理面临的重要问题。

随着乡村振兴战略的实施，基层治理方式从传统的“行政主导型”向“多元参与型”转变，基层治理的主体不再仅仅是政府，社会组织、社区和企业等多方力量也积极参与其中。这种多元参与的治理模式不仅提高了治理效能，也增强了基层社会的自治能力。例如，在一些农村地区，社会组织通过组织农民参与社区建设、环境保护等活动，增强了社区的凝聚力和向心力。此外，信息技术的广泛应用也为基层治理带来了新的手段和工具，数字乡村建设、智慧农业等新兴技术正在深刻改变着农村的治理方式。通过利用大数据、互联网和物联网等技术手段，基层政府能够更加高效地管理和服务农村居民，提高了基层治理的科学化和精细化水平。

总的来说，作为社会转型的“城乡中国”体现了城乡关系的深刻变革。这种变革不仅体现在经济层面，也体现在社会结构、社会关系以及治理方式的全面变化中。理解这一维度，有助于我们更好地把握中国社会发展的方向和趋势，为推动城乡一体化发展提供科学依据。例如，通过加强城乡之间的资源和信息交流，促进城乡一体化发展，不仅能够提升农村经济和社会发展的质量，也有助于实现共同富裕和社会和谐。通过这些具体的实例和过渡性的论述，我们可以更清晰地看到城乡中国在社会转型中的重要角色和作用。

（二）作为空间连接的“城乡中国”

乡村振兴之所以成为可能，关键在于平衡各方的利益诉求，在各利益主体之间形成利益交换与平衡机制，在整合各方资源、满足

---

① 费孝通：《乡土中国》，上海人民出版社 2013 年版，第 55 页。

各主体利益诉求的同时，实现村庄发展的需要。[①] “城乡中国”作为空间连接的体现，揭示了城乡之间的物理空间和功能空间的互动与融合，这是理解城乡关系发展的关键视角。

第一，基础设施的互联互通是城乡空间连接的物质基础。改革开放以来，中国大力推进城乡基础设施建设，交通、通信、水利等基础设施的建设显著改善了城乡之间的互联互通。以交通为例，高速公路、高速铁路的建设极大地缩短了城乡之间的距离，促进了城乡之间的人流、物流和信息流的快速流动。通信基础设施的发展，如光纤网络和移动互联网的普及，使得农村居民能够享受到与城市居民同等的通信便利，极大地促进了城乡信息的交流与共享。

第二，资源流动与配置优化是城乡空间连接的关键内容。城乡之间资源的双向流动与合理配置，是实现城乡共同发展的重要途径。据《2023 年农民工监测调查报告》数据显示，截至 2023 年底，全国农民工总量达 2.97 亿人，[②] 他们为城市的建设和发展提供了充足的劳动力资源。农村的劳动力向城市转移，带动了城市经济的快速发展，而城市的资本、技术、管理经验等资源也逐渐向农村渗透，推动了农村经济的现代化发展。这种资源的双向流动，不仅促进了城乡经济的互补与协同发展，也提升了城乡居民的整体福祉。

第三，空间布局的优化调整是城乡空间连接的重要方向。随着中国新型城镇化进程的推进，城乡规划逐步融合，城乡一体化发展成为新的趋势。在城乡空间布局上，通过科学规划和合理布局，推动城镇体系的完善和城乡空间的协调发展。例如，通过建设现代化

① 参见颜德如、张玉强：《“接点治理”：乡村振兴中的公共空间再造——基于上海市 Y 村的空间治理实践》，《理论探讨》2020 年第 5 期。

② 《2023 年农民工监测调查报告》，《中国信息报》2024 年 5 月 6 日。

农业园区和特色小镇，优化农村生产和生活空间布局，促进城乡空间功能的互补与衔接。这不仅有助于提升农村地区的经济活力和人口吸引力，也有助于缓解城市的资源和环境压力，实现城乡之间的可持续发展。

第四，城乡空间的互动与融合还体现在生态环境的保护和建设上。城乡一体化发展要求城乡生态环境的共同保护与建设，通过推进城乡生态环境治理和绿色发展，打造宜居的城乡环境。例如，通过推行农村环境综合整治、建设美丽乡村等措施，提升农村地区的生态环境质量，与城市共同构建绿色生态屏障，推动城乡环境的协调发展。

总的来说，作为空间连接的“城乡中国”强调了城乡之间的物理空间和功能空间的互动与融合。通过基础设施的互联互通、资源流动与配置优化、空间布局的优化调整以及生态环境的共同保护，促进了城乡之间的紧密联系和协调发展。这一维度的探讨，有助于我们更全面地理解城乡关系的发展路径，为实现城乡一体化提供科学的指导。

（三）作为文明新形态的“城乡中国”

经过近百年的转型和变迁，特别是改革开放四十多年的结构性变革，中国已经从传统的“乡土中国”转型为“城乡中国”。“城乡中国”作为文明新形态的体现，反映了城乡文化、生活方式和价值观念的深刻变革和相互融合，是理解中国社会文化发展的重要视角。乡土变成了故土，乡村变成了故乡，农业在摆脱过密化的同时也在逐步多功能化。因此，中国的结构形态已经告别了费孝通所描述的传统“乡土中国”。尤其是在农民的第二代成为迁移的主力后，他们不仅离开了土地和村庄，而且不再回到农业和乡村，选择在大城市、县城和乡镇就业，把这些地方作为他们的新归宿。[①]

第一，文化认同与融合是“城乡中国”文明新形态的重要内容。城乡之间文化互动频繁，传统农村文化与现代城市文化相互影响、相互融合，形成新的文化认同。随着城乡居民交流的增多，农村居民逐渐接纳和认同现代城市文化，而城市居民也开始认识和欣赏乡村文化的独特价值。传统的农耕文化、乡土文化与现代的工业文化、都市文化相互交织，共同构成了丰富多彩的城乡文化景观。这种文化认同与融合，不仅促进了城乡居民的文化交流和理解，也为城乡共同发展提供了文化支撑。

第二，生活方式的变化是“城乡中国”文明新形态的显著特征。随着城乡一体化发展的推进，城乡居民的生活方式逐渐趋同。农村居民享受到更多的现代化生活便利。例如，现代化的家用电器、便捷的交通工具和丰富的娱乐设施等，极大地改善了农村居民的生活质量。与此同时，城市居民也逐步接纳乡村的生态、文化优势，越来越多的城市居民选择到农村旅游、休闲和养老，享受乡村的自然环境和传统文化。这种生活方式的变化，反映了城乡居民对美好生活的共同追求和对生活质量要求的不断提升。

第三，价值观念的转变是“城乡中国”文明新形态的重要体现。城乡之间的交流和互动，使得价值观念发生深刻变化。农村居民在接触城市文化和现代生活方式的过程中，现代化意识和市场经济观念逐渐增强，对教育、健康、环保等方面的重视程度不断提高。而城市居民在与农村接触的过程中，对乡村的生态价值、文化价值有了更深的认识，生态保护、绿色发展的理念逐渐深入人心。这种价值观念的转变，不仅促进了城乡居民的相互理解和尊重，也

---

① 刘守英：《迈向城乡融合文明新形态：南海案例》，中国人民大学出版社 2024 年版，第 26 页。

为城乡的协调发展和社会的和谐进步提供了思想基础。

第四，城乡文明新形态的形成还体现在制度和政策的创新上。为了促进城乡一体化发展，政府在制度和政策上进行了诸多创新和调整。例如，通过推进城乡基本公共服务均等化，确保城乡居民享有同等的教育、医疗、社会保障等基本公共服务；通过实施乡村振兴战略，推动城乡资源的合理配置和协调发展；通过推动农村土地制度改革，激发农村发展的内生动力。这些制度和政策的创新，不仅为城乡文明新形态的形成提供了制度保障，也为城乡居民创造了更加公平和谐的发展环境。

综上所述，作为文明新形态的"城乡中国"反映了城乡文化、生活方式和价值观念的深刻变革和相互融合。通过文化认同与融合、生活方式的变化、价值观念的转变以及制度和政策的创新，促进了城乡居民的共同发展和共同进步。这一维度的探讨，有助于我们更好地理解城乡关系的文化内涵和社会意义，为推动城乡文明建设提供重要参考。

值得强调的是，"城乡中国"这一理念的引入，主要是为了避免依赖"乡土中国"的视角来解决现有的城乡矛盾。长期以来，中国一直沿袭"乡土中国"的发展模式，这种模式在很长一段时间内的结构性转变中被进一步强化，从而形成了对乡土中国治理方式和公共政策的深厚依赖。这种依赖使得决策者往往不自觉地采用乡土时期的策略来应对现今的城乡治理挑战，导致决策和政策反应滞后于结构变革的需求，进而妨碍了"城乡中国"的发展及向"城市中国"的过渡。

目前，中国已经逐步脱离了乡土中国的旧框架，正处于城乡中国的发展新阶段。在此阶段，必须经历长时间的结构深化和二元制障碍的消除，才能实现真正的城乡融合。城乡融合不仅涉及基础设施的整合，更关乎经济、文化及社会资源的共享。推动城乡一体化的发展，促进城乡之间的平等交流和资源流通，是实现中国结构现代化和伟大转型的关键步骤。也正因如此，党的二十届三中全会专题论述了“完善城乡融合发展体制机制”，指出：“城乡融合发展是中国式现代化的必然要求。必须统筹新型工业化、新型城镇化和乡村全面振兴，全面提高城乡规划、建设、治理融合水平，促进城乡要素平等交换、双向流动，缩小城乡差别，促进城乡共同繁荣发展。”①

（四）城乡中国对基层治理产生的影响

在中国，城乡差异对基层治理造成了深刻且复杂的影响，这种影响广泛涉及多个方面。它不仅表现为资源分配和公共服务的显著差异，还涉及人口流动、经济发展、政治参与以及文化认同等诸多重要领域。这些多维度的影响，综合塑造了中国社会的治理结构和发展路径。

第一，城乡差异显著影响了基层治理中资源的分配和公共服务的供给。城市地区由于经济发展较快，财政收入较高，公共服务资源相对丰富，包括教育、医疗、交通和社会保障等。城市的经济优势使得政府能够投入更多资金完善基础设施和公共服务系统，提供高质量的教育资源、先进的医疗设施、便捷的交通系统以及全面的社会保障。这些充足的公共服务资源不仅能够满足城市居民的多样化需求，还提高了居民的生活质量，增强了社会的整体稳定性和幸福感。此外，城市中较高的财政收入使得基层政府在应对突发事件和进行社会治理时具备更强的应变能力和资源调配能力，从而进一步提升了治理效率和效果。

---

① 《中共中央关于进一步全面深化改革推进中国式现代化的决定》，人民出版社 2024 年版，第 22 页。

相对而言，农村地区公共服务资源不足，基层政府在提供这些基本公共服务方面面临较大压力。由于农村经济发展相对滞后，财政收入有限，导致在教育、医疗、交通和社会保障等方面的投入不足。农村学校的教学设施和师资力量相对薄弱，医疗资源匮乏，交通基础设施不完善，社会保障体系不健全。基层政府需要在有限的资源下，努力提升公共服务质量，改善居民的生活条件。这不仅需要大量的财政投入，还需要有效的政策支持和管理创新，以便逐步缩小城乡公共服务的差距，提升农村居民的生活质量和幸福感。

第二，人口流动给城乡基层治理带来了挑战和机遇。大量农村人口涌入城市，寻找更好的就业机会和生活条件，导致城市人口急剧增加。这种人口流动对城市基层治理提出了严峻挑战，特别是在社会服务和治安管理方面。城市基层政府需要加大投入，提供更多的公共服务资源，如住房、教育、医疗和就业支持，以满足不断增长的人口需求。同时，随着人口结构的多样化，城市社会治理的复杂性也在增加，政府需要加强社区管理和治安维护，确保社会的和谐与稳定。

农村地区由于大量青壮年劳动力外出务工，人口结构发生了显著变化，留下的多为老年人、妇女和儿童。这种人口结构的不平衡加大了农村社会治理的难度。留守老年人的健康照护、留守儿童的教育与心理问题、妇女的就业与社会参与等都成为基层政府亟须解决的难题。农村基层政府需要在社会保障和公共服务方面投入更多的精力和资源，确保留守人群的基本生活和权益得到保障。

同时，人口流动也为城乡基层治理带来了新的机遇。外出务工的农村人口在城市积累了丰富的经验和资源，他们返乡后可以带回新的观念和技术，促进农村经济发展和社会进步。政府可以通过政策引导和支持，鼓励务工人员返乡创业，推动城乡资源和人才的双向流动，逐步实现城乡协调发展。

第三，城乡经济发展的不平衡对中国的基层治理产生了深远的影响。在城市地区，快速的经济发展推动了工业化和信息化的进程，吸引了大量的投资和人才。这些因素共同促进了城市基础设施的完善和公共服务的提升，如教育、医疗和交通等。居民收入水平普遍较高，消费能力较强，社会稳定性较强。高收入和完善的社会服务系统增强了居民对政府的信任度和支持度，从而使得城市基层治理相对容易。城市居民通常拥有更高的政治意识和参与度，他们更愿意通过各种渠道表达自己的需求和意见，这也为基层治理提供了更多的参考和支持。

相比之下，农村地区因经济发展滞后，面临着更为严峻的挑战。农业依然是许多农村地区的经济支柱，但由于技术和资金的限制，农业的收益相对较低。农村居民的收入水平普遍较低，教育和医疗资源不足，这些问题加剧了贫困和社会不平等。此外，贫困还带来了一系列社会问题，如劳动力外流、老龄化和儿童教育缺失等，这些问题都增加了基层治理的复杂度。农村基层政府在资源有限的情况下，需要花费更多的精力来维护社会稳定，解决土地纠纷、环境保护等问题，同时还要推动经济发展和改善公共服务。

第四，在政治参与和社会治理方面，城乡居民的参与度和治理方式存在显著差异，这对基层治理也产生了深远的影响。城市居民通常受教育水平较高，政治参与意识较强，对公共事务和社区治理的关注度较高。他们倾向于通过公民参与、社区会议和在线平台表达意见和需求，积极推动社会治理的改革与创新。这种参与态度促使城市基层政府必须采用更为开放和协商的治理机制，广泛听取民意，以民主程序制定和实施政策。同时，城市居民对政策执行的透明度和公正性有更高的期待，这要求基层政府在决策过程中展示高度的责任感和透明度。

相比之下，农村居民的政治参与度较低，这部分是由于教育资源的限制和传统文化的影响，使得他们更多依赖于传统的治理方式。在许多农村地区，村民委员会和乡贤仍然扮演着重要的治理角色，基层政府往往需要依赖这些传统权威和行政手段来推动政策的执行。这种治理模式虽然在一定程度上保持了社会的稳定，但在处理复杂的社会问题和推动社会变革方面显得力不从心，同时也可能限制了政治透明度和公众参与。

第五，城乡文化差异也对基层治理造成了显著影响。在城市，文化的多元化和开放性为社会带来活力，也使得治理变得更为复杂。城市基层政府在处理不同文化群体之间的关系时，需要采取灵活的策略来促进社会融合，包括公平处理各种文化需求和解决可能出现的文化冲突。这要求基层政府具备高度的文化敏感性和适应性，以便更好地理解并服务于一个多元化的社区。

而在农村，文化相对保守和封闭，这种文化特性在一定程度上确保了社会的传统稳定，但同时也可能阻碍新观念的接受和经济社会的全面发展。农村基层政府在推动社会变革和经济发展时，需要引导农村社会接受和融入现代文化，如推广科技应用、提高教育水平和鼓励创新思维。这不仅有助于提高农村地区的开放性和竞争力，也是激发农村发展新动力的关键。

综合来看，城乡中国对基层治理的影响是多方面的，涵盖资源分配、人口流动、经济发展、政治参与和文化认同等多个维度。基层政府需要因地制宜，根据城乡不同的经济、社会和文化背景，制定和实施相应的治理策略，才能有效提升治理水平，实现社会的和谐与进步。

二、基层治序：高效能基层治理的议题聚焦

新中国成立以来，我们党领导人民创造了世所罕见的发展奇迹。正如党的十九届四中全会指出："新中国成立七十年来，我们党领导人民创造了世所罕见的经济快速发展奇迹和社会长期稳定奇迹，中华民族迎来了从站起来、富起来到强起来的伟大飞跃。"① 在这艰辛的发展历程中，我们既经历了巨大的经济社会变迁，也经受了不少重大考验，但依旧实现了秩序与活力间的张力平衡。习近平总书记深刻指出，"基层是一切工作的落脚点"。基层强则国家强，基层安则天下安。在现代社会发展过程中，基层治理的秩序与效能直接影响着国家的整体稳定与进步。可以说，不断被赋予新的时代内涵的基层治理成为新时代助力"两大奇迹"的治理密钥。有效的基层治理不仅关乎公共服务的提供和社会的安定，更关系到基层社会的活力和居民的幸福感。以下将围绕三个核心议题展开讨论：一是基层政府的公共服务与有效治理，二是基层社会的秩序与活力，三是基层干群的履责与自为。通过深入探讨这三个核心议题，我们旨在揭示高效能基层治理的关键主体和主导内容，期望为新时代基层治理的优化提供理论支撑和实践指导。

（一）基层政府：公共服务与有效治理

基层政府，即县乡政府，是国家治理体系中的重要组成部分。② 它们不仅是国家政策和法律法规的执行者，更是联系群众、

① 《中共中央关于坚持和完善中国特色社会主义制度 推进国家治理体系和治理能力现代化若干重大问题的决定》，人民出版社 2019 年版，第 2 页。

② 徐建牛：《基层政府行为演进的制度逻辑》，上海三联书店 2012 年版，第 5 页。

服务群众的最前线。社会治理是指在党的领导下，政府、社会、市场等多元主体共同参与、互动合作，形成共同解决社会问题、促进社会发展的过程。

形式主义和过度干预是基层治理中常见的问题，它们不仅浪费资源，还可能引发群众的反感和抵触。形式主义指的是那些表面上看起来很规范、很到位的做法，但实际上没有实质内容或效果。过度干预则是指基层政府对村庄事务过于频繁和细致地干涉，导致村民自治的空间被压缩。

基层政府的公共服务与治理效能直接关系到社会的稳定和发展的基础，是实现国家治理现代化的重要保障。基层政府在治理中的角色定位是多重复合且关键的。首先，它们作为国家政策和法律法规的执行者，负责将中央和省级政府的政策具体落实到基层，通过具体的实施措施确保政策在基层得到有效执行。其次，基层政府也是民意的代表和反馈者，负责收集和反映基层群众的意见和需求，向上级政府反馈民情民意，确保政策制定和实施更加符合基层实际，促进上情下达、下情上传的双向沟通。最后，县、乡镇政府在推进基层治理现代化过程中，积极探索创新治理模式和方法，推广基层治理的先进经验，推动基层治理体系和治理能力现代化。因此，县、乡镇政府在基层治理中起着承上启下的重要作用，既是国家政策的执行者，又是地方经济社会发展的推动者，肩负着维护社会稳定、提升公共服务和促进基层民主的重任。

1. 基层政府公共服务与社会治理的逻辑关联

基层政府的公共服务和社会治理密不可分，基层政府公共服务的质量直接影响到社会治理的效果，反之，社会治理的成效也能促进基层公共服务的提升。

第一，公共服务是社会治理的基础。基层政府提供的公共服务不仅是社会治理的重要组成部分，也是其基础保障。优质的公共服务能够满足居民的基本需求，提升生活质量，从而增强居民对政府的信任感和满意度，这对于维护社会稳定和促进和谐具有重要作用。例如，完善的社会保障体系能够有效减少贫困和不平等现象，促进社会公平；优质的教育服务不仅能提升居民的文化素质和就业能力，还能减少社会矛盾和冲突；高效的公共卫生服务则能保障居民的身体健康，有效预防和控制疾病传播，从而维护社会的公共安全。具体来看，社会保障体系的完善有助于建立健全的养老保险、医疗保险和失业保险等机制，使得社会成员在面临老年、疾病或失业时能够获得基本的生活保障，进而减少社会焦虑和不稳定因素。教育服务的良好发展，不仅能培养高素质的人才，提升整体社会的知识水平和创新能力，还能通过教育公平促进社会阶层的流动性，减少代际贫困的传递。公共卫生服务的有效运行，尤其是在面对突发公共卫生事件时，能够迅速响应并提供及时有效的医疗救助，降低疾病传播的风险，保护社会成员的健康安全。

第二，社会治理促进公共服务的优化。社会治理强调多元主体的参与和协同合作，这为基层政府公共服务的优化提供了新的路径和动力。在社会治理过程中，政府、社会组织、企业和公民个人等多元主体通过共同参与和互动合作，能够发现并解决公共服务中的问题，进而提高公共服务的质量和效率。当前社区参与机制的设立，可以让居民直接表达他们在公共服务中的需求和意见，使得政府能够及时调整和改进公共服务的内容和方式，更加精准地满足居民的需求。通过与社会组织的合作，政府可以利用这些组织的专业知识和资源优势，弥补其在某些公共服务领域的不足，提高服务水平。社会组织和企业的参与，不仅能够提供更多的资源和技术支持，还能带来新的管理理念和方法，提升公共服务的整体效能。在具体实践中，政府可以通过设立各种形式的公众参与平台，如社区议事会、公共听证会和网络平台等，鼓励居民积极参与公共事务的讨论和决策。这不仅有助于提高公共服务的透明度和公信力，还能使政府更好地了解和回应居民的实际需求，从而提升公共服务的质量和效果。

第三，公共服务与社会治理的互促互益。公共服务与社会治理是相互作用、相互促进的关系。一方面，优质的公共服务能够促进社会治理的顺利进行，提升社会治理的效果；另一方面，良好的社会治理能够为公共服务的优化提供良好的环境和条件。两者的互动关系主要体现在以下几个方面：首先是资源共享。在社会治理过程中，多元主体的参与和合作可以实现资源的共享和优化配置，提高公共服务的效率和质量。例如，政府可以通过与企业合作，引入先进的技术和管理经验，提高公共服务的水平；社会组织可以利用其专业知识和资源优势，提供更加精准和高效的公共服务。其次是信息交流。在社会治理过程中，多元主体的互动和合作可以促进信息的交流和共享，提高公共服务的针对性和有效性。例如，政府可以通过与社会组织和社区居民的沟通，了解他们在公共服务中的需求和意见，及时调整和改进公共服务的内容和方式；社会组织和企业可以通过与政府的合作，了解政府的政策和规划，积极参与和支持公共服务的实施。最后是共同参与。多元主体的共同参与和合作可以提高公共服务的透明度和公信力，增强居民对公共服务的信任感和满意度。政府可以通过设立公众参与机制，鼓励居民积极参与公共服务的决策和监督，提高公共服务的透明度和公正性；社会组织和企业可以通过与政府的合作，积极参与公共服务的实施和评估，提高公共服务的质量和效果。共同参与不仅有助于提升公共服务的质量，还能增强社会成员的责任感和参与感，促进社会的和谐与稳定。

基层政府公共服务与社会治理之间具有密切的关系，优质的公共服务是社会治理的基础和保障，而有效的社会治理则能促进公共服务的优化和提升。两者相互作用、相互促进，共同推动社会的和谐发展和进步。在实践中，政府、社会组织、企业和公民个人等多元主体应共同参与、互动合作，优化资源配置，提高公共服务的质量和效率，从而实现社会治理的目标，促进社会的和谐稳定。

2. 基层政府通过高质量公共服务实现有效治理

为了有效履行其治理职能，基层政府需展现出高效的行政能力，妥善处理社会事务和应对突发事件，同时维护良好的社会秩序，并推动地区经济与社会的协调发展。在此基础上，基层政府可以通过以下三个策略来加强公共服务和提升治理效能。

第一，基层政府通过提供高效、便捷的基本公共服务，可以直接提升居民的生活质量，从而实现有效治理。这些服务包括教育、医疗、社保、公共安全和基础设施建设等。

在教育方面，基层政府可以通过多种措施提高教育水平，确保每个孩子都有机会接受良好的教育。一方面，投入资金建设和翻新乡村学校，增加教室、实验室和图书馆等设施，改善教学环境，满足学生学习需求。同时，基层政府通过引进和留住优秀教师，提供住房、交通补贴和职业发展机会，定期组织教师培训，提升教育水平，特别是针对农村偏远地区的教师。另一方面，实施免费义务教育政策，提供贫困学生助学金、奖学金和营养午餐计划，确保每个孩子不因家庭经济困难而失学。基层政府还可以组织丰富多彩的课外活动，如体育比赛、文化艺术节、科技创新大赛等，培养学生的综合素质和兴趣爱好。

在医疗服务方面，基层政府通过完善医疗服务体系，提高居民健康水平，减少因病致贫现象。首先，建设和维护乡镇卫生院、村卫生室，配备必要的医疗设备和药品，确保居民可以就近获得基本医疗服务。其次，实施疫苗接种、传染病防控、孕产妇保健等公共卫生项目，预防疾病传播，提高居民健康水平。同时，推动农村合作医疗保险和城镇居民基本医疗保险，减轻居民看病费用负担，保障病有所医。最后，基层政府还可以通过开展健康宣传教育，提高居民的健康意识和防病意识，促进健康生活方式的养成。

社会保障方面，基层政府通过建立健全社会保障体系，保障居民基本生活，提高社会稳定性。首先，通过对符合条件的低收入家庭发放最低生活保障金，保障其基本生活需求，减少贫困和社会不平等现象。其次，推广农村居民养老保险，确保老年人在退休后有基本生活保障，解决老有所养问题。同时建立临时救助和灾害救助机制，及时援助遭遇突发事件的家庭，帮助他们渡过难关。最后，基层政府还可以通过实施职业培训和就业援助计划，帮助失业人员和困难群体找到工作，提高其自我发展能力。

公共安全方面，基层政府通过提供和完善公共安全服务，确保居民的生命财产安全，维护社会稳定。首先，在社区设立警务室，方便居民求助和报警，增强警察在社区的存在感。组织警察和社区志愿者开展定期或不定期的巡逻活动，预防和打击各类违法犯罪活动。开展防盗、防诈骗、防火等安全知识宣传教育，提高居民的安全防范意识和能力。其次，推行网格化管理模式，将社区划分为若干网格，每个网格由专人负责，及时发现和解决居民反映的问题。最后，建立快速反应机制，确保在突发事件发生时，能够迅速调动警力进行处置，减少事件对社会的影响。

基础设施建设方面，基层政府通过完善基础设施建设，提高居民的生活质量，促进经济发展。基层政府应建设和定期维护乡村公路、桥梁，改善交通条件，方便居民出行和农产品运输。在交通便利的地方开通公共汽车、班车，提供便捷的公共交通服务，解决居民出行难题。定期对乡村公路进行维护和修缮，确保道路通畅、安全。还应建设和维护自来水厂、供水管网，确保居民饮用水的安全和供应稳定。在水资源匮乏地区实施饮水工程，解决居民饮水难题，确保水质达标。

通过提供高效、便捷的公共服务，基层政府不仅改善了居民的生活条件，还促进了地方经济发展，增强了社会凝聚力，提升了居民对政府的信任和支持，从而实现有效治理。政府在这一过程中发挥了至关重要的作用，通过持续的努力和创新，确保公共服务的质量和覆盖面不断提升，推动社会的全面进步。

第二，基层政府可以通过建立健全的社区治理体系，增强社区自治能力，推动社区共治，实现有效治理。具体实施路径包括以下几个方面：

首先，社区自治组织的建设至关重要。基层政府应积极支持和引导居民组建自治组织，如业主委员会、居民委员会等，鼓励居民积极参与社区管理和决策。这不仅提升了社区治理的民主性和透明度，还使居民能够更好地表达自己的需求和意见，增强对社区事务的参与感和责任感。通过社区自治，居民的沟通与合作将得到加强，从而形成更加和谐的社区环境。此外，基层政府可以提供必要的培训和资源支持，帮助自治组织更有效地运作，提高社区治理的效率。

其次，志愿服务的推广和组织也是重要一环。基层政府可以通过组织和推动志愿服务活动，激励居民参与社区服务和公益事业，营造邻里互助、共同参与的良好氛围。定期组织社区清洁活动、环保宣传、老人照护等志愿服务项目，不仅能改善社区环境，还能培养居民的社会责任感和归属感，增强社区凝聚力，鼓励更多居民加入志愿者队伍，从而使志愿服务成为社区治理的有力支撑。

再次，基层政府还应加强社区资源的整合和利用。通过与企业、社会组织和学校等机构的合作，引进更多的社会资源和服务，满足居民多样化的需求。例如，可以与当地企业合作提供就业培训和技能提升课程，与社会组织合作提供心理咨询和法律援助服务，与学校合作开展社区教育和文化活动等。通过多方协作，社区治理的综合实力和服务能力将得到显著提升，从而更好地满足居民的生活需求，提升社区的整体幸福感。

最后，在实施这些路径的过程中，基层政府还应注重信息化建设，利用现代信息技术手段提升社区治理水平。例如，可以建立社区信息平台，方便居民获取社区资讯和参与社区活动，提高信息的透明度和及时性。同时，通过数据分析和智能管理，基层政府可以更准确地了解居民需求，优化资源配置，提升社区治理的科学化和精细化水平。

基层政府在社区治理中扮演着重要的角色。通过支持社区自治组织的建设，推广志愿服务活动，加强资源整合与利用，能够有效增强社区自治能力，推动社区共治，实现社区的良性发展和可持续治理。

第三，基层政府可以通过推动信息化和智能化建设，提高公共服务的效率和便捷性，实现有效治理。具体措施包括以下几个方面：

首先，电子政务的推广是基础。基层政府应积极推动电子政务建设，提供在线办事服务平台，使居民能够通过互联网办理各类政务服务，如缴纳水电费、申请证件、咨询政策等。这不仅减少了居民办事的时间和成本，还提升了服务效率和透明度。例如，建立统一的电子政务门户网站和移动应用，方便居民随时随地查询和办理各类政务事务。同时，通过在线支付系统和电子档案管理，实现无纸化办公，提高行政效率。

其次，智慧社区的建设也是重要方向。基层政府可以利用大数据、云计算、物联网等新技术，构建智慧社区平台，实现社区管理和服务的智能化。例如，通过智能监控系统提升社区安全，安装高解析度摄像头并结合人工智能技术，实时监控社区内的安全状况，及时发现和处理突发事件。智能健康设备不仅可以提供便捷的健康管理服务，还能在社区中心设立健康监测站，居民可以通过智能设备测量血压、血糖等指标，数据直接上传至云端，医生可以远程监控居民健康状况并提供咨询。智慧环保系统实现社区环境的实时监测和管理，例如，安装环境传感器监测空气质量、水质等指标，通过数据分析及时采取措施改善社区环境。

再次，基层政府还应加强信息化基础设施建设。提升社区网络覆盖和通信能力，为信息化和智能化服务提供坚实的基础保障。例如，推进光纤入户、无线网络覆盖等工程，确保居民能够便捷地享受信息化带来的便利。建设高速稳定的宽带网络和公共 Wi-Fi，提升网络接入速度和质量，满足居民对高速互联网的需求。同时，基层政府应加强对信息化基础设施的维护和升级，确保信息系统的安全和稳定运行，防止网络攻击和数据泄露。

最后，基层政府可以推动政务服务一体化建设，整合各类政务服务资源，形成统一的服务平台，提供“一站式”服务。例如，设立综合服务窗口，居民只需到一个窗口即可办理多项事务，减少跑腿次数，提高办事效率。同时，基层政府应加强与企业和社会组织的合作，引入社会力量共同推进信息化建设，提升服务的专业性和多样性。

基层政府通过提供高效、便捷的基本公共服务，建立健全的社区治理体系，推动信息化和智能化建设，能够有效提升治理能力，实现居民幸福感和满意度的提升。通过不断创新和优化服务模式，基层政府可以更好地满足居民的需求，促进社区的和谐发展，推动社会的全面进步。[①]

（二）基层社会：秩序与活力

国家的基础在于基层。处于国家结构底层的基层，直接面向广大人民群众，因此形成了基层社会。基层社会这一概念是通过将基层与社会相结合而形成的。从实际背景出发，我国的基层社会既具有地理空间的特性，也是一群具有特定属性的“人的集合”；既体现出共同体的特征，同时又呈现出分散和隔离的状态；在一定程度上独立于政治系统之外，但又与政治系统存在复杂的互动关系；不仅结构井然有序、充满活力，同时也由于利益关系而产生了大量的社会矛盾。[②]基层社会是国家治理体系的重要组成部分，是实现基层治理的关键环节。基层社会自治既要保持相对稳定有序，又要具备足够的韧性和活力，能够在变化的环境中持续发展和创新。秩序与活力是基层社会自治的两个重要维度，二者相辅相成，共同构成了基层社会治理的基本要求。

1. 稳定有序与激发活力是基层有效之治的“一体两翼”

历史和现实表明，基层社会保持稳定有序，同时通过各种方式激发治理活力，“一体两翼”并重的重大意义毋庸置疑。所谓见微知著，它对社会的整体发展、居民的生活质量、经济的发展以及政

① 参见李玲、江宇：《有为政府、有效市场、有机社会——中国道路与国家治理现代化》,《经济导刊》2014 年第 4 期。

② 参见杨开峰、仇纳青、郭一帆：《“三治融合”：重塑当代中国基层社会与基层治理》,《公共管理与政策评论》2024 年第 1 期。

治的稳定都有着深远影响。

第一，基层社会的稳定是社会整体稳定的基石。基层社会作为直接面对广大民众的治理单元，是国家治理体系的最末端，却是社会治理的核心环节。基层社会的稳定性和有序性对整个国家的稳定具有至关重要的影响。“稳定器”与“安全阀”等隐喻正源于此。稳定的基层社会不仅能够有效管理和解决地方事务，维持日常生活的正常运转，还能在面对突发事件时迅速做出反应，从而防止局部问题升级为更大的社会矛盾。基层社会的不稳定容易引发各种社会矛盾和冲突，这些冲突一旦得不到有效解决，可能会蔓延并升级，进而影响到更大范围内的社会稳定。例如，基层社会中的经济纠纷、治安问题或环境污染等，都可能成为更大社会问题的导火索。基层社会问题如果不加以妥善处理，不仅会直接威胁当地居民的生活质量，还会在一定程度上削弱国家的治理能力和公信力，最终影响国家的整体安全和社会和谐。

第二，基层社会的活力是推动社会整体进步的关键因素之一。这种活力源自居民的积极参与和创新精神。居民的积极参与体现在他们对社区治理的关心和投入。当社区成员能够主动参与社区事务，提出建设性意见和建议，并积极合作解决实际问题时，整个社区就会充满生机和活力。这种积极参与不仅能够使社区更好地回应和满足居民的各种需求，还能激发出更多的社会创新。居民在参与社区活动时，可以提出关于环保、教育、公共安全等方面的创新方案，这些方案不仅有助于改善社区环境，还可以推动社区的可持续发展。活力充沛的基层社会能够形成积极向上的社会风气，促进社会整体的健康发展。

第三，基层社会的稳定和活力是影响居民生活质量的治理“酵素”。稳定的社会环境不仅可以提供基本的安全感，使居民能够在无忧的状态下安心工作和生活，还能减少社会矛盾和冲突的发生。稳定的社区意味着犯罪率低、公共秩序良好、居民之间的信任度高，这为每个人创造了一个安全且和谐的生活氛围。与此同时，一个充满活力的社区不仅能够提供丰富多彩的文化和娱乐活动，如节日庆典、体育比赛、艺术展览和社区聚会等，增进居民之间的交流和互动，还能营造一种积极向上的社区文化氛围。这样的环境鼓励居民主动参与社区活动，增强社会凝聚力和归属感，进而显著提高居民的幸福感和生活满意度。此外，活力四射的社区环境具有吸引力，能够吸引更多的资源和人才。人才的引入和资源的投入不仅能带来新的思想和创新能力，还能提升社区的整体发展水平，促进经济繁荣和社会进步。社区内多样化的活动和充满活力的生活方式，可以提升居民的整体素质和生活质量，推动社区向更高水平发展。总之，基层社会的稳定与活力是提升居民生活质量的重要基础，是实现社区可持续发展的关键要素。

第四，在经济发展方面，基层社会的稳定和活力是关键的"催化剂"。稳定的社会环境是经济发展的基础条件。只有在稳定的社会环境中，经济活动才能有序展开，商业运作才能高效进行，投资者的信心才能得到保障。此外，社会的稳定还能够减少各种不确定性和风险，为长期的经济规划和发展创造良好的氛围。与此同时，充满活力的基层社会是经济发展的源泉。一个充满活力的基层社会不仅能够激发居民的积极性和创造力，还能够形成一种鼓励创新和创业的良好氛围。这种环境有助于发掘新的经济机会，促进多样化的经济活动，推动中小企业的成长和发展。基层社会的活力能够带来新的工作岗位和收入来源，提高当地居民的生活水平和幸福感。

第五，基层社会的稳定和活力是政治稳定和国家长治久安的"定星盘"和"扬帆器"。基层是国家政策执行的前沿，基层社会的治理水平直接影响国家政策的落实效果。稳定有序的基层社会有助于政府政策的顺利实施，增强党政部门的公信力和执政能力。同时，活力充沛的基层社会能够积极响应国家政策，提出建设性意见，推动政策的优化和改进，为国家的长远发展提供持续的动力。

总之，基层社会的稳定有序与活力对于社会的整体发展、居民生活质量的提高、经济的发展以及政治的稳定都有着不可替代的重要作用。通过加强基层社会的有效治理，能够巩固基层运行的稳定有序格局，同时又能激发其内生活力和韧性，为构建和谐社会、推动经济社会的可持续发展奠定坚实的基础。

2. 稳定有序：基层治理现代化的“稳定器”和“蓄水池”

中国式基层治理现代化是国家治理现代化的基础工程。正所谓“基础不牢，地动山摇”。基层既是改革发展稳定的第一线，也是各种矛盾和问题的聚集地，更是社会问题和利益关系最终得以协调的疏导口。因此，只有重视基层、大抓基层，有效融合政府与社会的双向建构，切实把基层基础工作做实做深，才能真正做到“本固邦宁”。正因为如此，不少三农学者都不约而同地认为：在面临内外部各种风险挑战时，正是基层尤其农村发挥了“稳定器”和“蓄水池”的作用，这也恰恰构成了我国在快速发展的同时保持稳定的“密码”之一。温铁军的研究指出：“从中国历次应对危机的经验中，可以清楚看到‘三农’对经济周期性波动导致的经济社会系统运行压力的承载和调节功能。”可以说，“三农”正是“应对历次经济波动的最基本的‘稳定器’和‘调节器’”[①]。贺雪峰同样认为，无论遇到什么样的危机，农村都是中国现代化的稳定器与蓄水

① 温铁军等：《八次危机：中国的真实经验 1949-2009》，东方出版社 2013 年版，第 20 页。

池[①]。即使放置于整个现代化进程来看，“在中国现代化进程中，农村是中国现代化的稳定器和蓄水池”[②]。

作为社会结构的基础，基层社会直接影响民众的日常生活，因此其稳定有序、脉动发展对于整体社会发展和国家治理都具有重大意义。“正是农村基本生产生活程序的保持，使农村成为中国现代化的稳定器与蓄水池。”[③]人们外出务工，生活目标与归属仍在村庄，自己生命价值的参照群体也在村庄。无论在外打工时间有多长，生活的终点与意义都在村庄。[④]在非常态乃至危急势态下，广大农村和基层社会也依然发挥坚如磐石的“大后方”作用。农村不仅为进城失败的农民工提供了退路，还为中国应对老龄化问题提供了低成本的解决方案[⑤]。保持基层社会的相对稳定与有序，不仅有助于提高居民的生活质量，还能增强社会的凝聚力与向心力。要实现这一目标，需要从以下几个方面着手：

第一，基层治理现代化的双向互动策略。现代国家发展的一个普遍特点是面向社会的持续渗透[⑥]，正是这种强大的渗透能力决定了变动中的中国基层社会是国家与社会之间以及社会多元行动主体之间多形态的互动网络。积极畅通和拓展自下而上的民意通道，推动自上而下和自下而上的双向互动有助于加快迈向基层治理现代

---

① 贺雪峰：《城市化的中国道路》，东方出版社 2014 年版，第 12 页。

② 贺雪峰：《大国之基：中国乡村振兴诸问题》，东方出版社 2019 年版，第 19 页。

③ 贺雪峰：《大国之基：中国乡村振兴诸问题》，东方出版社 2019 年版，第 91 页。

④ 贺雪峰：《大均衡：进城与返乡的历史判断与制度思考》，广西师范大学出版社 2022 年版，第 19 页。

⑤ 参见贺雪峰：《如何应对农村老龄化——关于建立农村互助养老的设想》，《中国农业大学学报》（社会科学版）2019 年第 3 期。

⑥ ［英］克里斯多夫 · 皮尔逊：《论现代国家》，刘国兵译，中国社会科学出版社 2017 年版，第 64 页。

化。要充分发挥基层党组织的组织功能和整合功能，更好地释放“横向到边、纵向到底、共建共治共享”的组织优势和治理优势。以党组织和党建活动为载体更好地直接联系和服务群众，注重听取民意并及时向上表达。同时，党组织还可以借助自身的政治优势和组织优势将国家政策更好地传递到基层群众，体现在基层社会治理的全过程。通过把人民群众与条块之间的联系制度化和机制化，更加充分地表达基层意愿，促使基层社会安定有序。有效激发基层主体内生动力，从而实现国家与人民的良性互动。由自上而下的治理方式向上下协同的全过程治理方式转变，国家逐渐成为一个上下互通、上通下达的政治统一体，进而更好地实现基层治理现代化。①

第二，健全基层社会组织体系是基层社会稳定有序的“骨骼经络”。基层政府应当支持和引导基层社会组织的发展，特别是村（居）民委员会、社区服务组织等，发挥其在社会治理中的积极作用。例如，村民委员会在农村地区可以发挥桥梁和纽带作用，通过调解纠纷、组织集体活动等方式促进村民之间的和谐关系；民众也可以通过利用基层社会组织社及时将自己的意愿和要求反馈给政府，从而与政府进行有效互动。基层治理现代化基于民众意愿表达，进而实现国家意志与民众意愿的充分贯通和转化。

第三，加强基层法治建设是基层社会稳定有序的刚性保障。法治是社会秩序的基本保障。基层政府应加强基层法治建设，推进法治宣传教育，提高居民的法治意识和法律素养。开展法治讲座、法律咨询活动等便是一个很好的方式，能让居民了解法律法规的具体内容和重要性。同时，要加强基层司法和执法机构的建设，确保法律法规的有效实施和执行，维护社会公平正义。具体措施包括增加

① 参见何得桂：《基层治理现代化：理论内涵、现实困境与优化路径》，《广西大学学报》（哲学社会科学版）2024 年第 3 期。

基层司法人员的数量，提高他们的专业素养和服务能力，建立便捷高效的法律服务平台，方便居民获取法律帮助和咨询。

第四，完善基层社会保障体系是基层社会稳定有序的“定心丸”。健全的社会保障体系是维护社会稳定的重要基础。基层政府应加强社会保障体系建设，完善医疗、养老、教育等各方面的保障措施，提升居民的生活水平和幸福感。例如，推行全民医保制度，确保每个居民都能享受基本医疗服务；建立健全的养老服务体系，为老年人提供生活照料、健康管理等服务；加强教育资源的公平分配，保障每个孩子都能接受良好的教育。

第五，推进基层经济发展是基层社会稳定有序的物质“地基”。经济发展是社会稳定的重要基础。基层政府应积极推动地方经济发展，创造更多的就业机会，提高居民的收入水平。例如，可以通过扶持中小企业发展、促进产业升级、引进优质项目等方式，推动地方经济持续健康发展。同时，应重视农业现代化建设，提升农业生产效率，增加农民收入，促进农村地区的经济发展。

第六，加强基层社会治理手段创新是基层社会稳定有序的动力条件。在现代社会中，技术进步和社会需求的多样化使得传统的治理模式面临挑战，因此，采用现代信息技术，如大数据、人工智能和云计算成为提升基层治理效率和透明度的关键。这些技术手段可以通过建设智慧社区管理平台，实现居民信息的数字化管理，并提供在线服务，如远程医疗咨询和智能安防监控，从而简化日常管理，并且通过数据分析预测和解决社区问题。

总之，保持基层社会的相对稳定有序需要综合考虑基层社会组织体系、法治建设、社会保障体系、经济发展和社会治理手段等多方面因素。通过各方面的协调配合和持续努力，形成合力，才能有效维护基层社会的和谐稳定，推动社会的全面进步和发展。

3. 激发活力：基层治理现代化的“源头活水”

基层社会的活力是社会发展的动力源泉，其活力的维持和提升直接影响到社会整体的进步与文明。激发基层社会活力的同时，也需要确保其具备足够的韧性，以应对各种社会变化和挑战。为此，我们需要从以下几个方面着手：

第一，增强基层治理能力是关键“主线”。有效的基层治理不仅能提升政策的执行效率，还能增强民众对政府的信任感和满意度。这需要基层政府加强能力建设，提高透明度和责任感，确保决策的民主性和科学性。同时，应推行更多的自治机制，鼓励居民参与到社区管理中来，通过居民自治组织的形式，让居民有更多的发言权和决策权。此外，基层干部的选拔和培训也至关重要，必须确保其具备良好的政治素质和专业能力，以应对复杂多变的基层事务。

第二，促进经济和就业的多元发展是激发基层活力的关键举措。基层经济的健康发展可以提供稳定的就业机会，增加居民的收入，从而提升居民的生活质量和满意度。政府应通过政策扶持，促进地方特色产业和小微企业的发展，创新就业模式，例如，发展共享经济、远程工作等新型就业形态，以适应经济发展的新趋势。同时，还应加强基础设施建设，如改善交通、通信和物流条件，为地方经济发展创造良好的环境。

第三，加强社会保障和优化公共服务体系是提高基层社会韧性的关键环节。完善的社会保障体系能有效缓解居民在教育、医疗、养老等方面的压力，增强其面对经济和社会风险的抵御能力。此外，公共服务设施的完善，如图书馆、文化中心、体育设施等，不仅能丰富居民的精神文化生活，还能提升社区凝聚力和居民的幸福感。政府应加大对基础教育和职业培训的投入，确保每个居民都能享有公平的教育机会，并具备适应社会发展的技能。

第四，培养社区文化和提升居民素质同样不可忽视。社区文化的繁荣可以增强居民的归属感和社区认同感，有助于构建和谐的邻里关系。通过组织多样化的文化活动和社区节庆，增强社区内部的交流与合作，提升社区的整体形象和吸引力。同时，教育资源的公平分配和质量提升，也是提高居民综合素质的关键，为社会注入更多创新力和竞争力。政府应鼓励社区开展各种形式的志愿服务活动，促进居民之间的互助互爱，营造和谐友好的社区氛围。

第五，数字化建设嵌入基层社会治理创新是关键的技术要件。随着科技的发展，数字化手段在社会治理中扮演着越来越重要的角色。通过建设智慧社区，运用大数据、云计算、人工智能等现代科技手段，可以提高社会治理的精准性和效率。政府应积极探索互联网＋社会治理的新模式，建立健全信息共享机制，提升公共服务的智能化水平，确保居民能享受到更加便捷、高效的服务。

综上所述，基层社会的活力和韧性是社会健康发展的重要“分水岭”，也是社会文明发展的“重要刻度”。通过强化基层治理、推动经济多元化、完善社会保障及公共服务体系、培养丰富的社区文化和推动治理创新，我们可以有效激发基层社会的活力，只有基层社会充满活力和韧性，整个社会的发展才能更加稳健和可持续。

（三）基层干群：履责与自为

在基层治理场域中，主要主体及其关系便是基层干群及其关系，可以说二者共同构成了基层治理的人格化具象。基层干群关系是国家治理体系中的重要组成部分，是实现基层治理的关键环节。基层干部作为政府的代表和执行者，肩负着重要的职责和使命。在乡村治理过程中应避免形式主义和过度干预，倡导节俭高效的治理方式。节俭高效的治理方式是“有为而治”的核心。节俭不仅是指财政上的节省，更是指管理和执行上的精简和高效，即基层干部应当摒弃那些无效的、耗费大量资源的活动和项目，而将精力和资源集中在能够真正解决问题、改善民生的事务上。真正的“有为”应是在关键时刻和关键领域发力，而不是在每一个细枝末节上都插手。同时，群众作为基层治理的参与者和受益者，其主动性和参与度直接影响到治理的效果。二者相辅相成，共同构成了基层治理的基本要求。正如有学者指出的那样，要打造富有活力与创造力的基层治理体系，“从根本上就是要发挥各方主体的积极性，将国家的‘有为而治’与基层的‘有为而治’相结合”，就是“将简约治理的传统注入积极有为的治理实践中”。[①]

1.“鱼水情深”见真章：密切基层干群关系是基层有效之治的“倍增器”

“水能载舟，亦能覆舟”，基层干部与群众之间的关系不仅仅是简单的管理与被管理的关系，国家的长期安定与社会的持续和谐都依赖于人民群众的信任与支持。在当前复杂的国际关系背景下，干群关系的紧密程度尤为重要。基层是党和国家各项政策的落实点，而基层干部是这些政策的最终执行者，政策的实施效果直接影响到群众对党和政府的满意度。因此，深刻认识基层干群关系对于进一步开创农村工作新局面、实现新跨越、谋求新发展，具有十分重要的意义。

第一，密切干群关系是政策顺畅实施的前提。在一种信任和相互尊重的氛围中，政府能够更准确地把握民众需求，制定出更符合实际情况的政策。居民感到自己的意见和需求被重视，更愿意主动配合政府的政策实施，这不仅提升了政策的执行效率，也增强了政

① 吕德文：《有为而治：节俭、高效与乡村治理现代化》，东方出版社 2023 年版，推荐序第 8 页。

策的接受度和满意度。例如，当政府在环保政策或社区建设项目中积极听取并吸纳居民的建议时，居民会更加积极参与，共同促进政策目标的实现。

第二，密切干群关系是社会稳定的关键保障。基层社会作为社会结构的基础，其稳定性直接关系到整个社会的和谐程度。和谐的干群关系能有效预防和解决社会矛盾，减少冲突的发生。当居民认为他们的权益得到尊重，问题能得到公正处理时，对社会的不满情绪和抗议活动自然减少，从而维护了社会的稳定和秩序。例如，政府在处理涉及民生的纠纷时，若能做到公平公正，公开透明，居民就会对政府产生信任感，社会的凝聚力和向心力也会随之增强。

第三，密切干群关系促进了社会资本的形成和积累。社会资本是指社会成员之间的信任、互助和合作关系，是社会发展的重要资源。如增强的社区网络、提高的社区参与度和加强的邻里互助，为解决社区问题提供了资源和支持。在和谐的社区环境中，居民更愿意参与公共事务，通过志愿活动、社区组织和社交活动提升社区的凝聚力和效率。

第四，密切干群关系有助于激发创新和促进社会发展。在一个开放的对话和反馈环境中，政府和居民可以共同探索解决社会问题的新方法。居民在感受到自己的意见被尊重和采纳时，更有可能贡献创新的想法，这些想法可以被政府用于改善社区设施，增强公共服务，或者是推动经济的发展。例如，通过社区论坛和工作坊，居民可以直接向政府反映他们对于当地发展的看法和建议，这样不仅促进了政策的适应性，也加强了政府与民众之间的合作。

密切基层干群关系对于确保政策的有效实施、维护社会稳定、促进社会资本的积累，以及激发社会创新与发展具有不可替代的重要性。这种关系的和谐是社会健康发展的重要基础，是社会各层面能够协调发展、共同应对未来挑战的关键。

2. 从消极避责走向积极履责：基层干部的治理面向

惠民惠农政策的下沉固然重要，但近年来，随着市场化服务理念的引入，基层治理逐渐转变为“为顾客服务”的模式，导致“干部干、群众看”的现象普遍存在。这种变化使得原本应为人民服务的干部，逐渐成为仅仅执行上级指令的“服务员”，而群众则成为被动的“顾客”。对利益敏感的边缘群体首先响应这种自上而下的资源下乡模式，“能闹的孩子有糖吃”，导致国家资源下乡越多，基层治理服务能力越强，基层群众对国家的依赖性越强，自主性和内在动员能力却越弱。[①] 这种现象不仅削弱了干部的主动性和责任感，还降低了治理效能。为了从消极避责走向积极履责，从旁观者转变为参与者，基层干部和群众需要重新审视和确立自身的角色定位，积极承担起治理的责任和义务，共同打造基层治理的共同体。

在探讨社区治理的诸多挑战时，我们不得不面对一些由基层干部消极避责行为引发的负面影响。这种态度不仅削弱了治理的效率，还可能导致群众对政府的不信任加深。当基层干部未能积极应对问题，或选择回避责任时，必然影响到社区服务的质量和及时性，进而影响社区居民的日常生活和对公共管理的总体满意度。因此，理解和解决基层干部消极避责的问题，对于提升社区治理的透明度和效能至关重要。

第一，治理效率低。基层干部在处理事务时往往缺乏主动性，导致治理效率低。这种消极避责的行为使得干部仅仅按部就班地完成上级下达的指示和任务，而不是积极主动地发现和解决问题。由于干部对待工作态度消极，缺乏创造性和灵活性，导致许多事务处

---

① 参见贺雪峰：《从新冠肺炎疫情防控认识中国国情》，《社会发展研究》2020 年第 2 期。

理过程烦琐、效率低。更为严重的是，干部的被动执行行为无法及时响应和满足基层群众的实际需求。举例来说，当基层群众遇到紧急问题或提出新的需求时，干部往往因缺乏主动性和积极性，不能迅速做出反应，错失解决问题的最佳时机。这不仅延误了问题的解决，也极大地削弱了群众对干部的信任和支持。此外，干部的消极工作态度还可能导致事务处理质量不高，进一步影响了基层治理的整体效能。

第二，群众参与度低。由于缺乏有效的参与渠道和动力，基层群众往往成为治理的旁观者。这种现象在很多社区都普遍存在，导致社区治理缺乏群众基础，治理成效有限。群众参与度低的一个重要原因是基层治理结构和机制的设计未能充分考虑到群众的参与需求和参与意愿。很多基层治理活动和决策过程缺乏透明度和开放性，群众难以获得充分的信息，也没有渠道表达自己的意见和建议。此外，某些干部在执行工作时，往往忽视了与群众的沟通和互动，导致群众对社区事务缺乏兴趣和参与动力。这种情况不仅使得社区治理变得僵化和单一，也严重限制了社区的创新和发展。长此以往，群众的积极性和主动性被逐渐削弱，社区的凝聚力和向心力也随之下降。

第三，干部群众关系疏离。干部和群众之间缺乏有效的沟通和互动，关系变得疏远，信任感大大降低。这种关系疏离主要源于干部在工作过程中未能与群众建立良好的互动机制和沟通渠道。很多干部在执行任务时，往往采取自上而下的命令式管理方式，忽视了群众的意见和反馈，使得群众感到被边缘化。加之部分干部在日常工作中表现出高高在上的态度，缺乏亲和力和服务意识，进一步加深了与群众之间的隔阂。随着时间的推移，群众对干部的信任感逐渐降低，对干部的工作也逐渐失去了支持和配合。这种信任感的缺失不仅影响了政策和措施的有效落实，也对社会的和谐稳定产生了不利影响。干部和群众之间关系的疏离，使得基层治理缺乏坚实的社会基础，导致治理效果大打折扣，难以实现长效和可持续的发展。

为了从消极避责走向积极履责，基层干部和群众需要重新审视和确立自身的角色定位，积极承担起治理的责任和义务，共同打造基层治理的共同体。

第一，弥合制度缝隙，实现问责与容错的制度衔接与联动。为弥合制度缝隙，实现问责与容错的制度衔接与联动，必须认识到避责行为与问责制度和容错制度之间的密切关系。其内在机制是：强大的问责压力会引发基层党员干部的避责倾向，而容错制度效能的不足则会进一步加剧这种行为，同时避责行为又会反过来削弱问责和容错制度的效果。因此，要防止基层党员干部产生避责行为，需推动问责制度和容错制度的有效衔接与联动。

首先，要加强对问责与容错责任理念的认知。问责制度和容错制度的设计初衷都是规范权力运行，核心都强调行为主体的责任效能。因此，需要引导基层党员干部准确理解宽容精神和责任意识的实质和精髓。容错并不等同于避责，也不是免责，更不能成为避责的理由，而应通过责任观念纠正避责倾向。

其次，要探索建立问责与容错的衔接机制。以“三个区分开来”为根本原则，结合我国各地基层治理的具体条件，合理设定免责的上限和容错的底线，实现约束和激励制度的平衡。重点在于构建问责与容错的衔接机制，提升法治化水平，为科学合理的衔接机制提供刚性保障，并考虑将两者统合在同一法规或政策文本中的可行性，以提高其有效性和严谨性。[①]

---

① 参见刘畅：《国家治理中问责与容错的内在张力与合理均衡》，《政治学研究》2021年第2期。

最后，需要持续优化容错制度的运作效能。在具体操作中，应根据错误的尺度和类型来确定容错的范围，从错误的识别、评估、处置、监督等环节完善容错程序，特别要注重健全澄清保护机制和申诉救济制度，确保相关干部拥有举证澄清和申辩的权利。这有助于构建“问责有力、宽容有度”的制度联动结构，更有效地防范基层党员干部的避责行为。

第二，基层干部应当深刻理解和践行“为人民服务”的宗旨。基层干部应当深刻理解和践行“为人民服务”的宗旨，将服务群众的理念内化为行动指南，而非简单地执行任务或迎合群众的个性化需求。干部要将“人民群众的利益高于一切”的理念深入日常工作中，确保所有工作措施和政策落实都以群众的需求为出发点和落脚点。这不仅需要基层干部在思想上高度重视，更需要在实际工作中具体落实。

首先，基层干部必须对“为人民服务”的宗旨有深刻的理解。这一宗旨不仅是一个口号，更是党和政府的基本执政理念和价值追求。基层干部要认识到，人民群众是社会的主体，基层治理的目标是提高人民的幸福感和满意度。因此，在工作中，干部应当始终把人民的利益放在首位，真正做到全心全意为人民服务，将服务群众的理念内化为行动指南，而非简单地执行任务或迎合群众的个性化需求。

其次，为了将服务群众的理念内化为行动指南，基层干部需要在实际工作中做到以下几点：了解群众需求，通过走访调研、座谈会等形式，深入了解群众的实际需求和困难。干部要多听群众的意见和建议，做到心中有数，才能制定出符合实际情况的政策和措施。在了解到群众需求的基础上，干部要及时回应和解决群众关切的问题。对于群众反映的问题，要做到事事有回音、件件有着落，不能敷衍了事或推诿责任。干部不仅要被动地接受群众的诉求，还要主动出击，提前预判和解决可能出现的问题。例如，针对农村地区的用水、用电、医疗等基本生活问题，干部可以提前做好规划和准备，避免出现突发情况。

最后，在实际工作中基层干部要把“人民群众的利益高于一切”的理念贯彻到每一个细节中。这要求干部在决策和执行过程中，始终以群众的需求为出发点和落脚点。具体来说，在制定政策时，干部要充分考虑群众的实际情况和利益，确保政策的科学性和可操作性。例如，在农村地区的扶贫工作中，要结合当地的资源和发展实际，制定切实可行的扶贫措施，而不是简单地一刀切。在执行政策时，干部要确保措施落实到位，不走形式、不走过场。比如，在实施惠民政策时，要确保政策的每一个环节落实到位，确保群众真正受益。干部要建立健全的反馈机制，及时了解和掌握政策执行的效果和群众的反馈意见。通过反馈机制，可以及时发现和解决政策执行中的问题，确保政策的连续性和有效性。

第三，聚焦民众的关切，加强监管实践。民众对基层干部的基本要求是既要有能力处理事务，也要确保无重大失误。因此，监管工作需聚焦核心问题，采用全面且多维的监督管理策略。监督的重点应明确，首要强调对工作作风的监督。良好的作风是发展的基础，重点在于持续追踪并监督如何积极响应和处理民众的需求、关注及困难，并主动采纳民众的批评与建议。次要重点是对工作效果的监督。监督的成效不仅是关键所在，也是民众最关注的方面。关于工作的成效，应由民众评价而非自我评断，目前的重点是有效开展“述职、询问、评议”活动。另外，对重大事务的监督也极为重要。对于诸如建桥、铺路、增设泵站、资产销售、资源承包及农政政策的实施等重大项目，应在事前邀请民众参与决策，事中通过民众进行跟踪监督，并在事后邀请民众进行评估审查，实现全程的民众监督。明确监督的主体是至关重要的。要强化自上而下的立体监督机制。上级主管部门应负责监督管理，镇民政科主要负责村务操作规范和公开监督，镇农经站则主要负责财务的规范与公开监督，镇财政所则着重监督农政政策的公开和执行。清晰界定职责，避免责任推诿。中层监督，即由团队成员相互监督，集体决策重大问题，避免个人独断。基层监督，则是发挥村民监督委员会和民主理财小组的作用。监督的方式应互为补充，结合公开栏监督与专题会议和专项审计的方式，以达到最佳监督效果。同时，持续完善规章制度，为有效监督提供坚实基础。

第四，针对性培训，提升基层干部能力。在面对城乡差异对基层治理的深远影响时，基层干部的角色至关重要。为此，需要针对性地提升基层干部的能力，特别是村干部，通过精心设计的培训程序，确保他们能够积极履责、有效行动，而非逃避责任或盲目作为。可以根据干部的年龄和文化水平实行分类培训，确保每一位干部都能获得最适合自己需求的知识和技能。例如，对于年轻且受教育程度较高的村干部，可以重点进行办公自动化设备的操作培训，使他们在处理日常行政工作时更为高效。而对于年长且具有较高威望的干部，则应重点进行矛盾处理和突发事件应对的培训，以增强他们在处理复杂社会问题时的应对能力，从而促进基层社会的和谐与稳定。这种分类培训不仅能够提高基层干部的专业技能，还能增强他们对职责的认知和执行力，确保他们在面对挑战时能够承担起领导和解决问题的责任。通过这样的培训机制，基层治理能够更加有效，同时也能够建立一个更加积极主动、责任明确的管理团队。

第五，基层干部在履职过程中，需要有清晰的职责认识和目标定位。这意味着他们必须深刻理解自己的工作职责以及如何有效地服务于群众。明确的职责划分和目标设定是提高工作效率和质量的关键。基层干部应全面了解自己的工作职责，同时深入掌握群众的实际需求和期望，这是保证工作成效和群众满意度的基石。随着社会政策和环境的不断变化，基层干部必须适应这些变化，持续更新自己的知识和技能。这不仅涉及政策理解和法规熟悉，也包括对新兴技术和管理方法的学习。例如，随着数字化转型的加深，基层干部需要掌握如何利用信息技术来提升公共服务的效率和质量，不断地提高自身处理复杂社会问题的能力，确保在各种情况下都能做出恰当和有效的判断。强化责任感和服务意识对基层干部来说同样至关重要。他们应当将服务群众放在工作的首位，以公众利益为工作的最高导向。这要求基层干部不仅要关心群众的日常需求，更要在大型项目和政策实施过程中考虑到群众的长远利益。基层干部应积极倾听群众的声音，主动解决他们的问题，以实际行动体现公仆的身份和责任。

3. 从隐场走向在场：基层群众的治理面向

在探讨基层治理中，一个不容忽视的现象是群众的缺场，即他们在决策过程中的不可见或不被充分重视的状态。这种现象不仅减弱了治理的民主性和效率，而且降低了政策执行的有效性和群众的满意度。因此，理解和解决群众缺场的问题成为提高基层治理质量和效果的关键步骤。在此背景下，转变从群众隐场到在场的治理模式，即从他们被边缘化到成为决策过程中的主体参与者，显得尤为重要。这不仅关乎群众的权益，更是实现基层治理现代化的必要条件。在许多基层社会中，居民之间的关系以熟人为主，这种“无主体熟人社会”虽然有助于增进邻里之间的亲密感和信任度，但缺乏正式的组织和机制来保障居民的有效参与，导致治理主体的缺失。在这种环境下，居民的互动更多的是私人领域的交流，缺乏在公共事务上的组织和动员能力。这种缺乏组织化的状态，使得居民在面对公共事务时，常常感到无所适从，无法有效地表达自己的需求和意见，治理的效果大打折扣。

同时，在一些地方，虽然存在一定的群众组织，但这些组织往往缺乏实质性的权力和资源，无法有效代表和动员群众，形成了“半主体社会”。这些组织可能在名义上存在，但由于缺乏必要的资源和支持，难以发挥实际作用。例如，某些社区委员会虽然设立了相关职能，但由于没有充足的财政支持和政策保障，无法真正开展工作，成为名存实亡的机构。这种情况下，居民的参与积极性受到打击，群众组织的影响力和号召力也大大减弱。

上述两种情况共同导致基层治理的困难。一方面，居民虽然在私人领域关系紧密，但缺乏公共领域的组织和动员，无法形成有效的治理主体；另一方面，虽然有一些群众组织存在，但由于资源和权力的不足，无法发挥应有的作用，导致治理成效有限。为了解决这一问题，可以采取以下措施：

第一，发挥群众的主体作用。基层治理既是为了群众，也要依靠群众，这一过程绝不是党委政府的“独角戏”，而是需要人民群众共同参与的“大合唱”。应当充分发挥人民群众的主体作用，促使群众积极参与到社区的各项事务中，共同推动社区的发展。这不仅有助于提升治理的有效性，还能增强群众的主人翁意识和责任感。

首先，通过开展广泛的教育培训活动，提升群众的权利意识和法律意识，使他们了解自身在社区事务中的权利和义务。教育培训应覆盖不同年龄段和职业背景的居民，以确保每个人都能有效参与到社区治理中。这包括举办法律知识讲座、社区治理培训班等，帮助群众掌握必要的治理技能，增强他们的自信心和参与意愿。

其次，建立多样化的参与机制对于促进农村治理同样重要。设立村民议事会、村民小组会议以及在线意见反馈系统等，提供多种途径让农民能够表达意见和参与决策过程。同时，政府和社区管理机构应积极倾听群众的声音，并将其纳入决策和实施过程中，以确保决策的科学性和民主性。

再次，群众组织的发展也是关键一步。支持和鼓励各类农村社会组织发展，如农民专业合作社、妇女协会等，这些组织可以作为政府与居民之间的桥梁，反映群众的诉求，协调各方利益，促进社区事务的顺利推进。同时，政府应为这些组织提供必要的资源和支持，如培训、场地、资金等，增强其治理能力和影响力。

此外，实施激励机制，通过表彰“模范农民”“农村治理先进个人”等，激发农民的积极性。这种奖励可以是实物奖励，如农资工具，也可以是精神奖励，以满足不同人群的需求。激励机制不仅可以激发群众的参与热情，还能树立榜样，带动更多居民加入社区治理中。同时，加强农村文化活动的组织，通过举办农民节、传统节日庆祝活动、农技比赛等，增强农民的归属感和社区认同感。这些活动不仅能够丰富农民的文化生活，还有助于提高他们对农村发展的关注度和参与度。

最后，注重培养农民的自治能力至关重要。通过民主选举形式选择村委会成员，真正让农民在农村事务中有更多的发言权和决策权。同时，政府和相关机构应提供必要的支持和指导，确保农民能够有效行使这些权利，推动农村社区的自我管理、自我服务和自我监督。

第二，信息提供和反馈。在基层治理中，群众提供信息和反馈是确保政府决策反映实际需求和问题的关键环节。

首先，居民对自己生活的小区或村庄有最直接的观察和体验，他们能准确指出如道路损坏、公共设施老化或卫生条件不佳等具体问题。例如，农村地区的居民可以指出灌溉系统的不足或者教育资源的分配问题。为了更有效地收集和利用这些信息，可以通过定期的社区会议来组织居民直接向基层官员反映情况。此外，借助技术手段，如开发专门的手机应用程序或建立在线平台，可以让居民随时上传问题的照片和描述，这些平台还可以用来跟踪问题的解决进程，增强透明度。

其次，通过设立意见箱或定期进行社区调查问卷，政府可以更系统地收集居民的反馈，用以调整和优化服务。例如，在农村地区，可以通过村集体的定期会议来讨论和收集群众对农业农村支持政策的反馈，进一步根据反馈调整政策方向和资源分配。

最后，群众在基层治理项目的监督和评估中发挥着不可或缺的作用。通过设立或参与社区监督小组和审计小组，居民可以直接参与到项目的监督过程中，例如，监督社区建设资金的使用或公共工程的质量。这种直接参与不仅可以提高项目的透明度，还能增强政府的责任感，减少腐败现象。在技术层面，社交媒体和网络平台提供了一个空间，居民可以在这些平台上分享政府活动的经验和评价，形成对政府工作的公众监督。这种公开的讨论环境有助于政府及时了解并解决群众的不满，也可以促进政府在决策过程中更加谨慎和透明。例如，可以通过建立一个在线评估系统，让居民对完成的项目进行打分和评论，如对村庄新建的公共设施或改善的道路进行评估。上级政府也可以利用这些数据来评估基层官员的工作表现，作为其绩效考核的一部分。

通过上述措施的实施，可以显著提高社区治理的透明度和参与度，从而实现治理效果的最大化。当居民在社区事务中扮演更为积极的角色时，不仅能提升他们对社区发展的投入感和责任感，也能促进社区治理结构的优化。这种从基层开始的民主参与，能够有效地推动社会治理现代化，建立一个更加开放、公正、和谐的社会环境。因此，政府应继续探索和完善各种激励与支持措施，确保每一位居民都能在社区治理中找到自己的位置，共同为构建更美好的社会贡献力量。

4. 从“双轨”走向统合：打造基层治理共同体

“双轨政治”是费孝通批判基层行政体制僵化时提出的一个重要概念。县政与村治上下分治的治理格局，即“双轨政治”成为阐释传统中国社会治理结构的一把“钥匙”。正如费孝通所言：“一个健全的、能持久的政治必须是上通下达，来往自如的双轨形式。”[①] 在阐明“双轨政治”概念时，费孝通援引了张东荪的观点，张东荪认为：“中国政治轨道有两个，一是自上而下的，另一是自下而上的。”[②] 并用“两橛”指代之。“甲橛是皇帝的政权和官僚的政治，乙橛是乡民为了地方公益而自己实行的互助。”[③] 甲橛和乙橛的划分形象地描述了皇权官僚体制下县域政治社会治理结构的典型特征。这表明在中华帝国时期，存在两种秩序和力量：一是“官治秩序”和国家力量，二是“乡土秩序”和民间力量。为了更“传神”地概括出基层治理双轨格局，费孝通与张氏的不同看法在于：“为了要形容政治结构的全部形态，包括有形、无形、法定、实有的各种组织，用‘两橛’不如用‘双轨’形容来得切当。两橛是分层的，双轨是平行的。”[④] 这似乎颇有道理，但无论是“两橛”还是“双轨”，学界可能更关注的是基层治权的边界问题。

① 费孝通：《乡土中国》，上海人民出版社 2013 年版，第 277 页。

② 费孝通：《乡土中国》，上海人民出版社 2013 年版，第 288 页。

③ 费孝通：《乡土中国》，上海人民出版社 2013 年版，第 288 页。

④ 费孝通：《乡土中国》，上海人民出版社 2013 年版，第 289 页。

由此引发的问题是皇权的边界向下延伸到哪里？根据费孝通在《基层行政的僵化》中的描述，“中央所派遣的官员到知县为止，不再下去了。自上向下的单轨只筑到县衙门就停了……”[①] 这无疑代表了皇权的行政机构止于县级政权。虽然费孝通并未直接给出明确答案，但在20世纪90年代末，温铁军首次清晰地提出“皇权不下县”的理论观点后，学术界依然将其理论渊源追溯到费孝通提出的“双轨制”。[②]

双轨治理模式下，政府和群众之间的互动较少，往往各自为政，导致治理过程变得简约化，缺乏系统性和协调性。政府在制定和执行政策时，通常采取自上而下的指令方式，忽视了群众的意见和需求。这种单向的政策执行方式使得政策难以结合实际情况，导致执行效果大打折扣。例如，政府可能在没有深入调研和了解群众真实需求的情况下，推行某些政策和项目，结果发现这些政策与群众的实际情况不符，造成资源浪费和社会不满。此外，治理简约化还体现在政府内部各部门之间的协作不畅，各自为政，缺乏信息共享和资源整合，导致行政效率低下，治理效果不佳。这不仅影响了政策的科学性和合理性，也削弱了政府在群众中的公信力，最终影响社会的整体治理水平和发展。

与此同时，双轨治理模式下，政府与群众之间的关系往往缺乏有效的沟通和协作，导致双方关系疏离。政府在政策制定和执行过程中，缺乏与群众的有效互动，群众的意见和需求得不到充分表达和反映。群众在社区事务和公共政策中的参与度较低，政策执行过程中缺乏群众的支持和配合。例如，某些基础设施建设项目，如果

① 费孝通：《乡土中国》，上海人民出版社2013年版，第279页。

② 胡恒：《皇权不下县？——清代县辖政区与基层社会治理》，北京师范大学出版社2015年版，第15页。

没有事先征求和听取群众的意见，可能会引发群众的不满和抵制，导致项目进展受阻。此外，部分干部在日常工作中，表现出官僚主义和形式主义倾向，缺乏服务意识和亲和力，与群众的日常联系较少，导致群众对干部的信任感和支持度下降。这种关系疏离不仅使得政策和措施在执行过程中遇到阻力和困难，也使得社会矛盾和冲突增多，不利于社会的和谐稳定。

在当今的基层治理中，如何从“双轨”走向统合，打造一个更加有效的基层治理共同体，成为一个重要的课题。只有打破传统的“双轨”模式，融合“官治秩序”和“乡土秩序”，才能形成一个既有国家力量又有民间参与的基层治理新格局，实现真正意义上的共治共享。

第一，建立共治平台。在农村社区中，通过建立村民议事会、农村共建平台等形式，可以有效地实现政府和村民的共同参与、共同决策、共同实施、共同评价，从而形成多元共治的治理格局。

村民议事会作为一种直接民主的形式，在农村社区中尤为重要。它为村民提供了一个参与公共事务的平台，在这里，村民可以表达自己的意见和建议，讨论村庄内的重要事项，如土地使用、农业支持政策及村庄基础设施建设等。政府可以通过村民议事会深入了解村民的实际需求和关注点，制定更符合农村实际的政策。村民议事会不仅促进了村民之间的互动与交流，也增强了社区的凝聚力和向心力。通过这种方式，政府与村民之间的信任关系得以巩固，村民的自治能力也得到提升。

农村共建平台则是政府、农村组织和村民共同合作、共同建设社区的具体实践。这个平台可以涵盖环境治理、治安维护、文化活动、教育培训等多个方面。例如，在环境治理方面，村民可以参与到垃圾分类、村庄绿化建设等活动中，提高社区的环境质量。在治安维护方面，可以组织村民自卫队或治安巡逻队，增强社区的安全感。在文化活动方面，通过组织传统节日庆典、民俗表演、文体比赛等，丰富村民的文化生活，增强社区的文化氛围。在教育培训方面，可以开设农技培训班、创业指导班等，提高村民的农业技能和综合素质。

通过建立这些共治平台，能够实现多元主体的共同参与，形成一个政府、农村组织和村民相互合作、相互支持的治理格局。在这个格局中，政府不再是单一的决策者和执行者，而是与村民共同商讨、共同决策、共同实施、共同评价的合作伙伴。农村组织作为桥梁纽带，发挥着联系政府和村民的重要作用。村民则从被动的服务对象转变为积极的参与者和贡献者，增强了他们的主人翁意识和责任感。最终，通过建立共治平台，实现政府和群众的共同参与、共同决策、共同实施、共同评价，能够提高基层治理的效能和质量，形成多元共治的治理格局。

第二，健全基层党组织体系，确保每一个社区、每一个村庄都有强有力的党组织领导，通过组织建设提升基层党组织的凝聚力和战斗力。加强党对基层社会治理工作的领导。党的基层组织是党在社会基层中的战斗堡垒，是党联系群众、服务群众的桥梁和纽带。坚持以基层党组织为核心，以为人民服务为宗旨，以党建为统领，是确保基层治理正确方向和高效实施的根本保障①。同时通过组织建设，提升基层党组织的凝聚力和战斗力，使其能够更好地发挥政治核心作用，带领群众共同解决基层治理中的急难愁盼问题。

在具体实践中，可以通过探索构建基层群众性自治组织、企事业单位、社会组织、社区社会组织和居民群众的基层多元共治模

---

① 参见袁振龙、徐鸿海：《建设基层社会治理共同体的五个关键》，《社会治理》2022年第8期。

式，实现治理主体的多元化和治理资源的整合。[①] 这样的模式能够充分发挥各方优势，形成合力，提高治理效能。党委政府与社会各方力量进一步凝聚互动，通过共同参与、共同决策、共同实施、共同评价，形成“多元共治”的整体治理格局。

第三，资源整合与服务嵌入机制，持续动员地方资源。基层治理共同体应从其内部空间出发，实现治理主体间的有效互动及资源的集中配置，以便开展连续性服务活动和社会化管理[②]。首先，考虑到资源融合视角，基层治理共同体作为治理活动的聚焦场所，其空间规模与包容性展现出高度的灵活性。将社区内分散、边缘化的闲置空间进行重新整合，针对小规模、特定的服务群体举行活动，能有效利用这些边缘空间提供更细致、多样的社区服务。此外，不同治理主体提供的多样化社区服务各具特色，涉及多个服务对象、时间及范围。通过综合这些差异化服务，能极大地降低服务成本，解决服务时间与空间的不匹配问题。其次，从资源再生视角看，以党建领导和行政支持为核心的治理资源发挥了基础支持作用。在此基础上，进一步动员社会资本，常态化地促使活动型与兴趣型社会资本融入社区，开展服务活动，同时确保关键社会组织在社区服务设施运营中的中心作用。通过持续地动员社会力量，可以实现最大限度的社会参与与响应。最终，社会组织的持续运营不仅积累了力量，还促进了新社会组织的成长，与居民自治组织一道，共同促进治理的良性循环，为构筑基层治理共同体提供了一种融合政府与社会力量的新模式。

---

① 参见汪玉凯：《社区治理中群众组织的自主性和创新性研究——基于深圳福田 Y 街道的案例分析》，《社会治理》2024 年第 2 期。

② 参见王佃利、徐静冉：《服务与空间融合：基层治理共同体建设的优化路径》，《华南师范大学学报》（社会科学版）2024 年第 2 期。

第四，坚持主流价值导向和文明共识引领。在社会治理共同体的建设过程中，关键在于实现社会的整合，而这种整合的核心在于“合”。推进社会整合，需要在意识形态领域进行思想性的整合，即认同性整合。认同性整合的目的是让人们在社会互动过程中达到认识上的一致，从而形成共同的价值观念和行为准则。在各种社会整合要素中，坚持主流价值导向和文明共识引领尤为重要。

坚持主流价值导向，就是要大力弘扬社会主义核心价值观，这既是社会主义制度的内在要求，也是实现社会和谐的重要保障。在基层社会治理中，通过宣传教育、文化活动等多种形式，将社会主义核心价值观渗透社区生活的各个方面，使之成为居民的行为准则和价值追求。例如，可以通过社区讲座、文艺演出、志愿服务等活动，宣讲社会主义核心价值观，营造浓厚的社会氛围。

文明共识的形成同样至关重要。一个社会的和谐发展，一个国家的长治久安，很大程度上取决于全体社会成员的文明共识。要通过多种途径，提高居民的文明意识和道德素养。例如，可以组织居民共同制定社区公约、居民公约等自治规则，通过这些规则，引导居民遵守社会公德，履行社会责任，形成良好的社会风尚。

在推进社会整合的过程中，还要注重文化认同和历史认同的作用。可以通过举办传统文化节日、历史文化讲座等活动，增强居民对中华优秀传统文化的认同感和自豪感。这不仅有助于凝聚社会共识，还能增强居民的归属感和认同感。

通过坚持主流价值导向和文明共识引领，可以有效促进社会认同性整合，为建设社会治理共同体奠定坚实的思想基础和文化基础。只有在这样的基础上，社会治理共同体才能真正实现其目标，推动社会的和谐发展和进步。

总之，干部和群众的有效互动是实现治理效能的关键。通过从消极避责走向积极履责，基层干部可以更好地发挥治理主体的作用；通过从隐场走向在场，基层群众可以有效地参与到治理过程中；通过从“双轨”走向统合，干部和群众可以共同打造基层治理的共同体，实现良性互动和协同治理。只有这样，才能真正实现基层治理的现代化和高效化，推动社会的和谐发展和进步。

第二章　党领共治：高效能基层治理的主体格局

一、坚持和加强党对基层治理的领导

（一）党建引领基层社会治理的历史逻辑

1. 我国社会治理体制的演变

新中国成立以来，随着我国经济社会的发展和变化，我国的社会治理体制也在不断地发展和完善。从传统的社会管理体制逐步演变为现代化的社会治理体制，先后主要经历了以下四个阶段。

（1）1949—1978 年，全能型传统社会管理体制

新中国成立初期，我国在社会发展一穷二白的基础上选择借鉴苏联模式，建立了高度集中的计划经济体制，与之相适应的社会管理体制也随之形成。这个时期的社会管理体制是一种高度统一、高度行政化的“国家—单位—个人”的政府全能型社会管理体制。表现出的主要特征：一是单位制、街居制和人民公社制的建立，并在此基础上不断得到巩固；二是高度集中的具有强指令性的管理体制

逐步形成并强化；三是全能主义政府治理模式的形成[①]。这种政府全能型的社会管理体制有利于迅速消灭新中国成立初期资本主义的经济因素，便于建立高度统一的社会秩序，迅速地改变旧中国一盘散沙的局面，极大地增强了国家对社会的组织动员能力和控制能力，但是也存在政府管控过严、过死，社会、市场极度萎缩，缺乏活力和创造力的弊端。

（2）1978—1992 年，传统社会管理体制的解体

党的十一届三中全会以后，中国进入了改革开放新时期，在国家和社会管理上，开始逐步放松对社会的控制，集中表现为政府的简政放权。改革中，政府向下级政府和企业放权，私营、民营、外资等经济开始发展，经济意识形态逐步高涨。伴随着社会组织结构、经济结构等的调整变化，传统的单位制和街居制社会管理体制在这个时期也面临着新的挑战，逐步分离向社区制转变。“社区制就是通过社会组织和社会职能的专业分工，合理划分社区建设过程中政府组织、经济组织、社会中介组织、社区组织等之间的权责。促进社会力量的培育，促进城市基层社会自治和社会和谐。”[②]此时的中国社会结构是从“政府主导型的二元结构”演变成了“市场主导型的二元结构”，传统社会管理体制走向解体。但是此时由于 30 多年的计划经济体制的惯性影响，社区制的发展总体上还不成熟。盲目追求经济高收入的即期行为，也导致了社会分化现象突出，没有形成良性社会结构。

---

① 何重达、吕斌：《中国单位制度社会功能的变迁》，《城市问题》2007 年第 11 期。

② 郭风英：《建国以来我国城市社会管理体制演变与发展研究》，华中师范大学博士论文 2011 年，第 62 页。

（3）1992—2012 年，积极探索中国特色社会主义社会治理的新路子

党的十四大明确指出“我国经济体制改革的目标是建立社会主义市场经济体制”。社会主义市场经济体制的建立和完善对我国社会经济成分的多元化起到制度保障作用。在社会管理体制方面，与社会主义市场经济体制相适应的富有现代化特征的社会管理体制逐步形成，开始了中国特色社会主义社会治理新路子的探索，全国各地开始试点城市社区自治和农村村民自治，并初见成效。但是社会管理在经济高速发展的同时也出现了许多新问题，如城乡差距开始拉大、公共服务差异化矛盾凸显、群体性事件增多等。

在促进社会主义和谐社会的发展过程中，我国提出了“社会管理格局”。在党的十六届四中全会中首次提出“建立健全党委领导、政府负责、社会协同、公众参与的社会管理格局”。要求“加强社会建设和管理，推进社会管理体制创新”。

（4）2012 年至今，着重推进社会治理体系和社会治理现代化

党的十八大以来，党的治国理政理念不断升华，重点体现在社会建设上。党的十八大强调，必须通过加快推进社会体制改革来加强社会建设。进一步明确提出“要围绕构建中国特色社会主义社会管理体系，加快形成党委领导、政府负责、社会协同、公众参与、法治保障的社会管理体制”。在党的十八大上也首次用到了“社会管理体制”一词。党的十八届三中全会进一步提出，“创新社会治理，必须着眼于维护最广大人民根本利益，最大限度增加和谐因素，增强社会发展活力，提高社会治理水平”。这是中央文件首次提出“社会治理”，创新社会治理也成为确保社会既充满活力又和谐有序的必然要求。党的十九大报告提出“加强和创新社会治理，打造共建共治共享的社会治理格局，加强社会治理制度建设，完善

党委领导、政府负责、社会协同、公众参与、法治保障的社会治理体制，提高社会治理社会化、法治化、智能化、专业化水平”。党的二十大报告强调“完善社会治理体系，健全共建共治共享的社会治理制度，提升社会治理效能，畅通和规范群众诉求表达、利益协调、权益保障通道，建设人人有责、人人尽责、人人享有的社会治理共同体”。实现国家治理体系和治理能力现代化的路径清晰且坚定。

表 1　新中国成立以来社会治理体制演进结构

阶段	社会治理体制的发展	社会治理体制的主要内容
1949—1978 年	全能型传统社会管理体制	高度统一、高度行政化
1978—1992 年	传统社会管理体制的解体	市场作用的加入，政府简政放权
1992—2012 年	积极探索中国特色社会主义社会治理的新路子	加强社会建设和管理，推进社会管理体制创新
2012 年至今	着重推进社会治理体系和社会治理现代化	打造共建共治共享的社会治理格局

从“社会管控”到“社会管理”，从“社会管理格局”转变为“社会管理体制”，从“社会管理创新”到“创新社会治理”，这一系列概念和论述的演进，体现的是我们党在社会建设上经历的七十多年的探索实践，一直秉持的是“以人为本”的理念，标志着我国社会治理体系和治理能力现代化水平的推进。正确处理好政府、市场、社会三者的关系，在社会发展中实现了政府角色的转变，不断地引入多元治理力量，促进了有为政府和有效市场、多元社会共治的发展。

党的十八大以来，以习近平同志为核心的党中央审时度势，提出加强群团组织建设，加强城乡社区建设，加强新经济组织和新社会组织党的建设，要求党组织覆盖各类组织，坚持党的全面领导，充分发挥中国共产党在各类组织中的政治引领力和政治保障力，使它们在保持自身独立性、自我运转的同时，又能沿着正确的政治方向前进，成为中国特色社会主义事业发展的建设性力量。

2. 党的基层组织建设的发展

党的力量来自组织，从建党初期的 50 多名党员到现在的 9900 多万名党员，百年来，中国共产党形成了包括党的中央组织、地方组织和基层组织在内的严密组织体系。党的全面领导、党的事业的发展壮大都依靠中国共产党独特的组织优势和强大的组织力量来实现。

1922 年，在党的二大党章中的“组织”一章明确规定，“凡有党员三人至五人均得成立一组”。从党章中可以看出，这个时期还没有支部的概念，但是此时的组织建设和组织工作已经开始铺展开来，党的组织建设和党领导的革命斗争初见成效。支部的概念是 1925 年党的四大通过的《对于组织问题之决议案》和《中国共产党第二次修正章程》首次提出的。《对于组织问题之决议案》指出了支部建设的重要性，强调建立“以产业和机关为单位的支部组织”，同时《中国共产党第二次修正章程》规定“凡有党员三人以上均得成立一支部”，从此支部成为党的基层单位。1945 年党的七大党章明确规定“党的基础组织是党的支部”，关于党组织的功能，刘少奇作《关于修改党章的报告》中指出，其功能是“支部必须使人民群众与党密切结合起来”。新中国成立后，中国共产党对基层党组织的定位进行了更加明确的规定，党的八大党章第四十八条将党的基层组织形式明确为基层党委员会、总支部委员会和支部委员会三种形式。改革开放后，党高度重视抓基层、打基础，在改革开放和社会主义现代化建设中充分发挥基层党组织战斗堡垒作用和党员先锋模范作用。党的十一大通过的党章，第一次提出党的基层组织要发挥“战斗堡垒”作用；党的十二大党章表述为“党的基层组织是党在社会基层组织中的战斗堡垒”；党的十四大党章对于“战斗堡垒”又增加了一句话，“是党的全部工作和战斗力的基础”。党的十九大党章延续了这一表述，并对基层组织有新的加强，党章第三十四条指出：“党支部是党的基础组织，担负直接教育党员、管理党员、监督党员和组织群众、宣传群众、凝聚群众、服务群众的职责。”至此，上下贯通、执行有力的严密党组织体系织密。

表 2　历次党章中有关党的基层组织建设的论述

历次党章	相关描述	作用
二大党章	凡有党员三人至五人均得成立一组，每组公推一人为组长，隶属地方支部。各组组织，为本党组织系统，训练党员及党员活动之基本单位，凡党员皆必须加入	党的基层组织的最初形态
四大党章	凡有党员三人以上均得成立一支部	支部成为党的基层单位
七大党章	党的基础组织是党的支部。支部必须使人民群众与党密切结合起来	首次对党组织的功能进行阐述
八大党章	凡是党员超过一百人的基层组织，经过上一级委员会的决定，都可以举行代表大会或者党员大会，选举基层党委员会。在基层党委员会下面，按照生产、工作和住区单位设立若干个总支部或者支部	明确党的基层组织形式
十一大党章	党的基层组织要发挥“战斗堡垒”作用	明确党的基层组织的作用
十二大党章	党的基层组织是党在社会基层组织中的战斗堡垒	进一步明确党的基层组织的作用

续表

历次党章	相关描述	作用
十四大党章	党的基层组织是党在社会基层组织中的战斗堡垒，是党的全部工作和战斗力的基础	进一步明确党的基层组织的作用
十九大党章	党支部是党的基础组织，担负直接教育党员、管理党员、监督党员和组织群众、宣传群众、凝聚群众、服务群众的职责	对基层党组织的加强
二十大党章	党的政治路线确立之后，必须由党的组织路线、群众路线来保证其贯彻执行	不断增强党组织的政治功能和组织功能

党的力量来自组织。党的全面领导、党的治国理政都要靠党的坚强组织体系去实现。百余年来，中国共产党坚持目标导向、问题导向、结果导向相统一，不断完善组织制度体系，在组织设置、组织生活、组织运行、组织管理、组织监督等方面进行了优化和完善，不断地将党的组织制度优势转化为国家治理效能。可以说中国共产党革命、建设、改革的历史，也是一部建立完善党的组织、严密党的组织体系的发展史。特别是党的十八大以来，以习近平同志为核心的党中央把组织体系建设作为新时代党的组织建设的重点，突出增强政治功能和组织力，统筹推进各层级各领域党组织建设，为推动国家治理能力和治理体系现代化提供了坚强的组织保证。

（二）党建引领基层社会治理的研究概述

近年来，我国社会治理转型在不断加速，如何完善基层社会治理，一直都是我们党和国家重视的大问题。“党建引领”与“基层治理”有效互动，充分发挥“党建引领”作用，成为基层社会治理实践探索中的重要机制和改革创新的重要方法。学界对党建引领基层社会治理的关注度也在不断提升，全国部分基层治理单位率先做出尝试并涌现出不少具有代表性的实践经验案例，相关理论支撑也随着实践发展的步伐不断延展充实。对此，学界展开了较为深入的讨论，主要着眼于以下几个方面的研究。

1. 关于党建引领基层社会治理的模式研究

在当前各地已有的实践经验中，学者们在实践调研的基础上总结并提出党建在基层社会治理中发挥作用的主要模式：陈朋（2013）对江苏省“群众事务党员干部代理制度”进行了深入的考察，并提出以服务为导向的基层党建新模式，该模式的主要特征是突出党组织的服务下沉，并规范党组织的服务内容，以实现党建工作的优化[①]。李旭阁（2018）对区域化党建存在的问题进行了探究，认为区域化党建中社区党组织和街道党工委的组织功能弱化问题比较突出，并提出了构建多层级的区域化党建共同体来解决组织功能弱化的问题[②]。冯绪猛、严燕（2020）通过个案考察，总结出区域化党建的三个主体和各自发挥的作用，即党建联盟理事会是领导核心，区域公共服务平台是关键，四大专委会是实现民主协商的重要机构，进而提出了“三位一体”的区域化党建模式。以基层社区发展衍生出的“楼宇党建”也有不少新探索[③]，李锦峰（2019）指出“楼宇党建”中关键在于政治空间、治理空间的重塑，才能实现其社区转型治理中的真正价值[④]。

---

① 陈朋：《服务导向的基层党建新模式——江苏海安县“群众事务党员干部代理制度”的探索与实践》，《理论与改革》2013 年第 1 期。

② 李旭阁：《构建区域化党建新格局》，《人民论坛》2018 年第 14 期。

③ 冯绪猛、严燕：《“三位一体”区域化党建：社会治理转型下基层党建的新模式》，《中共南京市委党校学报》2020 年第 3 期。

④ 李锦峰：《“楼宇社区”：商务楼宇党建的观念重塑与空间再造——基于上海市淮海中路街道楼宇党建的经验分析》，《探索》2019 年第 1 期。

2. 关于党建引领基层社会治理的机制研究

专家学者们亦提出了不同看法，姚剑文（2017）以苏州的实践案例为基础，在对“政社互动”型社区治理进行分析之后，发现要解决“政社互动”型社区治理存在的问题，需要发挥党组织的引领作用，构建党委领导、社会协同的双向互动社区治理格局[①]。许爱梅等（2019）提出结构性嵌入作为党建引领社会治理的实现机制，可以通过多重结构性嵌入，如主体嵌入、制度嵌入、目标嵌入等，实现党建对基层社会治理的有效引领。布成良（2020）认为要创新党建引领基层治理的机制，主要是使党建引领的方向往“功能引领”转型，通过改变过去的层级式的党建工作模式，让党建的工作内容和方式更能适应新时代基层社会治理现代化的需要[②]。

3. 关于党建引领在社会治理中的作用研究

一些学者发现运用“党建”的方法提升基层整体治理效能，进而实现中国之治，很大一部分是依赖于覆盖面大的党的组织网络，通过党组织可以更好地将跨越不同领域的不同类型的组织进行整合，通过构建跨组织协同网络最大限度地发挥出党的组织优势，进行党建势能转化，提升治理效能。例如，张艳国、李非（2018）提出社区“党建+”新型治理模式，推动党的组织建设与社区治理工作的良性互动，实现二者的深度融合，从而构建出复型、互动、有效的和谐工作机制，最终实现提高社区治理效能[③]。冯小敏（2020）认为构建社会治理新格局需要找到问题的关键，通过党组织在多元

① 姚剑文：《“政社互动”型社区治理中党组织的引领作用研究——基于苏州的实践》，《江苏第二师范学院学报》2017 年第 8 期。

② 布成良：《党建引领基层社会治理的逻辑与路径》，《社会科学》2020 年第 6 期。

③ 张艳国、李非：《“党建 +”在城市社区治理中的独特功能和实现形式》，《江汉论坛》2018 年第 12 期。

治理中的领导作用实现上下联动、区域统筹、各方协同、资源整合，让基层社会治理的合力在党的领导下不断积聚与发展[①]。

基于以上的总结和分析，学界对党建引领基层社会治理的相关研究实现了多样视角，也有独到见解。目前对于党建引领基层社会治理创新研究还可深入的方面：一是从研究角度来看，要改变以往社会学研究途径，从党建理论视角开展研究。二是从研究范围来看，多数研究是着眼于对某个个案的研究，对不同典型案例的可选择的政策缺乏深入分析。三是从研究结构来看，对党建推动基层社会治理的制度建设研究还是不够，对党建引领基层社会治理创新机制的深度观察和路径选择的提炼高度还比较欠缺。

（三）党建引领基层治理的耦合效应

“国家—政党—社会”范式中，政党对社会的引领、整合，体现了政党的“耦合”功能。通过新时期遵循的嵌入性治理理论构建基层党组织，实现与社会治理的耦合互动，着眼于将基层政权建设建立在社会组织、企事业单位、社会团体和群众动员的组织过程与资源整合、统筹凝聚的组织结构协调互动的基础之上，从而实现党建引领与基层社会治理之间的促进和发展。

1. 以提升组织力为重点加强党的建设

“基础不牢，地动山摇。”党的基层组织是党的全部工作和战斗力的基础。从中国共产党的百余年历程中，我们可以看出中国共产党历来十分重视组织建设。但是，一段时间内，一些基层党组织存在“弱化”“虚化”“边缘化”的问题。这主要表现在两方面：一是党组织在新社会空间的有效覆盖率不高，特别是在社会组织领域。相关调研表明（如表 3 所示），2017—2019 年社会组织中建立

① 冯小敏：《从抗疫斗争看党建引领社会治理创新》，《上海党史与党建》2020 年第 6 期。

表 3　2017—2022 年社会组织中建立党组织情况一览表

年份	2017	2018	2019	2020	2021	2022
社会组织（个）	761539.00	817360.00	866335.00	894162.00	901870.00	891267.00
建立党组织的社会组织（个）	106597.00	107026.00	108776.00	缺	171000.00	179000.00
社会团体（个）	354794.00	366234.00	371638.00	374771.00	371110.00	370093.00
建立党组织的社会团体（个）	58998.00	59366.00	58512.00	缺	缺	缺

数据来源：中国宏观经济数据库（EPS 数据平台）。

党组织的数量占当年社会组织总数的比重分别为 14.0%、13.1%、12.6%。党组织在社会组织和社会团体中的覆盖率偏低。2020 年之后覆盖率才有所提高。二是党建工作“说起来重要、做起来次要、忙起来不要”的现象还时有存在。通过走访调研发现，目前，基层党建引领基层社会治理的具体机制尚未完全成形，多数的实践偏向于对党在基层社会治理中的领导地位的重新强调，并没有真正触及基层党建工作的微观机制，基层党建精细化不足，一抓到底的工作机制还没有形成。基层党建引领基层社会治理的力量尚未被充分挖掘，基层党员干部的社会治理能力和水平有待进一步提升，基层党组织和党员普遍缺乏对“社会治理”的正确认识，在基层社会治理中遇到问题有时存在“绕着走”的现象，治理理论和基层党建“两张皮”的情况还时有发生。因此，党建引领作用也大打折扣。走访调查结果显示，23.56% 的调查对象对所在地区（单位）基层党建工作非常满意，70.82% 的调查对象对所在地区（单位）的基层党建工作比较满意，但仍有 5.62% 的调查对象表示不太满意和不了解。从调查中可以看出，要想让对基层党建工作比较满意的群众的感受提升到非常满意，还需要基层党组织和党务工作者提质赋能，基层党建引领的质量仍有提升的空间。

为此，近年来基层党组织建设以提升组织力为重点，着力解决一些基层党组织“弱化”“虚化”“边缘化”的问题，且卓有成效，形成了“横向到边、纵向到底”的组织网络。从 2022 年中共中央组织部的党内统计公报中可以看出，截至 2022 年 12 月 31 日，中国共产党党员总数为 9804.1 万名，比 2021 年底净增 132.9 万名，增幅为 1.4%。中国共产党现有基层组织 506.5 万个，比 2021 年底净增 12.9 万个，增幅为 2.6%。全国 9062 个城市街道、29619 个乡镇、116831 个社区（居委会）、490041 个行政村已建立党组织，覆盖率均超过 99.9%。全国共有机关基层党组织 75.6 万个，事业单位基层党组织 97.7 万个，企业基层党组织 157.1 万个，社会组织基层党组织 17.9 万个，基本实现应建尽建。

此外，党的二十大报告中强调，“增强党组织政治功能和组织功能，坚持大抓基层的鲜明导向，把基层党组织建设成为有效实现党的领导的坚强战斗堡垒，激励党员发挥先锋模范作用，保持党员队伍先进性和纯洁性”。并颁布出台了《中国共产党国有企业基层组织工作条例（试行）》和《中国共产党党和国家机关基层组织工作条例》，对提高党的建设质量，推动国家治理体系和治理能力现代化高质量发展起到重要的规范性作用，也标志着基层党的建设已经完成“组织覆盖”的阶段性工作，党建引领基层社会治理进入发展的创新时代。

2. 以党的建设助推基层治理精细化

新时代，加强和创新社会治理，关键在党，重点在基层。习近平总书记在基层代表座谈会上形象地讲道“基础不牢，地动山摇。只有把基层党组织建设强、把基层政权巩固好，中国特色社会主义的根基才能稳固”。由此可见，在基层社会治理中，基层党组织处于核心的重要地位，为基层社会治理提供坚强的政治和组织保证。近年来，全国各个地方基层党建在实践中深入贯彻落实习近平新时代中国特色社会主义思想，坚持党建引领，不断在实践中创新，形成了服务型党组织建设、党建引领创先争优、干部队伍建设、组织方式重构等不同创新类型，基层党组织的组织力、凝聚力、战斗力不断得到增强。从 2010 年起，由中国浦东干部学院、人民网 · 中国共产党新闻网、中国组织人事报社等媒体联合组织的“全国基层党建创新案例”，每两年举行一次评选，每届综合评选全国基层党建创新最佳案例 20~30 个、优秀案例 70~80 个，截至 2022 年 7 月，共举办了六届，涌现了许多党建创新模式。笔者以第五届展示的84个案例为例，选取10个以党建的精细化引领基层精细化治理的典型案例，以小窥大，具体如表4所示：

表4　第五届“全国基层党建创新案例”有关党建工作精细化的典型示例

单位	党建特色主题	党建工作精细化具体做法
江苏扬州市邗江区双桥街道	融合发展，区域共鸣，绘就红盟初心	搭建线上“智慧红盟”平台，实现党建工作线上互动，党建项目线上联动，党建资源线上流动
珠海大横琴科技发展有限公司	“五步工作法”助力探索自贸区国企基层党建与公司治理新路径	依托自主开发的计划管理信息化平台，将党建全部工作计划执行情况录入信息平台，强化工作计划监督力度，促进党建工作精细化
云南保山	创新探索“四位一体”基层党建工作责任体系	市直部门、国有企业、教育系统、高校、“两新”组织等领域研究制定党组织书记抓基层党建责任清单，并制定重点任务项目清单，以党建任务指标化清单化，推动党建目标管理分类化精细化，使各级党组织的党建目标更加清晰可行
湖北省宜昌市伍家岗区	打造城市基层党建综合体实现共建共治共享新格局	加强城市党建综合体建设，以利于逐步健全完善单位党建、行业党建和区域党建的组织、责任、制度等联动体系，使城市基层党的组织、工作、作用全覆盖，提供更加丰富、更加个性化、多样化、小批量的服务产品，满足群众日益增长的需求

续表

单位	党建特色主题	党建工作精细化具体做法
江苏省盐城市大丰区	实施党建拨亮行动锻造城市红色堡垒	结合社会网格化综合治理工作，大力实施社区党建“网格化”管理。按照250户居民为一个单元设立“子网格”的要求，将城区划分为253个单元网格，专门编排了网格党建类、网格关爱类、网格服务类共3大类55项为民服务清单
湖北省武汉市汉阳区	探索建立党建引领城市基层社区治理体系和治理能力现代化指标体系	通过网格化服务体系，按照“七色管理、八员服务”的办法，为居民提供精细化、个性化服务保障
云南省曲靖市麒麟区建宁街道	党建引领微服务为治理城市基层党建注入活力	通过党群服务站，延伸党的组织触角和工作触角，促进了功能集成化、服务精细化、党建实体化
湖北省孝感市	“五化”管理推动构建城市基层党建新格局	以开展社区服务体系省级标准化试点为契机，规范关爱服务、公共服务、政务服务、市场服务和社会服务“五项服务”进社区，推动社区服务由粗放型向精细化转变
内蒙古克什克腾旗	推进智慧党建平台全面提升基层组织建设水平	收录全旗13个苏木乡镇党委、124个嘎查村党组织、6000余名农牧民党员信息，构建党建网络地图并定期进行统计分析，打破条块分割壁垒，逐步形成以点带面、统筹调度的工作格局，实现农村牧区基层党组织管理的全覆盖

续表

单位	党建特色主题	党建工作精细化具体做法
四川省九寨沟县	探索“四融合四转变”推进党建标准化建设	牢固树立“落实到基层、落实靠基层”工作思路，精准施策，投入100余万元对村级活动阵地进行功能区划分和星级化管理；优化机构设置，健全130个村（社区）党支部、村居委会、监委会及配套组织建设，全面增强党组织创造力、凝聚力、战斗力

新时代呼唤更有质量、更加精细化的党建工作。通过对以上10个案例的分析考察，我们可以得出，基层党建工作精细化是对基层党组织整体功能的强化，对推进社会治理精细化具有重要的现实意义。现有的基层实践中以党的建设助推基层治理精细化有以下几个特征：全覆盖、清单化、个性化。如，江苏省盐城市大丰区、湖北省武汉市汉阳区、内蒙古克什克腾旗等，通过构建党建网格实现社会管理和服务的全覆盖。网格化管理能够改变传统社区“粗放式、被动性、强制性”的服务方式，通常将辖区进行分块、组建网格、整合资源，向网格居民提供全方位服务，确保该区域党建工作和社会治理的规范、高效、有序。如，云南保山，通过党建任务指标化、清单化，出台党委书记抓基层党建工作责任清单、重点任务项目清单等，推动党建目标分类化、精细化管理。如，四川省九寨沟县，牢固树立“落实到基层、落实靠基层”工作思路，实施精准施策，通过提供个性化和人性化的服务，为群众提供多方位的动态管理，全面增强了党组织创造力、凝聚力、战斗力。

二、建设和打造基层治理共同体

（一）社会治理共同体的理论渊源

1. 马克思社会共同体思想

“共同体”思想是马克思关切人的存在、探究社会发展的理论结晶，渗透唯物史观的创立和发展的全过程，并和马克思主义其他具体思想理论紧密联系、相互贯通。这一思想，是在马克思对从古希腊柏拉图、亚里士多德等哲学家的“共同体”思想萌芽，到19世纪上半叶黑格尔和费尔巴哈等德国古典哲学家的“共同体”思想元素进行系统性总结和超越性批判基础上逐步形成的，并且同唯物史观的创立、发展过程具有同构性，具有鲜明的历史唯物主义的特点。

通过梳理历史唯物主义的思想发展史，可以看出，马克思恩格斯关于历史唯物主义的每一个重要观点的形成及表达，都或多或少，或直接或间接地与他们对共同体的探索有关：一是历史唯物主义意识和共产主义意识思想的萌芽阶段。马克思在《德法年鉴》时期，发表的《论犹太人问题》中，通过批判鲍威尔的唯心主义观点和神学观点，突破了资产阶级政治解放的历史局限性，阐述了从人的解放推进到社会解放；同时期发表的《〈黑格尔法哲学批判〉导言》，在对市民社会和政治国家进行分析时谈到“全人类的解放并不是乌托邦式的空想”，大量使用了“共同体”的表述，指出资本主义社会是“虚假的共同体”。二是在首次对唯物史观的阐述阶段。在1845年马克思恩格斯合著的唯物史观奠基之作《德意志意识形态》中就谈到“所以无产阶级只有在世界历史意义上才能存在，就像它的事业——共产主义，一般只有作为‘世界历史性的’存在才有可能实现一样”[①]，并且强烈批判了资产阶级国家“虚幻的共同体”形式，提出建立把人从被奴役、被统配和被忽视的社会关系中解放出来的“真正的共同体”。三是马克思科学社会主义著作的阐述阶段。1848 年马克思恩格斯在《共产党宣言》中阐述“无产者和共产党人”时有过这样一段经典的论述：“随着资产阶级的发展，随着贸易自由的实现和世界市场的建立，随着工业生产以及与之相适应的生活条件的趋于一致，各国人民之间的民族分隔和对立日益消失。无产阶级的统治将使它们更快地消失。联合的行动，至少是各文明国家的联合的行动，是无产阶级获得解放的首要条件之一。”他们强调的是，在“自由人的联合体”中，个人与“共同体”之间已经消除了异化与对立关系，人的个性自由在“共同体”中得到全面充分的发展，表明马克思对“共同体”本身的认识已达到成熟。

1849 年移居伦敦后，“共同体”思想在马克思揭露资本主义生产方式的内在矛盾和内在规律过程中得到进一步发展和完善。在《1857—1858 年经济学手稿》中，他指出，资本主义的生产方式使人的行为的独立性依赖于物的外在性，人被彻底“物化”，受到货币资本等“抽象共同体”的统治。在《资本论》中，他指出“事实上，自由王国只是在由必须和外在目的规定要做的劳动终止的地方才终止：因而按照事物的本性来说，它存在于真正物质生活领域的彼岸”。马克思所说的“自由王国”也就是“真正共同体”。

综上可知，马克思没有对“共同体”一词作出过明确的界定，但是我们能够从历史唯物主义思想发展历程中发现，马克思通过不同时期的著述，对共同体进行了不同角度的阐述。因此，有学者认

---

① 《马克思恩格斯全集》第 3 卷，人民出版社 1960 年版，第 40 页。

为“共同体”可以概括地理解为：“现实的人”基于共同利益和共同解放诉求而形成的一种共同关系模式，它是人类生存的基本方式，充分体现人的本质作为“一切社会关系的总和”，人类只有通过“真正的共同体”，即自由人的联合体才能实现自身的解放，得到自由全面的发展[①]。

2. 社会治理共同体的内涵

（1）治理主体上：从多元到共同

党的十八届三中全会首次提出“社会治理”概念，对社会治理的主体作出了重要论述，其内涵与外延都与社会管理有了一定的区别。社会治理多元主体是指既包括处于社会治理主体地位的政府，也包括政党、社会组织、群团组织、企业、个人，以政府为核心的多元社会主体对社会系统的组成部分、社会生活的不同领域以及社会发展的各个环节进行组织、协调、指导、规范、监督，纠正社会失灵，促进社会系统协调运转[②]。从这里可以看出，社会治理多元主体是基于平等地位与共同场景之中政府向社会放权，形成党委、政府、社会组织、企事业单位、公民等多元主体参与社会事务的治理格局。从主体的权力边界上看，多元主体既可以是政府、非政府组织、市场、社会组织、社区、协会、公民、私营组织等参与公共事务的组织机构，也可以包含“不同质性、不同层级公共部门 / 私营部门内的合作”。而社会治理共同体是“政府、社会组织、公众等基于互动协商、权责对等的原则，基于解决社会问题、回应治理需求的共同目标，自觉形成相互关联、相互促进且关系稳定的群体”[③]。

① 刘伟：《马克思主义共同体思想发展的新境界》，《学习时报》2018 年 1 月 3 日。

② 王维翊等：《新时代社会治理创新二十三讲》，中共中央党校出版社 2021 年版。

③ 郁建兴：《社会治理共同体及其建设路径》，《公共管理评论》2019 年第 1 期。

表 5　社会治理多元主体与社会治理共同体的区别

实践特征	社会治理多元主体	社会治理共同体
主体意愿	被动、分散	主动、自愿
介入程度	浅层介入	浅层介入与深层介入相融合
价值驱动	多元诉求	价值认同
参与表现	动员参与	自觉参与
合作周期	项目性	可持续性

（2）治理方式上：从动员到合作

我国是世界上最大的发展中国家，持续推进发展是我们面临的现实问题。1978 年，改革开放初期，我国的国内生产总值只有 3000 多亿元，82.1% 的人口生活在农村，农村贫困人口占比达到 97.5%。2020 年，我国全面建成小康社会，我国国内生产总值突破 100 万亿元，完成了消除绝对贫困的艰巨任务，向全面建设社会主义现代化国家迈进。因此，在社会发展的不同阶段，基层社会治理的方式也将不同。有学者认为“国内缺乏有能力的社会基础，在社会力量成长空间不足、积累相对薄弱的情况下，国家需要在制度框架内为社会创制的发展提供凭借性力量，并灵活把握其中的尺度”[①]。在社会发展相对不成熟、社会基础相对薄弱的治理场景中，动员参与是一种常见的治理行动方式，其又可以分为两种导向：政府导向和社会导向。政府导向是基于政府自身的诉求，让社会力量进入公共事务领域，承接部分政府职能。如，2013 年国务院办公厅印发《国务院办公厅关于政府向社会力量购买服务的指导意见》，此后各地相继推出相应的关于政府向社会力量购买服务的通知或办

① 吴晓林、谢伊云：《国家主导下的社会创制：城市基层治理转型的“凭借机制”——以成都市武侯区社区治理改革为例》，《中国行政管理》2020 年第 5 期。

法，由此开始探索创新和完善公共服务供给模式的新路径。社会导向的动员参与旨在培育社会力量，使其能够在参与中成长，从而更好地参与社会治理。生产力的发展，也带来了社会成员身份、地位、利益的多样化和持续扩大的社会流动，大量的“单位人”变成了“社会人”或“社区人”，人民自组织得到了恢复发展，由此基层居民自治的实施成为可能，也创造了复杂而活跃的基层治理空间，越来越多的人加入基层社会治理过程中。

尽管政府导向和社会导向两种动员方式的参与“可以大幅降低科层制的僵化程度，平衡规则与弹性、目标设计与现实环境，令开放性和适应性融入规则系统”①，然而，其本质上仍然是一种自上而下的权力关系，容易导致政社不分、权责不明、自治不足的情况，这就影响了基层社会治理的有序性和有效性，最终难以有效发挥在社会治理当中的应有作用。

由此可见，社会治理共同体的核心理念应是共建、共治、共享，其参与主体是广大人民群众。就像党中央强调的，“人民对美好生活的向往就是我们的奋斗目标”，因此，社会治理共同体的根本价值取向应该是以人民为中心，以共享发展为目标，以民生福祉为出发点和落脚点。用“共治”的方式，推动“共建”，实现“共享”，打造人人有责、人人尽责、人人享有的社会治理共同体，突出的是发挥人民群众的主观能动性，合力行动实现基层社会治理效益的最大化。

（二）创新社会治理共同体的模式

党的十九大报告提出“打造共建共治共享的社会治理格局”，在加强社会治理体系建设过程中要“提高社会治理社会化、法治

① 孙柏瑛、张继颖：《解决问题驱动的基层政府治理改革逻辑——北京市“吹哨报到”机制观察》，《中国行政管理》2019 年第 4 期。

化、智能化、专业化水平”。由此，构建“共建共治共享”的社会治理共同体，必须提高“三共”治理的“四化”水平。

1. 创新社会治理共同体，推进社会治理社会化

党的十九届四中全会通过的《中共中央关于坚持和完善中国特色社会主义制度 推进国家治理体系和治理能力现代化若干重大问题的决定》在涉及行政体制改革、优化政府职责体系时指出，要“实行政府权责清单制度，厘清政府和市场、政府和社会关系”。由此可见，厘清国家、社会、市场三者的关系，是推进国家治理体系和治理能力现代化需要解决的一项基本问题。新时代社会治理必须走出传统的以政代社的对立管制思维误区，否则将出现基层社会治理的职能行政化、权力行使行政化、管理机制行政化等现象，不仅解决不了许多具体的问题，还可能制造新的社会隐患。因此，“三共”治理必须推进社会治理的社会化水平。即充分挖掘和调动社会各方力量参与基层社会治理，使政府和基层自治组织、人民群众之间形成真正的协同互动，最大限度地激发社会治理活力，实现社会治理效益的最大化，进而形成社会治理共识统一、行动协同、结果共享的社会化治理。

2. 创新社会治理共同体，推进社会治理法治化

法治是社会治理方式现代化中体现社会进步的重要标志，也是国家治理体系和治理能力的重要依托。因此，“三共”治理必须推进社会治理的法治化水平。以习近平法治思想为指导，善用法治思维和法治方法推进社会治理，把社会治理纳入法治化轨道。首先，运用法治精神审视基层社会治理。充分发挥法治固本的保障作用，建立规范有序、权责明晰的社会治理法治体系。其次，运用法治思维谋划基层社会治理。全面梳理基层社会治理相关立法，做到有法可依。同时提高基层执法能力和水平，做到执法必严。最后，增强

全民法治观念。在基层社会群体中普遍养成办事依法、遇事找法、解决问题用法、化解矛盾靠法的良好习惯。在解决基层纠纷时倡导多元纠纷解决机制，特别需注重司法裁判在民众行为引导方面的作用，并加强执法司法制约监督，让人民群众在每一件事情的处理过程中都能感受到公平正义。

3. 创新社会治理共同体，推进社会治理智能化

党的十八大以来，以习近平同志为核心的党中央就社会治理智能化建设作出了一系列决策部署。2017 年，人工智能首次被写入《政府工作报告》中，国民经济和社会发展“十四五”规划就“提升社会治理数字化智能化水平”进行了具体规划。习近平总书记还指出，人工智能是引领新一轮科技革命和产业变革的重要驱动力，正深刻改变着人们的生产、生活、学习方式，推动人类社会迎来人机协同、跨界融合、共创分享的智能时代。这就要求基层社会治理要主动适应新兴技术变革，充分运用新技术手段提高社会治理的水平和效果，推动基层社会治理创新。在社会治理实践中，不仅要将人工智能大数据、云计算等新兴技术工具运用到社会治理中，还要善于将互联网新理念、新思维融入想问题、做决策、办事情等社会治理具体过程中。最终达到运用人工智能技术，提高社会公众参与政府治理的水平，实现共建共治共享。

4. 创新社会治理共同体，推进社会治理专业化

随着社会发展，社会治理工作难度不断加大，传统的治理模式、治理手段已经不能满足社会治理现代化的需求，导致各类突发事件的不断涌现和纷繁复杂的社会矛盾得不到解决，影响了人民日益增长的美好生活需要的满足。为应对这些挑战、解决这些问题，不断提高基层社会治理现代化水平，需要一支能够为提升社会治理现代化水平提供人才支撑的社会治理专业人才队伍。以

服务为导向、以专业化为依托，善于做群众的工作，善于将矛盾化解在基层，引导社会用法律途径、通过合法方式解决各类纠纷等，真正达到用专业化实现服务高质量，推动服务与需求的精准对接。

（三）打造基层社会治理共同体的进路展望

党的十八大以来，以习近平同志为核心的党中央高度重视国家治理体系和治理能力现代化建设，把人民对美好生活的向往作为我们党的奋斗目标，不断加强和创新社会治理。社会治理共同体就是紧紧围绕国家治理现代化进行的，它既是国家治理现代化的重要内容，也是完善社会治理现代化的必然选择，充分体现了我们党与时俱进、不断创新、全心全意为人民服务的宗旨。

1. 坚持以人民为中心

党的十八大以来，以习近平同志为核心的党中央提出以人民为中心的发展思想，坚持以人民为中心，坚持人民主体地位，把人民对美好生活的向往作为奋斗目标。以人民为中心的思想是马克思主义的根本立场，也是习近平新时代中国特色社会主义思想的首要理论特质。因此，在国家治理体系和治理能力现代化过程中，也应该一直秉持以人民为中心的思想理念，在基层社会治理改革发展过程中，必须把人民利益摆在至高无上的地位，推动基层社会治理成果更多、更公平惠及全体人民，如贯彻全过程人民民主，充分听取和尊重人民的意见和诉求。在制定基层社会治理政策时，应该广泛征求民众的意见，通过公开透明的方式，让人民参与决策过程，确保政策的合理性和公正性。在资源分配、公共服务提供等方面，要坚持公平原则，确保每个人都能享受到公平的待遇和机会。特别是要关注弱势群体的权益保护，确保他们能够平等参与社会治理和分享发展成果。秉持着“发展为了人民，发展依靠人民，发展成果由人民共享”的理念，推动多元社会主体参与基层社会治理，铸牢社会治理共同体。

2. 保障和改善民生、加强和创新社会治理

党的十九届五中全会通过的《中共中央关于制定国民经济和社会发展第十四个五年规划和二〇三五年远景目标的建议》指出，“十四五”期间要努力实现“社会治理特别是基层治理水平明显提高”的目标，这是对新时期新发展阶段我国基层社会治理提出的目标要求和科学指引。这是新时代新发展阶段我国社会治理的科学指引，是以习近平同志为核心的党中央总揽全局作出的重要部署，我们要深入学习领会、认真贯彻落实。基层社会治理任务千头万绪，但归结起来，主要包括两个方面，正如《中共中央关于党的百年奋斗重大成就和历史经验的决议》中提到的 13 个历史成就中的第 8 个“在社会建设上”讲到的：提高保障和改善民生水平，加强和创新社会治理。这两个方面是对民生保障短板和解决好人民群众急难愁盼问题的重要举措，也是持续提升人民群众获得感、幸福感、安全感的关键一环，突出了社会治理共同体共享社会发展成果的共享原则。

3. 党建引领、改革创新与重在基层

一要坚持党建引领。党政军民学，东西南北中，党是领导一切的。新时代实现经济高质量发展、发展社会主义民主政治、建设社会主义文化强国、加强以民生为重点的社会建设、建设美丽中国“五位一体”总体布局宏伟蓝图中贯穿其中的就是党的建设。具体到基层社会治理中，就是要筑牢党在基层的执政基础，将基层党建与基层社会治理结合起来，健全基层组织建设，实现党组织对基层社会各个群体和各项工作的全覆盖，增强基层组织的政治凝聚力和战斗力，以党建力量促进基层社会治理。二要坚持改革创新。党

的十九大提出，到 2035 年“各方面制度更加完善，国家治理体系和治理能力现代化基本实现”；到 21 世纪中叶“实现国家治理体系和治理能力现代化”。十九届四中全会再次明确这一目标，并强调到新中国成立一百年时，全面实现国家治理体系和治理能力现代化，使中国特色社会主义制度更加巩固、优越性充分展现。实践证明，深化社会体制改革、创新社会治理方式是加强社会建设的根本动力。三要坚持重在基层。习近平总书记强调：“基层强则国家强，基层安则天下安”[①]，抓基层打基础是国家长治久安的固本之策，不能有丝毫的放松。要将基层巩固好，需不断加强和创新基层社会治理，推动工作重心向基层下移，真正做到从群众中来，到群众中去。

4. 在落细、落小、落实上下功夫求实效

习近平总书记反复强调，城市管理应当像绣花一样精细。2017 年 6 月 27 日，在中央政治局常委会听取北京城市总体规划汇报时的讲话中，他进一步强调指出，要加强精细化管理，在精治、共治、法治上下功夫。随后在《关于加强和改进乡村治理的指导意见》中也指出，“要发挥信息化支撑作用，探索建立‘互联网 + 网格管理’服务管理模式，提升乡村治理智能化、精细化、专业化水平”。[②] 精细化不仅是衡量社会治理水平的重要标尺，也是进一步加强和推动社会治理创新的重要方向，更是我国在新发展阶段需要解决的现实课题。特别是在新时代背景下，互联网、物联网、大数据和人工智能等新兴技术为推动社会治理的精细化和现代化提供了无限可能性。因此，在基层社会治理中要善于推动信息化和智能化技

① 中共中央党史和文献研究院：《习近平关于基层治理论述摘编》，中央文献出版社 2023 年版。

② 《关于加强和改进乡村治理的指导意见》，人民出版社 2019 年版，第 11–12 页。

术的应用，把大数据、区块链、人工智能等现代科技与社会治理深度融合起来，完善政务公开、网络公共服务、数据共享和开放等制度安排，聚焦精准精细，打造“一门受理”“一站通办”“一网联办”等服务模式，提高基层社会治理的效力、透明度和公正性，以精细化治理实现服务的全覆盖。

第三章　为民之治：高效能基层治理的价值锚定

一、以人民为中心：高效能基层治理的价值基座

（一）价值核心：人民至上的治理

为民之治，是中国共产党把马克思主义基本原理同中国具体实际相结合、同中华优秀传统文化相结合的创造性成果。既是对中华优秀传统文化中民本思想的继承，又是对传统乡村社会基层治理模式的重大超越；既充分运用马克思主义基本原理指导中国革命实践的坚定立场，又结合中国具体实际形成中国特色基层治理模式的创新发展。

习近平总书记在指导基层工作时强调，“让老百姓过上好日子是我们一切工作的出发点和落脚点”[①]。只有守住了以人民为中心的价值立场、稳住了一切从人民的利益出发的价值取向，坚持全心全意为人民服务的根本宗旨、踏实走好群众路线，才能攻坚克难，切

---

① 《中共中央关于党的百年奋斗重大成就和历史经验的决议》，《人民日报》2021 年 11 月 17 日。

实提高基层治理水平和治理效能、实现国家治理体系和治理能力的现代化。

1.“民本”思想的价值汲取

我国的为民之治并非外来理念，也不是凭空创造，而是厚植于中华大地传承千年的“民本”思想。“民本”思想，是我国历史上代代相传、饱含古人政治智慧的思想结晶。早在《尚书》中，就有了“民为邦本，本固邦宁”的民本思想表述，古人早已经意识到，国家的构成离不开每一个人民个体，只有每一个人民得以安居乐业，国家才能实现长治久安，这是民本思想意蕴的初步觉醒。春秋时期，宗法分封制分崩离析，各诸侯逐渐产生了以“民本”掌“民权”成“霸业”的深刻洞见。诸侯通过宣扬以民为本的治国理念笼络民心，在此过程中，民本思想不仅体现出其提高综合国力的现实意义，也逐步确立起价值判断的核心地位。随着政治统治制度的不断完善和理论发展需求的不断增加，如“得众则得国”等一系列经典民本思想论述应运而生。在统治阶级的推广下，自汉代起，以儒家思想为主导的民本理念在中华大地上广泛传播、逐渐深入人心，成为每个朝代治理国家的思想理论共识。

以民为本，是古代每一个盛世得以繁荣的底层治理逻辑，在其指导之下衍生出了如“十税一”等解决底层百姓现实问题，提升人民群众对政府的信赖度、满意度，增加人民群众幸福感的利民良策。习近平总书记在党的十九届四中全会指出，“中国特色社会主义制度和国家治理体系是以马克思主义为指导、根植中国大地、具有深厚的中华文化根基”。[①] 中国特色社会主义进入了新时代，在理论维度、现实维度上全面理解、正确践行马克思主义基本原理同中

① 《中共中央关于坚持和完善中国特色社会主义制度 推进国家治理体系和治理能力现代化若干重大问题的决定》，人民出版社 2019 年版，第 2–3 页。

国具体实际相结合、同中华优秀传统文化相结合，使基层治理理论充盈于广袤的文化沃土，使基层治理能力提升于弥坚的历史底蕴，必须高度重视“民本”思想，深度挖掘其中内含的政治智慧，将其与马克思主义的人民立场相结合，使其在当今的基层治理工作中能够发挥出历久弥新的文化力量。

习近平总书记在文化传承发展座谈会上的讲话指出，“马克思主义和中华优秀传统文化来源不同，但彼此存在高度的契合性”。比如“民为邦本、为政以德的治理思想与人民至上的政治观念相融”[①]。吸纳“民本”思想中“以民为本”的核心要义，并将其与马克思主义基本原理紧密结合，与中国共产党长期以来所走的群众路线、推进的群众工作紧密结合，可以从中提炼出“为民之治”的新时代基层治理工作思想意蕴。这是对历史上优秀治国理政经验的凝练和升华，是将旧时代的精华进行的系统化、现代化的继承和发展，也为我国的社会主义建设增添了中国基因、赋予了中国特色。“为民之治”，是坚定不移为维护和保障人民群众的根本利益而开展的基层治理工作，是对以人民为中心价值立场的坚持和实践。在党带领人民群众走向第二个百年奋斗目标的新征程之际，必须始终深刻铭记全心全意为人民服务这一宗旨，必须始终鲜明代表中国最广大人民的根本利益这一底色，以“为民之治”铺筑中华民族伟大复兴之路。

2.“群众路线”的价值凝成

新民主主义革命时期的中国底层人民遭受“三座大山”的压迫，亟须一种为民请命的正确理论指导，救人民于水深火热之中；中华民族面临生死存亡的民族危机，亟须一个为民发声的坚强领导组织，带领中华民族谋求出路。作为马克思主义政党，中国共产党

① 习近平：《在文化传承发展座谈会上的讲话》，《求是》2023 年第 17 期。

以“全心全意为人民服务”为宗旨，站在人民立场上，为实现最广大人民群众的根本利益而奋斗。伟大领袖毛泽东明确表示，“我们是站在无产阶级的和人民大众的立场。对于共产党员来说，也就是要站在党的立场，站在党性和党的政策的立场”[①]。以此为基础，中国共产党主动负担起新民主主义革命这一历史重任。

中国共产党的成立为了人民，中国共产党的成就因为人民。毛泽东早在 1919 年就指出，“什么力量最强？民众联合的力量最强”[②]。1938 年，毛泽东在《论持久战》中阐述了“战争的伟力之最深厚的根源，存在于民众之中”[③]这一重要的革命指导理念。1945 年，毛泽东在《论联合政府》中强调必须“全心全意地为人民服务，一刻也不脱离群众；一切从人民的利益出发”[④]。基于此重要论断，中国共产党永葆生机与活力的“群众路线”逐步形成。1956 年，党的八大第一次把“群众路线”写入党章。中国共产党在新民主主义革命中以“群众路线”理念为基础，充分动员基层人民群众，开展“土地革命”攻克阶级矛盾难题，发动“农村包围城市”打破阶级局限，建立“统一战线”反击外来入侵，最终带领中国人民取得了新民主主义革命的伟大胜利。

中国共产党百年奋斗的历史经验表明，中国革命和现代化建设的巨大成就建立在“群众路线与群众工作”这块基石之上，这也成为我们有别于西方国家治理经验、彰显出中国特色治国理政的重要政治优势。邓小平指出：“密切联系群众，是我们党的一个优良传

---

① 毛泽东:《毛泽东选集》第 3 卷，人民出版社 1991 年版，第 848 页。

② 中共中央文献研究室、新华通讯社:《毛泽东新闻作品集》，新华出版社 2014 年版，第 1 页。

③ 毛泽东:《毛泽东选集》第 2 卷，人民出版社 1991 年版，第 511 页。

④ 毛泽东:《毛泽东选集》第 3 卷，人民出版社 1991 年版，第 1094 页。

统。群众是我们力量的源泉，群众路线和群众观点是我们的传家宝。”[①] 时代变迁、历史沿革、社会履新，被实践证明的先进经验和优良传统需要进一步传承和发扬。任何时候，我们一旦违背群众路线，忽视群众工作，我们的事业就会遭受挫折，就可能造成我们已有的政治优势弱化，甚至消失殆尽。

习近平总书记指出：“群众路线是我们党的生命线和根本工作路线，是我们党永葆青春活力和战斗力的重要传家宝。不论过去、现在和将来，我们都要坚持一切为了群众，一切依靠群众，从群众中来，到群众中去，把党的正确主张变为群众的自觉行动，把群众路线贯彻到治国理政全部活动之中。”[②] 无论是作为唯物史观的“坚持群众观点”，还是作为政治优势和作风优势的“密切联系群众”；无论是作为宗旨要求和道德规范的“全心全意为人民服务”，还是作为领导方法和工作方法的“一切为了群众，一切依靠群众，从群众中来，到群众中去”，群众路线与群众工作在国家治理中的政治动员、民主参与、科学决策、合力攻坚、团结发展等诸多方面都扮演了至关重要的角色。

3.“为民之治”的价值践行

“群众路线”作为我们治国理政的“最大政治优势”不仅体现为历史政治智慧，更重在行动意义和实践价值。基层治理是“群众路线”落地见效的重要践行“场域”。“九层之台，起于累土”。聚焦基层治理，不仅是出于中央一直强调“基层是一切工作的落脚点”，还因为在全面深化改革不断推进的中国，基层社会自身也正在经历剧烈而深刻的变化。面对基层政治生态的急剧变迁，为了避

---

① 邓小平：《邓小平文选》第2卷，人民出版社1994年版，第368页。

② 习近平：《在纪念毛泽东同志诞辰120周年座谈会上的讲话》，《人民日报》2013年12月27日。

免基层治理滑向劣质化，需要摆正基层治理目标、完善基层治理机制，聚合基层治理资源，着力构建基层治理的支撑点——走群众路线，密切联系群众、服务群众，自觉维护群众利益。而构建这一支撑点的有效路径和实践方式就是“为民之治”。

“为民之治”以“人民至上”为价值核心，是执政党“为民执政”与政府“为民服务”在基层治理实践中的具体体现。“为民”是目标定位和价值追求。基层治理工作以“为民”为目的而展开，其出发点和落脚点落实到为民服务上，为民履职、服务群众，进而推动发展，同时还要以是否做到“为民”作为衡量治理质量和效果的根本标准。为民是党的群众路线的核心。但“为民”并不意味着在基层治理中民众只是被动地接受管理和服务的客体。党政干部民众导向的服务理念和行为十分重要，更为关键的是通过“为民治理”激发民众自身的积极性、主动性和创造性的自我导向的主体心理和行为塑造，从“为民”到“民为”，从而实现基层治理“场域”中主客体的良性互动。

“治理”是手段和途径。若要实现“为民”的价值认同和责任认同，就必须有相应的实践认同机制为载体，而基层治理的实践机制恰恰是这一关键节点。面对新形势新任务，“人民至上”这一治理思想如何进一步技术化、制度化和规范化，如何在基层干部与村民之间、国家与基层社会之间建立一种常规化互动机制，从而不断提升相互间的信任与认同，进而实现基层的“善政良治”，这些有赖于“为民之治”的实践机制及其创新发展。

“务实”是“为民之治”的风格品质。基层治理越来越趋向务实，与民众切身利益相关的事务日益成为人们关注的焦点。新形势下践行“为民之治”，脚踏实地地走“群众路线”，就要大兴务实之风，务实事、求实效。“为民治理”的务实品格需要做到：实践的具体化，首要是有实在的办法和具体的抓手，把为民务实与加快发展，与实施民生工程，与直接联系服务群众相结合，把为民务实具体化和行动化。实践的常态化，关键是要融入日常工作，常抓不懈、持之以恒，探索建立联系群众的经常性渠道、造福群众的经常性平台、服务群众的经常性动力和凝聚群众的经常性机制。实践的联动化，重点是盘活各种治理资源，积极构建上下联动、各方互动、共同行动的群众工作格局。总而言之，只有“接地气”的“为民之治”才能走得稳健，才能开启“为民之道”。

（二）过程呈现：凸显民主的治理

中国基层治理承载着维护社会和国家长治久安的重任，经过长期以来的实践检验，中国的民主是真正的民主，是基层治理中治国安邦的奠基石。一方面，不同于西方停留在喊口号层次的空民主、仅关注部分个体的小民主，中国的民主实践，是落地到基层治理方方面面的全过程人民民主。另一方面，中国式现代化道路并非闭门造车的发展道路，而是在面临现代化过程中存在的基层治理难题时，主动求变、吸纳西方国家先进经验，并在此基础上结合中国治理民主特色，形成了全周期管理。

1. 破解历史周期率的全过程人民民主

中国共产党是我国的执政党，中国共产党的自我建设、能力提升对我国的基层治理发挥着至关重要的作用。针对如何才能完善党的建设、提升执政能力、实现国家长治久安这一问题早有探讨。最为著名的是 1945 年的“窑洞对”，彼时黄炎培以史为鉴，因历史周期率而对中国共产党政权的先进性、纯洁性和稳定性问题提出了“其兴也勃焉，其亡也忽焉”的担忧。对此，毛泽东的回答是依靠“民主新路”，“只有让人民来监督政府，政府才不敢松懈。只有人人起来负责，才不会人亡政息”[①]。

以人民作为根本价值立场，中国共产党走过建党初期的筚路蓝缕，从一条红船上召开党会发展成当今拥有 9900 多万名党员的百年大党，带领中国人民实现了从站起来到富起来，再到强起来的伟大飞跃。基于马克思主义的群众史观、基于毛泽东思想的群众路线、基于新时代中国特色社会主义的发展现状，习近平总书记提出了全过程人民民主的人类民主新形态。在庆祝中国共产党成立 100 周年大会上，习近平总书记强调，“我们必须紧紧依靠人民创造历史，坚持全心全意为人民服务的根本宗旨，站稳人民立场，贯彻党的群众路线，尊重人民首创精神，践行以人民为中心的发展思想，发展全过程人民民主”[②]。这样才能“有效保证国家治理跳出治乱兴衰的历史周期率”[③]，正确走好下一个百年奋斗道路。

全过程人民民主是基层治理理论和治理方式在新时代的重要创新成果，也是对群众路线的继承与发展。群众路线内含以人民为中心的治理理念，全过程人民民主是对其在新时代基层治理层面的创新发展。全过程人民民主正是在继承和发展中国共产党为人民服务的根本立场的基础上，与党的领导这一中国特色社会主义最本质特征与最大优势有机结合，以法律制度的手段打通民主意见传达、行动落实的每一个环节，使基层治理过程中的方方面面都以人民为中心，这对于保障中国共产党不忘初心为人民服务、激发人民群众投身社会主义事业建设的积极性、提高国家基层治理水平与治理能力

① 黄炎培：《延安归来》，国家行政管理出版社 2021 年版，第 61 页。

② 习近平：《在庆祝中国共产党成立 100 周年大会上的讲话》，人民出版社 2021 年版，第 12 页。

③ 习近平：《坚持和完善人民代表大会制度不断发展全过程人民民主》，《人民日报》2021 年 10 月 15 日。

都具有强大的推动力。

全过程人民民主相较于西方的民主为少数公民服务，重视的是最广大人民群众的根本利益。习近平总书记指出，“人民是历史的创造者，群众是真正的英雄。人民群众是我们力量的源泉”①。我国全过程人民民主的立足根基在于人民，一切都是为了人民、依靠人民，因而具有服务于人民群众的合理性、合法性、可行性、必然性。相较于中国此前实行的民主，全过程人民民主更加重视制度上的规范性、时间上的延续性、内容上的全面性、参与者的广泛性，强调人民群众的民主参与活动必须贯彻落实到基层治理的选举、决策、管理、监督等各个环节，打通人民群众在基层治理中发挥主体作用的制度渠道，激发人民群众的主观能动性，做到充分集民智、聚民心，通过法律制度的保障手段和观念进一步推动人民群众当家做主的效率提升、水平提高、体验优化。

2. 破解现代化难题的全周期管理

我国的现代化建设是从第一个五年计划到第十四个五年规划一以贯之的主题，我国的现代化建设过程，就是一个在不同的发展阶段、不同的国情环境下不断发现问题，在马克思理论的指导下、在党的领导下、在全国人民的努力下不断解决问题，最终取得一系列重大成就，实现经济、政治、文化、社会、生态多方面综合国力提升的过程。如今，中国特色社会主义进入新时代，这是我国发展新的历史方位，现代化建设也面临着新的难题。

一方面，我国的现代化建设已大踏步赶上了时代，但在后续的发展中难以再“摸着石头过河”，我国现有的基层治理现代化理论、制度、能力已无法解决基层治理实践中日益复杂化的问题，无法满

---

① 中共中央文献研究室：《十八大以来重要文献选编》（上），中央文献出版社 2014 年版，第 70 页。

足人民群众丰富多元的美好生活需求，必须深入探索、自主创新，走出一条具有中国特色的现代化道路。另一方面，为了向着实现中华民族伟大复兴的中国梦稳步迈进，党和国家对基层治理提出了新的更高要求。因此不失时机地出台了《中共中央国务院关于加强基层治理体系和治理能力现代化建设的意见》，明确指出基层治理体系和治理能力现代化建设是一项基础工程，“以加强基层政权建设和健全基层群众自治制度为重点”，“建立健全基层治理体制机制”，“健全常态化管理和应急管理动态衔接的基层治理机制”，“向基层放权赋能，减轻基层负担”①。

针对中国式现代化建设过程中补齐治理体系和治理能力短板这一问题，习近平总书记在湖北省考察的讲话中强调，要着力完善城乡基层治理体系，树立全周期管理意识②。全周期管理是指治理体系应形成一个前期预警决策、中期应对执行、后期监督执纪问责的管理体系。③ 全周期管理出于新冠疫情防控时期党和政府对基层治理“最后一公里”更高标准、更严格要求的需求，是针对基层地域突发事件的现代化应对措施。

习近平总书记多次强调，我国发展仍然处于重要战略机遇期，危和机并存、危中有机、危可转机，机遇更具有战略性、可塑性，挑战更具有复杂性、全局性，挑战前所未有，应对好了，机遇也就前所未有。④ 基层党组织和政府必须从突发公共事件之“危”中把

---

① 《中共中央国务院关于加强基层治理体系和治理能力现代化建设的意见》，人民出版社 2021 年版，第 2 页。

② 习近平：《在中央政治局常委会会议研究应对新型冠状病毒肺炎疫情工作时的讲话》，《求是》2020 年第 4 期。

③ 邓社民：《全周期管理与治理现代化》，人民日报出版社 2022 年版，第 2 页。

④ 习近平：《新发展阶段贯彻新发展理念必然要求构建新发展格局》，《求是》2022 年第 17 期。

握好破解基层治理难题之“机”，学习好全周期管理方式，树立好全周期管理意识，建设好全周期管理体系，以凸显民主的治理过程回应新时代人民群众的多维需求，努力化解社会的主要矛盾，破解中国式现代化道路的治理难题。

全周期管理的第一个重要环节是前期预防，这需要党和政府高度重视问题、坚持需求导向，回归社会主义底色和中国特色，将以人民为中心作为治理的出发点，通过未雨绸缪的先行规划，夯实危机应对的人、财、物保障，提升危机预警的精确性，凭借有效的前期预防工作规避可能发生的基层治理问题，切实提升基层治理效能。

全周期管理的第二个重要环节是早期遏制，这要求各级党委和基层党组织充分发挥引领作用，各级政府及其职能部门的高度配合和精准施策，把一切出现苗头的危机作为基层治理的重中之重，在多项改革目标和利益冲突时，将人民需求放在优先地位，不断提升各级干部的综合素质和各部门的办事效率，锻造出理念上“想”为人民解决难题，行动上“能”为人民解决问题的现代化基层治理体系。

全周期管理的第三个重要环节是中期控制，需要广泛发动群众，发挥集体智慧，集合多元主体共同参与基层治理建设与监督，贯彻落实以人民为主的治理。因为人民主体性是我国制度的重要安排，是确立党的领导、奠定国家性质的决定性因素，要使人民群众参与基层治理的建设与决策，发挥其在基层治理中主体作用，形成上下联动、信息通畅、配合科学、环节紧扣的基层治理共同体。

全周期管理的末端环节是后期总结反思，这要求基层治理必须践行好系统治理、综合治理、源头治理的基本遵循，通过总结经验和教训，将基层治理体系视为可优化的有机体，在不断地反思中提升全周期管理的水平。

（三）内容聚焦：注重民生的治理

“江山就是人民，人民就是江山。中国共产党领导人民打江山、守江山，守的是人民的心。”[①]要想实现党和国家的长治久安，就必须注重民生治理，必须“紧紧抓住人民最关心最直接最现实的利益问题”。党的二十大报告针对民生工作提出了坚持尽力而为、量力而行，深入群众、深入基层的重要指示，将幼有所育、学有所教、劳有所得、病有所医、老有所养、住有所居、弱有所扶作为增进民生福祉的发展要求。民生建设是基层治理的主要工作内容，立足中国特色社会主义进入新时代这一历史方位，基层治理必须高度重视教育体系、社会保障体系、医疗卫生体系的现代化建设，力求实现人民群众获得感、幸福感、安全感更加充实、更有保障、更可持续，使共同富裕取得新成效。

1. 健康为基

我国对人民群众健康的重视，自革命战争年代就已提升到了战略的高度。1933 年，毛泽东就曾指出：“疾病是苏区中一大仇敌，因为它减弱我们的革命力量”[②]，他以中国共产党的“全心全意为人民服务”宗旨为出发点，高度重视卫生工作对人民群众身体健康的重要作用，提出了“一切为了人民健康”。该理念在中国共产党百年以来的探索与建设道路中，始终被作为民生建设的重要指引。

党的十八大以来，党中央把维护人民健康摆在更加突出的位置。2015 年，“健康中国”首次正式被确立为国家战略。2016 年，

---

① 习近平：《高举中国特色社会主义伟大旗帜　为全面建设社会主义现代化国家而团结奋斗——在中国共产党第二十次全国代表大会上的报告》，人民出版社 2022 年版，第 46 页。

② 毛泽东：《毛泽东文集》第 1 卷，人民出版社 1993 年版，第 298 页。

习近平总书记主持会议审议通过了《“健康中国 2030”规划纲要》。文件强调，要将“以人民健康为中心”作为核心，以基层作为重点开展工作。近年来，“健康中国”的建设战略被提升至前所未有的高度。基层治理立足于“精准到户”的管理要求，在实践探索中不断推进治理体系建设、提升治理能力，发挥了至关重要的作用，成为保障人民群众身体健康和生命安全的关键环节。

党和政府始终坚持人民群众的身体健康和生命安全是人民幸福和社会发展的基础，始终坚持基层治理在推进“健康中国”战略中的突出贡献。2021 年底通过的《中共中央关于党的百年奋斗重大成就和历史经验的决议》文件中，党中央针对保障和改善民生工作提出，在全面推进健康中国建设过程中，不仅要坚持预防为主的方针深化医药卫生体制改革，更要引导医疗卫生工作重心下移、资源下沉，及时推动完善重大疫情防控体制机制、健全国家公共卫生应急管理体系，健全遍及城乡的公共卫生服务体系。

2. 社保兜底

党的十九大报告指出，要继续加强社会保障体系建设。全面建成覆盖全民、城乡统筹、权责清晰、保障适度、可持续的多层次社会保障体系。全面实施全民参保计划。[①] 党的二十大报告进一步强调，使“多层次社会保障体系更加健全”是未来五年发展的主要目标之一。要想增进民生福祉，提高人民生活品质，就必须健全社会保障体系，因为社会保障体系是人民生活的安全网和社会运行的稳定器。对于社保建设的要求，从党的十九大的“覆盖全民、城乡统筹、权责清晰、保障适度、可持续的多层次社会保障体系”到党的二十大改进为“覆盖全民、统筹城乡、公平统一、安全规范、可持

① 习近平:《决胜全面建成小康社会 夺取新时代中国特色社会主义伟大胜利——在中国共产党第十九次全国代表大会上的报告》，人民出版社 2017 年版，第 47 页。

续的多层次社会保障体系”，这是以习近平同志为核心的党中央立足开启全面建设社会主义现代化国家的新征程作出的科学判断。

其中一以贯之的“覆盖全民”体现了我国社会保障工作对基层层面的高度重视。“覆盖全民”意味着我国的社保覆盖面广至千家万户，每一个符合条件的人员都必须纳入社保体系，都能享受社保兜底。这一要求决定了社会保障工作与基层治理密切相关，是基层治理工作的重要组成部分，也是基层良政、善治的内在要求，更彰显着社会保障工作以人民为中心的根本价值立场。

“统筹城乡”的要求则与新增的“公平统一”密切相关，都是为了全体人民平等地享受社会保障的权益，使社会保障体系切实发挥兜底作用。而要想使二者得到妥善落实，就必须解决城乡资源禀赋差距较大的现实问题，就必须向着“安全规范”的方向不断深化改革，在顶层设计统筹兼顾的同时，从基层治理环节发力，通过充足的资金支持、健全的法律保障、严密的监督措施，让社保兜底成为每一个基层人民都可见、可触、可感的惠民政策。

“可持续”与“多层次”的要求，是将社会保障这张兜底大网织密织牢的必然要求。“可持续”要求在顶层设计时着眼长远，要求不断优化社会保障的制度建设，要求不断加强各种风险的防范，要求不断提升社会保障资金管理的水平和能力。“多层次”强调针对不同类型的人员群体在不同时期、不同情况下面对的问题作出具有针对性的安排。对此，基层治理人员可以充分发挥其深入群众的工作优势，结合常规工作中的信息数据进行分析研判，为多层次的基层保障体系建设提供依据。

3. 教育助力

教育是全面建设社会主义现代化国家的基础性、战略性支撑，加强基层地区教育建设，是基层良政、善治的重要内容。近年来，我国始终坚持教育优先发展，高度重视义务教育在基层地区的推进情况。党的十九大报告强调，要努力让每个孩子都能享有公平而有质量的教育。党的二十大报告提出，要“坚持以人民为中心发展教育，加快建设高质量教育体系，发展素质教育，促进教育公平”[①]。此外，党的二十大报告还作出了加快义务教育优质均衡发展和城乡一体化，优化区域教育资源配置等一系列重要指示，为加快推进基层教育均资源、提质量、出成效指明了道路。

加强基层地区教育建设，也是提升基层治理水平和治理能力、解决基层治理困境的重要抓手。一方面，基层治理归根结底是人来治，中国式现代化归根结底是以人为中心的全面现代化，教育的根本任务是立德树人，培养德智体美劳全面发展的社会主义建设者和接班人，这是在为基层治理做好人才准备。另一方面，崇学、尚学是中华民族根深蒂固的思想观念，人民群众高度重视子女的教育问题，这一问题能否得到妥善解决，是人民群众对美好生活的重要判断标准。提升乡村区域教育教学治理、做好乡村地区的教育普惠工作，是留住人员常驻乡村、解决乡村地区人员流失的根本之策。

切实做好基层教育工作，一方面，既要说好“普通话”，也要说好“地方话”。不能将城乡的教育资源视作相互对峙的零和博弈，而应该视其为先进带后进的共同提升，以此为建设理念，推动城乡地区在资金和人力，软件和硬件各个方面资源的均衡与公平。另一方面，既要外界“输血”，也要自主“造血”。不能照搬照抄城市地区的教育发展思路，应该因地制宜，结合乡村基础薄弱、积极性低等劣势，以及乡村振兴政策支持、成功人士反哺投资等机遇，建设

① 习近平：《高举中国特色社会主义伟大旗帜　为全面建设社会主义现代化国家而团结奋斗——在中国共产党第二十次全国代表大会上的报告》，人民出版社 2022 年版，第 34 页。

具有乡村特色、适应乡村实际的教育发展模式。

4. 就业为重

就业是最基本的民生，是人民群众最关心最直接最现实的利益问题，党和政府始终将就业问题视为重中之重，召开一系列重要会议，发表一系列重要讲话，作出一系列决策部署，取得了全面建成小康社会的伟大历史性成就。在“十二五”“十三五”建设期间，居民人均可支配收入从一万六千五百元增加到三万五千一百元，城镇新增就业年均一千三百万人以上。但我国的城乡区域发展和收入分配差距仍然较大，群众在就业方面仍然面临不少难题。习近平总书记在北京看望慰问基层干部群众时指出，“要坚持就业优先战略，把解决人民群众就业问题放在更加突出的位置，努力创造更多就业岗位”。①

长久以来，稳就业工作在基层开展的难点主要有两个方面，一是就业岗位的数量稀缺，二是就业岗位的质量低。就业岗位的数量稀缺导致年轻人即使主观意愿是留在乡村，客观条件也不允许。就业岗位的质量低则给乡村地区获取人才的质量设了上限，阻碍了许多城市地区人员前往乡村寻求就业发展的机会。要想做好基层稳就业工作，解决当地群众急难愁盼的就业问题，提升乡村岗位对人才的吸引力，就必须紧密围绕乡村振兴战略，做好“里子”工作，依托政策支持大力健全基本公共服务体系，提高公共服务水平，增强均衡性和可及性，为吸引人才、留住人才创造良好的就业环境。还要做好“面子”工作，建立健全就业岗位信息平台，打造乡村就业创业金牌项目，让择业者对乡村就业产生客观、全面的认识，对乡村就业的前景充满信心。

---

① 《习近平春节前夕在北京看望慰问基层干部群众》，《人民日报》2019 年 2 月 2 日。

（四）结果导向：共建民享的治理

党的十九大报告对新时代新征程的社会治理作出了“共建、共治、共享”的富有创造性、全局性的重要指导。这要求在基层治理过程中，始终牢记一切的治理都是为了人民、服务人民，一切的治理成果都要惠及人民、造福人民。党的二十大报告提出，要“采取更多惠民生、暖民心举措，着力解决好人民群众急难愁盼问题”[①]。“为民”不仅是基层治理工作的出发点，更是一切基层工作的核心治理目的。提升基层治理效能，必须不断提升党政机关内部群众工作水平，以“务实”的风格品质造“实干”的干部队伍，以“实干”的干部队伍得“实效”的效能提升；必须大力推动公私部门协同增效，履行好政府主导的职能，巩固好公私部门协同的基础，发挥好企业参与的作用，建设好协商共治的渠道；必须持续构筑民、社、政一心的基层治理共同体，汲取各方禀赋资源，补足基层治理短板缺陷，以基层治理共同体多样化、高契合、强黏附的优势特点助力为民之治的效能提升。

1. 群众工作实效提升

基层治理最为突出的特点是与群众密切相关，最为根本的目标要求是做出实效。但是目前存在以下三种群众工作难以做出实效的情况：一是不务实；二是假务实；三是难务实。“不务实”是部分基层工作者缺失理想信念，漠视责任义务，犯了主观上的错误，陷于精神懈怠危险，不想作为、不敢作为，由此产生了庸政、懒政、怠政的不良后果。主观上的“假务实”，是部分基层工作者沉溺于形式主义、官僚主义的不正之风中，将错误的政绩观念奉为至理，

---

① 习近平：《高举中国特色社会主义伟大旗帜　为全面建设社会主义现代化国家而团结奋斗——在中国共产党第二十次全国代表大会上的报告》，人民出版社 2022 年版，第 46 页。

只做花团锦簇的表面功夫，不做脚踏实地的惠民工作。客观上的“假务实”，是部分基层工作者能力欠缺、不会作为，将大量的时间与精力耗费在无价值的机械重复工作中，看似忙于工作，实则效率低，毫无实效。

“难务实”则是在治理现代化过程中面临的新困境。一方面，政策制定方向与群众现实需求的割裂导致“难务实”。基层治理政策在顶层设计阶段未聚焦于人民群众急难愁盼的关键问题，使人力、物力、财力资源错配，基层工作者即使想为民做实事，却苦于手头的任务庞杂，或因资源不足，最终事倍功半。另一方面，政策执行一刀切与基层情况复杂的割裂导致“难务实”。基层治理事务内容繁多、因果交织、错综复杂，在实际工作开展过程中需要具有弹性的政策执行标准，才能给予基层工作者一定的灵活度，以便因地制宜，提升基层治理效能。

要想避免“不务实”“假务实”“难务实”的情况，就必须在开展群众工作时始终坚持务实的工作作风。“务实”是“为民之治”的风格品质。中国共产党一直以脚踏实地、求真务实的工作作风严格进行自我要求，对于群众工作始终坚持务实事、求实效。新形势下，基层善治亟待务实取向，与民众切身利益相关的事务日益成为人们关注的焦点。坚持“为民之治”的务实品格需要做到：第一，实践的具体化。首要是有实在的办法和具体的抓手，把为民务实与加快发展，与实施民生工程，与直接联系服务群众相结合，把为民务实具体化和行动化。第二，实践的常态化。关键是要融入日常工作，常抓不懈、持之以恒，探索建立联系群众的经常性渠道、造福群众的经常性平台、服务群众的经常性动力和凝聚群众的经常性机制。第三，实践的联动化。重点是盘活各种治理资源，积极构建上下联动、各方互动、共同行动的群众工作格局。总之，只有“接地气”的“群众路线”才能走得稳健，才能开启“为民之道”。

2. 公私部门协同增效

公共部门在开展基层治理工作时具有鲜明的为民之治导向，在推进基层治理提质增效的过程中应当居于主导地位，这是由公共部门自身特性决定的。

第一，公共部门开展基层治理以实现公共利益最大化为目标。基层治理事务内容繁多、因果交织、错综复杂，即使是一项微末的小事，也需要基层治理者耗费大量的时间与精力，而完成之后的投入回报比却不高，甚至大部分是无偿服务。这就需要基层治理的主导部门具有强烈的使命感与责任感，主动担当。因此，公共部门居于基层治理的主导地位，应当承担起私人部门无法胜任的工作，牢牢把握治理方向，充分发挥其公平公正、服务群众的作用。

第二，公共部门的治理对象以全体人民为范畴。基层是涵盖广大人民群众的基层，基层治理是面向和服务于全体人民的治理。公共部门的权威性、公共性和服务性决定了其必当居于基层治理的主导地位，通过统筹各方、谋篇布局为基层有效的治理指明方向。

第三，公共部门的基层治理以法律和制度为准绳。法律与制度一方面给予了治理者保障和支持，另一方面给予了治理者规范与监督。而对于基层治理对象来说，法律与制度一方面意味着可信度保障，另一方面意味着具有一定的强制性。因此，公共部门居于基层治理的主导地位，应当规范标准、严格执行与监督，杜绝乱作为。同时，应力避私人部门参与治理时可能产生的价值偏差或力不能及。

第四，公共部门的基层治理以严谨扎实为作风要求。公共部门的各项工作从起草到落实，都是经过仔细推敲、精密筹划、层层批示、审慎决定的，尤其是政府部门，作为行政机关，面向基层治理事务更应求稳求实。这就给基层群众以可信、可亲的印象。因此，公共部门居于基层治理的主导地位，应当充分利用其良好信誉，发挥引领示范的作用，为私人部门背书引流，补齐私人部门在群众信赖度上的短板。

私人部门在实现人民群众对美好生活的向往上能发挥其优势作用，在推进基层治理提质增效的过程中应当居于协助地位，这是由私人部门自身特性决定的。

第一，私人部门具有敏锐的洞察需求意识。私人部门普遍能够紧跟甚至预判群众需求的潮流趋势。私人部门协助基层治理能够极大地提升基层治理的精准性，并且有利于解决共性问题之外的个性化问题，为群众提供个性化的服务，补足公共部门在基层治理过程中难以顾及的治理末端细节。

第二，私人部门具有强烈的创新求变意识。私人部门的体量较小、作用聚焦、重视技术变现，能够在较短时间内取得技术上的创新进展。在基层治理过程中运用私人部门的创新技术手段，能够使基层治理在公共部门稳定为主的基础上注入活力、提质增效。

第三，私人部门具有灵活的资源流通意识。私人部门与市场密切联系的特性使私人部门十分重视让资源在流通中创造新的价值。因此，将私人部门盘活资源的方式方法纳入基层治理，有助于破除公共部门的条块壁垒，以达到提升基层治理效能的作用。

3. 基层治理共同体构筑

党在十九大报告中明确指出，要想提高保障和改善民生水平，加强和创新社会治理，就必须打造共建共治共享的社会治理格局。党的二十大报告中将健全共建共治共享的社会治理制度视为提升社会治理效能的必然要求，视为社会治理现代化的实践方向，视为推进国家治理体系与治理能力现代化的重要内容。共建共治共享的提出，意味着我国治理对多元主体参与的重视度与迫切性，意味着要不断实现发展为了人民、发展依靠人民、发展成果由人民共享，让现代化建设成果更多更公平惠及全体人民。共建共治共享的目标，是建设人人有责、人人尽责、人人享有的社会治理共同体。

社会治理共同体在基层维度的实践主要遵循三条原则。一是坚持以人民为中心的价值取向。尤其是党政机关干部，必须严厉杜绝官本位思想，不能以“从来如此”敷衍对待群众提出的意见和建议，打击群众参与基层共建共治的积极性。二是广泛号召人民群众参与。提升群众参与度并不意味着集体决策，而应该合理进行人员配置，让每个人在合适的岗位上通过发挥优势、贡献力量，增强基层治理共同体的向心力、凝聚力。三是充分利用属地资源禀赋。在构筑基层治理共同体的过程中不能生搬硬套“他山”经验，要深入挖掘自身的治理优势特长，充分利用属地资源禀赋，建设最适合自己的基层治理共同体。

社会治理共同体在基层维度的实践主要依靠三类主体。一是基层党政干部。国家政策对构筑治理共同体作出了相关规定，基层党政干部能够正确理解建设目标，正确把握建设方向，坚定推进基层治理共同体的建设工作，是构筑基层治理共同体的主要领导力量。二是属地精英能人。他们所拥有的良好的社会形象、丰富的社会资源，能够被基层治理共同体所吸纳，从而实现夯实基层治理共同体的资源基础、提升基层治理共同体的品牌质量的效果。三是群众中的“积极分子”。基层治理共同体的建设重在人人参与，基层党政干部和属地精英能人更多地发挥着规划、管理的作用，实施、行动的主体还需依靠当地人民群众，群众中的“积极分子”正是基层治理共同体得以实现、进步的中坚力量。因此，应当在构筑基层治理共同体的过程中不断扩大此类主体的数量，将更多的群众发展成为基层治理共同体建设的生力军和积极参与主体。

社会治理共同体在基层维度的实践主要通过两条途径。一是自上而下的任务式构筑。任务式构筑一般来自上级党政机关的建设要求，与整体社会治理共同体的建设具有一致性，有着相对明晰的方向标准，但对基层治理共同体打造自身差异化优势产生了一定的局限。二是自下而上的探索式构筑。探索式构筑是由建设者自发开展的构筑行为，需要建设参与者有想法、有资源、有作为，有一定的实践门槛，但更贴近人人有责、人人尽责、人人享有的建设理念，应该给予充分的鼓励。这两条途径并非相互对立或互不干扰的关系，而是能够相互促进、取长补短，只有将两条途径都走通、走好，才能够构筑更加务实有效、更加现代化的基层治理共同体。

二、基层治理之“人民性”的运行逻辑

（一）人民群众需求：高效能基层治理的目标锚定

在开启下一个百年奋斗目标新征程之际，我国社会的利益诉求多元分化，信息资讯快速流通，文化价值多样交织，各种新情况、新问题层出不穷，各种深层次矛盾也日趋凸现，广大群众的自主意识、权利意识、民主意识不断增强，对党和政府及党员干部的工作提出了更高的期望与要求。在乡村基层治理层面，脱贫攻坚战役的努力和胜利拉开了最近十年的“三农”发展黄金期，农村改革进一步深入，农村经济社会发生深刻变化，农村社会结构、组织形式、业态格局、农民权益意识等发生了极大的变化。目前，我国已取得全面建成小康社会的伟大成就，乡村工作致力巩固拓展脱贫攻坚成果同乡村振兴有效衔接。随着工作主要目标的转变，基层治理的思

路及方法也应进行转换，这给农村基层社会治理提出了新的挑战。

1. 美好生活的新时代内涵

党的十八大以来，中国特色社会主义进入新时代，我国社会主要矛盾已经转化为人民日益增长的美好生活需要和不平衡不充分的发展之间的矛盾。

中国共产党作为马克思主义性质的政党，中国政府作为共产党长期执政的政府，始终坚持以人民为中心的发展思想，坚持把实现人民对美好生活的向往作为现代化建设的出发点和落脚点，高度重视人民群众在新时代、新征程过程中对美好生活的新期待、新需求。为了满足人民群众对美好生活的需要，在过去十年，党和政府深入贯彻以人民为中心的发展思想，在幼有所育、学有所教、劳有所得、病有所医、老有所养、住有所居、弱有所扶上持续用力，人民生活全方位改善，社会治理社会化、法治化、智能化、专业化水平大幅度提升，形成了人民安居乐业、社会安定有序的良好局面，续写了社会长期稳定奇迹。

但根据马斯洛的需求层次理论，人的需求层次并不是一成不变的，而是会随着社会生产力的发展而提升。因此，在全面建成小康社会，第一个百年奋斗目标如期实现，党和国家事业取得历史性成就、发生历史性变革，我国社会建设已全面加强，人民生活得到全方位改善，人民群众低层次的需求得到普遍满足时，群众对美好生活的向往不仅不会止步于此，反而会随着时代发展和社会进步而更加强烈，对民主、法治、公平、正义、安全、环境等方面的要求日益增长。

“人民群众的需要呈现多样化多层次多方面的特点，期盼有更好的教育、更稳定的工作、更满意的收入、更可靠的社会保障、更高水平的医疗卫生服务、更舒适的居住条件、更优美的环境、更丰富的精神文化生活。”[①]党的二十大报告提出，必须坚持在发展中保障和改善民生，鼓励共同奋斗创造美好生活，不断实现人民对美好生活的向往。对此，基层治理也需要正视人民群众对美好生活需求的立体性提升。这意味着不仅要满足人民群众对于某个或者多个重点环节、关键要素的需求，还应关注到与重点需求相关的需求拓展，包括过程性环节中的细节考量，如在帮助群众更好择业时消除信息差；包括各个环节的工作态度，如人民群众就医时接待医生与护士的服务态度；包括了工作方式方法的效率与合理性，如企业申请注册的手续流程进行便民优化；治理成果在质量上是否符合民众预期等方面。

基层治理还需要直面人民群众对美好生活需求的对比性提升。当下群众接收信息的渠道便捷多样，对美好生活的畅想不再局限于与过去生活作对比，更多的是与身边人、与同辈人甚至是与他国人民的生活进行横向对比。党的二十大作出明确指示，要着力维护和促进社会公平正义，着力促进全体人民共同富裕，坚决防止两极分化。这意味着在基层治理过程中，不仅要关注到人民群众个体需求的满足，还应做好均衡化的统筹工作，并向着“最大公约数”的最优方向不断推进。

2. 民众需求的深度检视渠道

民众需求归根结底是一种信息，因此考察民众需求的深度检视渠道，可以借助传播学领域的研究思路，针对信息传播的要素开展优化工作，以此实现提升基层治理效能的目的。

第一，在基层治理中建立健全的民众需求的深度检视渠道，需要对信息源进行甄别与拓展。一方面，是对已有需求表达渠道的人民群众进行分类，利用大数据分析等现代化技术手段甄别民众需

① 《习近平谈治国理政》第二卷，外文出版社 2017 年版，第 61 页。

求，形成需求的类别划分和重要性排序，以便更好地指导基层治理工作。另一方面，需要关注到未进行需求表达的人民群体，关注到其无需求表达的主观原因和客观障碍，为他们搭建特殊需求反馈渠道，鼓励所有人民群众积极参与，主动表达。

第二，在基层治理中建立健全的民众需求的深度检视渠道，需要对传播媒介进行优化和升级。一方面，要做好线上与线下的媒介建设，结合政策支持，用好新兴的科技手段，如对县级融媒体平台的充分运用。另一方面，要做好定点与流动的媒介建设，如从定点反馈媒介处收集常规性的民众需求，通过专题式、限定式的流动反馈媒介收集针对性的民众需求。

第三，在基层治理中建立健全民众需求的深度检视渠道，需要保存信息的正确性与完整性。一方面，要求基层治理在收集人民群众需求信息时需要以直接反馈为主，间接反馈为辅。这有利于避免群众需求表达在传递过程中由于信息的缺失、曲解，造成信息无效的不良后果。同时也有利于收集群众在表达需求过程中通过神态、语调等传递的隐性信息。另一方面，不能忽视反映民众需求的关键人物。如意见领袖，好的意见领袖同样热心于提升人民生活的获得感、幸福感、安全感，他们自发地开展群众需求的调研工作，并且积极与政府部门进行沟通协商。如熟悉民众需求正确表达渠道的人，他们能够帮助、教导那些文化水平有限，或不了解这方面情况的群体如何合法、合理地表达诉求。

第四，在基层治理中建立健全民众需求的深度检视渠道，需要对信息的接收者进行培训与择优任用。一方面，接受群众需求的基层干部需要有娴熟的技能，包括亲切、得体接待民众的技能，包括使用信息化手段进行需求录入与分析的技能等；另一方面，接受群众需求的基层干部需要丰富的经验，如能够更好地甄别群众需求的类别与迫切度，能够更深入引导群众进行需求表达等。

第五，在基层治理中建立健全民众需求的深度检视渠道，需要强化对已表达需求的民众给予反馈。一方面，这有利于向民众展示基层治理工作的规范性和回应性，获得群众的认可评价，提升群众的信赖度；另一方面，有利于表达对人民群众表达需求的正向肯定态度，给予群众情感上的回应，从而提升群众的需求表达积极性。

3. 民众需求的精准回应行动

习近平总书记曾用“治政之要在于安民，安民之道在于察其疾苦”这一典故告诫基层干部，要想提高基层治理效能，充分深入群众、抓住人民群众的需求是重中之重。“天下大事必作于细”，密切联系群众、深入群众，以“知政失者在草野”的态度指导基层工作下沉一线，根植于民心厚土；面对群众尚未反映，但暗藏隐患、值得优化的治理问题，必须充分发挥自身为民服务的专业素养和解决问题的专业能力，予以高度重视、主动调查，做到“去民之患，如除腹心之疾”。

因此，若要积极回应当下基层治理的需求，大力推进以基层治理为重点的体制机制和方式方法的改革创新，就必须更加重视党的群众工作，把群众工作能力作为党员干部的“第一能力”。正如习近平总书记指出的那样：“无论是分析形势还是作出决策，无论是破解发展难题还是解决涉及群众利益的问题，都需要专业思维、专业素养、专业方法……要发挥政治优势，加强思想政治工作，创新群众工作体制机制和方式方法，及时了解群众利益诉求，及时解决群众思想认识问题和现实利益问题。”[①] 提高治国理政的能力，最基础、最核心的就是提高群众工作能力。为了顺应下一步乡村振兴

① 中共中央文献研究室：《十八大以来重要文献选编》（中），中央文献出版社 2016 年版，第 835 页。

工作的开展，也为走稳、走好中国式现代化道路，党和政府必须加强做群众工作的能力、提高服务人民的本领，为推进国家治理体系和治理能力现代化而奋斗。

在政策制定层面上，其出发点必须以人民为中心，“凡治国之道，必先富民”，以人民的根本利益为出发点，基层治理的政策制定必须是为了解决实际问题，这决定了一项政策是否存在形式主义问题。除此之外，基层治理的政策在制定时还必须反复考量在解决问题时是否会损害人民群众的切身利益，这决定了政策的效能高低。同时，还必须考虑政策可行性，即政策推广的难易程度，这决定了一个政策能否最终落地生效。在政策执行层面上，必须注重关注人民群众的情感诉求。当今许多政策是利国利民的良策，但从短期来看也许会遭遇部分群众的不解和漠视。面对这种情况，在治理过程中必须做好政策的宣传工作，站在人民群众的立场上进行政策宣讲，让人民群众从理智上、情感上给予支持，充分调动群众参与治理的活力与创造力，充分发挥我国制度的根本优势。如果确有存在难以协调的情况，必须充分考虑各方意见，审慎选择政策的执行方式，尽力谋求帕累托最优结果。

（二）人民群众参与：高效能基层治理的动力源泉

“党的根基在人民、血脉在人民、力量在人民，人民是党执政兴国的最大底气。”[①] 坚持人民在基层治理中的主体地位，要正确认识“党的根基在人民”，中国共产党是马克思主义政党，自成立起就坚持马克思主义的人民立场和群众史观，高度重视人民群众在创造历史上所能发挥的伟大力量；要正确认识“党的血脉在人民”，中国共产党是从群众中走出来的，党的长期执政必然需要人民群众的监督来维系；要正确认识“党的力量在人民”，只有中国共产党

① 《中共中央关于党的百年奋斗重大成就和历史经验的决议》。

是无法取得百年奋斗的重大历史成就的，中国共产党只有带领人民群众，成为中国人民和中华民族的先锋队，才能凝聚举国力量发展中国、建设中国；要正确认识“人民是党执政兴国的最大底气”，中国共产党的执政地位源于千千万万个中国人民的鼎力支持，只有和人民群众心连心、同呼吸、共命运，党的思想才能得以传达，政策才能得以落实，中国才能得以强盛。

1. 党政动员

成功社会动员的关键要素，早期学者强调人、财、物、时间资源，新派学者强调宏大背景之下的政治机会与组织资源①。但无论是资源主导，还是政治机会主导，在中国，党和政府作为动员主体都有鲜明的优势，能够发挥为人民群众参与基层治理赋权、赋能的核心作用。

中国共产党的性质决定了其在动员人民群众参与基层治理方面具有优势作用。党的先锋队性质使党拥有为群众参与基层治理赋权的保障，党代表中国最广大人民的根本利益，这是推动群众参与基层治理的不竭源泉。因此，中国共产党必当肩负起充分动员群众、领导群众的责任使命，必当在推动群众参与基层治理的工作中居于核心地位。

中国共产党的历史，决定了其在动员人民群众参与基层治理方面具有优势作用。党在过去百年的奋斗历程中具有广泛发动群众、依靠群众的成功经验，形成了独有的领导方法和工作方法，即群众路线。党的百年决议中也再次强调了，要“坚持党的群众路线，始终牢记江山就是人民、人民就是江山，坚持一切为了人民、一切依

① 赵鼎新：《社会与政治运动讲义》，社会科学文献出版社 2006 年版，第 193 页。

靠人民，坚持为人民执政、靠人民执政”[①]。

中国共产党的组织设置，决定了其在动员人民群众参与基层治理方面具有优势作用。在中国的各县、乡、村都有基层党组织，为广泛动员基层群众参与治理提供了纵横覆盖的组织网络、政策宣传网络、公共服务网络等。各基层党组织要充分发挥战斗堡垒作用，扮演好动员群众工作网中的中介角色，成为引领、推动群众参与基层治理的积极力量。

我国政府的工作目标，决定了其在动员人民群众参与基层治理方面具有的优势作用。政府的“十四五”规划纲要中，不仅强调了“积极引导社会力量参与基层治理”，在“健全现代环境治理体系”一节中还明确指出“引导社会组织和公众共同参与环境治理”。这正是作为社会动员理论中关键发起要素的“政治机会”。政府要充分把握好宏观发展背景给予的政治机会，深入推动自身转型发展，为人民群众参与基层治理赋权、赋能。

我国政府的制度优势，决定了其在动员人民群众参与基层治理方面具有优势作用。作为行政力量，政府不仅有充裕的人力、财力、物力为群众参与基层治理提供资源保障，更有结合乡村振兴战略，为群众参与基层治理制定激励政策的赋能渠道。政府要切实用好自身拥有的资源禀赋，在党的领导下用好行政力量，成为动员群众参与基层治理的中流砥柱。

根据《中共中央国务院关于加强基层治理体系和治理能力现代化建设的意见》相关要求，党和政府要充分动员、积极赋权、努力赋能，力争用 5 年左右时间，建立起党组织统一领导、政府依法履责、各类组织积极协同、群众广泛参与，自治、法治、德治相结合

① 《中共中央关于党的百年奋斗重大成就和历史经验的决议》，人民出版社 2021 年版，第 66 页。

的基层治理体系。

2. 参与有序

党的二十大报告中指明，发展全过程人民民主，保障人民当家做主，就必须坚定不移走中国特色社会主义政治发展道路，坚持党的领导、人民当家做主、依法治国有机统一，坚持人民主体地位，充分体现人民意志、保障人民权益、激发人民创造活力。因此，要想使人民群众参与基层治理有秩序、出实效，唯有以法律保障鼓励民众的参与意愿、用法律标准规范民众的参与行动，将法治贯穿基层治理的始终，成为激发群众参与治理、提升基层治理效能的重要抓手。

（1）法治化手段能够鼓励群众参与基层治理

第一，民众需要有序参与基层治理的合法权利。《宪法》作为国家的根本大法，以法律方式充分肯定了人民群众参与基层治理的权利。《宪法》中规定，人民依照法律规定，通过各种途径和形式，管理国家事务，管理经济和文化事业，管理社会事务。这一规定充分体现了我国以人民为中心的治理理念，为人民群众有序参与基层治理提供了法律基础。

第二，民众需要有序参与基层治理的合法途径。如果没有参与治理的合法途径，群众的参与必然会扰乱基层治理的正常秩序，走上歪路、邪路，因此必须畅通人民群众参与基层治理的合法途径。实现人民群众有序参与基层治理的目标，需要将法治思维融入顶层设计当中，以全景式的战略眼光审视群众参与治理的实际法律需求，用专业的法律知识构建群众参与治理的有效支撑方案，真正做到“把体现人民利益、反映人民愿望、维护人民权益、增进人民福祉落实到全面依法治国各领域全过程”[①]。

（2）法治化手段能够规范群众参与基层治理

第一，要做好思想教育层面的工作，充分普及、培养人民群众合法、合规参与基层治理的思想观念，发挥“软法”在有序参与上的规范作用。虽然目前乡村基层已不全然是传统社会的结构本色，但依然重视乡规民约的规范作用。推进群众参与基层治理的法治化，应当充分发挥乡规民约的“软法”作用，将法治意识、法律规定注入“软法”之中，切勿让“熟人社会”的不良规则影响群众参与基层治理的有序施行，也不能因“半熟人社会”的不信任感消解了民众参与基层治理的热情。

第二，要做好相关的法律制定，建立健全人民群众参与基层治理的法律规定，发挥“硬法”在有序参与中的规范作用。建立健全相关法律规定，就是要对不恰当的、扰乱基层治理秩序的群众参与行为加以限制，确保群众参与基层治理工作的有序开展。只有以法律为准绳，辅之以道德的约束，才是群众有序参与的长久之策。

3. 民众有为

人民主体思想是马克思恩格斯、列宁以及中国共产党始终坚持的思想理论。作为坚持马克思主义的政党，中国共产党自成立起就高度重视激发人民群众创造历史的主体性作用。毛泽东充分肯定了人民群众在革命与建设中所占据的重要地位、所发挥的巨大力量，邓小平也高度肯定人民群众的创新创造力量对国家发展的推动作用。在基层治理中鼓励民众有为、激发人民主体性是人民主体思想理论在基层治理层面的实践。当下，国家发展进入新时代、踏上新征程，我国的制度改革持续深入、治理现代化的工作持续推

① 习近平：《坚定不移走中国特色社会主义法治道路　为全面建设社会主义现代化国家提供有力法治保障》，《求是》2021 年第 5 期。

进，人民群众的平均素质显著提高、参与治理的主体意识显著增强，更加需要一系列的优化措施来积极回应基层治理为了谁、依靠谁的问题。

第一，要做到主体权利归依，给予民众有为保障。当下的基层治理中，基层群众不仅常充当受指挥、被安排的角色，而且常出现权利被代表、权益受背离的现象。这背后是基层治理结构的失衡，基层人民群众主体权利的缺失成了阻碍民众有为的难题。因此，要进一步强化基层党组织代表基层群众、服务基层群众、组织基层群众的作用，要进一步夯基固本做强村民自治组织，坚持自治属性、拒绝争权内耗、专注本职工作，以此实现主体权利归依，给予民众有为保障。

第二，要做到主体地位确认，给予民众有为途径。目前的基层治理中，践行国家意志的为民做主路径向来十分畅通，甚至愈演愈烈，出现了单一化、极端化的情况。这是受到了基层治理理念的偏差和治理体系的不健全影响，基层人民群众主体地位的缺失成了阻碍民众有为的难题。因此，不仅要坚持不忘初心、牢记使命，“永远保持对人民的赤子之心”“为中国人民谋幸福，为中华民族谋复兴”，而且要建立健全基层治理体系，夯实基层人民当家做主的制度保障，以此实现主体地位确认，给予民众有为途径。

第三，要做到主体意愿召集，给予民众有为热情。现在，基层群众常常从基层发展的积极建设者、舞台中央的热情表演者，成了边缘化的服从者、冷漠的旁观者。这一方面是由于基层难以留人，另一方面是由于部分基层群众具有惰性思维，基层人民群众主体意愿的消散成了阻碍民众有为的难题。因此，必须加强基层地区均衡发展建设，结合乡村振兴战略为民众在基层想治理、要治理创造条件，同时通过新时代文明实践强化基层民众的价值观塑造，给予基层民众道德秩序的规约，以此实现主体意愿召集，给予民众有为热情。

第四，要做到主体行为引导，给予民众有为能力。如今，人民群众的平均素质显著提高、参与治理的主体意识显著增强，但仍有不少人民群众在基层治理可参与、能治理、有作为方面的能力尚有欠缺，导致无力承担基层治理主人翁的职责。因此，必须做好文化教育工作，提升基层民众参与治理的科学文化素质，必须做好治理技能培训，引导基层民众在实践中提高参与治理的本领，以此给予民众有为的能力。

（三）提升民生“三感”：高效能基层治理的评价标准

党的十九大报告提出，要“使人民获得感、幸福感、安全感更加充实、更有保障、更可持续”。党的二十大报告在回顾过去五年的工作和新时代十年的伟大变革时，将人民群众获得感、幸福感、安全感作为深入贯彻以人民为中心的发展思想的重要评价标准。迈上新征程、奋进新时代，必须一以贯之地坚持以人民为中心，将民生“三感”作为基层治理的重要评价标准，实现好、维护好、发展好最广大人民的根本利益。

1. 居于平安中国的安全感

当今世界正在经历百年未有之大变局，单边主义、保护主义上升，地缘政治局势紧张，全球治理严重缺失，通货膨胀、粮食、能源安全等多重危机叠加，人类发展面临重大挑战。在全球化、信息化的背景下，这些来自外部环境的重大挑战是否会转变为重大风险、是否会因递归而扩大风险范围、是否会因迭代而提高风险等级，都取决于治理的有效性。因此，复杂多变的外部环境由于其客观存在的危险性，深刻影响着人民群众主观感受的安全性。

对此，习近平总书记指出：“要继续加强和创新社会治理，完善中国特色社会主义治理体系，努力建设更高水平的平安中国，进一步增强人民群众安全感。”① 在基层治理过程中，要高度重视人民群众安全感这一评价标准，要以总体国家安全观为指引，推进基层安全建设。

地域性黑恶势力一直以来都是危害人民群众安全、扰乱社会治安、破坏国家稳定性的顽疾沉疴。针对这一问题，党和政府在 2018 年至 2020 年开展的扫黑除恶专项斗争，取得了重大成就，打掉涉黑组织数量是前 10 年总和的近 1.3 倍，人民群众的人身安全得到进一步的保障。但扫黑除恶非一日之功，2021 年，党中央、国务院将扫黑除恶列入常态化工作项目，基层治理需要持续性地高度重视扫黑除恶工作，将其纳入重点工作清单，做好保障人民群众安全的“最后一公里”工作。

依托网络实施的诈骗犯罪是近年来信息化背景下产生的新型犯罪，受骗群众多、侦破难度大，不仅侵害了人民群众的切身利益，严重影响了人民群众对于自身财产安全感的评价，还侵蚀了社会诚信根基，破坏了社会平稳运行的基本规则和道德底线，是必须通过基层治理严加打击的对象。对此，基层治理要狠抓犯罪源头，开展源头治理；要集中力量，开展综合治理；要利用技术手段，提高治理效果；要有全局观，击破各个关键环节的难点痛点，做好全链条治理。

推进基层安全建设，不仅要在人民群众生命和财产安全工作上下功夫，更要在党和政府的能力提升及形象优化上下功夫。只有国家的政治局面足够稳定、执政党坚持走正确的道路、政府行政效率和公信力不断提高，才能给予人民群众立足于世界百年未有之大变

---

① 中共中央文献研究室：《习近平关于社会主义社会建设论述摘编》，中央文献出版社 2017 年版，第 135 页。

局的底气，才能给予人民群众更加充实、更有保障、更可持续的安全感。在基层工作的过程中，必须建设理想信念坚定、素质能力过硬的干部队伍；必须在保持宏观政策的连续性和稳定性的基础上，建立健全纠偏机制；必须做到可以公开的信息尽数公开，让权力在阳光下运行，以此提升人民群众的信赖度。

2. 人民当家做主的获得感

人民群众的获得感与其需求息息相关。在我国，人民群众是国家的主人，人民代表大会制度是我国的根本政治制度，党和国家一切工作的出发点和落脚点都是为了人民、都要依靠人民，人民当家做主，这是人民群众对党和国家的工作期待。因此提升人民群众的获得感，就是要回应好人民群众对当家做主的需求。

第一，在基层治理中解决好人民群众急难愁盼问题，提升人民群众当家做主权益保障的获得感。人民群众急难愁盼的问题既是与人民群众切身利益、日常生活息息相关的重要问题，也是最能体现基层治理维度对人民群众当家做主权益保障给予重视和关切的问题。因此，一定要坚持群众路线、做好群众工作，时刻注意摆正心态，面对群众需求积极响应，面对群众难题切实解决，以“马上就办，真抓实干”的行为作风解决好群众最关心最直接最现实的利益问题，提高群众对基层治理工作的满意度，提升群众的获得感。

第二，在基层治理中广集民智、广聚民意、广汇民力，提升人民群众当家做主价值彰显的获得感。在党和国家的不懈努力下，人民群众的温饱问题得到解决、教育得到普惠，并且随着时代发展和社会进步，人民群众平均素质显著提高、参与治理的主体意识显著增强，对彰显自身当家做主的价值具有更高期待。因此，基层治理应通过广集民智、广聚民意、广汇民力，充分发挥人民群众的主体作用，使人民群众在参与基层治理中不断彰显个人价值，提高人民群众的获得感。

第三，在基层治理中要让现代化建设成果更多更公平惠及全体人民，提升人民群众与祖国荣辱与共的获得感。人民当家做主，不仅意味着人民群众当家工作做得好，国家就发展得好；还意味着国家发展得好，人民群众日子就过得好。因此，基层治理要做好发展成果由人民共享，用生活质量的切实提升给予人民群众迈向美好生活的获得感。基层治理还要做好宣传工作，使中华民族伟大复兴的宏大叙事与人民生活越来越好的个人叙事相挂钩，让人民群众充分意识到，作为中华民族的一分子，作为中国的主人翁，每一个人都与祖国同呼吸、共命运。

此外还应当注意的是，社会主义人权实践是为民之治的重要体现。一直以来，党和政府始终坚持以人民为中心的治理理念，在充分保障人民群众的生存权和发展权上开展了一系列工作，取得了一系列成效。但由于未做好当代中国人权观的思想工作，使我国在人权方面的学科体系、学术体系、话语体系中处于弱势地位。因此，基层治理在新征程中，不仅要做好工作，还要做好总结，让社会主义人权实践不仅在客观实际上得到保障，更要在主观认知上得到肯定，使基层治理中广大基层干部的辛勤工作转化为人民群众的真实获得感，进一步提高基层治理的有效性。

3. 共享美好生活的幸福感

十九届五中全会提出，健全基本公共服务体系，完善共建共治共享的社会治理制度，扎实推动共同富裕，不断增强人民群众获得感、幸福感、安全感，促进人的全面发展和社会全面进步。相较于关注基础需求的安全感、聚焦民主权利的获得感，人民群众的幸福感主要来自新时代人人都能共享美好生活的期待，其中最为关键的是要满足个人发展的需求、满足共同富裕的需求、满足社会风貌的需求。

人民群众的幸福感需求中包含着个人得以实现自由而全面发展的期待。马克思认为，人的发展正当地应该包含“自由发展”与“全面发展”两个方面，并且二者是相统一的，是一个不断推进的历史过程，是社会主义的内在要求。在新时代，党和国家不断强调人的发展这一工作重点，党的十九大报告指出，必须坚持以人民为中心的发展思想，不断促进人的全面发展；“十四五”规划中用一大篇章围绕促进人的全面发展进行谋篇布局；党的二十大报告中将人的全面发展作为中国式现代化的内在要求。因此，提升人民群众的幸福感，必须做好各方面的保障工作，鼓励人民群众自由而全面地发展，为人民群众共享美好生活创造条件。

人民群众的幸福感需求中包含着稳步朝着共同富裕迈进的期待。共同富裕是中国特色社会主义的本质要求，是中国式现代化的重要特征。人民群众对稳步朝着共同富裕迈进的期待，本质上是对公平正义的期待和对持续发展的期待。目前，在党和政府的领导下，人民群众已实现了全面建成小康社会的目标，为共同富裕打下了坚实基础。但实现共同富裕是一个长期的历史过程，站在第二个百年奋斗目标的新征程上，必须继续坚持党的领导，以人民为中心，坚持高质量发展，以共建、共治、共享为基本原则开拓基层治理机制创新的新境界、开创基层治理能力现代化的新局面。

人民群众的幸福感需求中包含着对良好社会氛围的期待。人民群众的幸福感作为一种主观感受，不仅受客观物质条件的深刻影响，还受社会整体大环境的影响。积极良好的社会环境能够为人民群众塑造正确的价值导向，提升民众素质、促进相互理解、减少矛盾冲突，给人民群众带来正向的情绪价值，从而提升人民群众的幸福感。因此，在基层治理过程中，要注重弘扬中华优秀传统美德、提倡共产主义道德，通过新时代文明实践中心、县级融媒体等阵地建设，广泛开展中国特色社会主义和中国梦宣传教育，以先进模范人物为榜样，传播正能量，积极鼓励和科学引导人民群众践行社会主义核心价值观，带领人民群众共同建设社会主义和谐社会。

第四章 规则之治：高效能基层治理的制度维度

一、基层制治的密码和优势

党的十九大报告提出，“从2020年到2035年，基本实现国家治理体系和治理能力现代化；从2035年到21世纪中叶，实现国家治理体系和治理能力现代化”。党的二十大报告提到，“不断彰显中国特色社会主义制度优势，不断增强社会主义现代化建设的动力和活力，把我国制度优势更好转化为国家治理效能”。其中，乡村治理现代化是国家治理体系和治理能力现代化的必然要求，关系到国家治理现代化总体目标的实现。

（一）基层制治的兴起背景

当前乡村治理仍然是党和国家在推进国家治理现代化进程中面临的难题，也是社会治理的薄弱之处。党的十九大以来围绕乡村振兴战略，党和国家出台了一系列政策法规。制度是基层治理的基本元素，是推进乡村治理现代化的关键。把握好基层制治的密码和优势，才能深刻把握基层治理的时代要义，帮助推进国家治理体系和治理能力现代化的理论提升与实践展开[①]。

1. 从传统到现代：基层治理场域的变迁

无论在自然界还是人类社会，其存在和运行都离不开一定的法则。社会是共同生活的个体为了各种功用而联合起来的集合体[②]。为避免人们之间发生冲突，和谐、安定的社会生活需要规范、法则指导。这些规范与法则外化为秩序，人们认识和利用这些法则以获得安心感。秩序和人类共同体不可分离，在社会迅速转型的时代，人们更加渴望秩序，希望把握秩序、掌握规律[③]。

一个社会的形成其实就是在一定的社会环境中，人们之间的不同解说相冲突、磨合、融合的过程，并最后获得一种关于生活世界相对正确的解说，因此影响了人们的习惯性行为方式，构成了“制度”，形成文化的共同体[④]。在早期的传统社会中，血缘、习俗、原始宗教是维系人类群体生活的主要纽带。由众多个体构成的人类共同体为了延续生存需要维持一定的秩序，在长期的生产生活中逐渐形成的各种习惯、规则和制度是调整个体间关系的主要方式。中国的传统法律制度和文化，以及在文化中积累的人们的行为规范、行为模式和法律观深刻地存在于中国社会，规范着中国社会生活的许多方面，被人们所沿用[⑤]。

我国传统乡土社会是一个紧密联系的社会，属于“熟人社会”。在熟人的乡土社会中，人们在长期的共同生活中形成了一套公认的

---

① 姚俊智：《规则之治：乡村治理的历史演进与发展进路》，《领导科学》2022 年第 12 期。

② 燕继荣：《基层治理的理想与现实》，《探索与争鸣》2023 年第 1 期。

③ 曾峻：《公共秩序的制度安排——国家与社会关系的框架及其运用》，学林出版社 2005 年版，第 7 页。

④ 苏力：《法治及其本土资源》，中国政法大学出版社 1996 年版，自序第 2 页。

⑤ 苏力：《法治及其本土资源》，中国政法大学出版社 1996 年版，第 56 页。

标准，形成了传统型的权威。在乡土中国治理运行中，主要包含家规家训、族规祖训和乡规民约等地方性规则。乡规民约的道德教化主要来自儒教，以儒教伦理道德和价值观念作为乡村社会的道德规则，维系乡村社会的德治[①]。在帝制中国，由于国家政权没有深入基层社会，使得乡村社会只能依靠自治。传统乡村社会的治理在很大程度上是依靠传统习俗来进行的，被称作“礼俗社会”。这类地方性规则构成中国古代社会的民间法，也是传统中国维护乡土社会运行秩序的重要依据。其基本纽带是亲属关系，与之相配的道德即为孝悌，并进一步拓展到朋友关系及其忠信观念。孝、悌、忠、信皆为维系私人关系中的道德。

新中国成立后，中国共产党重构了基层治理体系，单位、公社、生产大队、合作社、居委会、村委会等基层组织单位成为基层治理的重要单元。2000 年 11 月，国家界定社区范围，社区成为一种由行政体系确定的基层治理单元，呈现出一种有地理边界的区划特性。通过“横向到边、纵向到底”的划分，国家实现了“政权下乡”，社区成为中国治理体系中最基础的部分[②]。

随着社会的急速变迁，我国的现代化建设取得瞩目成就，国家实力大幅增强，民众的生产生活条件明显改善。然而，大量的现代性要素渗透进乡村社会，现代化要素的注入在很大程度上改变了传统社会面貌。急速的现代化在给中国社会带来广泛发展的同时也产生了诸多问题，其重要表现便是“乡土中国”的日益式微[③]。传统

① 周俊华：《少数民族地区乡村内源性自治资源——乡规民约的发展与创新》，云南大学出版社 2019 年版，第 4 页。

② 吴晓林、岳庆磊：《皇权如何下县：中国社区治理的“古代样本”》，《学术界》2020 年第 10 期。

③ 黄振华、常飞：《从乡土中国到乡愁中国：理解中国社会变迁的一个视角》，《理论月刊》2022 年第 10 期。

的乡村社会逐渐向现代化社会转变。流动人口急剧增加，越来越多的人“离土而生”涌入城镇，乡土文化人才持续流失。但城市人口高度集聚并不代表人际交往的密切，而是进入了“陌生人社会”。由于生活节奏加快，人们发现自己所交往的人是暂时、片刻的，相互不知底细的情况增多了，处在大量陌生人的环境中。

这并不意味着现代社会必定与传统社会割裂，现代社会是对传统社会的继承和超越，“陌生人社会”提醒我们，应当注重传统文化的特殊价值，弥合传统与现代的张力，帮助农村发展，促成传统与现代的统一。

2. 现代治理因子的嵌入：基层制治的兴起

21 世纪以来，传统乡土社会向现代社会转变，基层乡村治理发生显著变化，国家权力全面深入乡村社会，以基层党组织为核心重组乡村权威关系①。改革开放以来，国家不断调试对农村的介入力量。1978 年党的十一届三中全会开启了农村治理的新层面，以家庭联产承包责任制开始的农村改革，为乡村带来了巨大的生产活力。20 世纪 80 年代，我国开始建立村民自治制度，以村民的自我组织、自我管理与自我服务实现对农村社会的治理，村民自治制度以乡村自治权实现了对传统精英垄断性权力的替代，强化了村庄权威的民主性，推动乡村治理的变革发展②。改革开放以后，农村经济社会开始稳步发展，在乡级政权和建制村的组织引导下，乡村治理工作逐渐规范化、制度化，形成具有中国特色的农村政治实

① 周庆智：《重构乡村社会：国家视角或社会视角》，《甘肃社会科学》2020 年第 1 期。

② 仇叶：《论基层公共行政体系的建构：目标、原则与社会基础》，《求实》2023 年第 2 期。

践——“乡政村治”[①]。

21 世纪以后，国家进行了农村税费改革并取消农业税，国家与社会关系出现了新的变化，国家权力带着大量的现代性要素全面进入乡村社会。但在国家重构乡村社会的阶段中，中国农村出现了严峻的“三农问题”：农村真穷，农民真苦，农业真危险[②]。基层农民负担过大，政府在治理农村方面措施不力，农民生活困难，农业生产、农村经济情况发展缓慢，农村社会发展滞后。“三农问题”引起了党和政府的高度重视，为了解决棘手的“三农问题”、改善农民的生存状况。党的十六大以来，国家出台了一系列解决农村问题的方针政策。国家将越来越多的资源下沉到农村，并且也将规范化和制度化的资源使用的约束规则带进农村[③]。大量的法律法规与公共政策输入基层乡村。一方面，为改善农村的经济，中央政府作出了取消农业税、发放粮食生产补贴的支持政策。另一方面，中央政府也高度重视保护农民的权利，防止农民的权利受到侵害。

当前，乡村治理仍然是党和国家在推进国家治理能力和治理体系现代化进程中所必须直面的难题。为解决“三农问题”，国家向基层输送资源及政策，与国家资源一同进入乡村的是国家权力、国家标准与规范，同时也是国家监督的下乡[④]。如何将大量惠农资源的下乡与乡村治理目标相结合是个重要问题。大量惠农资金的下乡带来两个难题：一是利益分配问题，二是资金使用问题。国家为了

---

① 姚俊智：《规则之治：乡村治理的历史演进与发展进路》，《领导科学》2022 年第 12 期。

② 赵树凯：《乡镇治理与政府制度化》，商务印书馆 2010 年版，第 2 页。

③ 苏力：《送法下乡——中国基层司法制度研究》，中国政法大学出版社 2000 年版，第 49 页。

④ 贺雪峰：《规则下乡与治理内卷化：农村基层治理的辩证法》，《社会科学》2019 年第 4 期。

保证资金在村庄使用的安全、有效，必然会对如何使用资金的程序进行规范，一个典型案例就是在村一级广泛推动“四议两公开”等复杂制度，也必然要对资金使用效率进行评估[①]。也就是说，国家权力更多地介入基层治理的各个环节，使基层治理过程更加规范化、程序化。

党的十八大报告中提到，“要加快形成科学有效的社会管理体制，完善社会保障体系，健全基层公共服务和社会管理网络，建立确保社会既充满活力又和谐有序的体制机制”。如今，中国正在走向现代化法治强国建设的道路，法治建设也在逐步落实到乡村地区。在多项政策推动下，基层农村的情况有所好转，经济复苏，农民的生活条件也有所改善。国家力量以基层党建为核心，通过新的方式，如农村党建、协同治理等加大了对农村的管治，促成了乡村脱贫、全面建成小康社会目标的实现[②]。但这并不代表“三农问题”已从根本上解决，“三农问题”折射出的根本问题在政府体制。为了构建稳定有序的基层治理共同体，使国家政权有效地进入并渗透基层社会，改善基层政府与法定制度规范的偏离状况，必须有与之匹配的具体的制度支持，立足于新时代农民群众的美好生活需要，建立健全乡村治理的规范体系。

（二）基层制治的类型

基层制治的产生，一般而言有两种机制：一种是在村庄社会内部长期互动过程中形成的内生型制治；另一种是通过自上而下的规则输送产生的外嵌型制治。

---

① 贺雪峰：《行政还是自治：村级治理向何处去》，《华中农业大学学报》（社会科学版）2019年第6期。

② 周平：《国家力量在乡村治理中的意义》，《探索与争鸣》2023年第1期。

1. 内生型制治

在传统中国社会，存在着两种秩序和力量：一种是国家力量；另一种则是民间力量。国家力量以皇权为中心，自上而下形成了明确的等级结构；而民间力量以宗族为中心，聚居形成大大小小的“自治体”。

社会生活是一个由相互重叠、相互补充的规则构成的巨大网络，各种正式制度与非正式制度镶嵌于各种社会关系中[①]。除了国家正式法律外，基层社会还存在着地方性法、民间法等社会规范帮助维持社会秩序。传统中国的国家治理是“皇权不下县”，享有士绅主导的自治状态。乡村基层作为一个相对“独立”的地方自治体，有一些原则虽然不是以文本形式体现的，但民间力量在乡村治理和日常生活中规范着人们的行为，也是一种“规则之治”。比如，在民间内部秩序的维护与管理中，在乡村内部产生的礼仪教化、民间组织的日常管理发挥着重要作用。此外，内生性制度在乡村治理中也必不可缺。乡约制最早发源于宋代陕西蓝田的《吕氏乡约》，宣扬以“德业相劝、过失相规、礼俗相交、患难相恤”为核心的规约，在当时完全是民间自发组织、乡民自愿参加[②]。

乡村社会主要是由乡绅阶层、宗教组织等地方精英为代表的内生型权威作为治理主体，维持地方社会秩序的安定。士绅阶层承担了大量的地方事务管理工作，士绅群体依靠自身的道德权威与地方性知识部分地替代了法律的规范作用。地方精英指的是在乡村基层具有正式或者非正式公务身份的人，他们是公务活动的组织者和管

① 董磊明、李健民：《制度实践中的生活逻辑：非正式运作的社会基础与运行机制》，《开放时代》2022 年第 5 期。

② 周黎安：《“一体多面”：中华帝制时期的国家—社会关系再研究》，《社会》2022 年第 5 期。

理者。这些源自民间经验传承和实践积累的地方性规则在乡村社会自治过程中发挥着重要作用。此外，在传统基层治理中，乡村社会依靠村规民约、宗族规约、民俗习惯、伦理道德等地方性规则进行自我治理。在乡绅阶层、宗族组织等地方精英的推动下形成乡村社会的自治秩序[①]。

传统是社会所累积的经验。行为规范的目的是配合人们的行为以完成社会的任务，社会的任务是满足社会中各成员的生活需要。人们要满足需要必须相互合作，并且采取有效技术，向环境获取资源。这套方法并不是由每个人自行设计，或临时聚集了若干人加以规划的。人们有学习的能力，上一代所试验出来有效的结果，可以教给下一代。这样一代一代地累积出一套帮助人们生活的方法[②]。传统儒家认为，在传统中国社会中，社会秩序主要靠道德伦理维持，而这些伦理通常是基于血缘关系、宗族关系建立的。对于传统中国乡村的认识，温铁军先生将它概括为："国权不下县，县下唯宗族，宗族皆自治，自治靠伦理，伦理造乡绅。"在皇权统治下，乡村主要依靠宗族势力与乡绅维持基本秩序。由于资源有限，国家所能维持的官僚队伍及中央所做的事是极有限的，于是国家将一些区域性公共事务或影响王权统治安危的事务"外包"给官僚体制之外的社会组织（如宗族、保甲、会馆）或地方精英（如士绅）[③]。正式的皇权权威的有效性在农村地区是十分微弱的，虽然基层也是在皇权统治的范围内，但自隋朝至清朝，却存在地方自治之实。学者

---

① 姚俊智：《规则之治：乡村治理的历史演进与发展进路》，《领导科学》2022年第12期。

② 费孝通著：《乡土中国》，上海人民出版社2013年版，第7–9页。

③ 周黎安：《"一体多面"：中华帝制时期的国家—社会关系再研究》，《社会》2022年第5期。

W. 古德认为在皇权统治下的古代中国，行政管理范式还没有渗透到乡村一级，主要由宗族关系维持着乡村的稳定与秩序①。根据韦伯的有限官僚制，中国学者提出："在中国，三代之始虽无地方自治之名，然确实有地方自治之实。从隋至清，国家实行郡县制，乡绅阶层成为乡村社会的主导力量。"② 传统儒家荐举贤德之人为官，凭借乡土社会成员在日常互动交往中形成的人际信任、认同与默契，邻长制得以自发生成。地方乡村的治理者并不在官僚队伍内，因此没有受到太多来自上层的行政约束和程序控制。他们主要承担代替朝廷收税和动员的责任，拥有一定的自由裁量权③。

2. 外嵌型制治

传统乡村治理除了内生型制治的作用外，还有国家权力在基层的延伸。传统中国是中央集权的官僚制国家，以皇权为中心的国家力量形成了明确的自上而下的等级结构。秦汉时期，我国的农村基层控制已发展得较为严密，国家以制度的形式控制着农村。比如，吏是中央集权帝制的产物，拥有皇帝赋予的职权。汉代官方已经形成了一套规范的"乡—亭—里"乡村控制体系，各层级皆有明确的职位设置，组成了一个严密的控制网络。特点主要是政教合一、合法性自上而下、形式仿照官方，没有宗族化色彩④。

为了维持国家权力机构的正常运作和社会基本秩序，国家一方面需要向社会民间团体和个人汲取资源，获得财政供给；另一方面需要向社会提供基本的公共产品。一方面，国家权力向基层延伸，

---

① 转引自秦晖：《传统十论》，东方出版社 2014 年版，第 9 页。

② 吴理财：《民主化与中国乡村社会转型》，《天津社会科学》1999 年第 4 期。

③ 周黎安：《"一体多面"：中华帝制时期的国家—社会关系再研究》，《社会》2022 年第 5 期。

④ 贺雪峰：《规则下乡与治理内卷化：农村基层治理的辩证法》，《社会科学》2019 年第 4 期。

实现资源汲取和社会动员，如征纳税收、招募兵员等，对此国家建立了相应的人口登记、财产和收入稽查等制度。另一方面，国家通过某种方式向社会提供公共服务。为了完成钱粮上缴、维持社会治安等基本任务，皇权深入乡村社会加以控制，通过编户齐民、里甲制、鱼鳞册等统治工具管理每家每户，村民之间的血缘关系和自然聚落关系被国家设计的制度进行了人为的切割和组合，在自然的社会关系结构之上嵌入了反映国家意志的标记。秦汉的乡官——三老、有秩、啬夫、游徼——都是朝廷正式任命的官吏，通过乡、亭、里多级基层行政组织对乡村社会进行全面治理。汉高祖二年设置乡、县三老，主要负责地方社会的道德教化，一般由乡里德高望重的老者担任。乡三老经过察举产生，县三老则从乡三老当中择任，这是一个民间推举与官方认定相结合的选拔和聘任过程，本身就是官府与民间良性互动、通力合作的产物。汉代三老制反映了国家对于基层社会精英的“吸纳”与“制约”[①]。

明清里甲制衰败后，国家基于社会治安目的对人员实行管制的统治需求依旧强烈，于是保甲制应运而生。在古代有限的生产力范畴内，统治者依靠“里”这一基层单元，收紧对民众的控制，从而维护整个统治的根基。“乡里”萌发于黄帝时期，定型于春秋战国时期，至宋朝发展为保甲，一直延续至解放战争时期。春秋战国时，国家实行严格的户籍登记制度，将户籍管理与军事编组相结合，五家为保，十家为连，实行“什伍连坐法”。先秦至隋唐时期是“里长官任制阶段”，里长由民众选举，由县令委任。此外，官方还任命“乡老”掌基层教化，实行“三老制”。秦汉时期的乡里制度更加成熟，实行郡县制，朝廷命官至郡县止，县下置乡、亭、

① 周黎安：《“一体多面”：中华帝制时期的国家—社会关系再研究》，《社会》2022 年第 5 期。

里为基层政权组织，乡和里为行政机构，亭专司治安，所有国民都具有向国家提供赋税与徭役的法定义务。北宋至明清时期实行“里长职役制”，里长的选人转为具有强制性的职役。明末采取保甲制，并设老人之制，赋予老人监督里甲的权力。清朝初期继续实施保甲制、总甲制①。

（三）基层制治的功能与优势

我们很难想象一个社会的秩序不靠什么力量就可以维持，人与人的关系可以不根据什么规定而自行配合。为了维护社会秩序，共同生活的人们，相互的行为、权利与义务需要遵守一定的规范。

1. 基层制治的稳定功能

制度是无数人“合力”作用的结果，不以个人的意志而改变。社会制度具有非强制性，各种规则、制度是人们在长期共同生活中逐渐形成的，是社会成员“一致同意”的结果。正式制度具有刚性、统一的标准。

费孝通认为中国社会的基层是乡土性的②。乡土社会是一个生活很安定的社会。在乡土中国，人们“以土为生”，种地谋生，依附于土地生活。乡土社会在地方性的限制下成了生于斯、死于斯的社会，人们“安土重迁”的观念使得社会处于长期稳定状态。从历史上看，“乡土中国”构成传统中国社会的底色，其以土为生、以文化人、以德为重的基本特征长期影响着中国社会的形态及其演化过程与结果。

此外，乡土中国是以乡土文化稳固基础的。中国传统的基层社会结构稳定，人口就像附着在土地上一样缺乏变动。人不但在熟人

---

① 吴晓林、岳庆磊：《皇权如何下县：中国社区治理的“古代样本”》，《学术界》2020年第10期。

② 费孝通著：《乡土中国》，上海人民出版社2013年版，第6页。

中长大，而且还在熟悉的地方上长大。熟悉的地方可以包括极长时间的人和土的混合。祖先们在这地方混熟了，他们的经验也必然就是子孙们所会得到的经验。乡土中国也是一个伦理本位的共同体[①]，熟人社会中的人们形成了亲密的社群结构，宗法伦理成为统摄社会秩序的首要原则。这种宗法伦理既包括了儒家的道德原理，即尽可能让社会本身凭借其道德价值观来处理纠纷的治理理念，又将基于血缘地缘关系的人情关系囊括在内。基层社会中半官方的或官方的纠纷处理主体深谙乡土社会中的治理原则，意识到要顺利实现治理，只有自己先成为一个道德标杆。家规家训、村规村训等地方性规则也就成了乡土中国维持社会秩序的重要依据。

此外，法制有国家强制力为后盾，可以强加于民间[②]。历史上的大部分时期，统治者在发明的“户口制度”的基础上，在固定的地理范围内对基层社会进行全方面的编网。“里”是社会网络的关键节点，形成节节而制的状态。在“里治”过程中，绅权发挥了辅助作用。

在自然界和人类社会中，都存在和遵循一定的法则，人们称之为规律，以秩序的形式表现。社会中，人与人之间的关系是复杂的，有时会发生矛盾、冲突而产生不良的后果。为了避免冲突，需要理性的社会规则予以约束，来调整社会行为的后果。秩序使人感到安定，认识并利用这些法则使人们产生互信，人类共同体与秩序不可分离。因为规则的产生深深扎根于社会实践，只有在实际中被人们认同接受了，规则才得以存在、延续。

现代公共秩序之所以存在，是因为处理公共问题的规则只有符

---

① 黄振华、常飞：《从乡土中国到乡愁中国：理解中国社会变迁的一个视角》，《理论月刊》2022 年第 10 期。

② 苏力：《法治及其本土资源》，中国政法大学出版社 1996 年版，第 69 页。

合更多的个人能够分享受益的方向，才可以获得公意的基础[①]。公共规则的基本内涵是权力从个人或者集团的垄断中过渡到公共控制，参与并分享权力的人具有人数多、范围广的公共特征。之所以强调基层社会的公共规则，是因为它们能够规范由于争夺有限资源产生的社会竞争与冲突。社会政治竞争中，在乡村社会，权力是最重要的争夺对象，因为夺得了权力也就夺得了社会资源的分配权。权力与财富不同，并不是能够公共分享的资源，在权力的竞争中，只有一方能够成功获得权力。并且，按照以往的惯例来看，成功夺得权力的那一方并不会与大众分享权力，而是会想方设法增加其私人利益。而随着现代社会规则的“公共性”不断发展，具有公共共享性质的规则深受社会成员的认可。许多现代公共组织是按照“使更多的人能够受益”原则建立的，但并不是所有的公共组织都会遵照这一原则。社会竞争的成功者掌握控制权以后，不必然创造能够产生“普遍效益”的公共产品。

现代公共组织的特征正是推行公共性规则，即为社会提供公共产品，保护公民权利、财产，维护公共秩序等。而公共权威专职于履行公共职责，维护社会每位成员的合法利益，同时为每个人提供公共服务。即便产生于利益竞争过程，但由于其规范功能，使公共权威成为公共利益的保护者，而公共政权的存在使利益冲突成了可规范的文明秩序，这一结构正是社会既有竞争又具有稳定性的关键。

2. 基层制治的韧性优势

制度是为决定人与人之间的相互关系而人为设定的若干契约规则，其主要功能在于为人们提供一个日常生活的交往规则来减少不确定性。制度不仅仅表现为书面形式，而且表现为大量的风俗、习

① 张静：《现代公共规则与乡村社会》，上海书店出版社 2006 年版，第 276 页。

惯、规范等。按照制度的表现形态，可分为正式制度和非正式制度。除了国家制度稳定社会秩序外，基层社会还存在着一些非正式的制度体系，比如村规民约。在帝制中国，由于国家政权没有深入基层社会，士绅阶层依靠自身的道德权威与地方性知识承担了大量的地方事务管理工作，帮助治理基层社会。

无论正式还是非正式制度，在运行过程中都存在一些权宜的现象，如“变通”“上有政策、下有对策”“摆平、理顺”和“选择性执法”等，被称作制度的“非正式运作”①。非正式运作具有很强的道德性以及社会认同的基础。现实生活中，每个社会成员之间存在多重社会关系，每个关系维度后都隐藏着不同的身份和规则。针对不同的事件和对象，个人会借助正式制度以外的其他关系的规则完成目标。一个人在社会中有不同的认知、情感，这将影响个人的选择与决定。

在现实的基层治理实践中，除了努力追求“有法必依，执法必严，违法必究”外，还存在着其他辅助或者补充性的治理机制，同样发挥着重要作用，甚至在有些治理事务中发挥着独特的作用。现实社会是复杂多样的，在特殊情境中制度执行者可能要见机行事，使制度执行具有一定的弹性。现实中的民间法没有国家强制力和组织化的意识形态为支撑，往往更加灵活和易于妥协②，而具有乡土性的传统中国正是依托大量的非正式行政以及道德规范完成了基层治理。

黄宗智指出，地方政府拥有一定的自由裁量权，在处理某些事务时会采取民间调解机制而非国家的正式制度来化解基层治理问

① 董磊明、李健民：《制度实践中的生活逻辑：非正式运作的社会基础与运行机制》，《开放时代》2022年第5期。

② 苏力：《法治及其本土资源》，中国政法大学出版社1996年版，第69页。

题。这种半正式的行政方法与正式制度相得益彰，并在近现代的治理中留存下来。而任何一个社会群体都会在生存与发展的过程中形成对特定环境适应的能力。小农自身很多的特质是在长期生活和生产实践中逐渐形成的，是基于生存性伦理而形成的社会文化实践。小农的特质就是能够适应自给自足的形式，以此维系生存①。因此，尽管乡村制度、社会结构不断变迁，小农总有办法适应环境。

一般而言，制度逻辑与生活逻辑是相互匹配、相辅相成的。一个国家的民情、民风、民俗决定了这个国家的法律特征，民情和习惯法构成了真正的“制度精神”。因此，制度逻辑必须符合生活逻辑，至少不能过于违背生活逻辑。与此同时，制度逻辑与生活逻辑也会存在较大的张力。如马克思所说，“人是一切社会关系的总和”。与非人格化的制度要求相比，在生活中的行动者面临着总体性社会关系，每个人身上都有多重关系，并受到多套规则的约束。此外，同一件事上也会因处在不同的关系维度中而分割出多套并行的逻辑与道理。一个社会人在不同的关系维度中可能有不同的认知、情感和利益，这些其他维度在非正式运作的场域中将影响正式制度中的每一个选择和决定。正式制度具有统一、固定的标准，但实际又是复杂的，制度的执行者往往会采取一些非正式运作，从而使得正式制度的实践具有一定的弹性②。

中国传统的法律体系中存在着一种重要的法律文化表征——情理法。由于现代社会资源有限，在矛盾层出不穷的情况下，基层政府会创造性地制造出各种变通之法，选择性地解决治理实践中的问

① 李小云、林晓莉、徐进：《小农的韧性：个体、社会与国家交织的建构性特征——云南省勐腊县河边村疫情下的生计》，《农业经济问题》2022 年第 1 期。

② 董磊明、李健民：《制度实践中的生活逻辑：非正式运作的社会基础与运行机制》，《开放时代》2022 年第 5 期。

题[1]。人民调解、民间调解之所以具有如此旺盛的生命力，实际上反映了与情理法并存的正义观念。在某些情境下，采用适度的“和稀泥”式调解实际上也是一种政治智慧，是法治的有益补充。中国社会也需要多元化的纠纷解决模式。人民内部矛盾需要用协商、对话、调解的方式来予以解决。充分考虑地方的“社会性”与民情文化，刚性的法治与柔性的情感治理“刚柔并济”，或许有助于取得更好的治理效果。

二、基层制治优势转化为治理效能

从历史经验上看，单纯运用国家强制力规制经济和社会的法治建设的做法并不总是成功的。因此，中国的法治之路必须注重利用中国的本土资源，注重中国法律文化的传统与实际[2]。

（一）基层制度优势转化为治理效能的理论认知

习近平总书记指出：“基层是党的执政之基、力量之源。基层强则国家强，基层安则国家安，必须抓好基层治理现代化这项基础性工作。”必须发挥基层制度的优势，提升基层治理效能，从而推进中国治理体系与治理能力现代化进程。

1. 基于场域理论的启示

现实世界里聚集着众多拥有不同需求、不同利益的人，加大了治理的不确定性。人类在生产实践过程中产生了纷繁复杂的关系网络，需要相对稳定的方法、规则来降低环境中的偶然性，增强社会

① 熊易寒、林佳怡：《模糊正义：基层治理中的情理、道德与法治》，《华中师范大学学报》（人文社会科学版）2022 年第 5 期。

② 苏力：《法治及其本土资源》，中国政法大学出版社 1996 年版，第 6 页。

行为的可预期性。习近平总书记指出，我国今天的国家治理体系是在我国历史传承、文化传统、经济社会发展的基础上长期发展、渐进改进、内生演化的结果。秩序、习俗经过时间的沉淀，最后演化为制度。制度是人们对秩序渴求的结果，本质上是具有有限理性的人在复杂的环境下，出于安全和经济考虑而作出的必然选择。

乡土社会的人是在熟人里长大的。人与人之间的关系好像是一块石头丢在水面上所发生的一圈圈波纹，每个人都是个人社会影响所推出的圈子的中心。以“己”为中心，像石子一般投入水中，和别人联系所形成的社会关系，不像团体中的分子一般大家立在一个平面上，而是像水的波纹一般，一圈圈推出去，越推越远，也越推越薄。在差序格局中，社会关系是逐渐从一个一个人推出去的，是私人联系的增加，社会范围是一根根私人联系所构成的网络[①]。

乡规民约是民间与官方、国家与社会合作与互动的产物，兼具“官方”性质与“民间”性质。乡土社会是一种熟人社会，它依托于传统的行为习惯和礼治秩序，乡约组织的宣传引导强化了乡民对乡约的遵守，家族制度是乡民遵守乡规民约的组织保障，乡村精英则是乡规民约的倡导与执行者，对乡规民约的贯彻实施确保效果。

通过乡规民约助推形成乡村社会公序良俗，是我国传统社会治理智慧的重要体现。传统社会中的乡规民约形式多样、内容具体，与乡村民众的生产生活息息相关。农民之所以认同乡规民约主要包含两方面的原因：一是正式制度本身往往存在规制空白，无法事无巨细地深入乡村社会具体生产生活的方方面面，这为乡规民约的形成提供了制度空间；二是相较于正式制度的强制性，基层民众更乐于接受自身所熟悉的基于人伦礼法、地方性知识等的非正式制度

---

① 费孝通：《乡土中国》，上海人民出版社 2013 年版，第 25–26 页。

形态[①]。

2. 基于制度经济学理论的启发

现实生活中的人们拥有不同的需求、不同的利益，增大了环境的不确定性。无数的个别愿望和个别行动的冲突，在历史上形成了一种类似于自然界的规律。但放任个体利益的对立冲突可能会威胁到群体生活的稳定性。人们必然要求稳定的规则来降低社会环境中的偶然性，增强社会行为的可预期性，维持社会安全秩序。各种习俗、规范经过时间的沉淀，最后演化为制度。

制度是人们对秩序渴求的结果，本质上是仅具备有限理性的人在复杂的社会环境中，出于“安全和经济”考虑而做出的必然选择[②]。由于个人总是追求自身效用的最大化，同时由于个人认知能力有限及处于信息不对称的环境中，容易在交易中发生欺诈、搭便车等行为，使人与人之间发生利益冲突，增加交易成本，最后损害自己的利益，而制度就是人们为了防止这种现象产生而缔结的契约。

基于制度经济学，根据制度的不同表现可以将制度分为正式制度与非正式制度。也可以根据性质不同划分为社会制度与政治制度，社会制度是人们在日常生活中自发产生的产物，政治制度则是以国家强制力为后盾。

诺斯认为“正式制度是指人们自觉发现并加以规范化和一系列带有强制性的规则。正式制度包括政治规则、经济规则和合约；非正式制度包括行为准则、伦理规范、风俗习惯和管理等，它是正式制度的延伸或修正，是得到社会认可的行为规范和内心行为准则”。

---

① 冯麒颖：《乡村治理现代化中的正式制度与乡规民约：一种制度分析》，《中州学刊》2023 年第 3 期。

② 曾峻：《公共秩序的制度安排——国家与社会关系的框架及其运用》，学林出版社 2005 年版，第 15 页。

经济学家威廉姆森也将制度分为正式制度与非正式制度，他认为正式制度是人们凭借自身意识建立并利用正式方式加以确定的各种制度安排，如法律、政策等；非正式制度是指人们在长期交往中自发形成并被人们内化于心的行为规范，比如伦理规范、道德观念、风俗习惯等。从制度变迁的角度看，国家制定法与民间法的相互沟通、理解以及在此基础上建立的合作是制度创新的一个重要途径，并且是一种渐进式的制度创新[①]。

哈耶克指出，人类社会中存在的许多规章制度是在没有计划和指导的情况下自发产生的。诺斯认为，国家是一种强制性的制度安排。国家权力是保护个人权利的最有效的工具，具有巨大的规模经济效益，国家产生和存在的合理性正是在于它在保护个人权利、降低交易成本等方面具有社会制度不可比拟的优势。制度的功能在于降低风险，提高安全性。

从传统的王朝国家视角看，国家—社会互动关系在不同的治理领域包含不同程度的统治风险，政府处理不同领域的问题也涉及不同规模的行政治理成本。有限的资源约束促使政府尽可能节约治理成本。政府迫于预算压力将一部分公共事务“外包”给社会团体或个人，具体形式依据治理领域的不同而改变，由此引起国家—社会关系多变的治理形态[②]。国家与社会的权力配置旨在实现治理目标，节省治理成本，而并非以控制为目标。国家权力的控制与社会团体的自主性组合是为了节约稀缺的国家治理资源，更有效地实现国家治理目标，彼此是相得益彰的关系。在有限的生产力条件下，国家在户籍制度基础上，如若直接对超大规模的社会进行管理，成本巨

---

① 苏力：《法治及其本土资源》，中国政法大学出版社 1996 年版，第 69 页。

② 周黎安：《“一体多面”：中国古代国家——社会关系再研究》，《社会科学文摘》2022 年第 12 期。

大且治理效果难以得到保证，借助“里”这一单元可以“低成本”地将民众圈围在徭役赋税、户籍管理和社会治安的统治秩序中[①]。

非正式制度约束是正式制度的延伸，并在一定程度上修正正式制度的缺陷，而非正式制度约束的嵌入对正式制度的变迁方式（连续或非连续）具有直接决定作用。在乡村治理场域中，以法律法规为核心的正式制度与以乡规民约为核心的非正式制度相互依存，正式制度依托于非正式制度使自身在乡村基层社会的落地和延续得以实现。制度是在社会生活中形成的规范化、系统化、定型化的社会关系体系，并通常表现为社会准则和行为规范。简言之，制度可以被视为具有某种强制约束性及普遍认同感的社会规则总和。

哈耶克将秩序分为自发秩序与建构秩序。哈耶克认为传统、习惯和道德不是单个人的理性所设计的，而是群体中许多人行动的结果，因此是自发秩序。一开始，一个群体为了生存会采取一些行动，如果这些行动帮助了这个群体获得生存机会，那么这个群体会逐渐将这种行动视作一种传统、习惯甚至当作道德接受下来；如果这些行动没有帮助这个群体获得生存机会，这个群体就会放弃这些行动另寻其他行动，甚至这个群体本身有可能会消亡。传统、习惯和道德的延续，最初是一部分群体成员接受，后来范围逐渐扩大到其他成员，甚至其他群体，并随着时间的推移，通过后代的传承延续下来。此外，可能会产生一些新的传统、习俗和道德来替代过时的传统、习俗和道德。建构秩序是指系统外强加的秩序，是一种计划秩序，也被称作“组织”。计划经济体制就是一种建构秩序，而且是一种整体建构秩序。建构秩序往往是具体的，是人为设计、刻意创造出来，并服务于该创造者的目的。除了设定有明确的目标之

---

① 吴晓林，岳庆磊：《皇权如何下县：中国社区治理的“古代样本”》，《学术界》2020年第10期。

外，建构秩序通常具有一整套完备的命令与规定。相比之下，自发秩序则往往是一些“禁令”，在“禁令”之外全部是自由的。

自发秩序则具有《道德经》里所讲的“道常无为而无不为”的特点。而且为了实现其目标，建构者会不择手段集中资源，限制甚至剥夺社会成员的权利。因此，建构者无法充分考虑真正的机会成本：其他人的自由选择空间被剥夺，社会成员的基本权利被剥夺，私人行动受到限制。这是自发秩序与建构秩序的一大区别。在自发秩序中，社会成员可以自由地自主选择手段追求各自的目标。在建构秩序下民众的行动受到约束，政府干预导致了进一步干预的必要性，最终形成一种不断升级的“干预螺旋”。新中国成立初期的“人民公社”“公社食堂”正是这种体现。建构秩序不通过集体智慧达成目标，也失去了发现更好制度的手段。

秩序、规则、制度的出现是一个缓慢的进化过程，是人类长期实践摸索的结果，而非个人或团体刻意创造的产物。在早期人类社会，由于生产力低下，氏族内部通过血缘纽带联系在一起，人们共同管理公共事务。随着生产力的发展，原先的规则、制度在秩序供给方面已无法发挥作用，建立新的制度安排就被提上议事日程。生产活动及相关制度是社会的基础，决定了国家与社会关系、社会内部各部分关系的性质。物质生产活动及由此产生的物质生产、交换是社会的本质。生存是人类历史的第一个前提，首先要进行的是物质生产活动，在此过程中形成了一定的经济制度、经济规律以解决资源配置的问题。此外，人们因血缘、宗教等产生一定的社会交往而形成社团。社团内部亦有相应的行为准则、道德规范、价值观念等，若有人刻意违反并造成不良影响，对违反者会采取一定的方式，如舆论谴责、疏远等进行制裁，从而达到社会调控的目的。在一定的历史条件下，人们可以不依靠国家，单凭自身的一套机制和制度进行自治。在阶级社会中，社会的内部自主机能也有所体现。社会制度是在人类长期的共同生活中逐步形成的，是人们“一致同意”的结果。

根据人与人之间关系性质的不同，所使用的调整办法也不同。其中一些可以单靠社会性的手段，另一些则需要靠国家出面才能解决，还有一些需要两种方式的结合。同一种关系，根据制度安排的不同，其产生的效果也不同。社会权力是指社会运用自身的规则、制度、机制调节社会关系的能力。社会权力在约束人们行为时，并不依靠暴力来辅助。比如，伦理道德靠舆论的力量发挥作用。社会单纯凭借自身的制度和机制进行自我组织、自我运作会产生巨大的“社会成本”，一旦超过负荷限度，就会对人类共同体的延续产生危害。制度的功能在于降低风险，增强安全性。但制度不是僵死的组织结构、规则，实际上每一类制度都代表了人与人之间的关系模式。因此每一类制度都有其存在的合理性，这是不同的制度能够和平共处的基础。古代的治乱循环、近代的社会转型、新中国成立后的反复探索都意味着中国宏观制度建设存在着内在的张力。中国长达两千多年的封建社会是在周期性的治乱循环中度过的，治乱循环本质上是国家力量与社会力量反复冲突、调整的过程。中国封建君主专制主义表现在国家对社会成员及社会生活全面的控制、渗透。社会成员无法有效地制衡国家始终为自己服务，国家缺乏自律机制。由此导致了国家力量不断强化，严重扼制了社会积极性，结果国家朝极端的方向发展。民生受到严重威胁，随后大规模的农民起义推翻旧政权，但无力从事国家制度的创新，只能沿袭旧制度，最后造成传统中国社会的性质并未改变，国家和社会在两千多年的历史中治乱循环、王朝更替。

中华帝国的“大一统”和“一元化”权力使得王朝政权面临

"无限治理责任"，所有涉及政权稳定的事务都是政府关心的事务，王朝国家以相机控制权为基础，向官僚体制之外满足一定"资质"条件的社会团体（个人）外包政府事务，赋予后者"半官方"身份，并给予其必要的引导、监督和奖惩，国家治理呈现出"一体多面"的总体格局①。国家与社会的权力配置旨在节约治理成本，更高效地实现王朝治理目标。资源总量有限，矛盾层出不穷，基层政府在治理实践中创造出各种变通之法，选择性地解决问题。士绅等道德权威依据儒家思想这一官方意识形态开展调解，这种做法大大降低了治理成本，因为士绅阶层在很大程度上代替国家完成了县级以下的治理与社会秩序的维持。以较小规模的官僚机构应对大规模帝国治理难题的"简约治理"是调解广泛兴起的制度前提。

（二）基层制治优势转化为治理效能的实现路径

总体上看，国家制定法和民间法之间必须协调、合作，避免更大的伤害，获得更大的收益②。

费孝通认为，"一个健全的、能持久的政治必须是上通下达、来往自如的双轨形式"，他将传统中国"皇权自上而下的政治轨道"与"士绅自下而上的政治轨道"的协调称为"双轨政治"。他认为，"皇权统治所形成的自上而下的单轨只筑到县衙门就停止了，并不到每家人家大门前或大门之内"，而乡村社会是"地方自治的民主体制"，士绅在其中扮演关键角色，由此形成皇权与绅权的"双轨政治"③。一方面是中央政权的高度集权和皇权的绝对强制性，另一方面是国家权力介入基层社会的多样性和包容性。这样多元的结构

① 周黎安：《"一体多面"：中华帝制时期的国家—社会关系再研究》，《社会》2022年第5期。

② 苏力：《法治及其本土资源》，中国政法大学出版社1996年版，第68页。

③ 费孝通：《乡土中国》，上海人民出版社2013年版，第277–289页。

总是能以不变应万变，作为一个统一国家长久存在[①]。

传统中国的治理结构有两个不同部分，其上层是中央政府设置的自上而下的官僚体系，其下层是地方性的管控，由族长、乡绅、宗族通过乡规民约、宗法族训来控制基层社会的内在秩序。

中国传统的基层社会结构稳定，人口就像附着在土地上一样缺乏变动，熟人社会中的人们形成了亲密的社群结构，宗法伦理成为统摄社会秩序的首要原则。这种宗法伦理既包括了儒家的道德原理，即尽可能让社会本身凭借其道德价值观来处理纠纷的治理理念，又将基于血缘地缘关系的人情关系囊括在内。基层社会中半官方的或官方的纠纷处理主体深谙乡土社会中的治理原则，意识到要顺利实现治理，只有自己先成为一个道德标杆。

正式制度弥补社会自我管理、自我调节机制的不足，和社会制度一起共同调整人与人之间的关系，维持群体生活所需的基本秩序。国家制度与社会制度以某种方式、在某种程度上的有机结合能最有效地保证社会的稳定并使之在稳定中充满活力。中国古代的“里治”，上有乡、保，下有什、伍，链入国家控制体系，统治者借助严密的户籍制度、赋税制度以及选任制度、监督考核制度，实现对“里”的掌控，构建一个以里长为核心的基层控制网络。

《中共中央关于全面推进依法治国若干重大问题的决定》指出：“国家和社会治理需要法律和道德共同发挥作用……以法治体现道德理念、强化法律对道德建设的促进作用，以道德滋养法治精神，强化道德对法治文化的支撑作用，实现法律和道德相辅相成、法治和德治相得益彰。”党的十八届三中全会决议在深化社会治理改革方面，也提出了要将“法治保障”与“道德约束”相结合，一方面

① 周黎安：《“一体多面”：中华帝制时期的国家—社会关系再研究》，《社会》2022 年第 5 期。

要加强“法治保障，用法治思维和法治方式化解社会矛盾”，但另一方面要“强化道德约束，规范社会行为，调解利益关系，协调社会关系，解决社会问题”。基层治理的事务纷繁复杂，治理资源又相对不足，法治与德治必须相互补充、相互支持。实现法律和道德的良性互动，推动基层治理创新，以有效之治走向基层善治。

（三）转化逻辑：基层制治优势转化为治理效能的路径建构

1. 坚持和加强党对基层治理的全面领导，以党的伟大自我革命带动提升国家治理效能

中国建设现代化强国进程取得了丰硕的成果，与国家推动的政权下乡和政党下乡分不开。村级基层党组织是执政党和国家政权在乡村社会的权力代表，也是资源统合中心和政治中心。2020 年 7 月，习近平总书记在吉林考察时强调“要加强党的领导，推动党组织向最基层延伸，健全基层党组织工作体系，为城乡社区治理提供坚强保证”。调动党员干部带头实践的积极性，激发群众主动参与的热情。党建嵌入基层治理工作中并发挥引领作用。2021 年 4 月，中共中央、国务院发布的《关于加强基层治理体系和治理能力现代化建设的意见》不仅指出要强化和巩固党建在基层治理中的领导作用，还提出要完善党建引领的社会参与制度，坚持党建带群建，更好地履行组织、宣传、凝聚、服务群众职责。

在国家与社会关系的演变尤其是改革开放以来四十多年的发展中，深入乡村的国家力量是一个完整的、整合政权力量与政党力量的有机组合，在乡村治理中是不可或缺的力量。乡土空间中的国家力量也具有负面性。深入乡村的国家力量不仅易于造成自我扩张，形成对乡村治理和发展的全面把控，而且导致了高度的行政化以及唯上是从的问题，使乡村社会自我发展的能力和活力受到抑制与弱化。今天，正在全面推进的乡村振兴，将如何在乡村治理中发挥国

家力量？

中国共产党实现了对国家和社会生活的全面领导，也成为乡村社会治理效能提升的一个关键“在场”力量。在推进国家治理体系和治理能力现代化的进程中，中国共产党始终处于领导核心地位，在乡村治理中发挥着统揽全局、协调各方的关键作用。在制度建设方面，中国共产党通过党规体系与国家法律体系、公共政策体系和社会规范体系的规则联动（如通过党规制度促进村规民约等社会规范的现代化转型和制度革新），全方位引领新时代乡村治理工作[①]。

基层党组织是基层各项事业关键而直接的“在场”力量。要实现乡村治理有效、乡村发展高效，就必须健全党组织领导、上下贯通、执行有力的治理体系，充分发挥出党在基层的政治优势、组织优势。村级党组织有效运作的村庄，其村级组织就坚实牢固；无法有效运作的村级党组织，其村级组织则涣散松散。如何把国家政权与乡村组织整合起来，发挥各自治理优势，共同构建党政统合多方参与协同治理的乡村治理体系，是未来乡村治理制度建设的关键问题。中国共产党诞生于群众中，并将自己深嵌于基层群众中。从群众中来，到群众中去，如今巨大的基层党组织之网将广大基层群众紧密联系在一起，在处理危机、整合资源、执行政策时发挥了巨大力量，党的领导是我国基层治理的核心，是驱动中国基层治理现代化的动力。

在基层治理中重视强化党的领导核心作用，也意味着政党—政府—社会关系在基层场域中有了新的拓展空间。基层党组织与社会组织之间的交互过程，也是体制与社会的联结过程。但是，这种体制力量的扩展并不意图建立总体性社会下的政治支配关系，而是通

① 姚俊智：《规则之治：乡村治理的历史演进与发展进路》，《领导科学》2022 年第 12 期。

过内生化的体制力量来激活社会自身的自我调节和运转能力，即呈现出简约主义的特征。党、政府与社会需要良性的互动才能保证共治格局的稳定，而党的领导则为这种稳定格局提供了生产与再生产的环境土壤。

2. 构建系统完备的基层制度和治理体系，为基层治理效能的提升提供制度保障

现代化本身就是一个重新塑造我们的生活世界和作为生活世界一部分的我们的过程，它将我们每个人在一定程度上标准化了，将我们的生活环境、行为方式，甚至是在某种程度上的思想感情标准化、规则化了，在这时，作为规则的法律才可能比较有效地起作用。法治的建设主要是一个社会自身重塑、整合的过程，更是一个系统的制度、机构和环境的形塑过程。只有拥有并依附于这一套非话语的机制，法治的机制才能够活跃和运转起来[①]。

在推进国家治理体系和治理能力现代化的今天，如何在乡村治理体系中发挥源远流长的民间非正式制度规范的治理作用，提升治理效能，并且传承、利用好这些传统社会中孕育出来的内生性自治资源，为今天的基层自治发挥更加积极的作用，是值得研究的重要课题[②]。传统社会中，乡规民约是乡村自治的一种体现，是村民自治的内源性自治资源，将这一资源利用好，能够促进村民自治的良性运行，保障基层民主。

在推进基层治理现代化的过程中，应当高度重视传统价值的发现和挖掘，并形成传统与现代的有机结合。要大力挖掘中华优秀传

① 苏力：《送法下乡——中国基层司法制度研究》，中国政法大学出版社 2000 年版，第 32 页。

② 周俊华：《少数民族地区乡村内源性自治资源：乡规民约的发展与创新》，云南大学出版社 2019 年版，第 9 页。

统文化中有关基层治理文化的现代价值。习近平总书记指出，“要系统梳理传统文化资源，让收藏在禁宫里的文物、陈列在广阔大地上的遗产、书写在古籍里的文字都活起来”。如传统文化中的“规则文化”，是我国基层社会治理的重要资源。这类“规则文化”规范着人们的观念与行为，维系着共同体的秩序认同。对此，我们可以对这些传统的“规则文化”进行有效挖掘。例如，“礼”和“孝”是传统社会治理的重要依据，可对以“礼孝”为代表的规则文化进行合理扬弃，摒除封建礼教部分，继承发扬优良治理传统。同时，我们也可以将依法治国思想植入传统规则文化当中，援法入礼，习礼成俗，在新的起点上实现法理与情理交融、传统礼治与现代法治的转型与创新[①]。

习近平总书记指出：“中华传统文化是我们民族的‘根’和‘魂’，如果抛弃传统，丢掉根本，就等于割断了自己的精神命脉。”礼治是传统国家治理所不可或缺的重要机制。如今我国已开启了全面建设社会主义现代化国家的新征程，应当深入挖掘具有中国特色的现代中华文明的价值。

乡规民约作为规范乡村治理的社会机制，其完善与整合必须从国家治理的整体视角审视，实现国家硬法与软法的有机结合，保障乡规民约在国家法治框架下借助内生的社会资源发挥作用。国家治理法治化目标的实现要借助国家硬法与软法的双轨力量，国家硬法为国家治理提供程序严密、保障有力的法治机制，软法之治为国家治理法治化提供相对灵活、富于协商的社会根基。在今天的乡村治理中，充分挖掘乡村非正式制度文化和自治资源，选择性地将其融入现代乡村治理体系尤为重要。

① 黄振华、常飞：《从乡土中国到乡愁中国：理解中国社会变迁的一个视角》，《理论月刊》2022 年第 10 期。

国家基层治理转型，也是基层政府从管理型政府向服务型治理型政府的转型。从管理到服务和治理，如何使制度充分体现广大农民根本需求，也考验了村级组织内部的制度建设。从实践来看，基层协商民主制度在农村中体现了自身优势，是解决不同发展阶段中乡村治理面临的难题的好抓手。民主选举、民主决策、民主管理以及民主监督制度为村民参与公共事务提供保障。民主协商是中国特色社会主义民主政治制度，党的十九大报告明确指出，“要推动民主协商制度化发展，加强民主协商制度建设”。2018 年的《乡村振兴战略规划》指出，要推动“形成民事民议、民事民办的多层次基层协商格局”。并且在未来，协商民主将继续在广袤的农村大地延伸下去，并逐渐发展成为高质量协商民主制度。

因此，应当加强农村协商民主制度化和程序化建设，从国家层面对协商民主尤其是农村基层协商民主进行立法，进一步加强乡村基层协商民主的制度建设，保护农民的合法权利；通过制度发挥多主体参与的优势，借助多主体的力量，助力我国基层议事协商制度的高质量发展。

3. 优化治理主体格局，打造多元共治局面，为基层治理效能提升提供新动力

秩序的出现是社会自身运动的逻辑结果，但不能排除能动作用。新的公共秩序的形成首先取决于国家和社会两个层面的制度设计和制度安排，取决于两者之间关系的重新界定及其合理化与法理化[①]。在国家自主性增强的同时，自上而下地推动，又自下而上地参与，增强社会的自主性，以“引路人”的身份培育和吸纳更多居民参与到社会治理的过程，实现国家和社会的良性互动合作，进而

① 曾峻：《公共秩序的制度安排——国家与社会关系的框架及其运用》，学林出版社 2005 年版，第 131 页。

协力构建基层治理共同体。

推进农村现代化进程离不开回应农民的利益诉求。中国共产党奉行全心全意为人民服务的根本宗旨，在基层治理中不断满足每个现实的人的具体需求。我国于20世纪中后期建立村民自治制度，通过农民的自我组织、自我管理、自我服务实现对乡村社会的有效治理，充分体现了基层自治的制度优势。基层治理，主体在民。为了人民，是基层治理的逻辑起点。为人民奋斗，更是中国共产党的立党之本。基层治理的主体是人民，动力是人民，力量也来自人民。如今推进基层治理现代化，必须紧紧依靠人民，牢牢扎根于人民，发挥人民主体的巨大力量。

改革开放以来，我国在一些领域积累的成功治理经验蕴藏着行之有效的治理机制，激活了我国的制度优势并提升了治理效能。特别是农村脱贫攻坚。充分体现了我国的制度优势，在此过程中广泛动员了各方面力量，形成全社会共同参与的社会扶贫体系。而多元主体间的建设性合作关系既发挥中央权威优势，也激发了协同治理活力。一方面，脱贫攻坚战广泛动员体制内外的力量参与扶贫；另一方面，在复杂的社会背景下，没有任何单独的治理主体“拥有解决复杂问题所需的所有知识和信息”。制度优势并不会自动转化为治理效能，其离不开不同主体之间的合力协作。在治理过程中村干部作为村治精英，既要树立权威形象，也要帮助营造良好的村庄自治秩序。

村级组织发挥自我管理、自我服务、自我教育的作用，以“德治、法治、自治”协同式治理，激活农民主体作用。积极参与村务治理，在制度化协商基础上凝聚各主体的发展共识和政策支持，协同执行村务发展政策。目前不同农村地区由于治理资源较为分散，多数村干部的协商能力仍有显著差异，协商能力的缺乏会导致村干部在议事协商过程中存在与村民无法顺利沟通、与村民无法达成共识等障碍，从而造成协调失灵。因此，亟需提升村干部的协商能力，培养能够与农民打交道、帮助农民解决问题的村干部。优化治理主体格局，打造多元共治局面，为基层治理效能提升提供新动力。

4. 构造良好的制度执行环境，强化基层治理的制度意识和制度自信党的十九届五中全会将“国家治理效能得到新提升”作为“十四五”时期经济社会发展的主要目标之一。怎样提升治理效能？面对如此复杂而棘手的重大治理问题，关键在于创建并有效执行制度政策的治理结构与治理机制。外引基层治理现代规则嵌入农村治理，内以整合内生性资源激活乡村社会活力，提升治理效能。

在国家治理现代化的背景下，农村治理既离不开乡土社会内部的规则，又要承接国家治理现代化的规则。推进基层自治的不断展开，并不意味着就不需要政府了，因为在整个治理过程中，有些领域并不需要政府出马，完全可以由民间力量自己解决。在农村社会中，不必所有的事情都由政府一手操办，应尽可能给予农村一定的自治权力，让民众自己来管理农村。这不但有助于维护基层民众的合法权益，也有助于增加政府的权威，使政府体系更加稳定。

这也不意味着基层治理不需要规范化的制度。目前，法治已成为基层治理的底层架构与根本准则。这意味着，即使是乡村内部制定的自治规则，包括各种正式的村民会议规则、村规民约和村集体章程等，都必须体现现代法治精神，以充分保障村民在选举、决策、协商、管理与监督等方面有效自治。同时，乡村内部自治规则的制定需要充分考虑地方的“社会性”与民情文化，刚性的法治与柔性的情感治理“刚柔并济”，或能取得更好的治理效果。对基层社会而言，法治化进程还需要不断推进。一方面，应当保障基层政府的权力，使基层政府不再以上级的命令要求为导向，做名副其实的政府；另一方面，建立一条能够有效反馈的沟通渠道，当农民的合法权益遭到损害时，农民可以通过表达诉求的民主方式解决问题，以保护自己的合法权益。新时代乡村治理要走乡村善治之路。围绕治理主体与治理规则，在国家政权的全面建设下走向党领导的乡村社会规则之治。通过党委、政府等主体力量和法律、政策等公共规则，实现对乡村社会的有效治理和深度整合，是一种“名实俱存”的治理实践。

伴随国家资源与公共政策的大量下乡，基层治理任务与农民公共需求都发生了重大变化和深刻转型，原有的基层治理体制也需要做出调整，应当在村民自治的框架下进一步强化国家治理责任体制的建设，对村干部进行更加严格的监督，以保障公共政策与国家资源既能够通过村民自治制度与基层社会相契合，又在一定程度上解决了资质带来的治理不规范问题。始终保持社会基础与基层治理体制的契合，是保障农民利益与乡村治理秩序的重要基础。新时代国家权力的回归乡村是携带资源而来的“探索未来中国乡村治理结构的可能图景”[1]。

① 仇叶：《论基层公共行政体系的建构：目标、原则与社会基础》，《求实》2023 年第 2 期。

第五章　秩序之治：高效能基层治理的应急维度

党的十九届五中全会的召开，以及《中华人民共和国国民经济和社会发展第十四个五年规划和2035年远景目标纲要》的出台后，如何处理好发展与安全，以及如何加强和创新社会治理以推动国家治理能力与治理体系现代化建设的问题被提上日程。党的二十大将“完善网格化管理、精细化服务、信息化支撑的基层治理平台”[①]，视为完善社会治理体系的重要一环，彰显了党中央大抓基层的鲜明导向。基层社会治理又被看作国家治理体系与治理能力是否进步的微观表征，因此，社会治理的重点难点还是在基层。当前，我国进入发展的新时期后，也将处于“风险社会”之下，风险在未发生时看不见、摸不着，甚至无关痛痒，但各种不确定、不可知的“风险”一经爆发，终究会对基层秩序产生巨大的扰动作用，从而使得基层治理失序、发展阻滞。正是在该背景下，思考如何正确处理风险所致危机所产生的负面影响，思考如何充分利用基层自身优势以

① 习近平：《高举中国特色社会主义伟大旗帜　为全面建设社会主义现代化国家而团结奋斗——在中国共产党第二十次全国代表大会上的报告》，人民出版社2022年版，第54页。

应对风险，也就意味着，“如何安全的问题”也是乡村振兴背景下的一项不可舍弃的重要议题，基层作为新时期我国有效化解危机、把握机遇的“压舱石”，能否继续发挥其既往的稳定结构、分散风险、吸收风险的作用，都在某一方面成为考验新时期基层治理能力强弱的“试金石”“质检员”。

因此，本章节将对风险社会背景下基层应急维度进行探讨，第一节将从风险社会及基层治理概念论述及辨析，目的在于明确本章节所要讨论的主体对象，并在此基础上讨论两个概念之间的必然与应然的关系，并进一步剖析其越来越易受风险的原因，从而得出几点提高基层应对风险能力的对策和建议。第二节在论述的侧重点上发生了转移，从风险向风险发生后的危机进行转变，因此也就从认识风险、强调风险意识向危机应对、基层应急管理进行转变，并提出“韧性”在基层应急中的重要作用，最后便是对基层应急管理未来路径进行展望，提出未来可能发展的方向。

一、风险社会境遇中的基层治理

（一）风险社会与基层治理的概述

随着社会发展的不断进步，风险已不再是传统单一的自然风险，而是表现出与人类技术进步的高度相关关系，呈现为高度的复杂性、非线性、复合性，即不确定的特征，该不确定性不仅表现在发生可能的不确定性，也表现为事件发展所导致后果的不确定性。以抗震救灾为例，当人们以为完成人员搜救抑或是灾后修复就安然无虞时，余震及震后次生灾害仍严重威胁生命财产安全。从其涉及的话题来看，针对地震灾害的应对工作，不仅仅是当前应急管理、医疗卫生等方面的话题，更是对当前制度建设与完善、机制构建与创新、救灾多元参与等领域提出了更高的要求的话题。因此，无论是对现实可能的危险的预防，还是对现实中问题的解决，都需要人们意识到风险社会已经来临，要求人们要具备忧患意识、底线思维，而其前提都在于对“风险社会”概念有着较为清晰的概念认识，因此此处将对“风险社会”及其“风险”等概念进行相关的介绍，并在此视角下分析基层社会风险日渐增多的缘由。

1. 何谓“风险社会”

人类生来就是不断追求着对自然的控制的过程，举个简单的例子，从对“火”的恐惧，到掌握对“火种”的留存，再到对“火”的“无中生有”的运用，也因此将人与动物划清了界限。十分有意思的是，人在征服自然的过程中却始终不愿意对自然屈服，当用“火”而引致火灾时，人将其原因排除于人类本身，也排除于自然之力，将其归结为天上神仙所降下的“神罚”，此时的人类或许会对自然保持敬畏之心，但其敬畏的始终是“鬼”“神仙”。换句话说，这个时期及在后续很长一段时间的人类，都将这一“风险”生产主体置于“风险社会”之外，人类在不断对自然的征服的所达成里程碑的过程中，其越发觉得对自然的掌握是理所当然的，或是越发欠缺对自然、对万物发展规律的敬畏之心，其实不然，“风险”的实质是人类致力于改变的产物[①]，却始终未被人类所察觉。

在 1986 年，德国著名社会学家乌尔里希 · 贝克（Ulrich Beck）在其《风险社会》一书中首次对“风险社会”的概念进行相关的表述，或许在当时的人看来，其论述并未给“风险社会”一个明确

① ［英］安东尼 · 吉登斯：《失控的世界》，周红云译，江西人民出版社 2001 年版，第 19 页。

的定义[1]，但却在十分接近的时间里，发生了令全世界人们恐慌的事件——苏联切尔诺贝利核电站发生泄漏，也正是这样的悲剧，恰好为贝克的论述提供了重要的佐证。人们才开始意识到，对“自然”的进一步掌控，或是技术的进一步发展，也会导致对“人”在万事万物主导方面的能力的削弱，恰似“凝望深渊的同时，深渊也在凝望着你”。贝克也正是基于技术的不断进步，认为技术的进步使得人类与“不安全”的状态之间的界限越发模糊，简单而言，便是“人可以用火进行创造，而火也可以吞噬人的创造”。贝克《风险社会》的贡献，并不仅仅是在于对后工业时代的批判，或是对人类社会发展方式的怀疑，而在于其重拾了人类对万物应有的敬畏态度，即对风险意识的呼唤。他在其《风险社会》中指出：“在风险社会中，风险意识首先决定风险的存在。”诚然，马克思主义常常提到，存在决定意识，但是贝克所说的风险意识决定风险的存在，也不与之矛盾或是相悖，这是缘于风险本身便是针对人这个个体，对其可能存在不确定意外的角度来说的，也就是说，“风险”一词的出现本身便具有主观性的特点。只是人们借助抽象概念以对“风险”进行更好地识别。或者换句话说，风险本身便具有未知性（不可知性）与不确定性，风险一旦被人们认识或者发现，那么“风险”就不再是“风险”。因此回到贝克这句话来看，与其说是想要告诉读者风险的意识、存在的孰先孰后，不如说是想要告诉读者，在这个急剧变动的社会，人类要想立足于这样一个“文明的火山口”，具有风险意识是非常重要的。

“风险意识”要求特别注意“风险”的系统性特征，即十分强

① 参见郑作彧等：《卢曼的风险理论及其风险》，《吉林大学社会科学学报》2021年第6期。

调部分与整体之间的关联关系。① 贝克指出了风险社会下，人类社会将处于“我饿”到“我怕”的转变过程②，在此过程中“财富分配”的视角转变为“风险分配”的视角，并且在社会贫富不均的现实条件下将出现“风险分配与财富分配的叠加共振，共同塑造现代社会的多重复杂性”③。贝克同时提出，“风险分配”的逻辑或是公平的抑或是不公的，公平的缘由在于“风险”将会对绝大多数人施加作用，具有极大的外部性，即所有人都会在方方面面受到“风险”扩散的影响；而不公在于，也正是在“贫富”作用之下，或是在“风险意识”作用之下，每个人所承受的风险又是不尽相同的。正如面对突发公共卫生事件，病原体对与其相接的人实行无差别攻击，而不管其地位、财富的高低、多寡。实际上，这也在一定程度上牵涉了人类命运共同体的问题④，只有人类团结协作，才能应对全局性的风险打击，正如在突发公共卫生事件的防控中，部分国家放弃抵抗将使积极防疫的国家负担加重，不讲防疫大局的人将会对积极配合防疫的人造成健康威胁。

2. 何谓“风险社会”中的“风险”

风险社会下，最为重要的便是对“风险”一词的理解，在笔者看来，“风险”作为一个舶来词，早些更多的是用来描述事务发展走势的不确定性，是一种状态，或用于描述船员驾驶帆船在海上航行时所面临的“风”的不可预知性，即谁也不能保证每次出航都会

---

① 参见白锐等：《治理态理论视域下的风险社会治理》，《上海大学学报》（社会科学版）2021 年第 5 期。

② ［德］乌尔里希·贝克：《风险社会》，何博文译，译林出版社 2004 年版，第 57 页。

③ 参见朱正威等：《适应风险社会的治理文明：观念、制度与技术》，《暨南学报》（哲学社会科学版）2020 年第 10 期。

④ 参见张劲松：《风险社会视域下的人类命运共同体理念》，《上海交通大学学报》（哲学社会科学版）2021 年第 6 期。

一帆风顺，也用于描述赌场中的赌徒一次买入后是亏是盈的不可知性，即谁也不能保证每次下注都能赚得盆满钵满。但是问题就在于，既然“风险”具有不可知性、不确定性，就意味着人类将对一个可能不存在的研究议题展开研究，显然是吃力的。因此，“风险”这一概念呼之欲出，其目的在于将人类的决定所产生的不可预见性情况变得具备可预见性，从而控制不可控制之事，表现为将一个系统纳入另一个系统的过程之中。正如许多学者所提的那样，过去人们总将自然系统排除于人的系统之外，以自然界对人行为的“报复”来呼唤人对环境的保护意识。然而在风险社会的视角下，自然系统已经被纳入人类系统之中，表现为自然的“社会化”，即在“风险社会”的视角下，人们将风险归结为人的决定所带来的后果，自然界所谓的“报复”是人类技术“自反性”的后果，并且谁也不能保证人类保护环境的这一举动不会对这个复合系统产生别的影响。

因此，笔者认为，以“风险”作为一种不确定状态的表述来看，“风险”本身并不会带来恐惧，比如出去航海的人并不会因为风险而放弃远航，进入赌场的人并不会因为风险而拒绝下注，“风险”的魅力在于危与机并存、危与机互化。对“风险”的恐惧在于对其所致危机、危险或是不安全的恐惧，并且由于“风险”所致危机的严重性、破坏性，也就导致了“风险”即“危机”这一以偏概全的认识偏差[①]。张海波教授认为：“指出成本与收益的不确定性关系，行动与后果的不确定属性是广义的风险；指出行为与损害、危害关联是狭义的风险”，“‘风险’是‘因’，‘危机’是‘果’，二者之间有一定的因果关系。危机是风险的实践性表达，公共危机是

① 参见张康之：《风险社会中人的存在及其行动》，《中州学刊》2022年第1期。

风险社会的实践性后果”[①]。然而，为了使研究更具有现实意义，夸大风险之机遇的“赌徒心理”绝不可取。因此笔者将对常提的“风险”概念进行介绍，分为个体风险和公共风险、人造风险和自然风险、“灰犀牛”风险和“黑天鹅”风险。

3.“风险”的类别

（1）按类型划分：自然风险与人造风险

自然风险与人造风险又被吉登斯称为外部风险和人为制造的风险，自然风险是指传统意义上人类所遇见的地震、海啸、洪水等自然灾害所带来的不可抗力所造成的风险，人造风险是指随着人类社会的科学技术不断进步与发展所造成的风险，如核泄漏、全球变暖等。[②]但是从上述两者之间的定义来看，二者之间的边界也呈现出日渐模糊化的趋势，即自然风险与人造风险所致危机的日渐复合，换句话来说，自然所带来的风险是孤立的，正是人的出现而将其联结起来[③]，如 2011 年日本发生 7.4 级大地震所致海啸造成了其福岛核电站发生核泄漏的事件，按照自然与人造相分的视角来看，自然所带来的危机便是地震与海啸的破坏，社会所带来的是核泄漏后放射性物质带来的危害。但是我们也应该注意到，在此次危机事件中，自然风险对人造风险潜在危机推波助澜，而人造风险放大了自然风险所致伤害，并且核泄漏所带来的放射性物质还会进一步对福岛周围的环境产生影响，最终又会通过自然的形式将危害重新作用于人类身上，如食用受辐射影响的鱼类后对人的健康造成威胁，或

---

① 参见林茂：《多元与融合：风险社会中的危机致贫及治理框架建构》，《社会科学》2021 年第 12 期。

② ［英］安东尼·吉登斯：《失控的世界》，周红云译，江西人民出版社 2001 年版，第 33 页。

③ 参见张康之：《风险社会中人的存在及其行动》，《中州学刊》2022 年第 1 期。

是因人类本身对辐射的恐惧，而拒绝购买生鲜，使得生鲜经营者承受财产损失甚至生存危机等。由此可见，自然风险在人类社会不断发展、科学不断进步的背景之下，呈现出社会化的特征，即人类社会系统对自然系统的吸纳，人类与自然相应地结成共同体，“牵一发而动全身”。

（2）按主体划分：个体风险与公共风险

个体风险与公共风险是一种辩证关系，相互依存、相互包含。个体风险是指单一的个体因其行动或是决定所造成的风险，公共风险产生的过程便是该个体所致风险社会化的过程，表现为个体所致风险向其周围个体扩散或是对整个社会的利益造成损失[①]，换个说法，便是风险具有极大的外部性。因此，为了应对这样的外部性，在个体层面，人们自觉或不自觉地“抱团取暖”，采用结成“共同体”的方式以求更加均衡地分散自身即将面临的或是未来可能面临的风险，从而实现了“个体风险”向“公共风险”的转变。在此视角下，任何关于“风险”的应对均可通过“公共风险”这一概念进行分析及理解，并以解决“公共风险”的架势来消解“个体风险”对整个社会所产生的秩序危机。总的来说，我们应该要意识到“个体风险”转化为“公共风险”的必然性，一方面表现在风险外部性的影响的广泛性、严重性以及可消除性，另一方面表现在分散个体对风险的难以招架的脆弱性特征。也正因此，作为公民权利的维护者与践行者的政府就必然需要对涉及全体社会成员的“公共风险”采取行动，例如，设置治安警察维护社会秩序风险、设置应急管理部门应对自然风险、设立社会保险对个人行动的责任风险进行兜底等，从而也就在一定意义上完成了风险从“个人”向“公共”的转化，并且那些未受到风险实际威胁的个体，也在此意义上承担了

① 参见武靖国：《公共风险的应对困境及其破解》，《理论探索》2021年第6期。

风险。

（3）按概率划分："灰犀牛"风险与"黑天鹅"风险

如果将风险所致危机喻为一枚硬币，"灰犀牛"风险与"黑天鹅"风险就是硬币的两个面，而风险的不确定性恰由硬币抛出后在空中翻腾，或是落地后还在旋转的这一状态来表示，"灰犀牛"源于米歇尔·渥克写的《灰犀牛：如何应对大概率危机》，指那些"大概率、可预测"的风险，因此，甚至可以将其剥离出"风险"这一概念，而以"危险""不安全"来代替。"黑天鹅"一词的来源，有一说是指"英国人起先认为天鹅只有白的，然而有一天发现黑天鹅后，他们关于此不可动摇的信念就突然崩塌了"，后来便用此形容那些"小概率、不可预测"的风险，同时，当这种未被防范的风险突然袭来，人类将对此付出十分高昂的代价。但当人们经历过"黑天鹅"风险后，都可以通过防范技术的进步从而将该类型的风险转化为"灰犀牛"风险。看似人类"吃一堑，长一智"的背后，实际上却仅仅是将"风险"边界外移的权宜之计，或表现为分散"风险"集中化[①]，即"风险"终将会叠加到一个极点，而这样的"风险"能量，将会直接穿透人类的应对风险的防线，进而以"灰犀牛"风险向人类社会更广、更深层次造成破坏，抑或表现为"黑天鹅"与"灰犀牛"互相转化的不确定性。人们对"黑天鹅"风险的识别策略或是技术不断进步的情况下，充满自信地将其认定为"灰犀牛"风险，殊不知风险却悄然地突破人类构筑的关于风险的"马其诺防线"，再次以"黑天鹅"风险的面目在意想不到的情况下给予人类沉重的打击。除此之外，近年来还有学者提出了"大白鲨"风险，该风险以潜在水底的大白鲨不知何时、何地、何种状

① 参见朱国伟等：《社会风险传导变异视角下的政府风险管理策略研究》，《宁夏社会科学》2022年第2期。

态方式袭来为特征，区别于“灰犀牛”或是“黑天鹅”的有概率风险，即完全无规律或是受当前各方面的局限性所带来的各种不确定集合的风险。

4.“风险社会”中的基层治理

基层治理是国家治理的基石，是实现国家治理体系和治理能力现代化的基础工程。一般而言，基层有狭义和广义之分，前者把基层看作农村的乡镇和城市的区，后者把基层看作县 / 区及以下的组织和空间单元。一方面，在现实的政治中，我国县一级最大限度地承接了上级所有的职能部门及其资源，表现为“麻雀虽小，五脏俱全”，因此县一级也被认为仍是行政治理基础单元的最佳选择。[①]而另一方面，在“行政发包制”[②]的影响下，治理任务最终的压力在大多数情况下落入了村社一级。2021 年 7 月发布的《关于加强基层治理体系和治理能力现代化的意见》，预示着未来如何增强基层治理能力成了新的发展方向，因此在这样一种国家治理资源、任务不断“下沉”村、社区的趋势下，乡镇便受国家治理基础单元下移所带来的治理精细化与其本身所具备的能力之间张力的矛盾的影响，因此，有学者提出要在人的“聚合意义”[③]上对基层进行界定，强调定义基层的标准应该是其是否具备多元主体功能实现的能力。

正如前文所述，风险是与复杂性、不确定性紧密相关的，精细化治理确实在一定时期为我国基层建设发挥了不可忽视的作用，但我们也必须注意并防范精细化所导致的复杂化的问题。首先，精细化的后果，也可以被看作专业分工的后果，但基层事务本身所具备

① 参见刘炳辉等：《当代中国国家治理的基础单元辨析》，《中州学刊》2018 年第 3 期。

② 参见周黎安：《行政发包制》，《社会》2014 年第 6 期。

③ 参见马卫红等：《何谓基层？——对当前城市基层治理基本概念的拓展》，《治理研究》2020 年第 6 期。

的复杂性，使得职责的分工存在着理论与实践上的模糊性，使得基层表现为“上面千条线，下面一根针”条块化分割的倾向，换句话说，基层治理更多地表现为多个部门齐发力、共管辖的特征。随着多股权力在基层的下沉，形成基层治理“内卷化”，并由此产生的“制度缝隙”将有可能弱化基层各部门间的回应及协同能力[①]，或是引发“有组织的不负责任”[②]的倾向。其最为关键的点在于，或许本可以早早对风险预判、采取行动规避的情况下，却在一次又一次的权力博弈之下抵消了所有行动的欲望，致使“灰犀牛”风险向“黑天鹅”风险的转化，最终形成重大的社会风险，使人民生命及财产安全受到严重威胁，对政府权威及威信造成重大损害。其次，在此基础上还会衍生出基层治理模糊性、“异化”的问题。一方面在于上级事务摊派不明确，下级由于水平差异所导致的理解不到位造成的责任或是职能的履行不清；而另一方面，有时因其基层能力未能达到履职标准，或是为转移其任职风险，而选择“偏差化”执行政策以达到其逃避责任的目的。[③]最后，行政力量进一步向基层末端渗透，改变了原有的基层自治模式，促使了原有“共同体”的衰弱，诱发关于自由与秩序之间的张力，或者可以这样认为，新的治理模式或许给乡村带来了更为先进的治理方式、理念，增强了当前基层的治理能力，但在风险社会所认为的技术风险的视角下，在原有治理模式向新的治理模式转型的过程中，又有可能由此诱发新的社会风险，或是将原有风险又继续藏匿到另一个未预料的风险当

① 参见何艳玲等：《基础设施风险：城市风险的空间化》，《学海》2021年第5期。

② 参见王亚琪：《后实证主义视角下的全球治理机制碎片化及其管控》，《国际论坛》2022年第2期。

③ 参见周振超等：《象限治理：应对基层治理模糊性和碎片化难题的策略选择》，《理论与改革》2022年第3期。

中。另外，地方政府问题应对的方式主要表现为“问题—应对”，强调维护秩序的稳定，并且对其实行“一票否决”制度。一方面，在这种思维模式或是制度之下，基层政府仅仅会对“问题”进行防患于未然，而对难以创造出绩效以吸引上级关注的不确定性风险注意力分配较少；另一方面，基层要想发展，乡村要想振兴，就得将其置于竞争之中，而竞争所带来的开放性就加剧了基层发展的不确定性，从而带来了安全的不确定性，基于上述两方面进一步构成了风险意识薄弱与风险越发增多、发展与不安全两对关系中的现实张力。

（二）风险伴生是未来基层治理的一种面向

从现有研究来看，若单从诱灾因子的数量来看，城市社区的诱灾因子较乡村地区多了许多，也就意味着城市社区较乡村更加不安全或是危险，但从风险社会的视角来看，已经被发现的往往不是最可怕的，而是那些藏匿更深、危害更严重的“黑天鹅”风险。当前，随着脱贫攻坚的顺利完成，乡村振兴成为我国在本阶段重要任务，在乡村振兴战略的大力推动下，我国基层正以肉眼可见的速度快速发展，与此同时，也应意识到发展与安全相伴相生的关系，而要想在发展中转危为安，在发展中化危为机，能否对即将到来的风险进行预判，是非常之关键的。

1. 乡村现代化进程的提速

首先在讨论该问题前，笔者将“工业文明”看作一种新的生产技术或是一种新的社会治理方式。农业文明与工业文明相比，曾一度被认为是落后的象征，但是从其本质来看，无论是农业文明还是工业文明，都在一定程度上以自然环境的破坏为代价，去换取人类社会的发展[①]。随着城市工业化的转型，乡村地区也在各种口号中

① 参见李红卫：《生态文明——人类文明发展的必由之路》，《社会主义研究》2004 年第 6 期。

迎接着工业文明的洗礼，各种工业文明才有的法规制度、生产力工具等被引入乡村，改变了乡村原有的生活生产方式，并对其原有社会秩序产生了一定冲击。例如，城镇化的进程将农民从农地上“解放”出来的同时，将带来两个后果，一是带来其原有生活方式及社会关系的损失，二是对其禀赋权利及交换权利的剥夺，二者虽在一定程度上可用物质进行补偿，却带来了其精神层面的匮乏，即农民在市民化过程中丧失了主体性能力，是“被制度化安排的市民”，正是如此，农民也丧失了对风险的应对能力，进而导致突发性的、不确定性的穷困或“返贫”。[①] 除此之外，从近年来乡村工作的重心也逐渐向“生态文明”倾斜方面，我们可以看到越来越多的绿水青山被保护起来、越来越多的特色民居被保护起来，而在现代化进程下的乡村建设模式，在一段时间内却是以城市作为其发展的方向的，提倡的是千篇一律的混凝土楼房、硬化水泥路，抑或是为了发展将山推平、填水造陆，都对自然生态产生了巨大的影响。现今所提倡的“生态文明”号召的是人与自然的和谐共生，而不是采用激进的保护策略，因为在风险社会的背景下，任何人都不知道人类所谓的保护行动又会对自然产生怎样的影响，是否又会将风险藏匿得更深。

2. 乡村共同体的逐渐衰弱

“共同体”的概念最早是由德国社会学家滕尼斯在总结乡村社会发展为工业社会的进程时，所总结出的一种区别于“社会”的概念，他认为“共同体”是“一种原始的、天然状态的，并有机地

① 参见林茂：《多元与融合：风险社会中的危机致贫及治理框架建构》，《社会科学》2021 年第 12 期。

浑然生长在一起的、人的意志的完善的统一体”[①]，而“个体化”是由德国社会学家贝克、英国社会学家吉登斯等在现代性语境下所提出的概念。为便于对“个体化”所带来的影响进行分析，笔者将“个体化”与“共同体”作为相对应的两个概念来理解，“个体化”被认为是现代化的产品，即“个体”从传统性羁绊中“脱嵌”，即“个体”从“共同体”的脱离。乡村共同体的衰弱是内外因共同作用的结果，充满着矛盾。一方面，外来的制度、新制订的规则或是发展模式重新定义了乡村的发展模式，旨在使乡村与现代化的发展接轨；另一方面，新的技术与规则的进入，带来了乡村原有的生产方式及治理模式的变更，由于生产力的提高，合作也变得不再必要，由于新的规则的进入，宗族、乡贤等过往主导乡村社会的群体也变得不再必要，并且在乡村越发开放的背景之下，既往的乡村领袖、精英为寻求其个人价值的实现或是个人的美好生活，进而离开乡村，如此久而久之，不仅仅是乡村共同体的衰弱，也是乡村的衰弱。如此的发展模式便带来了乡村发展的困境，即乡村越发展，越带来其衰弱，乡村越衰弱则越强调乡村的发展。同样地，正如上文所述，在我国乡村快速发展的过程中，同样也处于与西方相似的现代化进程，然而，我国却缺乏类似于西欧个体化的前置条件，具体例子为农民在摆脱土地及乡村（区域）的束缚，与外界产生越来越多的联系的同时，也出现了农民对原有关系的疏离及漂泊不定[②]。然而在缺乏前置条件的情况下政府却难以为“脱嵌”农民提供“再嵌入”的制度保障和支持，“市民化”的农民个体在缺乏过

---

① 参见刘祖云等：《重构乡村共同体：乡村振兴的现实路径》，《甘肃社会科学》2018年第4期。

② 参见许远旺等：《中国乡村共同体的历史变迁与现实走向》，《西北农林科技大学学报》（社会科学版）2015年第2期。

去“共同体”风险共担的荫蔽的情况下，将陷入更深的不确定与风险当中。[①]

3. 权责关系向不对等发展

在基层治理中强调风险应对的能力主要出于两个方面的考量，一方面，不确定的风险在超越可控的阈值后，轻则对社会秩序产生影响，重则对公共安全造成巨大危害，严重威胁人民群众的生命财产安全；另一方面，能否稳定社会秩序、维护公共安全是衡量国家能力的重要标尺，因此也就成了基层治理的内在要求。然而，在我国基层应对风险的“三层结构”[②]的框架下，基层在风险应对的问题上存在着层级式“漏斗状”的权责不对等倾向，即上位决策者的“权力超载”和下位决策者的“责任超载”。[③]首先，在责任方面，维护公共安全是政府不可或缺的社会管理职能，也是社会健康持续发展的保证，并且在私域与公域逐渐模糊、公域不断生长的情况下，政府也随之成了维护公共安全的第一责任人，[④]其中就表现在预防影响社会秩序稳定的原生性风险和次生性风险的问题上[⑤]，政府除承担由自身行动所造成的原生性风险外，还得在其“无限责任”行为逻辑下，背负企业、社会组织等主体行动所带来的次生性风险。除此之外，基层政府还得承接“行政发包制”[⑥]下上级所摊

① 参见阎云翔：《中国社会的个体化》，上海译文出版社2016年版，第343页。

② 参见陈伟：《突发公共卫生事件治理模式探索——风险社会理论视角》，《北京航空航天大学学报》（社会科学版）2022年第1期。

③ 参见邓大才：《反向避责：上位转嫁与逐层移责——以地方政府改革创新过程为分析对象》，《理论探讨》2020年第2期。

④ 参见朱正威等：《适应风险社会的治理文明：观念、制度与技术》，《暨南学报》（哲学社会科学版）2020年第10期。

⑤ 参见蔡炉明：《农村社会稳定风险的生成逻辑》，《华南农业大学学报》（社会科学版）2021年第6期。

⑥ 参见周黎安：《行政发包制》，《社会》2014年第6期。

派的责任，都导致了基层责任的担子越发沉重。其次，在涉权力的问题上，基层作为最早接触或是最早暴露于“风险”的单位，在绝大多数情况下却未能拥有足够的权限对“风险”采取必要的行动，或者说，正是因为权限的缺乏，也就进一步加剧了应对“风险”所必要资源的匮乏，进而导致了基层在突发事件的应对过程中略显被动。上述权责之间的张力，一方面可能限制了有为的基层组织积极地对风险采取行动，另一方面又可能为部分基层组织消极防备、开脱责任提供了借口，如此也越发将基层置于风险之下，更加印证了基层治理现代化的风险底色。

（三）强基固本是应对风险的必由之路

“风险”一词的提出是将抽象化概念具体化的操作过程，旨在对“不确定、不可预料”风险作出“可预料、可被认识”的处理。因此，风险社会提出“人类正处于文明的火山口之上”，并不是意味着人们在面临不可预知、不确定情况时就束手就擒、坐以待毙，而是让人们意识到在人类文明不断发展下，看似人类对各种危机更具控制力，如人类逐渐增强了其认识和改造自然以获得更舒适、安逸的生活的能力，但殊不知，当人们为自己技术进步而更具掌控力沾沾自喜时，大自然总会突破人类技术的掌控，给予其沉痛的打击，反复暴发的大规模传染病就是最好的例证。风险社会下的如此种种，都在呼唤对“现代自反性”的警惕，强调在这一背景下，人们必须接受一个极不确定的未来，并且只有通过不断提高人们自身的“风险意识”去对风险进行发现、认识，才能正确处理好其不确定性与机会无限多性之间的关系[①]，要求人们坚持底线思维，未雨绸缪，通过当下的行动去把握未来。笔者认为，新时期，面对风险的日益频发、严重化的倾向，我们应牢牢坚持以下几个方面以提高

① 参见张康之：《风险社会中人的存在及其行动》，《中州学刊》2022 年第 1 期。

基层社会对风险的应对能力。

1. 强化领导力，以党的领导为应对核心

中国共产党一经诞生，便用其与生俱来的忧患意识与各类风险做斗争，其发展历程是一部辉煌的苦难史，也是防范化解风险彰显中国共产党本质属性的历史。[①] 进入新时期，带来机遇的同时也带来了新的风险挑战，因此党仍旧需要将防范化解社会风险置于治国理政的核心位置。首先，必须坚持党的领导核心的地位，充分发挥我国制度的优势，将我国的政治势能有效转化为应对各类风险挑战的效能，基层党委作为我国政党力量向行政体制末端延伸的组织，要提高辨别主流与支流的能力，增强对上级政策精神的理解和分析的能力，完成好政策贯彻落实的“最后一公里”。其次，要提高党的领导能力，习近平总书记在党的二十大报告中强调“推进以党建引领基层治理，持续整顿软弱涣散基层党组织，把基层党组织建设成为有效实现党的领导的坚强战斗堡垒”[②]。为此，应加强党的领导，增强领导的政治权威和治理执行力，“想群众之所想，急群众之所急，解群众之所难”，以此提高风险导致危机后社会秩序的稳定，为转危为机创造必要的社会基础；增强基层党委的各方面的统筹能力，统筹的意义不在于全面掌握各种资源，而在于通过对资源口掌权的收紧的过程，排除其中的不确定性，最终实现风险的化解[③]，即在基层领导干部动员能力的培养方面，还要增强领导干部

① 参见唐皇凤等：《百年大党防范化解社会风险的基本历程与主要经验》，《贵州社会科学》2021 年第 10 期。

② 习近平：《高举中国特色社会主义伟大旗帜　为全面建设社会主义现代化国家而团结奋斗——在中国共产党第二十次全国代表大会上的报告》，人民出版社 2022 年版，第 67 页。

③ 参见何艳玲等：《统筹的逻辑：中国兼顾发展和安全的实践分析》，《治理研究》2022 年第 2 期。

风险意识和危机决策能力的培养，始终以“满意不满意、赞成不赞成、答应不答应”作为其在风险社会背景下作出的决策优劣评判标准。最后，党要处理好现阶段下安全与发展的关系，要从经济运行及发展的客观规律出发，坚持既往“先试点后推广”的渐进改革模式，创造发展所需的稳定社会局面，以提高党对风险所致危机的应对容错率，换句话说，就是一方面要充分发挥基层党组织的首创精神，另一方面也要把握好创新做法的推进节奏、程度，避免因错误判断而承担不必要的风险。

2. 坚持可持续，培养风险意识为长远之谋

在风险社会的背景下，人类将始终与个体有限理性或是群体认识偏差、观念不合做斗争，在该条件下，个体或是群体都是基于“模糊的信息”，而做出“模糊的决定”，带来所谓的“根本不确定性”的后果[①]。关于“风险社会”的决定，都或多或少带有赌的成分，人们或许可以为某次成功化解风险的行动沾沾自喜，但却不可预料何时将遭受该行动反噬。因此，在“解决该风险”的行动和“应对该行动所致风险”的行动的多重博弈之下，是否具备“风险意识”，关系着人类社会治理发展可持续与否的问题。落于基层的实践，笔者认为应从两个方面着手，一方面是切切实实从对基层工作人员的“风险意识”培养上入手，中国古代对风险预防的问题便有颇多理解，如“居安思危”“凡事豫则立，不豫则废”“备豫不虞”等论述，因此基层工作人员可以从传统文化中吸收应对风险的知识养料，提高基层工作人员人文素养。除此之外，基层用人单位应经常开展关于提高风险意识、防范风险的系列培训，简化行政流程，鼓励基层工作人员多走多看，提高其从细微端倪中发现、排除

① 参见王亚琪：《后实证主义视角下的全球治理机制碎片化及其管控》，《国际论坛》2022 年第 2 期。

隐患的能力。而另一方面则要从“风险意识”塑造背后的运作机制入手，即责任机制的建设[①]，而责任机制的建设涵盖许多层次。首先还是提高基层人员及单位的责任意识，改掉过去“差不多”意识主导下的工作态度，以更加积极负责的行动来对基层中可能的风险进行回应；其次是对基层风险应对的主体充分赋权，保障其应对风险过程中容错机制的建设，以此提高基层开展行动的积极性和创造力；最后是健全风险治理“全过程责任”机制的建设，实现过程责任与结果责任协调统一。除此之外，在风险治理过程所引入的社会舆论的监督中，为避免“机制碎片化”对风险应对效率的影响，工作的开展要始终坚持以党委领导、政府主导。

3. 重塑共同体，以风险共治为破题之要

风险共治是指与存在利益相关或责任关联的主体（其他组织或个人），共同承担风险损失、分担风险管理和风险事件后果，共同开展风险治理工作和参与风险治理活动的行为，风险共治的核心是风险共担。[②]换句话说，即个体风险通过风险传导的机制将风险扩散到共同体中的其他个体，从而将个体难以招架的风险能量向外部分散，降至可承受的范围之内，进而实现对风险的消化，因此，共同体被广泛认为是分散风险、有效应对风险的集中爆发的最佳策略。“风险共担”这一价值理念是我们理解人类社会和整个社会的前提，也是防范和化解重大风险的基本价值理念，该理念要求在风险社会中的人们一要勇于迎难而上，二要主动积极作为。[③]换句话说，即呼吁风险社会中的人们在面对风险时要时刻保持不回避、不

---

① 参见张贤明等：《风险治理的责任政治逻辑》，《理论探讨》2021 年第 2 期。

② 唐钧：《公共安全风险治理》，中国人民大学出版社 2022 年版，第 237 页。

③ 参见董石桃：《新时代科学防范和化解重大风险的五个维度——学习习近平总书记关于防范和化解重大风险的重要论述》，《社会主义研究》2021 年第 1 期。

逃避的态度。然而人类社会的发展在现代化的驱使之下，越发呈现出“个体化”的倾向，即在风险到来之时以人人自危代替共同承担风险，以风险在个体传导之中不断“放大”取代风险在共同体内的分散消解，因此，在风险社会下各类风险积聚、频发等现实因素的考量之下，重塑共同体、强调风险共担成了其应有之义。随着我国社会治理方式的不断发展，一方面，治理理念的革新为风险共治提供了必要的实现路径，党的十九届四中全会提出“完善党委领导、政府负责、民主协商、社会协同、公众参与、法治保障、科技支撑的社会治理体系”，[①] 契合了当前我国应对风险社会所需的“聚合力”与“共担”，也为“共同体”的重塑搭建起必要的机制框架。另一方面，随着各种合作机制的构建与参与渠道的拓展，参与秩序的构建也变得十分重要，即不仅仅要提高社会治理主体的参与积极性，还要深化参与主体秩序意识和责任意识，形成“人人有责、人人尽责、人人享有”的社会治理共同体。值得注意的是，当秩序意识与责任意识成为社会共识，人人都将为共同体负责，一方面将减少因个体不负责任行动所产生的潜在风险，另一方面则在于，当风险来临之际，人们将更勇于担当，以共同体的形式面对风险的冲击。

二、基层应急中的韧性治理

上节我们提到，风险社会理论的诞生并不是为了从中制造出一个概念去使人恐慌，其主要目的在于对人的风险意识的呼唤，是为

① 新华社．中共中央印发《法治社会建设实施纲要（2020—2025 年）》，中国政府网，2020-12-07.

了让人能够对不确定、不可预知的风险所带来的危险提起警觉，基于此各种风险的评估技术也就呼之欲出。但在现实中也不乏风险评估的漏网之鱼，其引发的各类突发事件对基层治理的秩序影响最为严重，在现实的实践当中，政府部门对风险的评估与防范工作投入的精力会相对较少。一方面在于风险的防范工作开展的实效性不足，存在产生无用功的可能；另一方面在于基层工作的逻辑在于"维稳"，只要在突发事件发生之后能够得到妥善处置就好，并不看重为应对风险所开展的工作量的大小。基于上述两个方面，不确定的风险依旧能够演化为突发事件。因此薛澜教授在很早之前便提出公共安全管理的框架，在此框架中应急管理被作为风险管理后续的承接环节，他指出做好风险管理向应急管理的衔接十分重要[①]，从另一个角度看来，公共安全管理的框架要求我们统筹好风险与应急之间的关系，二者是安全管理循环中必要的构成要素，那么也就意味着对风险方面的讨论必然将涉及应急方面的讨论，这也是本章形成本节的内在逻辑。

（一）基层应急与韧性治理的概述

"预防突发事件的关键在基层，处置突发事件的第一现场也在基层。加强基层应急管理体系和能力建设是做好全部应急管理工作的基础。"[②] 近年来我国应对突发事件的重心也呈现出不断下移的趋势[③]，基层成了国家应急管理的重要支撑平台，那便意味着基层在受到突发事件波及之后能否维持住既有秩序，能否对突发事件进行应急处理，也就成了国家整体秩序稳定的关键。正如在新冠疫情发

---

① 参见薛澜等：《风险治理：完善与提升国家公共安全管理的基石》，《江苏社会科学》2008 年第 6 期。

② 参见姜平：《中国特色应急管理体系的构建和完善》，《理论探讨》2011 年第 2 期。

③ 参见颜德如：《构建韧性的社区应急治理体制》，《行政论坛》2020 年第 3 期。

生的初期，随着社会力量等多元主体的加入，乡村社区应急管理逐渐向应急治理转向，治理能力日臻成熟的乡村社区充分发挥了制度优势，在基层党组织领导下彰显出较强的组织力与战斗力，摸排、宣传、管制等多措并举严守基层防线。[①] 因此，在突发事件不断增多的背景之下，基层应急治理能力也将成为基层治理能力评价的重要维度。

1. 中国应急管理系统的演变

中国现代化起步较晚，却在短短几十年的现代化过程中跨越了西方国家二三百年的发展历程，由此势必带来发展“时空的压缩”，而其后果之一便是加剧了治理环境的复杂性，使得治理本身便具有难度，由此导致危机的生成更加密集。与此同时，危机的“回应性应对”与风险的“隐匿、快速成长”等特质形成一对张力，在此情形下，唯有靠制度的变革才有助于弥合张力所产生的缝隙。[②] 为了适应中国发展的速度，统筹好发展与安全之间的关系，薛澜教授提出了中国应急管理体系的概念，并指出用系统的视角可以更加清晰地看到我国应急管理体系的历史进程及未来的发展趋势。[③] 中国应急管理体系也开启了其自适应性变革之路，学界大致将应急管理体系分为第一代应急管理体系（新中国成立至 2003 年“非典”发生前）、第二代应急管理体系（2003 年“非典”发生以后至党的十八大召开前）、第三代应急管理体系（党的十八大召开以来至今）[④]，

---

① 参见金莹等：《抗逆力塑造：乡村社区应急治理新框架》，《农业经济问题》2022 年第 2 期。

② 参见朱正威等：《适应风险社会的治理文明：观念、制度与技术》，《暨南学报》（哲学社会科学版）2020 年第 10 期。

③ 参见薛澜：《中国应急管理系统的演变》，《行政管理改革》2010 年第 8 期。

④ 颜德如、隋永强：《社区应急治理的理论与对策研究》，东北大学出版社 2020 年版，第 290–291 页。

张海波教授还基于对当前中国应急管理的实践，提出了第四代应急管理体系建设的展望。[①]

（1）第一代应急管理体系（新中国成立至2003年“非典”发生前）

在该阶段的应急管理体系以灾害应急管理为主，主要特点是高度集中的管理体系，表现为党政不分、政社不分，强调党的一元化领导，将应对突发事件的任务分散在各个职能部门，并由非常设机构加强对突发事件的统筹和协调，如中央防疫委员会（后改称爱国卫生运动会）、中央救灾委员会、中央防汛总指挥等，主要方式是依赖于群众运动，仍提倡战时的“生产自救”。在防灾备灾上也建立了一系列的制度，如水利工程的建设、气象灾害预报、水土保持和森林保护、粮食储备制度。尤其是在唐山大地震发生以后对于灾害管理的理念更加明确，一方面是周恩来同志提出的“在党的一元化领导下，以预防为主，专群结合，土洋结合，大打人民战争”，明确了灾害应急中党的核心领导地位；另一方面，“一方有难，八方支援”的思想在此得到充分体现，我国的制度优势被发挥得淋漓尽致。在当时强有力的中央政府的领导下以及低廉的协调成本的背景下，该应急管理系统对维护我国社会经济稳步发展、保护人民群众的生命财产安全方面发挥了重要的作用。

（2）第二代应急管理体系（2003年“非典”发生以后至党的十八大召开前）

2003年“非典”的暴发印证了各种危机和突发性事件所呈现出的一系列包括高度复合性、高度叠加性、高度非常规性等在内的非典型性特征，因此我国必须为应对该挑战对应急管理方式进行一

① 参见张海波：《中国第四代应急管理体系：逻辑与框架》，《中国行政管理》2022年第4期。

系列的转变，即由单一的应急管理向综合的应急管理转变、应急和危机处置的端口前移的转变、由单一的政府主导向多元协同危机处置的转变、由一国到多国共同应对危机的转变。[①] 在此阶段，党中央、国务院将加强应急管理体系建设提上日程：在指导思想上，一方面将“以人为本”作为加强应急管理体系建设的出发点和落脚点，另一方面将“实事求是”作为正确把握中国国情和中国应急管理体系发展的现状和实际的基本要求，除此之外，摒弃了“文化大革命”期间拒绝国际力量参与救援的“自力更生”的思想。

在领导方式上，延续了第一代应急管理体系的集中统一的领导方式，在此基础上对协同能力提出了更高的要求，一是要求广泛发动群众，充分发挥“举国体制”的优势，共赴危难，共克时艰，“对口支援”的工作方法也在此期间得到发展；二是充分发挥专家咨询的作用，为危机的应对寻求最优解；三是建立志愿者服务制度，以保证公众参与的有序性；四是充分发挥新闻媒体的作用，为应急管理的过程提供公开透明详细的报道，避免危机对社会秩序产生二次破坏。

在应急管理的队伍建设上，形成了三个梯队，第一梯队是第一时间直达危机现场，承担紧急处置重任的人民解放军、公安武警部队和预备役民兵；第二梯队是具备救援专业知识的消防队、地震救援队、交通救援队；第三梯队是志愿者及其他参与危机处置的社会成员，他们弥补了危机发生情况下各种资源要素不足的缺陷，为社会传播正能量。[②]

在具体内容上，以“一案三制”为总的框架（“一案”指的是

---

① 参见姜平：《中国特色应急管理体系的构建和完善》，《理论探讨》2011年第2期。

② 参见邱霈恩：《中国特色应急管理体系建设探略》，《上海行政学院学报》2012年第3期。

应急预案，“三制”指的是应急管理的体制、机制、法制），其中，应急预案设立要求实现“有备无患”，其最终目标在于实现“无急可应，有急能应”；体制的形成是以各级政府应急管理办公室成立和综合协调职能加强为标志，实现了“纵向到底，横向到边”，使基层开展应急管理活动有了较为明确且扁平化的指导主体；在机制上主要在于加强了各级政府之间、同级政府之间、政府与公众之间的协同能力，确立了信息通报、预测预警、处置应对、社会动员等跨部门协作的机制，提高了应急管理的效率；在法制上，为应急管理工作的开展提供了法律依据，进一步明确了政府在应急管理方面的职责，为各类突发事件的评估定性提供了具体详细的标准。“一案三制”在多年的实践中验证了其可靠性，在应对重大突发事件上发挥了重要的作用，也因此备受好评。

（3）第三代应急管理体系（党的十八大召开以来至今）

党的十八大召开以来，中国高度重视统筹发展与安全。为应对国际局势变化，以及国家安全形式的新特点、新趋势，习近平总书记在 2014 年提出了总体国家安全观，强调做好关于安全的四个方面统筹：外部安全与内部安全统筹；国土安全和国民安全统筹；传统安全与非传统安全统筹；自身安全与共同安全统筹。随后，2015 年《国家安全法》的颁布和实施进一步拓展了总体国家安全观的涵盖范围，总体涉及政治安全、国土安全、军事安全、经济安全等 11 类安全。2017 年 10 月 18 日，习近平总书记在中国共产党十九大报告中指出：“坚持总体国家安全观。统筹发展和安全，增强忧患意识，做到居安思危，是我们党治国理政的一个重大原则。”[①] 在这一重要政治报告中多次强调“统筹发展和安全”的重要性，其

① 习近平：《决胜全面建成小康社会　夺取新时代中国特色社会主义伟大胜利——在中国共产党第十九次全国代表大会上的报告》，人民出版社 2017 年版，第 24 页。

中有关安全的内容共涵盖了十个方面。在“十三五”规划中所提出的新发展理念“创新、协调、绿色、开放、共享”被认为与总体国家安全观在视角、逻辑、方法论上具有一致性。2021 年 3 月，十三届全国人大四次会议表决通过了《“十四五”规划》，既是在“十三五”规划的基础上稳扎稳打，又是对“十三五”规划的量的突破，其作为 2021—2025 年国家发展与国家安全的总纲，在“指导思想”部分明确规定“统筹发展和安全”，并且《“十四五”规划》在确立发展目标、制定发展方针、部署发展任务、安排发展项目等方方面面，都时时、处处、事事关注安全，充分体现了“生命至上、安全第一”的思想。[①]

首先，在应急管理理念上，在充分吸收新发展理念的基础上实现应急管理理念的创新。2015 年 7 月，第十二届全国人民代表大会常务委员会第十五次会议通过新的国家安全法，从法律的地位及工具性来看，《中华人民共和国国家安全法》在法律的位阶上比 2007 年颁布和实施的《突发事件应对法》要高，但同总体国家安全观相似的是两者均不能在实践及工具性层面上给予应急管理工作具体的操作依据，即该法律的颁布实施并未对应急管理工作的实践进行突破，仍然没突破《突发事件应对法》所涵盖的四大类以及未能完全包含《国家安全法》所提出的 11 类。然而，从其意义来看，总体国家安全观为我国应急管理指明了方向，将其确定为“公共安全治理”，确立了“生命至上，安全第一”的原则，从而为应急管理提供了评价和检验效果的标准，这一时代性、系统性的安全理念阐述，为中国公共安全体系的建设和发展提供了新的价值引领和整

① 参见童星：《统筹发展与安全的依据、意涵和关键抓手》，《广州大学学报》（社会科学版），2022 年第 4 期。

体性的实践目标[①]。新时期的公共安全，不仅改变了过去唯发展或唯安全为中心的张力，还要在统筹发展与安全中进行，要在坚持人民主体性地位的基础上进行。

其次，在应急管理机构上，在“大部制”改革方向下组建应急管理部。党的十九大以后，为应对更为复杂交错的突发事件，克服各个部门之间条块分割所带来的协调方面的困难，进一步深化了党和政府机构的改革。2018 年 3 月十三届全国人民代表大会第一次会议上批准了国务院机构改革方案，将多个部门进一步整合成中华人民共和国应急管理部，标志着我国开始建立由强有力的一个核心部门进行总牵头、各方协调配合的应急管理体制。[②]应急管理部的组建遵循“一类事项原则上由一个部门统筹，一件事情原则上由一个部门负责”的原则，有利于打破过去应急响应程序复杂、协调工作困难的情况。一方面，自应急管理部组建以来，我国在应急管理工作的设计上更加精细化、精准化，构建了专人负责、定期与不定期相结合会商分析研判制度，应急管理部“24 小时、全年 365 天”留人应警值守的制度；采用大数据、可视化的技术，实现了安全风险“一张图”的风险监测手段。另一方面，应急管理的响应机制也得到进一步的优化，建立了不同的应急管理响应机制以应对各类不同情况、不同程度、不同后果的突发事件，明确了各类响应等级启动后的各类统筹工作的落实主体，为应急管理工作的开展提供后勤保障的支持。

最后，在应急管理机制上，实现从“风险管理”到“全过程管理”的现代化转型。一方面，国际复杂的局势变化、国内人民群众

---

① 颜德如、隋永强：《社区应急治理的理论与对策研究》，东北大学出版社 2020 年版，第 45 页。

② 参见钟开斌：《组建应急管理部的现实意义》，《紫光阁》2018 年第 4 期。

对美好生活的向往，带来了安全与发展的现实难题；另一方面，风险问题的日益隐蔽复杂性所带来的对新安全形势的预判不足的问题，以及应急管理体系的滞后都加剧了上述安全与发展问题之间的张力。除此之外，“生命至上，安全第一”的安全思想要求应急管理的工作不再是简单地对已发风险进行“火线”应对，而更要求对风险进行全过程的管理。应急管理部的组建，意味着我国构建起了“综合应急管理”的基本框架，以应急管理部为中心，建立和完善了应急管理过程中多主体协同行动的网络，降低了多主体协同的困难，提升了多主体协同的效率，进一步对应急管理的流程进行优化，从强调单一突发事件应对到应急管理过程的全覆盖，真正实现了“无急有备，有急能应”。并且在底线思维的加持下，越发注意防微杜渐，重视防范常态化风险，将危险扼杀于苗头，也越发重视新兴的各类突发风险，充分发挥应急管理工作开展的“想象力”。除此之外，在应急管理部已经组建的基础之上，现阶段我国应急管理机构的改革或许大体上已经很难再有所突破，应急管理机制又该如何创新，成为未来我国应急管理的发展方向。①

（4）第四代应急管理体系

第四代应急管理体系是基于对第三代应急管理体系思考后所进行的学理层面的探讨，旨在为中国新一代应急管理体系建设提供些许在底层逻辑和概念框架上的启示。张海波教授认为，自 1949 年新中国成立至今，我国也以结构优化为中心先后形成了三代应急管理体系，他从以结构为中心的优化层面上提出，“第一代应急管理体系主要赋予了政府少数行政部门在单灾种管理体系中的职责；第二代应急管理体系主要强化了不同层级政府之间、同一层级政府不

---

① 参见付瑞平等：《中国特色应急管理体系的内涵与架构》，《中国应急管理》2019 年第 11 期。

同行政部门之间的协同；第三代应急管理体系主要加强了党委和政府之间的协同，包括党委统一领导下的军地协同”。并且认为在结构优化工作不断进行的过程中，应急管理体系的开放性程度也在逐渐加深，在一定范围内实现了政府部门与社会组织之间的协同，由此他指出“第四代应急管理体系在更大的范围内推动政府与市场、社会的协同，具有更高程度的开放性，也更具备复杂适应系统（Complex Adaptive System，CAS）的特征”。第四代应急管理体系的构建并不意味着对前三代应急管理体系的推翻或者重构，而是在前三代应急管理体系的基础之上使得新一代应急管理体系更兼具回应性、综合性、专门性与适应性，以增设三大中心的方式（知识交互中心、资源调配中心和策略情报中心），形成对新时期应急管理内容的回应，形成“新型风险—专家共同体；巨灾—企业共同体；跨界危机—网民共同体”三对关系的链接。其创新之处，一是在于充分发挥政府的主导作用，探寻与应急管理工作属性相匹配的价值评价机制；二是充分发挥各界专家的作用，推动应急管理跨学科知识生产方式的创新；三是激发企业的活力，探索应急资源保障浪涌能力扩展方式的创新；四是在于促进与网民的良性互动，探索行政吸纳方式的创新。并且他强调，制度创新的基础在于观念的转型，一是对应急管理本质回归的呼唤，“应急管理部门的工作不完全等同于应急管理工作，作为部门职责的应急管理也不完全等同于面向突发事件的应急管理”。换句话说，即对全过程的安全管理的呼唤[①]。二是要求跳出既有思维的定势，其原因在于既有的应急管理知识储备或是应对思路与各类风险此起彼伏、多重叠加、不确定性的增强的现实张力。三是推动社会认知的转型，充分认识到应急

① 参见邱成：《应急管理的本质属性》，《安全》2018 年第 8 期。

管理的社会价值。[①]

2. 基层应急治理

基层应急治理在广义上是指县及县以下的应急治理，狭义上指的是乡镇、社区的应急治理，笔者倾向于从后者的角度对基层应急治理的概念进行解释。应急管理是以可能发生的突发事件（危机）为对象的、以多学科跨部门联动为表征的社会管理措施，是政府及有关公共机构针对突发事件，在事前预防、事中处置、善后恢复等环节所建立的应对机制，应用科学、技术、规划与管理等手段，保障公众生命安全和财产安全的全部活动[②]。而应急治理是指在政府主导的应急管理的基础上，吸收治理理论，将社会、市场、社会组织等多元主体共同纳入应急管理的多学科融合的概念，同应急管理类似的是也大致包含以下三个大的阶段，危机发生前预防准备、危机发生中救援处置、危机发生后恢复重建等阶段[③]。一方面基层作为国家最基础的治理单元，同样也将成为应急治理的最重要的治理内容；而另一方面，基层往往都是最早发现突发事件、最先对突发事件展开应对行动的场域，基层应急的具体实践决定着该突发事件演变的走向。然而，我们也应该注意到，当前基层应急治理的工作开展还存在许多问题，首先是危机防范意识薄弱，包括应急知识储备单一、决策行为缺乏专业性等；其次是乡村中个体的重视程度不足，主要原因可能是村“两委”的动员能力不足、村庄共同体意识消退等；再次，在于应急管理的规范化不足，关键就表现为法治化

① 参见张海波：《中国第四代应急管理体系：逻辑与框架》，《中国行政管理》2022 年第 4 期。

② 参见邱成：《应急管理的本质属性》，《安全》2018 年第 8 期。

③ 参见徐淑华等：《基层网格化应急治理：主要问题及改进路径》，《中国安全科学学报》2021 年第 1 期。

不足；最后，保障性的资源不足也是影响基层应急治理发挥效用的重要原因。

3. 韧性治理

在国外，韧性最早源于对物理属性及品质的描述，人们普遍认为最初是由英国海军在 19 世纪初用来解释为什么某些类型的木材能够承受突然且严重的形变而不会破裂（Tredgold，1818）；在生态领域中，人们常常用“韧性”和“稳定性”两种概念对生态系统进行描述，其中，韧性是指系统吸收变化的能力，稳定性是指系统在短暂干扰后恢复平衡的能力（Crawford Holling，1973）；在心理学领域中，韧性与脆弱性相对，被用来描述一般情况下人对创伤的承受能力；韧性概念在商业领域中的应用，在一定程度上表现出这一概念从被动接受到主动应对的转变，在此阶段韧性描述了生存、适应、在动荡的变化中成长，以及在情况发生变化不可逆转前进行改变的能力（Hamel and Valikangas，2003）；韧性工程将韧性引入安全领域，并认为韧性的表现需要具备以下四个潜能：响应、监测、学习、预测，埃里克·郝纳根（Erik Hollnagel）据此提出，除非一个组织能够灵活地监测其运营环境（组织外部）发生的事情和组织内部发生的事情（其自身的表现），否则不能体现出它的韧性。[①] 同样地，区别于风险这样的舶来词，“韧”在我国由来已久，在《管子·制分》中提到，“故凡用兵者，攻坚则韧，乘瑕则神”，用以表示敌军实力的强大、防线的牢不可破；在《说文解字》中，韧性是指“柔而固也”，柔软而又坚硬，受外力作用时虽变形而不易折断。综上，我们可以认为，韧性有着“生态—工程—社会”的发展阶段，早期的韧性更多地被用于评价某个物体或是系统在吸收

① ［丹］埃里克·郝纳根：《安全的新内涵与实践》，马晓雪、乔卫亮译，社会科学文献出版社 2021 年版，第 41 页。

各类能量后不发生形状或是形态上变化的能力，随后被赋予了更为积极主动的概念，即人为地设计一种系统或是创造某些条件以提升对抗某些能量冲击的能力。因此，在对上述定义的理解吸收的基础上，我们认为基层韧性治理是指多元应急主体为快速应对各类突发事件，维持基层社会稳定与促进基层治理方式变革的一种治理方式。它着眼于对脆弱性的识别，提高对脆弱性所诱发的突发事件的承受能力，将突发事件作为提升其治理能力的养料，强调对突发事件的学习、适应、调整、改变、组织等能力的提升，最终使得基层成为一个可以适应各类变化、承受各类突发事件的基本单位。

4.“互为表里”的效能交织

治理理论在应急管理中的应用决定了应对突发事件的形式，韧性治理则决定了应急治理的最终成效。俞可平认为治理一词的基本含义是指官方的或民间的公共管理组织在一个既定的范围内运用公共权威维持秩序，满足公众的需要，其目的是在各种不同的制度关系中运用权力去引导、控制和规范公民的各种活动，以最大限度地增进公共利益；陈振明认为治理就是对合作网络的管理，又可称为网络管理或网络治理，指的是为了实现与增进公共利益，政府部门和非政府部门（私营部门、第三部门或公民个人）等众多公共行动主体彼此合作，在相互依存的环境中分享公共权力，共同管理公共事务的过程。由此可见，治理理论在公共管理中的应用，都离不开多主体、政府社会合作的基本内涵。因此，在治理理论影响下的基层应急模式，也更为强调突发事件响应中政府以外主体的作用和这些主体之间的协作。同样地，李艳飞、李苏梅等基于 31 省面板数据对地方政府应急管理能力的影响因素进行的实证分析中指出，政府与社会协同应急是最佳选择，肯定了社会自救互助的应急管理新模式，并且他们认为地方政府要提升应急能力，研究过去突发事件很有必要，并且就长期而言，应急基础设施及大数据应用水平都是其中非常重要的因素。在此基础上，“韧性”的概念恰好回应了后半部分的要求，如学者汪超提出了社区韧性治理内涵的三重指向，即抵抗、恢复和适应，其中抵抗性指向强调系统具有抵抗外力干扰的能力；恢复性指向强调主动获取资源和学习反馈的能力；适应性指向强调在常态化情形下，也要增强系统识别内部风险的能力[①]。笔者认为，以乡村社区为主体的基层同样具备上述三重指向特征，其中，抵抗性指向为后续基层应急管理工作的开展创造了必要的稳定社会秩序，即为后续应对突发事件的工作存续了有生力量，恢复性指向中所强调的资源获取能力，恰好对应了治理理论中多主体参与应急的资源整合优势，并且在此阶段详细记录与消化此次应急管理工作的得失，而适应性指向则在前述两个阶段的基础之上，根据此次经验，“依葫芦画瓢”，进一步发掘常态下基层所藏匿的“脆弱性”风险，并及时针对这些隐患进行系统调整，最终形成富有韧性的基层应急机制。

（二）韧性应急治理是基层治理的必由之路

基层政府大致包括县及县以下的乡镇（街道），其中县政府负责任务指令的上传下达，乡镇政府负责具体的贯彻执行。长期以来，受制于“零指标”“一票否决”考核压力之下，安全稳定问题成了悬浮在基层领导干部头顶的“达摩克利斯剑”，“维稳”工作也由此分配走了大量的政府工作的注意力，甚至带来基层政府非理性的行动，并且在主客观等条件因素的限制下，基层“维稳怪圈”的现象也随之出现[②]。一方面，从客观上来看，随着社会的不断进步、

① 参见汪超：《迈向富有韧性的社区治理研究》，《城市发展研究》2021 年第 12 期。

② 参见金太军等：《基层政府“维稳怪圈”：现状、成因与对策》，《政治学研究》2012 年第 4 期。

经济的持续发展，改革开放带来了机遇，也带来了越来越多的不确定性，群众、社会组织、市场等主体的呼声也越发强大，政治体制运行及维护成本也因此不断提升，一旦政治体制的维护成本超过其支付能力就可能出现社会无序和冲突失控[①]；另一方面，从主观上来看，基层政府维稳思路和模式也成为影响基层秩序的重要因素，具体表现为重堵轻疏，即“谁提出问题就解决谁”以及公众表达利益诉求机制缺失，导致基层政府陷入一种“越维稳越不稳”的恶性循环[②]。韧性应急治理在此情形下应运而生，其不仅回应了如何使基层社会秩序稳定的问题，同时也解答了如何发挥多元主体参与应急的问题，因此韧性应急治理是基层治理的必由之路。

1. 由风险的特性所决定的

在风险社会的话语视角下，认为风险是不确定、无法预测、不可知的，一方面其消极地渲染了人在风险面前的渺小，但在另一方面它也保留了一定的积极性，即并未明确风险所指向的结果是好的还是坏的，认为危与机共生共在。在此基础上我们可以认为，风险一词的产生旨在唤醒人们的风险意识，要求人们在行动中对自己的行为负责。而在安全领域的风险，更多地将其表示为安全的不确定性，存在风险是指可能存在的危险或是隐患，对社会秩序的稳定运行、人民群众的生命财产安全来说均是不可容忍的，由此可见，在安全领域的风险，在一定程度上有一个较为明确的受风险影响的对象，并且此对象所承担的不确定性或是所承受的不安全感在理论上均可被该对象所感知，也就意味着人们是可以通过感知风险，并采

① 参见于建嵘：《从刚性稳定到韧性稳定——关于中国社会秩序的一个分析框架》，《学习与探索》2009 年第 5 期。

② 参见清华大学课题组：《以利益表达制度化实现长治久安》，《学习月刊》2010 年第 23 期。

取某些手段去恢复安全的状态。正如上一节我们所提及的有概率风险与无概率风险，其中我们在有概率风险中提及了“灰犀牛”风险与“黑天鹅”风险，“黑天鹅”风险是指发生概率小、难以预测、破坏性极大的风险，该类风险往往可以通过应急后的学习而将其转化为“灰犀牛”风险，因此在这个层面上来看，一方面强调了基层对突发事件的抵抗恢复能力，另一方面也强调了对该类风险应对的学习能力。而“灰犀牛”风险是指发生概率大、可预测、影响范围广的风险，正是由于其发生概率大，并且有经验可循的特点，基层政府需要对此采取一系列的行动，如对诱发该风险的“脆弱性”环节进行治理、对该风险先例进一步消化吸收并进而形成对该风险的应急预案等，该风险往往成了其“维稳”工作的中心任务。除此之外，我们还提及了“大白鲨”风险，即区别于“灰犀牛”或是“黑天鹅”的有概率风险，完全无规律或是受当前各方面的局限性所带来的各种不确定集合的风险。例如，人们难以预料的自然灾害、战争、传染病、经济危机、恐怖主义、地缘冲突和国际摩擦等不断发生的非常态负面冲击。这便可认定为“大白鲨”风险，它突破了所有人的想象，并带来了极具威胁性的冲击。综上所述，无论是有概率风险，还是无概率风险，都强调的是对风险的抵抗、响应和学习的能力，因此强调韧性也就成了基层应急管理建设的应有之义。

2. 基层韧性应急的“兜底”作用

出于“风险”这一外因对基层社会秩序冲击的考量，我们提出需要韧性应急治理，除此之外，基层政府所处的环境、工作内容等构成了需要韧性应急治理的内因。一方面，在压力型政治体制及高压的考核指标的作用之下，“维稳”成了基层应对各类事务的工作重点，然而随着发展的不断提速，各类安全问题也因此狂野生长，并且在多元利益主体意识逐渐觉醒的情形之下，各类扰动基层社会秩序的噪声也就因此不断增强，越发让基层政府感到防不胜防。另一方面，在基层组织中最小单位的农村基层长期呈现出政治、经济、社会“三合一”的综合性质[①]，在“事事”都要管的情形之下，基层政府也就随之承担了“无限责任”，构成了常说的“兜底结构”，其逻辑在于引发事故的主体或是社会均无力承担突发事件所带来的严重后果，并且公众的舆论必然也会将一切的责任归咎于政府的监管不力，即便政府加强事后的应急响应，频繁发生的安全生产事故仍然会导致政府形象严重受损[②]。在外因的问题上我们强调运用韧性概念所提及的监测、学习能力对已发风险的处置进行经验学习，对未发风险制定与之相对应的应急预案，而在内因的问题上，即假定风险必然造成严重后果的情形之下，维护社会秩序、保持社会稳定是极其重要的，不仅仅是出于高压考核指标的外在压力，更在于稳定有序的社会环境将为后续的应急管理活动的顺利开展创造必要的条件。韧性概念所强调的抵抗力也就与之不谋而合，其在工程上用以表示某一材质在吸收能量后不易发生形变的特质，在心理学上表示对抗脆弱性的能力，在此基础之上，在基层应急管理中强调韧性便是指代在突发事件对社会造成冲击的情形之下，社会秩序仍旧保持稳定的特质，也由此构成了基层应急活动的开端、基层应急管理的底线。当然，基层社会秩序的稳定不仅仅在于政府这一单一主体的作为，更在于在突发事件发生以后每个人都不置身于事外，因此基层社会应对各类突发事件需要韧性应急治理，评价基层政府应急管理活动是否具有韧性关键在于“是否有多元主体参与”和“是否事件发生后社会秩序仍旧稳定”这两个条件。

---

① 参见张晓山：《农村基层治理结构：现状、问题与展望》，《求索》2016 年第 7 期。

② 参见张海波：《总体国家安全观下的安全生产转型：从“兜底结构”到“牵引结构”》，《中国行政管理》2021 年第 6 期。

（三）基层治理中韧性应急治理的未来展望

2018 年，中华人民共和国应急管理部的成立顺利打破了部门协同困难的问题，标志着第三代应急管理体系的建立，并且在其成立不到三年的时间里，新冠疫情便为其出了“大考”的检测卷，显然，在过去的“抗疫”实践中取得明显的成效。中国已有的应急实践充分证明，中国的应急体系和政策经得起历史检验、科学有效，也充分彰显出中国之治的优势和强大力量。当前世界正处于百年之未有大变局，面对错综复杂的国际国内环境，我国仍然处于重要战略发展机遇期，在此情形下，正确把握安全与发展的关系变得尤为重要，高韧性社会的建设迫在眉睫，唯有此才能为经济、文化、生活等方面实现高质量发展奠定基础，才能为实现“两个一百年”奋斗目标与中华民族伟大复兴的中国梦不断贡献力量①。

1. 基层应急中韧性建设依然任重道远

尽管当前我国已经初步对应急治理体制的框架进行了构建，但其构建还尚处于起步探索阶段，存在较大的提升空间②。当前影响基层应急治理韧性建设的因素大致有以下三个方面，即治理思维的惯性，社会思维的固化和行动思维的懈怠。首先，在治理思维上仍具惯性。一方面，即便是应急管理体制已经初步构建的今天，我国基层应急治理的工作依旧面临着缺钱、缺物、缺人的现象，各种基层的应急基础设施薄弱等问题的困扰，基层韧性应急治理也随之在资源上被卡了脖子，“巧妇”为“米”只得诉诸上级；另一方面，在行政发包的现实背景下，传统科层的委托代理制也随即带来了权责关系的不对等，并且在高压的政治环境作用下，基层政府在应急工作上也逐渐丧失主动性与积极性，演化为事事诉诸上级，进而影

---

① 周园：《高韧性社会》，中译出版社 2021 年版。

② 参见颜德如：《构建韧性的社区应急治理体制》，《行政论坛》2020 年第 3 期。

响应急治理的效率。其次，社会思维的固化。一方面，政府确实有义务对所发生的各类突发事件进行兜底，并尽一切可能降低其损害，维护人民群众的生命财产安全；另一方面，社会主体却还未意识到风险的“广泛联结性”，错误地认为对突发事件的应对仅仅是政府的事，而置身于突发事件之外。除此之外，作为用以组织社会主体参与应急活动的社会组织在自身所持资源以及在各类条条框框的限制下，更多地表现为对政府的依附，也因此失去了民众对其的信任，进而影响了应对突发事件下多元主体的协同合作。最后，在行动思维上的懈怠。一方面，基层政府受限于自身的各种条件，其中，具备专业知识人才的缺乏使其未能将所有因素统筹考虑进来，常常作出非理性决策；另一方面，在“零指标”的考核标准驱使下，预防原则成为其一切行动的根本指导原则，即未能证明安全或是可能存在不安全的行动坚决不做，由此带来了“一刀切”的“拍脑袋”决策，仅对自身发展负责而非对人民群众负责的错误政绩观。以上三个方面的共同作用最终导致了基层韧性应急治理建设工作的梗阻，也必然是未来亟待解决的重要问题，并且在日益复杂的社会背景之下，基层韧性应急治理的工作可谓任重而道远。

2. 基层应急治理还需兼顾“脆弱性”治理

韧性治理关注的是“抵抗—恢复—学习再适应”，脆弱性治理在于识别易发生风险的脆弱点，对可能产生不安全情形进行排除。近年来，特别在突发公共卫生事件爆发后，对韧性治理的研究如同雨后春笋般冒出，有学者对此也提出了质疑，认为是否存在“韧性”概念的滥用，而忽视了“脆弱性”治理的问题[①]。笔者认为这样的担心是不无道理的，举个不恰当的例子，好比人类与风险进行

① 参见童星：《统筹发展与安全的依据、意涵和关键抓手》，《广州大学学报》（社会科学版）2022 年第 4 期。

一场搏击比赛，“韧性”与“脆弱性”共同决定了“我”在应对风险的拳头时是否要躲，过分强调韧性治理的情形下就有可能发生对风险拳头“知而不避”的现象，频频遭受风险的打击，最终可能使得此类“灰犀牛”风险转化为“大白鲨”风险，在人们意想不到的情形之下给予人类沉重打击。因此，在此假设的基础上，笔者认为应充分做好“韧性治理”与“脆弱性治理”之间的分工，明确将“韧性”确定为对突发、非常态事件的应对上，并且当该风险被识别之后就要使其进入下一道风险链处理程序，即“脆弱性”治理，通过对“脆弱性”风险的治理，以达到后续规避此类事件目的，换句话说，韧性治理工作的重点并不是说让风险或是危机不再发生，而是维持“现状”以及“学习再适应”的能力。当前，我国进入风险社会后明显察觉到自身所面临的“共时性困境、压缩性现代化”所给予的压力，各种人为的、自然的风险不断交织错合，各种技术进步本身便带来了复杂性，各种解决此类技术进步所诱发的问题的方法也带来解决此类问题的策略的复杂性，虽然所有对已显现出来的风险的解决策略在一定时间内是固定的、不变的，但是风险却在各种内因外因的持续不断排列组合下也越发复杂，在此情形下，过于强调阻止风险的发生，只会让人们陷入更深的无助和无力之中，进一步使得基层政府在应对风险的问题上产生认知偏差，过分地将注意力分配给“治”而非“防”。因此，笔者认为所谓的韧性治理，更多的是在应对各种让人意想不到、措手不及的风险之下，从应急管理的非常态状态下转变回常态化治理的一种策略，即韧性应急治理的建设工作统统都是针对非常态情形所采取的行动，而在常态化情形下应当更加关注“脆弱性”治理，最终实现“韧性治理”与“脆弱性治理”的统筹，做到“有备无患，急而有备”的平战的动态平衡。

3.“弹性”思维或将成基层应急未来

“弹性”与“韧性”在一定程度上具有相似性，从物理学的角度来看，韧性是指受到外力的作用后，其吸收的能力的大小，弹性指的是物体受外力作用后，改变其形体，而除去作用力后恢复其形体的性质，由此可见，“弹性”与“韧性”是质与量的关系，在韧性治理的基础之上注重弹性治理，对构建富有“柔韧性”的基层应急治理模式具有重要的现实意义。首先，弹性社会思维要求培育和激活复杂社会的自我修复能力，提高社会主体在突发事件来临之际的“造血能力”，充分发挥社会组织、志愿者、专家共同体的作用，使其具有广泛的权利及充分的积极性参与到应对突发事件的工作中，借此转变过去认为应急仅仅为政府的事的落后观念。其次，弹性治理思维要求增强政府与其他社会主体的有机联结，改变过去高度依赖科层制层级政策下达、执行和监督的工作思路，改对上级负责为对公众负责，真正贯彻“生命至上，安全第一”，通过政务公开来消除与社会主体之间的信息差，通过决策体系的下沉来提高应急事件处置的及时性与准确性，并在此基础上赋予与责任相对应的权力资源，进而构建更加扁平化和属地化的韧性应急体制，使得基层在应对突发事件中更具有主动性与积极性。最后，弹性行动思维一方面要求构建能够应对不同风险的机制，形成“一案一预”具有针对性的应急预案；另一方面则强调构建起在风险中能弥合社会主体之间差异的机制，以适应不同主体在风险中的不同需求，将“以人为本”的思想真正渗透进政府的实际行动中，并由此提高民众对政府应急活动的包容性以及对特殊时期政府指令的配合程度，进一步提高政府应对突发事件的工作效率。

第六章　技术之治：高效能基层治理的数治维度

整体智治是公共治理创新与信息技术革命的互动融合[①]。整体智治离不开整体治理和智慧治理，整体治理强调治理主体之间的有效协调，包括政府、社会 组织、市场机构、自治组织和民众个人协同治理，形成治理合力；而智慧治理强调治理主体对数字技术的广泛应用。随着社会的进步和人民生活水平的提高，互联网、物联网、微信群、QQ 群等在基层社会得到广泛使用。社区通过构建网格化管理、精细化服务、信息化支撑、开放共享的基层管理服务平台，来推动社会治理和服务重心下移、资源下沉，提高城乡社区精准化精细化服务管理能力。网格化管理对于提升基层社会治理的效率和质量大有裨益，但是从现实来看，智能化技术在赋予基层治理新动能的同时，也给基层治理带来了新的问题和挑战。为此，本研究将在技术嵌入视野下，分析基层社会治理存在的问题及原因，探讨大数据背景下推动基层治理现代化发展的路径。

---

① 邓念国:《整体智治：城市基层数字治理的理论逻辑与运行机制——基于杭州市 S 镇的考察》,《理论与改革》2021 年第 4 期。

一、数字技术在基层治理中的兴起

（一）新时期基层治理面临的主要挑战

1. 基层治理碎片化问题

“碎片化”问题是当前基层治理面临的现实困境，主要包括权责观念的碎片化、服务供给的碎片化。“碎片化”问题的产生归咎于条块分割的行政管理体制，横向职能部门“各自为政”，不愿将资源和数据共享，囿于各自的职责范围，只考虑本部门的利益，而纵向上各层级部门难以协调，大量行政事务下放基层，但权力仍集中于上级政府，导致权责不对称；服务供给的碎片化主要是基层政府的公共服务供给与公众的服务需求不匹配，基层服务供给仍然以政府为主导，未能满足百姓诉求，也造成行政资源的浪费。

2. 农村基层治理内生力发展不足

（1）“空心化”日益严重

人民群众是乡村治理的主体，也是乡村振兴的最终受益者。随着市场经济的蓬勃发展，越来越多的农民向城市迁移，优秀的青年群体选择非农岗位就业，乡村的精英人才不断流失，空心村现象越来越普遍，农村社会逐渐从熟人社会转变成半熟人社会[①]，农村空心化问题日益突出，现在留守在农村居住和生活的基本是妇女、儿童和老人，号称“386199 部队”，这些人员不仅无法承担起农业生产的重任，更使乡村治理主体乏力，不能承担起乡村治理的

① 《乡村治理问题存在哪些方面？有哪些现实难点？》，美丽乡村公司 2021 年 5 月 21 日。

重任[①]，特别是影响村民自治的顺利推行。乡村劳动力大量迁徙至城市务工，造成的最为直接的一个治理难题就是基层治理主体的缺失，一是基层治理工作的无法有效落实，没有足量的主体来参与乡村秩序的维持、各项公益建设以及国家分配任务的执行。二是作为留守人群主体的老人、儿童和妇女都是需要被关注与保障的对象，就直接的治理参与而言缺少动力也缺少精力，加之各方面素质普遍不高，其治理参与兴趣与力度都明显弱化[②]。三是留守人群的监督能力明显不足会导致基层腐败问题频发。

（2）村民自治参与程度较低

我国村民的民主意识、参与意识总体较低。虽然我国的村民自治制度在不断地发展进步，村民对它的了解认识也在逐步提高，但是我国部分地区的部分村民确实受教育水平、文化程度等因素的限制，民主意识和参与意识无法满足我国的村民自治制度对村民自身条件的要求，这就导致了制度的存在与实现之间的一种矛盾，直接限制甚至阻碍了村民自治的发展；公众共同参与力度不够大，公众参与的多元治理动力不足。

（3）基层法治化治理困境

党的十八届四中全会指出，全面推进依法治国，重点在基层，难点也在基层，推进基层治理法治化是实现国家治理体系与治理能力现代化的关键举措[③]。当前基层治理法治化困境主要体现在以下三个方面：首先，基层治理，特别是农村基层治理，长时间靠的是民间法和少数农村精英的“晓之以情动之以理”，农村居民的法律

---

① 吴合琴：《蓝皮书：乡村治理面临“农村空心化”等五大困境》，中国新闻网 2016 年 4 月 29 日。

② 张晓欢、田琳琳：《新时代乡村组织发展与社会治理》，《社会治理》2020 年第 1 期。

③ 《给自然资源明晰“主家”》，《山西日报》2020 年 6 月 11 日。

意识淡薄，部分基层群众信“访”不信“法”现象严重，还有就是普法教育流于形式，农民群众的参与热情比较低，这些都在一定程度上阻碍着基层法治建设[①]。其次，我国依法行政的水平不高。依法行政是我国法治建设的一个环节，也是法律实施的一个重要组成部分，它是现代法治国家行政活动的一条最基本的原则。但在基层管理中，依然存在着主体、内容、程序不合法的现象。最后，基层治理法律法规制度体系不健全。

（二）数字治理的兴起及其“下沉”

1. 数字治理的兴起

进入21世纪以来，计算机、互联网在各领域的广泛普及与发展，不仅促进了经济结构的变革与发展，也从根本上改变了人们的生产活动和生活方式，全球正大踏步进入以信息技术为核心的数字时代，也被称为信息时代、网络时代、大数据时代。时间追溯到20世纪末，为了克服新公共管理时期追求效率至上的弊端，即政府管理的碎片化、分散化以及政府公共性的缺失，西方学者在重塑政府与市场、社会组织、公民等关系的基础上提出了治理理论，其核心特征就是发挥政企互动、政社互动以及政民互动在政府公共管理和公共服务中的积极作用。在此基础上，英国学者佩里·希克斯在《整体政府》一书中首次提出整体性治理理念，强调以公众需求为导向，以信息技术为手段，激发多元主体协同参与，更好地回应公共服务碎片化的治理难题，转变政府职能、建立服务型政府。英国、新西兰、澳大利亚等西方国家先后围绕建设整体政府展开一系列的创新实践，核心就是充分发挥信息技术优势，整合协调政府各部门和治理主体之间的关系，推进政府在功能、组织结构、运行方式等方面的变革，明确责任边界，形成治理合力，这也为中国探索

① 尹彤：《推进基层治理法治化问题研究》，《新西部》2020年第5期。

实现治理现代化提供了丰富的经验借鉴。整体性治理、网络化治理以及今天广泛开展的数字治理都是治理理论的数字信息时代的创新与发展。

数字治理是现代数字信息技术与治理理论融合的新型治理模式，是整体性治理理念在数字时代的深化发展。英国学者帕却克·邓利维在2006年首次对数字治理理论作出系统概括，强调以互联网、大数据等为代表的数字技术对公共管理领域的优势，并提出开展政府数字治理。数字治理的形成主要来源于两个方面，一是官僚科层体制的弊端弱化了治理效能，二是以移动互联网、大数据、云计算、人工智能等为代表的现代信息技术的发展。数字治理的概念解释是在深入研究电子政务和数字政府的基础上形成的，目前学术界关于数字治理的概念解释主要围绕两个方面，一是用数字技术治理，强调数据在政府决策中的重要性，这也是电子政务模式的核心与基础；二是对数字技术进行治理，强调将数据作为资源要素进行治理和利用，同时考虑数字技术的负面作用。数字政府建设更加强调“对数据进行治理”，在保障数据安全的前提下，促进数据在政府部门之间的共享，推进公共数据对社会的有序开放，从而发挥数据更大的价值。

我国推进数字化治理的创新经历了由电子政务模式到数字政府建设，再到数字治理的过程。偏重信息传递的电子政务模式主张运用数字信息技术，包括计算机、数字电视、手机等优化政府部门业务流程，实现政府政务信息的数字化、办公自动化、服务网络化，提高政府的办事效率，但是该模式更侧重工具理性倾向，忽略了政府与公众互动与交流，极易陷入技术性治理的困境。由西方国家发起的数字政府建设则重视政民互动，强调运用数字技术整合协调“条块”关系，通过加强数字基础设施、在线政务服务水平、数据平台开放共享等举措实现整体性治理。数字治理在整合电子政务和数字政府优势的基础上，强调国家治理的数字化转型要兼具工具理性和价值理性，运用数字技术实现对政府内部赋能和对社会公众赋权，推进多元主体协同治理，实现全社会的共建共治共享。

党的十八大以来，伴随着大数据、云计算、人工智能等新兴数字技术走向纵深，党中央、国务院围绕建设数字中国进行了一系列决策部署。2015 年，习近平主席在第二届世界互联网大会开幕式上提出推动“数字中国”建设；党的十九大更是将“数字中国”建设放到国家战略的高度；党的十九届四中全会强调要推进数字政府建设，加强数据的有序共享；“十四五”规划特别明确要从“加强公共数据开放共享”“推动政务信息化共建共用”“提高数字化政务服务效能”等三个层面，提高数字政府建设水平[①]。数字技术与治理的结合将成为未来治理模式的发展方向。

2. 数字治理的“下沉”基层

党的十八届三中全会提出全面深化改革的总目标是完善和发展中国特色社会主义制度，推进国家治理体系与治理能力现代化[②]。基层治理是国家治理的基石，基层治理现代化水平直接影响国家治理现代化水平。城市的社区治理、农村的村落治理，都属于基层治理范畴，作为基层治理主体的乡镇和街道，起着承上启下的作用，既是国家政策的终端执行者，也是公共服务的供给者，直接与人民群众打交道，所以基层治理效能直接决定了党和国家一系列方针政策的执行效果，也决定了人民群众的利益需求能否得到满足。

运用数字技术创新治理方式、优化组织结构是实现基层政府数

① 《普华商业集团：区块链技术或将重塑政企关系》，区块链讯 2021 年 9 月 24 日。

② 《中共中央关于坚持和完善中国特色社会主义制度 推进国家治理体系和治理能力现代化若干重大问题的决定》，人民出版社 2019 年版，第 1 页。

字化转型的变革方法。自 2010 年 IBM 正式提出了运用现代数字信息技术建设智慧城市愿景后，我国顺应数字化趋势，不断开展智慧城市的创新与探索，一方面加快推进数字化基础设施，包括数字化平台和数字应用场景的构建为建设智慧城市和数字政府提供了技术支撑；另一方面推进政府体制机制改革与数字技术的深度融合，重塑治理流程，打破部门壁垒，实现跨职能跨部门的信息共享，形成了可复制可推广的"中国方案"。例如，浙江杭州利用"城市大脑"打造智慧城市，城市大脑建设以治理问题为导向，围绕城市治理的痛点、堵点和群众反映强烈的热点、难点，运用大数据、云计算、人工智能等现代化信息技术构建数字治理平台、开发数字应用场景，城市大脑先后推出了包括"民呼我为""基层减负""清廉建设"等多个场景[①]在内的 11 个大领域 48 个应用场景，而"亲情在线"数字化平台的上线，为各部门实现数据共享提供了可能，优化政府的治理流程，创新了政府服务方式，实现"人找政策"向"政策找人"的转变。智慧城市的成功探索为推进基层治理数字化转型提供了借鉴和参考。

智慧社区和数字乡村的建设是实现基层治理数字化转型和乡村振兴的有效路径，也是建设数字中国的重要内容。近年来，市场经济持续快速发展，城镇化加速推进，大量农村青年涌入城市，使农村特别是中西部农村"空心化"现象加剧，治理主体缺位，而农村人口大量涌入社区也带来环境污染、交通堵塞等治理难题；数字电视、互联网、手机等智能设备在农村的普及，使基层群众不再是政策信息的被动接收者，人民群众的利益诉求也日益多样化、个性化，传统的基层治理模式已不再适应新时代基层治理的需求，降低了基层治理效能和基层政府的公信力。综上，社会治理的难点在

① 《城市有大脑治理更聪明》,《中国纪检监察报》2022 年 4 月 26 日。

基层、最突出的矛盾和问题也在基层，截至 2021 年 6 月，我国共 11.3 万个社区（居委会）、49.2 万个行政村，所以如何有效提升基层治理效能依然是公共管理领域的重要议题。围绕基层治理难题，党和国家不断推进互联网、大数据等数字技术下沉并与基层治理相融合。2021 年 4 月，中共中央、国务院发布了《关于加强基层治理体系和治理能力现代化建设的意见》，专门提出了"加强基层智慧治理能力建设"，要实施"互联网 + 基层治理"行动，从而提高基层治理数字化智能化水平。[①]"十四五"规划提出依托社区数字化在线平台和线下社区的服务机构，提供线上线下融合的社区治理与公共服务，以期满足人民日益增长的美好生活需要。

（三）基层治理数字化转型的机遇与挑战

1. 数字技术与基层治理效能的耦合性分析

伴随着数字技术的迭代升级以及国家、省、市等各层级政策的出台与支持，移动互联网、大数据、云计算、人工智能等先进的现代信息技术不断下沉并融入基层治理。实践证明，数字技术与基层治理之间是双向互动的，只有在耦合的状态下，数字技术的技术优势才能与基层治理的制度优势有效融合，进而转化为治理效能。俞可平教授强调善治的目标主要从有效性、公共性、规范性等方面衡量，善治的本质特征是政府与公民对公共生活的合作管理，强调政府与公民的良好合作以及重视鼓励公民积极参与基层治理。基于此，笔者将从有效性、公共性、规范性三个角度探讨数字技术是如何赋能基层治理效能的。首先是有效性。数字技术的运用显著提升了基层治理的效率与响应速度。数字技术运用本身就具有提升治理效率、效能的作用，而基层治理效能实现的最直观的体现就是有效

---

① 《中共中央国务院关于加强基层治理体系和治理能力现代化建设的意见》，人民出版社 2021 年版，第 11–12 页。

性，故而二者有内在耦合的一面。通过构建智慧政务平台、数据共享系统等，政府能够实时收集、处理和分析海量数据，快速识别社会问题与民众需求，从而及时制定和调整治理策略。其次是公共性。数字技术为基层治理的公共性提供了强有力的支撑。通过构建智慧政务平台、社区服务 App 等数字化工具，政府能够更便捷、更广泛地收集民意，确保公共决策过程更加透明、民主。这些平台不仅使得公众能够轻松获取政务信息，参与公共事务讨论，还促进了政府与民众之间的双向沟通，增强了治理的公共参与度和满意度。数字技术使得公共服务的提供不再受地域、时间限制，真正实现了公共资源的优化配置和共享，体现了治理的公共精神。最后是规范性。数字技术在基层治理中的应用极大提升了治理的规范化和法治化水平。借助大数据分析、智能监控等手段，可以对基层治理中的各类违规行为进行精准识别与预警，有效预防和减少违法违纪事件的发生。同时，数字技术的应用也为行政执法提供了更加科学、客观的依据，确保了执法过程的公正性和透明度。此外，通过建设电子政务系统，可以实现对政府权力运行的全程监督，防止权力滥用，保障治理活动的合法合规。数字技术的融入，让基层治理的规则体系更加完善，执行更加有力，提升了治理的规范性和权威性。

2.“双赋”下的基层数字治理

以数据为驱动力，数字技术既可以向政府赋能，促成整体智治的现代政府新形态，也可以向社会赋能，增强多元主体参与社会治理的能力和意愿，促进社会治理共同体的形成[①]，数字技术为基层治理提供新的工具，推进了社会民主和科学决策。“技术赋能”强调新兴技术对公共部门的赋能作用，“技术赋权”强调新兴技术赋

① 郁建兴、樊靓：《数字技术赋能社会治理及其限度——以杭州城市大脑为分析对象》，《经济社会体制比较》2022 年第 1 期。

权社会主体提升其参与和协同能力的价值[①]。

技术赋能主要体现在四个方面：首先，数字技术的嵌入提升了基层政府在识别问题、决策、执行、评估等方面的治理效能。在技术运用下，社区治理主体在治理过程中获取信息的渠道得以拓宽，且信息传递的链条得以缩短，因而社区治理主体在第一时间所能获取的用于研判、分析的数据量极大地提高，且传递过程减少了信息的失真与损耗。与此同时，社区治理主体对信息的感知能力得以提升，尤其是自动预警等功能的应用，使得治理主体能够迅速、精准地识别出有待处置的关键公共问题。其次，数字技术的运用有助于社区治理主体实现科学化决策[②]。基于海量信息的分析及研判过程有助于社区治理主体的决策过程趋向科学化，改变了以往依赖经验主义甚至闭门拍脑袋的决策形式[③]，因而降低了路径依赖带来的影响。再次，数字技术的运用有助于提升行政执行效能。智能化手段的运用替代了非必要的机械式人力成本投入，有效提升了工作效能。如 2020 年初新冠疫情期间，少数街道通过智慧社区平台的底层数据排查属地居民信息等[④]。最后，基层社区的网格化管理也是通过移动互联网、大数据等技术，在源头上发现基层的矛盾风险，并通过技术监管下的流程化管理机制予以解决[⑤]。

① 梁正：《数字双赋打通韧性城市建设“最后一公里”》，《人民论坛 · 学术前沿》2022 年第 Z1 期。

② 梁正：《数字双赋打通韧性城市建设“最后一公里”》，《人民论坛 · 学术前沿》2022 年第 Z1 期。

③ 梁正：《数字双赋打通韧性城市建设“最后一公里”》，《人民论坛 · 学术前沿》2022 年第 Z1 期。

④ 吴新星：《数字技术赋能城市基层治理的互嵌耦合机理》，《中国社会科学报》2021 年 11 月 25 日。

⑤ 吴新星：《数字技术赋能城市基层治理的互嵌耦合机理》，《中国社会科学报》2021 年 11 月 25 日。

技术赋权实现了多元主体协同参与，首先，数字技术有效提升了基层社区治理效能，增加了上级政府对基层治理主体的信任度，助推上级政府在可控范围内下放权力，实现治理重心的下移，有效解决权责匹配不合理、协同机制不完善等治理困境；其次，数字技术的运用拓宽了社区与外界的信息交互渠道，实现多元主体参与基层治理，有效弥补政府单一主体的治理缺陷。多元共治逐渐走向常态，权力结构特征趋向扁平化、均等化、共享化，有效实现了“还权于民”。例如，杭州市拱墅区小河街道“红茶议事会”治理模式基于居民信箱、信访数据、网络舆情等数据进行民意热点大数据分析，自动形成“红茶议事会”议题，通过邀请多方主体召开线上或线下会议形成共治方案，回应群众诉求[①]。又如，杭州市萧山区瓜沥七彩社区利用社区积分制度，调动社区居民参与社区治理与建设。激发社会公众主动参与基层治理，有利于提升公众对政策的认同感，便于政策的有效实施。在数字技术手段运用下，技术赋能助推技术赋权，权力运行的变化又反向助推技术赋能，提高了基层社区治理呈现稳定性、自适应性、抗干扰性。

3. 基层治理数字化转型的困境

数字技术与基层治理的互动中，不仅是相互耦合的过程，也会产生对抗，即数字技术的发展虽然在一定程度上提升了基层治理效能，但也给基层治理带来新的挑战。基层治理数字化转型面临的困境主要体现在以下几个方面，首先，数字化顶层设计不完善，各部门数字治理缺乏统一高效的顶层设计，各部门设计自己的数字化管理系统，有的部门为了数字化而搞数字化，增加基层负担，缺乏相应的体制机制创新，数字化转型并不是简单的数字技术应用，而是

---

① 邓念国：《整体智治：城市基层数字治理的理论逻辑与运行机制——基于杭州市 S 镇的考察》，《理论与改革》2021 年第 4 期。

要与相应治理情景中的组织、制度、价值相匹配，部分社区在基层社区治理数字化转型进程中盲目追求数字化普及率，导致“跟风而来”“一哄而上”的局面。规划者未进行实地调查和研究分析，缺少对于社区自身优势和存在问题的综合分析，会出现治理方向偏离、治理效率低下、治理思维与社区实际脱钩和治理模式千篇一律等问题。其次，基层群众参与积极性和能力不足，受城乡二元体制影响，我国中西部农村地区年轻劳动力普遍外出务工，留守老人、妇女和儿童居多，虽然移动通信网络基本覆盖了全国①，但大多数留守老人以使用老年手机为主，使得农村地区老年群体成为数字鸿沟中的“信息贫困者”，此外，即便部分老年群体走上了使用智能手机的道路，但信息技术缺乏适老化设计，加之语言信息素养缺失，老年人反而难以接受新知识、应用新技术②。再次，相应的保障机制不健全，百姓的隐私易被泄露，肖稳田认为，数字政府建设也面临着安全风险，比如网络空间安全恶化带来的国家级 APT 攻击成为主要威胁、超大规模数据泄露趋于常态、漏洞攻击演变成超级网络武器、关键信息基础设施成为攻击的靶心。最后，我国在高端芯片、人工智能、区块链等关键核心技术上的突破还需时日，数字政府建设需要应对“断网”、网络“珍珠港事件”、新技术应用等带来的安全风险。

（四）数字技术嵌入农村基层治理的发展历程

1. 初步探索阶段（2012 年到 2018 年）

2016 年 8 月，湖南益阳市政府联合 58 农服正式启动“益村”

① 何阳、汤志伟：《迈向技术型自治：数字乡村中村民自治的“三化”变革》，《宁夏社会科学》2021 年第 6 期。

② 何阳、汤志伟：《迈向技术型自治：数字乡村中村民自治的“三化”变革》，《宁夏社会科学》2021 年第 6 期。

农村综合信息服务平台开发建设。该平台依托益阳市 1184 个村级服务中心，将村务、政务、党务、商务等服务融为一体，把村民服务中心“搬”到手机上[①]。2017 年 2 月，国务院办公厅印发的《关于加强乡镇政府服务能力建设的意见》指出，为推动乡镇公共服务的智慧化、网络化发展，应推广数字智能终端、移动终端等新型载体[②]，灵活运用宽带互联网、移动互联网、物联网等手段，同时积极应用大数据、云计算等先进理念、技术和资源，及时了解公共服务需求，动态掌握实施效果，实现基层数字治理发展。

2. 数字乡村的试点推广阶段（2018 年到 2021 年）

数字化浪潮不仅为乡村经济发展带来了更多机遇，还为提升乡村治理成效提供了新动能。近日，记者在广西多地采访发现，数字技术正深度融入乡村治理的细枝末节，通过各地创新实践，推动乡村“智治”体系赋能乡村振兴[③]。自 2018 年开始，广西以“信息网”建设三年大会战为抓手，围绕“数字乡村”“互联网 + 现代农业”等目标，大力推动农业农村信息化、数字化快速发展，取得明显成效[④]；《中共中央国务院关于实施乡村振兴战略的意见》和《乡村振兴战略规划（2018—2022 年）》提出，要实施数字乡村战略，大力发展数字农业；2019 年 5 月，中共中央办公厅、国务院办公厅印发《数字乡村发展战略纲要》，明确将数字乡村作为乡村振兴的战略方向，加快信息化发展，整体带动和提升农业农村现代化发

---

① 周勉：《湖南益阳：把村民服务中心“搬”到手机上》，新华网长沙 2016 年 8 月 24 日。

② 王彧、张健：《数字治理下突发公共事件中农村社区治理策略研究》，《北京农业职业学院学报》2020 年第 4 期。

③ 范超：《数字技术深度融入乡村治理推“智治”促振兴》，《经济参考报》2021 年第 8 期。

④ 范超：《数字技术深度融入乡村治理推“智治”促振兴》，《经济参考报》2021 年第 8 期。

展[①]；2019 年 7 月，中央网信办、农业农村部会同相关部门制定印发《〈数字乡村发展战略纲要〉主要任务分工方案》，明确各项任务的职责分工，扎实有序推进数字乡村建设，确保各项任务落到实处。

3. 数字乡村建设驶入“快车道”（2021 年至今）

2022 年中央一号文件的一个亮点是首次对数字乡村进行了统筹部署。具体内容上，包括了智慧农业、农民数字素养，数字技术赋能公共服务和乡村治理等多方面内容[②]。几年来，大数据、云计算、物联网和人工智能等新一代数字技术蓬勃兴起，我国在数字基础设施建设方面居于全球前列。而今，数字技术在乡村领域的应用场景也越来越多元化，已成为拉动农业农村现代化的新引擎。

（五）数字技术赋能基层治理的运行机制

1. 多元主体协同机制

数字时代下基层治理效能的提升，不仅需要基层政府的自我革命，持续推进“放管服改革”，还需要加强企业、社会组织、公民等多元主体参与的广度和深度，协同推进数字治理的效能和水平，也进一步推动共建共治共享的社会治理格局。首先，涵盖公共服务、应急管理、综治工作等内容的各类数字化平台的建设，需要发挥互联网企业的专业优势，而平台的建设也打破了传统的时空界限，将基层治理领域拓展到虚拟的数字空间，融合“线上”与“线下”多平台优势，畅通不同主体间的沟通渠道，例如，公众可依托互联网平台就乡镇（街道）治理事项和政策出台发表自己的意见和建议，同时也深化了村民（居民）自治实践；其次，数字技术嵌入基层治理优化了协商流程，通过数字平台开展网络议政、协商在线

① 吕晓霞、裘皓静、王凯：《数字经济视域下浙江省乡村旅游高质量发展路径探究》

② 《建设数字乡村，让乡村居民共享互联网发展成果》，《新京报》2022 年 2 月 23 日。

等使得政府与其他治理主体的协商过程实时化、可视化，提高了协商议事的效率。

2. 数据开放共享机制

基层治理效能提升的前提之一就是建设数字政府，运用数字技术实现基层政府的整体性治理，进而提高政府治理能力。数字时代下，数据作为新的生产要素在政府治理和社会治理中的重要性日益凸显，政务数据共享是提升政务服务效能的重要抓手，受传统官僚等级制的影响，条块分割的管理体系使得政府各部门“各自为政”，基层干部处于“上面千条线，下面一根针”的工作状态，增加了基层政府的压力和负担，也降低了基层治理效能；此外，部门割据也使得群众办事需要“多跑路”，降低了公众满意度，政府办事效率也大打折扣。大数据、云计算等数字技术的赋能，政务大数据平台的创新，打破了条块分割的局面，破除了政务数据“部门私有”的观念，变革政府管理体制朝向扁平化方向发展，推进跨领域跨层级跨部门的数据共享，进一步推动政府各部门协同联动，有效提高政府的办事效率，真正做到“让数据多跑路”“让群众少跑路”。

“一网通办”和“一网通管”这两张网是上海推进“互联网 +”政务服务的创新实践。“一网通办”模式是将政府服务事项集中于“一张网”，通过统一服务平台倒逼政府部门优化治理流程，打破部门间信息壁垒，解决数据割据的问题，加速了政务数据的开放与共享。

3. 精准监督反馈机制

数字技术助力高效能基层治理，需要在政民互动的基础上形成快速反馈回应机制，以满足公众的利益诉求，及时、高效地解决基层治理中的难点、堵点和痛点。快速反馈回应机制需要满足两个条件，一是基层群众有表达诉求的渠道和路径；二是基层政府能够针对百姓问题及时作出回应，并采取针对性的解决方案。数字技术下沉并融入基层治理，创新了政府的治理方式，数字化平台的推出，如微信群、微信小程序、智能 App 等畅通了民意表达的渠道，形成“线上 + 线下”双轨运行的治理方式，同时智能化平台也有效缓解了政府与公众之间信息不对称的问题，基层群众可以第一时间了解政策信息，通过数字平台或者拨打政府热线，表达利益诉求，而智能终端会直接对接相关部门，在很大程度上解决了诉求难的问题，也缓解了信访压力；推进“互联网 +”政府服务也改变了传统单一的政府回应方式，基层政府依托数字平台能够即时识别问题，作出反馈和回应，实现“接诉即办”。

北京“接诉即办”模式经历了由“街乡吹哨，部门报到”改革到依托政府热线和微博、微信群等智能平台的“接诉即办”。2019 年开始，北京市开展了以市民服务热线为接诉主渠道的接诉即办改革。接诉即办把群众的小事当大事，把群众的诉求当重点，群众诉求单单有回应，件件有反馈，解决了百姓的利益诉求，赢得了民心；2022 年，北京市又创新性地提出制定 12345 热线诉求派单目录，同时依托大数据、云计算、区块链等数字化手段，建设接诉即办“智慧大脑”，大数据“多跑腿”解决跨部门、跨层级协同问题，真正解决“看得见管不了，管得了看不见”的问题。

（六）数字技术赋能基层治理的创新实践

1. 整体智治模式与“最多跑一次改革”

整体智治是指依托数字技术的精细化需求识别、整体性处理、统一性产出和有效性回应的公共治理体系。它包含三个关键元素：政府数字化转型、整体化的治理实践、精准高效的需求回应[①]。浙江省“最多跑一次”改革是“整体智治”的典型案例，实现了服务

① 郁建兴、樊靓：《数字技术赋能社会治理及其限度——以杭州城市大脑为分析对象》，《经济社会体制比较》2022 年第 1 期。

供给与民众需求相匹配。2015 年 5 月，国务院首次提出“放管服”改革的概念，2016 年又提出大力推进“互联网 + 政务服务”，对建设服务型政府提出新的要求。作为响应，浙江省在总结行政审批制度、“四张清单一张网”改革经验的基础上，率先于 2016 年 12 月提出实施“最多跑一次”改革。浙江省围绕“最多跑一次”改革出台了相关政策，要求明确要求省、市、县、乡四级全面推进“最多跑一次”改革，坚持将“以人民为中心”作为根本理念，以互联网、大数据、云计算等现代化信息技术为技术支撑，以“一窗受理”“一网通办”为主要手段，力争实现让群众和企业到政府办事“最多跑一次”甚至跑零次的目标。此后，“最多跑一次”改革又不断延伸到基层公共服务和社会治理领域，在此过程中，浙江又提出推行“一窗受理、一揽子调处、一条龙服务”，努力实现接访、矛盾纠纷化解“最多跑一地”。为提升基层治理效能，浙江全面推行基层治理“四个平台”建设，并将其纳入全省“最多跑一次”改革[①]，具体而言，就是借助数字技术建立综治工作、市场监管、综合执法、便民服务四个功能性工作平台，同时建立功能集成、县乡联动的综合指挥系统，形成信息收集—分流交办—执行处置—日常督办—信息反馈—督查考核的规范化流程，推动基层治理体制由分割向融合转变，治理架构由垂直向扁平转变[②]。一方面，建设通过延伸信息触角，打通各部门的“信息孤岛”，进一步整合基层治理信息资源，构建全省统一的基层治理信息平台，有效增强对治理事件和公共诉求回应的全面性和迅捷性；另一方面，借助基层治理

① 李小园：《体制与技术双轮驱动的基层整合式治理创新路径——以浙江基层治理“四个平台”建设为例》，《中共天津市委党校学报》2021 年第 1 期。

② 李小园：《体制与技术双轮驱动的基层整合式治理创新路径——以浙江基层治理“四个平台”建设为例》，《中共天津市委党校学报》2021 年第 1 期。

“四个平台”在乡镇（街道）推行“一窗受理，集成服务”，并将其延伸到村（社区），推动了基层便民服务体系的完善[①]。目前浙江“一窗受理”平台和便民服务站点已经基本实现在乡镇（街道）、村（社区）的全覆盖。

浙江省“最多跑一次”改革之所以能够作为建设数字政府的先进经验在全国推广，主要体现在以下几方面，首先，将以“人民为中心”的价值理念贯穿于“最多跑一次”改革的全过程；其次，率先以立法的形式巩固改革的有益探索与阶段成果，《浙江省保障“最多跑一次”改革规定》的出台改变了过去运动式的治理模式，提升了改革的延续性，为进一步深化改革提供了法律依据和立法保障；再次，以“最多跑一次”改革为杠杆和支点，撬动公共服务、社会治理等领域的改革，实现由点到面的改革格局，有效地改变政府经济职能突出、公共服务职能缺位的现象；最后，构建跨政府部门联合监管机制，并运用大数据技术建立监管信息管理系统，形成多主体、立体式的事前、事中、事后监督网络，从而实现及时、高效、公开的监管。

2.“平台 +”模式下的技术型自治

技术型自治是技术治理在乡村（社区）自治领域的拓展、实践，是充分将互联网、大数据、人工智能等新一代信息技术与基层群众自治结合，实现基层自治的网络化、数字化、智能化[②]。技术型自治的实现需要建立在数字人、数字事务、数字平台、数字基础设施以及数字制度体系的基础条件上，是数字人在数字平台、数字

① 李小园：《体制与技术双轮驱动的基层整合式治理创新路径——以浙江基层治理“四个平台”建设为例》，《中共天津市委党校学报》2021 年第 1 期。

② 何阳、汤志伟：《迈向技术型自治：数字乡村中村民自治的“三化”变革》，《宁夏社会科学》2021 年第 6 期。

基础设施及数字制度体系保障下针对数字事务开展的治理行为，其中数字人是技术型自治的主体，数字事务是技术型自治的客体，数字平台、数字基础设施及数字制度体系是技术型自治的保障，几者相辅相成、缺一不可①。

依托数字化平台助推基层技术性自治主要围绕扩大村民（居民）主体参与和防范化解矛盾风险两方面。首先，数字化平台的开发与推广，如微信群、公众号、智能 App 等为村民（居民）的民主参与开辟了新的渠道，有效克服了政民信息不对称的弊端，提升了基层群众的参与意识和参与能力，极大缓解了基层干部的腐败问题，有利于决策的科学性和精准性。特别是在农村自治场域，青壮年人口的大量流失造成村民自治主体持续缺位，也导致农村基层民主流于形式，而数字化平台将农村治理场域由物理空间延展到虚拟的数字空间，打破传统村民自治中要求身体在场的束缚，实现村民在自治事务中的脱域式“在场”②，促成村民治理主体在网络虚拟社区中互联、互通，以此保障村民参与自治的权利。海南省三亚市天涯区抱前村创新了“积分制”模式，并且借助数字化平台有效激发村民参与乡村治理的积极性，实现了“要我参与”向“我要参与”的转变，真正让“互联网 +”赋能乡村振兴；浙江省湖州市长兴县龙山街道齐北社区重点打造“治理”场景，依托掌心长兴 App 中的未来社区社会治理模块，直接串联起信访、司法、公安、纪委等部门，扩大了居民自治的范围，赋予居民更宽泛的监督权，为居民自治插上智慧化翅膀。其次，基层治理直接面对老百姓，治理内容

---

① 何阳、汤志伟：《迈向技术型自治：数字乡村中村民自治的“三化”变革》，《宁夏社会科学》2021 年第 6 期。

② 何阳、汤志伟：《迈向技术型自治：数字乡村中村民自治的“三化”变革》，《宁夏社会科学》2021 年第 6 期。

面广量多，基层治理的特殊性和复杂性决定了基层是矛盾最集中、最突出的地方，所以将矛盾纠纷化解在基层、化解在萌芽阶段对于社会的和谐稳定具有现实意义。浙江省平湖市独山港镇全公亭社区创新为民服务途径，以信息网络为支撑点，以“美团外卖”为原型，积极打造基层自治微平台，创新推出了“红色邮箱”网络版，社区居民可以网上下单、网上反映，社区干部通过接单的方式，依托网络快速反应，将社区群众的民生反映事项及时就地化解于萌芽状态，这也是新时代“枫桥经验”的探索创新。

3. 网格化治理与基层治理精细化

党的二十大报告指出，“完善网格化管理、精细化服务、信息化支撑的基层治理平台，健全城乡社区治理体系”。[①] 作为“服务到户、精准到人”的系统性治理模式，网格化治理就是将基层社区按照一定标准细化分成若干“格”以实现分条块管理，网格员的职责规定决定其能第一时间了解百姓利益诉求，同时为政民互动架起了沟通的桥梁，有利于基层治理主体能够精准识别和发现问题，从而提高社区服务管理的精细化水平，网格化治理模式成为提升基层治理效能，实现基层治理现代化的有效路径。近年来，重庆市奉节县坚持面上发动、线上推动、点上联动相结合，加强线上调度，统筹街道和村社，全域推进线下实体网格搭建和线上“圈群”网格搭建，为该县走好数字化时代“群众路线”、提升基层治理现代化水平提供了有力支撑。服务热线高效务实的背后正是因为其连接着覆盖全县的基层社会治理“双网格”。奉节县聚焦智能化办公系统升级，以多场景办公为目标，升级双网格问政平台办公系统，网格员

---

① 习近平：《高举中国特色社会主义伟大旗帜　为全面建设社会主义现代化国家而团结奋斗——在中国共产党第二十次全国代表大会上的报告》，人民出版社 2022 年版，第 54 页。

可以在互联网和“奉节办公”系统使用。比如，对群众反映的水电气等紧急民生事项、重大安全隐患、刑事案件等情形，即可一键转接，实现网格员、网信部门与承办单位三方通话。

为了加快推进县域社会治理现代化，重庆市奉节县深入实施“党建扎桩·治理结网”党建统领基层治理现代化改革，全面建立“一中心四板块一网格”基层智治体系，扎实开展党建统领网格治理专项行动，综合考虑管理宽度、复杂程度、社会形态等因素，全县村（社区）网格调整优化为1238个，其中社区网格496个、行政村网格742个，并全覆盖组建网格党组织，在城市社区按照50~80户的标准，设置微网格1825个，进一步缩小治理单元半径。在建立网上网格方面，奉节县以网格体系为基础，补充推进“三情信息员”“进圈入群”，着力夯实“一格一群”。同时，创新运用脱密在线文档填报、微信小程序上报等工作场景。目前，全县建立网上网格2066个。[①] 为了第一时间了解乡镇一线群众的实际需求，奉节县还以双网格为依托，积极培育基层的问题意识。以永安街道双网格为例，110个专职巡查员在日常的常态化网格巡查中，加大对各自网格范围内事项的巡查力度，做到应报尽报。对于一般性问题，以最快速度解决；对于疑难问题，通过吹响“日常哨”“联动哨”，通过“民生之声”信息化平台快速上报至县级层面。由“五员一长”工作联系点牵头统筹对接调度相关责任部门及街镇联动解决有关问题，对于解决不了的疑难问题由县级领导牵头调度解决。[②] 奉节县一方面统筹整合多方合力，集中村干部和村级监督员、

① 《奉节巧用“双网格”提升基层治理质效 走好新时代党的群众路线》，《重庆日报》2023年12月16日。

② 《奉节巧用“双网格”提升基层治理质效 走好新时代党的群众路线》，《重庆日报》2023年12月16日。

护林员、地灾员、公益性岗位等“N大员”力量，每个网格搭建“一个网格长＋两个网格员”的3人工作服务小组，同时发挥共青团、妇联等团体作用，借助干部走访的机会，对群众进行基层法治教育、防范电信网络诈骗等宣传引导，形成多方力量齐抓共管的工作格局。另一方面，强化镇村两级联动，同步发挥村综治中心和人民调解员作用，积极发动党员、离任村干部等基层群防群治力量，形成联防联控综治网络体系。

二、基层数治的效度和限度

（一）基层数治的效度

1. 加强基层政府数字化建设

（1）创新治理方式，提高政府治理能力

基层政府治理的核心主要围绕着提供公共服务、开展公共管理和维系公共安全等方面，基层政府公职人员的治理能力高低直接关系到群众的获得感、幸福感和安全感，关系到上级政策能否得到有效落实，关系到基层治理效能能否得到有效提升。为实现基层治理能力和治理体系现代化，大数据、云计算、人工智能等现代信息技术不断下沉并融入基层治理中，利用数字化工具强化基层整体性治理，推进数字政府的建设。

首先，政府服务平台的创新，成为政府内部数据信息跨部门流动的载体，推进了政府体制内协同治理，提高了政府的办事效率，提升了上级政府的信任度，大量执法权、管理权、行政审批权限下放到乡镇和街道，推动治理重心不断向基层转移，有效解决了权责不匹配的问题，强化基层社区党组织对各类组织、各项工作的领导统筹能力、核对各类治理资源的管理能力，进而提高了基层政府的执行能力，安丘市按照“重心下移、能放则放、依法下放”的思路，将27个部门、93项县级政府的权力下放乡镇，较好地解决了影响当前镇村发展的体制机制问题，增强了镇村经济社会发展活力。其次，基层政府的数字化转型也强化了基层的应急管理能力，2020年暴发的新冠疫情是近年来遭遇危机最大的一次公共卫生事件，也是对国家治理体系和治理能力的一次大考，作为疫情防控的第一道防线，乡镇（街道）充分发挥“大数据+网格化治理”的技术优势，严密疫情防控网络，有效阻碍疫情传播。再次，基层政府面向企业、人民群众创新的各类数字化平台，畅通了互动渠道，有利于克服服务供给无效性、不充分的问题，推进政府提供与民众需求相匹配的公共服务，提升基层政府的服务能力，政民的良性互动也有利于提高基层决策的科学性和精准化。最后，技术与治理的有效融合优化了政府治理流程，网络议政为企业、公众等主体参与表达建议提供了新的渠道，也使得议事协商过程透明化、可视化，提升了政府议事协商能力。

（2）重塑治理流程，提升基层政府公信力

推进基层政府的数字化转型，有利于推进业务流程再造，优化了行政管理体系和政府职能体系，推动政府治理由政府一元主导向多元主体协同共治模式的转变。具体来讲，简化了办事流程，缩短了群众办事的时间、降低了行政成本，提升了基层政务服务的质量和水平，基层政府业务流程的优化主要体现在问题识别的精准性、决策的科学性、反馈的快速性、监督的有效性。数字化平台的推出不仅畅通了民意表达的渠道，也提高了基层政府收集、分析数据的能力，政民之间的良性互动能够使政府第一时间了解群众的利益诉求，把握乡村（社区）的治理难点和堵点，做到及时疏通，提高群众对政府的满意度；数字技术的赋能也有效打破了条块割据的问题，政务数据的跨部门流动形成了政府各部门之间、政社之间的协同治理，有利于提高政府决策的科学性；公民与政府之间的矛盾与冲突在一定意义上源自政府针对公众利益诉求反馈回应的不及时、不充分，目前应用于乡村（社区）的数字化平台接收到公众诉求后通过智能化分析能够第一时间对接给相关部门，提高了政府的回应效能；乡村（社区）作为基层治理的末梢，是国家治理中的最小单元，极易成为监督的薄弱环节，滋生腐败，政务信息平台使得政府办事流程有迹可循，政务服务过程透明化，便于接受组织内部和外部公众的监督，完善网络监督体系。

（3）优化服务供给，促进服务型政府的建设

推进基层政府数字化改革要坚持需求导向和以人为本的理念，提升人民群众的获得感、幸福感、安全感，是提升基层治理效能、建设服务型政府的出发点和落脚点，本质上讲，基层治理的终极目标是满足人民群众日益增长的美好生活需要。伴随着数字经济的迅速发展、智能化设备的迭代创新，公众获取信息的渠道呈现多元化，有效解决了政民之间信息不对称的问题，传统以政府主导的公共服务供给方式不仅无法满足百姓利益诉求的日益多样化、个性化，还会造成供需错位的困境。互联网、大数据、云计算等现代数字技术的嵌入创新了基层的“互联网＋政务服务”模式，坚持以公众需求为导向建设面向人民的一体化公共服务信息体系和在线服务平台，打破部门壁垒，实现数据信息的开放共享，在线政务服务水平，改进公共服务的过程与结果，形成公众需求与政府供给之间的双向互动和正向循环。

2. 加快基层社会数字化的转型进程

（1）拓宽参与渠道，激发内生动力

以大数据、云计算、区块链为主的新一代信息技术持续推进基层治理现代化进程，为基层治理不断注入新的活力与动力。基层治理的终极目标是满足人民日益增长的美好生活需要，这就决定了要激发和保障公民参与社区治理的意识和权利。受传统官僚制和城镇化建设的制约，基层治理面临公民政治参与不足的困境，特别是在乡村，大量青壮年外出务工，农村空心化现象加剧，村民自治中的民主管理、民主决策、民主监督流于形式，助长了基层的腐败问题。党的十九届五中全会提出要建设“人人有责、人人尽责、人人享有”社会治理共同体，扩大社区中的公民参与是提升基层治理效能的重要抓手。实践探索发现，数字化改革能够有效推进公民有序参与社区治理，面向公众的数字化平台打破了时空界限，治理场域由物理空间拓展到虚拟的数字空间，为公众参与社区治理开拓了多元化的渠道。

（2）推动社会自治组织的发展，形成治理合力

通过搭建数字服务平台，赋予治理主体跨越时空的治理能力，方便各治理主体间及时沟通协调，再造基层治理共同体，促进互联网自治组织的发展，更好形成乡村社会治理合力①。

（3）促进“四治”融合，完善乡村治理体系

数字技术的赋能有利于构建“自治、法治、德治、智治”四治融合的乡村治理体系。借助“村民微信群”“乡村公众号”等数字治理平台，促进基层党务、政务、村务信息公开，推动政务服务网上办、马上办、少跑快办，有力促进了乡村善治，促进了乡村全面

① 袁金辉：《调动多元主体参与，助推乡村数字治理再上台阶》，《科技日报》2022年5月23日。

振兴；数字化平台也创新了法治教育宣传的手段，通过智能化手段的分析，可以针对不同的法治需求群体，提供精准化的普法产品。

（二）基层数治的限度及其成因

1. 基层数治的限度

（1）偏向工具理性，陷入技术型治理

推动政务信息化、打造智能化平台，是地方政府推进基层治理现代化的重要途径。在此过程中，一些地方出现了“重技术”而“轻治理”的问题，将基层治理现代化片面理解为治理手段技术化，把主要精力用于建设各种高端平台和信息系统[①]，虽然这些做法可以解决海量数据的运算和管理问题，辅助基层治理决策，提供可视化信息处理流程，但也存在明显弊端，比如，一些信息平台的建设和维护成本非常高昂。一些地方建设智能化社会治理平台，相关配套建设费用、人工开支及后期维护费用较高，且与地方的财政实力并不匹配。此外，一些信息平台在社会治理中的作用未能被充分发挥。由于技术的局限性，大量数据依然需要人力调查获取，如果缺乏可靠的数据支撑，平台功能则非常受限。将基层治理现代化的重心放在治理手段的技术化，其结果很可能是基层干部忙于各种信息的获取和验证，并容易导致形式主义问题[②]；技术赋能也有自身的限度，并非所有的治理要素都可被数字化，诸如人情因素、社会资本等价值性因素并不能被数字化；当治理手段技术化成为治理过程的常态，叠加治理主体对技术工具理性的过度追求，技术治理就容易滑向“技术型治理”，而“技术型治理”往往与民主、自由等政

---

① 刘成良：《基层治理应避免“重技术轻治理”》，《中国社会科学报》2021 年 12 月 6 日。

② 刘成良：《基层治理应避免“重技术轻治理”》，《中国社会科学报》2021 年 12 月 6 日。

治价值相悖。面对不同的基层社会治理情境时，应赋予基层决定技术运用程度和边界的权力，拒绝一刀切式的开发和运用，政府开发的公众号、App 本是为了更好地服务群众，但在实际使用中，不少 App 与公众号产生了地域性的业务重叠，有些地区的政务平台一味追求新鲜，重建轻管，使得 App 与公众号后期的运营无人维护，随着时间的流逝，一些政务平台渐渐门可罗雀。因为一旦技术嵌入刺破基层治理能力边界，就可能形成治理超载，当基层工作者疲于应付各类数字化考核、忙于回应数字平台中各种“无效诉求”，缺乏精力真正服务人民时，就会偏离技术赋能的本意[①]。

（2）“减负”变“增负”，滋生“指尖上的形式主义”

党中央将 2019 年确定为基层减负年，强调需要着力解决基层形式主义，让基层干部轻装上阵，2019 年中共中央办公厅发出《关于解决形式主义突出问题为基层减负的通知》，2020 年 4 月，中共中央办公厅专门印发了持续解决基层形式主义、减轻基层负担的文件，2021 年新年伊始，中共中央政治局召开会议，审议《关于加强基层治理体系和治理能力现代化建设的意见》，再次强调持续减轻基层负担问题[②]。

目前基层中形式数字化、过度数字化现象突出。一些数字治理项目需求驱动不足，问题导向不清，仅仅是为了满足政府自身的功利需要，为了数字化而数字化。一些地方政府和部门推出的移动和智能应用，脱离公众的现实需求，应用的使用率低，完全成为一种装饰。有些地方的数字化不但没有实现“便民”，还增加了公众的

① 郁建兴、樊靓：《数字技术赋能社会治理及其限度——以杭州城市大脑为分析对象》，《经济社会体制比较》2022 年第 1 期。

② 钟伟军：《技术增负：信息化工具为什么让基层干部压力重重？——基于扎根理论的探索性研究》，《电子政务》2021 年第 10 期。

负担和成本，一些事项线下办理完后，还得在线上再跑一次[①]。在基层实践中，数字治理衍生出大量“指尖上的形式主义”，服务公众变为官场作秀，整体性推进变为碎片化建设，多元主体协作治理变为政府一元化管理，提高效率变为增加负担。花样繁多的 App、公众号、微信群实际上不仅未能给基层公务员减负，还增加了他们的工作负担，基层工作人员每天忙于在多个部门开发的应用上打卡、填表和强制群众下载，却没有时间去走街串巷服务群众。许多数字化应用更多的是传统治理理念和治理模式的简单数字化，却浮于表面，流于形式，好看不实用，既没有给公众带来良好的服务体验，也没有提升治理效能，更没有带来深层次的改革和转型[②]，还浪费了大量财政资金。基层重负的根源不在于政府组织运转机制问题，而是因政府组织以外的市场和社会力量不足，导致公共产品和服务的供给资源不足，即基层重负问题的本质是“做蛋糕”而非“分蛋糕”的问题[③]。

（3）共享原则下的“数据割据”

实现公共部门之间信息共享是实现数字时代背景下基层治理效能提升的基础。条块分割，系统分立，信息共享壁垒尚存；数据采集标准不统一，数据质量差，数据难以被共享，王晓冬坦言，政府信息共享尚未形成统一的平台和标准体系，对数据格式、质量标准、数据可读性、互操作性也有待进一步作出明确要求。随着网络覆盖面不断扩大、手机等智能设备不断普及，随着受教育水平的提高和老年群体的迭代，城乡居民就是否通过互联网获取信息等方面

① 郑磊：《数字治理的效度、温度和尺度》，《治理研究》2021 年第 2 期。

② 郑磊：《数字治理的效度、温度和尺度》，《治理研究》2021 年第 2 期。

③ 范黎波、刘佳、尚铎：《基层治理的困境及对策——基于内卷化的研究视角》，《行政管理改革》2021 年第 11 期。

的数字鸿沟不断缩小，但是在获取数字公共服务、参与数字治理等方面存在较大的数字鸿沟，“不愿共享、不敢共享、不会共享的现象依然存在”。同时，对于信息资源的所有权、管理权和使用权以及信息共享的责任主体等，没有制度、法规层面的明确，共享协议往往需要多个部门磨合很长时间，大大影响政务效能。

2. 基层数治限度的成因分析

（1）基层干部治理理念的滞后

基层党员干部要主动拥抱数字化时代，牢固树立数字化思维、学会运用数字化技术、强化数字化认知，不断提高基层治理“含智量”。探索“县乡一体、条抓块统”数字化改革，借助大数据、云计算和人工智能，解决基层社会治理中的“信息孤岛”“治理盲区”“条块不畅”等问题，实现数据线上“领跑”，干部群众线下“领跑”，减轻基层负担，提高行政效能。充分利用智能互联技术赋能基层治理，以科技手段提升精准化水平，全面提高治理效能。推进数字乡村建设，打造乡村治理数字化平台，为乡村装上“智慧大脑”；积极建设“智慧云社区”，以“数智”服务融合社区生活、共享生活、组织生活，不断提升人民群众的获得感、幸福感、安全感。

（2）基层群众数字素养的欠缺

基层群众数字素养的欠缺包括数字观念的落后和数字技能的欠缺。群体固守传统观念，抵制或消极应对自身对网络化的接受。如一些老年人从未使用过智能设备，他们认为是否成为网民对他们的生活不会有明显影响，因此不愿意改变观念并学习使用智能设备以推进自身的数字化进程，数字鸿沟因此出现并在较长时间内存在。职业属性延滞了数字时代某些群体的数字化速度。与从事脑力劳动的群体相比，从事体力劳动的群体的上网需求通常较低，这一群体数字化速度也就较慢。

（3）基层治理体制机制的约束

数字技术的使用为政府治理效率的提高带来了可能，数字技术为高层决策者增加控制范围的同时也意味着中层管理人员作用的削弱，通过公共部门内部流程再造，降低行政成本，为基层治理提供更多的行动者，在此过程中，形成更少的中层管理者与更扁平化的等级制度和管理体制便是必然趋势，但这与科层制所强调的权力传导的等级制度，以及行政中层在行政命令传导中起到的桥梁作用背道而驰，对科层制而言，行政中层的"塌陷"将会导致行政传导机制发生断层，严重影响行政效率。决策权的下移可能带来垂直回应性的不足，产生领导权力"去中心化"或"被架空"的现象，从而削弱政府的执政根基，因此，在治理效能提高与维持行政稳定两方面存在的冲突矛盾，阻碍了彻底性的数字变革①。

（三）基层治理数字化转型的未来路径

1. 完善基层党建引领作用

坚持党建引领，基层党组织贯彻落实党中央决策部署的"最后一公里"，充分发挥党组织核心引领、凝聚人心的作用，广泛调动社会组织、人民群众参与基层治理，形成基层齐抓共管治理新格局。作为方针政策的直接执行者、推动乡村发展的引领者、基层政府与村民沟通的协调者以及权力监督者，基层党组织是实现乡村治理现代化的核心力量。首先，大力培养专业人才，随着科学技术深入乡村，基层政府大力推动智慧农业和电子政务，发展新型农业，基层党组织应发挥引领作用，召集专业人才对基层领导干部和村民的专业培训；其次，发挥监督者的作用，完善基层干部的激励机制

---

① 段哲哲、贾泽民：《数字治理视域下的互联网 + 基层治理：困境与优化路径——以 S 市为例》，《江苏师范大学学报》（哲学社会科学版）2022 年第 3 期。

和考核机制，激发基层领导干部的创业积极性，实现乡村治理现代化。

2. 完善数字基础设施

加快推进乡村数字基础设施尤其是微信公众号、益农信息社、智慧化管理系统等村级智慧化治理平台建设，根据村庄在党群教育、村务管理、民主监督等多方面的数字化治理需求，不断完善和创新配套的数字基础设施[①]。应重视数字平台构建工作，将其作为城市的新型基础设施，数字平台不仅是基层治理的重要基础和组成部分，同时还起到重要的桥梁和纽带作用，实现了基层治理主体和机制的内在联结和整合，有效实现业务和流程的协同性，最大限度提高城市社会治理效能。在平台建设过程中，要注重效益发挥，坚决杜绝形式主义，同时还要防范数据垄断问题，使数据资源的价值得到最大化发挥[②]。

3. 转变基层干部治理理念

（1）树立整体智治理念

树立整体智治理念。思想是行动的先导。加强数字政府建设，促进政府整体智治，转变思想观念是前提。各级政府部门相关工作人员应当树立数字化理念、智能化思维，特别是需要具备统筹数字资源、数字规划、数字赋能、多跨协同与整体智治等能力，探索构建政府数字治理和整体智治体系，不断提升政府的谋划力、统筹力、执行力，把数字化、智能化贯穿到经济、政治、文化、社会、生态建设全过程、各方面，通过数字技术、智能技术深入推进政府管理全方位、系统性创新，深入推进国家治理体系和治理能力

① 苏岚岚、彭艳玲：《农民数字素养、乡村精英身份与乡村数字治理参与》，《农业技术经济》2022 年第 1 期。

② 《德清数字赋能基层智治路径研究》，湖州市人民政府网 2021 年 3 月 26 日。

现代化[①]。

（2）重视价值导向，坚持“以人为本”

在过去，基层治理的核心和要点是围绕治安和维稳，主要依靠行政手段，基层群众的政治参与意识和水平较低，但时代在前进，人民生活水平大幅提升，人民日益增长的美好生活需要和不平衡不充分的发展之间的矛盾成为新时代的社会主要矛盾，群众主体意识增强，利益诉求日益多元化，要求基层政府坚持“以人为本”的治理理念。在政务信息系统建设应用、数据共享和开发利用等数字政府建设工作过程中，要联系群众、深入群众、了解群众，对内外部用户进行充分调研，以用户在生活和工作中所面对的政务应用场景为中心来调度数据，只有这样才能持续优化利企便民数字化服务、实现“让百姓少跑腿、数据多跑路”，真正破解企业和群众反映强烈的办事难、办事慢、办事繁问题。要建立健全数据治理制度和标准体系，依法依规促进数据高效共享和有序开发利用，统筹推进技术融合、业务融合、数据融合，提升跨层级、跨地域、跨系统、跨部门、跨业务的协同管理和服务水平，必要时重塑政府流程以提高群众满意度，进而充分发挥数据的基础资源作用和创新引擎作用，提高政府决策科学化水平和管理服务效率，催生经济社会发展新动能[②]。

4. 提升农民数字素养

苏岚岚等学者在对乡村数字治理中农民参与现况的研究中，经过田野调查和实证分析，发现目前农民数字素养水平是制约村民数字参与的显著性因素。为进一步提高农民对乡村数字治理的参与广度和深度，笔者提出以下两点建议：一是多渠道全方位提升农民数

① 徐家林、赵宬斐：《促进数字政府整体智治》，《中国社会科学报》2022 年 6 月 30 日。

② 岳翔宇：《加强数字政府建设，创新提升治理效能》，光明网 2022 年 7 月 1 日。

字素养水平，激活乡村数字治理主体的内生动力。从国家层面推动形成政府支持引导、行业协会组织规范、学校和社会教育培训力量参与的农村数字化教育体系，建立激励监督机制和优质数字资源共享机制，充分调动多方力量，积极发挥不同主体在推动农村数字化教育中的独特作用。二是着力完善乡村“共建共治共享”的机制设计和具体措施，健全乡村精英尤其是体制内精英的选拔机制和基层民主协商机制，同时充分重视普通村民参与乡村数字治理的主体作用发挥，积极推动向“精英带动、大众充分参与”的乡村数字治理模式转变。加快推进乡村数字基础设施尤其是微信公众号、益农信息社、智慧化管理系统等村级智慧化治理平台建设，根据村庄在党群教育、村务管理、民主监督等多方面的数字化治理需求，不断完善和创新配套的数字基础设施[①]。

5. 坚持技术与制度“双轮驱动”，实现基层整体智治

真正发挥数字技术赋能基层治理，实现基层“善治”，不仅要用好数字技术的治理工具，更需处理好技术与制度的关系，应该是推动制度的变革，而不是技术被原来的制度形塑，如果不变革原有的制度以适应新的治理环境，那数字技术的嵌入只能放大原有体制机制的弊端，增加基层治理的负担。“坚持制度和技术双轮驱动。一方面我们要推进数字赋能，但是也不能期待数字万能。数字化能撬动改革，但不能取代改革。现代化治理体系应建立在一个基座、一个平台上，以此使得治理体系中相互不协调、不配套的地方明显显示出来，从而便于对症下药，这是数字化改革创造的新的条件。如果没有线下的配套改革，线上的运行可能只是演示性的，从而容易造成线上线下‘两张皮’现象。”蓝蔚青建议，数字化改革不仅

① 苏岚岚、彭艳玲：《农民数字素养、乡村精英身份与乡村数字治理参与》，《农业技术经济》2022 年第 1 期。

要构建高效协同的党政机关运行体系，而且要能够便捷地解决人民群众急难愁盼的切身利益问题。发挥顶层设计与底层探索在基层治理数字化转型中的互补作用。在实施基层治理数字化转型过程中，必须从当地实际出发，构建起适合当地实际的差异化、多层次的基层治理数字化转型体系。一是加强治理数字化转型的机制和体制建设，做好各项工作统筹[①]，实现各部门的有效整合，最大限度发挥资源优势；二是在基层治理中，镇街及政府担负着重要的责任，因此要充分发挥其灵活性和自主性，不断推动基层数字化转型工作。

① 《数字化改革如何扎根基层？专家学者建言制度与技术并驱》，中国新闻网 2022 年 7 月 16 日。

第七章 “三治融合”：高效能基层治理的实践维度

健全党建引领“三治融合”治理体系是乡村振兴治理有效的基础。随着现代化推进和乡村社会转型，传统乡村治理模式不仅难以适应实践需求，其自身的社会基础也遭到了市场化体制改革和工业化的冲击，乡村治理关系失去了载体。实现乡村善治的目标，需借鉴传统乡村治理的成功经验，更要在党的领导下重塑乡村自治的社会基础，为错综复杂的乡村治理关系提供一个稳定的载体。笔者认为要实现“三治融合”，以公共生活为基点，以各主体之间密切相关的公共事务为契机，在党的领导下团结多元主体，形成一种新型乡村社会团结，重塑乡村治理的社会基础。在新型乡村社会团结下重新达成共识，实现“三治融合”。同时，不同地域乡村须根据当地实际状况形成具有当地特色的新型乡村社会团结，以实现乡村善治的目标。

一、“三治融合”的追寻与追问

新时代“三治融合”乡村治理体系已成为应对乡村治理问题的

重要政策工具。2022 年 10 月，习近平总书记在党的二十大报告中明确指出：“全面建设社会主义现代化国家，最艰巨最繁重的任务仍然在农村。”[①] 党的十九大首次提出“实施乡村振兴战略”，明确提出要“加强农村基层基础工作，健全自治、法治、德治相结合的乡村治理体系”[②]；党的十九届四中全会强调了“健全党组织领导的自治、法治、德治相结合的城乡基层治理体系”在乡村治理体系中的重要性[③]。乡村是我国基本的治理单元，乡村治理是国家治理的基石，乡村社会有效治理是乡村振兴的基础和关键。如何实现乡村社会治理的有效性，健全“三治融合”体系是关键；如何健全“三治融合”治理体系，重塑“三治融合”的社会基础是前提，明确党组织领导乡村治理多元主体的关系是实现“三治融合”的重要保证。

“三治融合”对乡村治理的作用是非常显著的。自治灵活，法治规范，德治文明，“三治”之中任何一种治理模式都具有其自身优势。但面对当今瞬息万变的“快时代”，治理环境急剧变化，治理问题复杂多变，治理关系错综复杂，无论是传统治理的自治模式，还是内生秩序的德治规则，抑或是国家行政推进的法治规范，都不可能单独支撑乡村治理。自治任性，缺乏约束性；法治过硬，缺乏灵活性；德治过软，缺乏强制力。因此，要实现乡村善治，完善“三治融合”乡村治理体系，创新“自治、法治、德治”有机融

---

① 习近平：《高举中国特色社会主义伟大旗帜 为全面建设社会主义现代化国家而团结奋斗——在中国共产党第二十次全国代表大会上的报告》，人民出版社 2022 年版，第 30–31 页。

② 习近平：《决胜全面建成小康社会 夺取新时代中国特色社会主义伟大胜利——在中国共产党第十九次全国代表大会上的报告》，人民出版社 2017 年版，第 32 页。

③ 《中共中央关于坚持和完善中国特色社会主义制度 推进国家治理体系和治理能力现代化若干重大问题的决定》，人民出版社 2019 年版，第 29–30 页。

合路径是非常必要的。

纵观中国传统社会，“三治融合”的乡村治理格局早已存在，虽与现代意义上的“三治融合”治理模式存在较大差异，但对当时乡村治理作出了突出贡献。然而，传统意义上的“三治融合”模式不仅难以满足现时代发展的实践需求，存在一些与国家法律相抵触的治理手段和落后迂腐的治理思想，而且由于市场化体制的改革和工业化的不断深入，传统“三治融合”赖以生存的“环境”也遭到了破坏，即“熟人社会”[①]的逐步丧失致使其合法性的社会基础也开始逐渐消亡。

学术界关于“三治融合”地位及其关系的研究成果，大致可以分为三类：一是“一体两翼”论，即自治是主体，法治德治为两翼[②]；二是“三治融合”论，这一观点认为“三治”是一个“你中有我，我中有你”的有机整体[③]；三是“多类型组合”论，持这一观点的学者们认为“自治、法治、德治”有单一治理式、两两组合式以及三者组合式三种不同类型的组合方式[④]。然而，无论是自治为主体，法治德治为辅助的“一体两翼”，还是自治包含德治法治内容或法治德治包含自治内容的“三治融合”，抑或是自治、法治与德治之间不同类型组合方式的“善治之路”，在相互结合的过程中都会存在一些矛盾。

“外嫁女”上访是最先在我国东部沿海地区出现的一类社会矛盾，核心是“外嫁女”这个特定群体能否作为集体成员而享受集体

① 费孝通：《乡土中国》，上海人民出版社 2013 年版，第 9–10 页。

② 何阳、孙萍：《“三治合一”乡村治理体系建设的逻辑理路》，《西南民族大学学报（人文社科版）》2018 年第 6 期。

③ 郁建兴：《法治与德治衡论》，《哲学研究》2001 年第 4 期。

④ 邓大才：《走向善治之路：自治、法治与德治的选择与组合——以乡村治理体系为研究对象》，《社会科学研究》2018 年第 4 期。

利益分配[①]。在这一事件中，有两个影响她们权利实现的定义和执行来源：国家立法组织和村委会。前者界定她们的公民身份，后者界定她们的村民身份。这一事件明显的现象是，村民权和公民权的不一致，而且不同的组织能界定并影响不同的权利实现。根据国家法律（中共中央办公厅 9 号文件，《婚姻法》和《妇女权益保障法》），外嫁女的要求（宅基地、承包地、口粮田、土地受益分红、年终奖金、养老金）属正当权利，应当予以保护，但是由于经济资源分配由村委会控制，它根据惯例将外嫁女的资格排除在福利分享之外，亦符合全体村民的利益，因而受到村民代表和党员大会的支持。这是一种体制内有趣的二元身份定义结构：一方面，存在着可以自由决定婚后户口所在地的公民权确认；另一方面，又存在着外嫁后消除本村户口的成员权确认。前者没有实际的经济利益捆绑，而后者有并且是持续多年的传统得到村民认可[②]。

此外，现有研究发现，民国初期的族权与清代的族权在性质和形式上都有了区别，民国的族权更多的是一种经济强制，人身的强制受到了国家法律的制约。在清代，杖责、木枷、沉潭处死得到了皇朝的许可至少是默认，是一种可以不追究的“合法”行为。到民国，从成文法来说，宗族组织私自处死族人，则是违法的，要受到国家法律的追究。白果周氏六修族谱就将民国时期的许多法律收编在内，以作为立规之标准[③]。

总之，自治、法治、德治三者之间这样或那样的矛盾，深刻影

① 桂华：《论法治剩余的行政吸纳——关于“外嫁女”上访的体制解释》，《开放时代》2017 年第 2 期。

② 张静：《基层政权：乡村制度诸问题》，社会科学文献出版社 2019 年版，第 307 页。

③ 于建嵘：《岳村政治：转型期中国乡村政治结构的变迁》，商务印书馆 2001 年版，第 140 页。

响了彼此间的相互融合。为了缓解和消除这些矛盾，促进三者之间的相互融合，学术界也作出了积极探索与思考，试图寻找一条蹊径，促进“三治融合”，实现乡村善治。于健慧认为必须有一个强有力的中央权威和正确的领导核心，才能推动乡村治理现代化的发展[①]。张陈一轩和任宗哲认为健全党组织领导下的自治、法治、德治相结合的基层治理体系，发挥乡村精英在乡村治理中的积极作用，是落实乡村振兴战略的重要举措之一[②]。王冠群和杜永康从技术赋能的角度思考，通过实现异地村民的“虚拟在场”，提升村民乡村认同感，推动“三治”的有机结合乃至深度融合[③]。虽然学术界对其研究取得了丰硕的成果，但鲜有研究从“三治融合”的社会基础角度思考，忽视了原有“三治融合”的社会基础已经受到了巨大的冲击。即原有“三治融合”的载体，公共生活发生了变迁，公共规则受到了破坏。缺乏“三治融合”的社会基础使其治理的合法性备受质疑，治理结果效益不高。并且，缺乏社会基础不仅难以实现“三治融合”，而且更加难以实现乡村善治。所以，要建立现代化意义上的“三治融合”，不仅需要厘清自治、法治、德治三者之间的逻辑关系，更需要重新塑造“三治融合”的社会基础，以作为新时代“三治融合”治理模式中治理关系的载体。

基于此，本章提出如下三个问题：①自治、法治、德治在“三治融合”治理过程中的核心内容是什么？又发挥着怎样的功能？②“三治融合”的关系载体是什么？如何构建这一关系载体？

---

① 于健慧：《党建引领乡村治理：理论逻辑及实现路径》，《西北师大学报》（社会科学版）2022 年第 1 期。

② 张陈一轩、任宗哲：《精英回乡、体系重构与乡村振兴》，《人文杂志》2021 年第 7 期。

③ 王冠群、杜永康：《技术赋能下“三治融合”乡村治理体系构建——基于苏北 F 县的个案研究》，《社会科学研究》2021 年第 5 期。

③“三治融合”如何在不同地域实现乡村善治？回答上述三个问题也成为本章的核心议题。基于结构功能主义研究视角，笔者首先通过厘清自治、法治、德治的核心内容、目标功能，回答了三者分别“是什么”“为了什么”的议题；其次，从公共生活的视角出发，论述了如何重塑社会基础，如何通过党建引领实现“三治融合”，回答了“怎么做”的问题；最后，探讨了在不同地域如何实现乡村善治的路径方法。具体分析框架见图1。

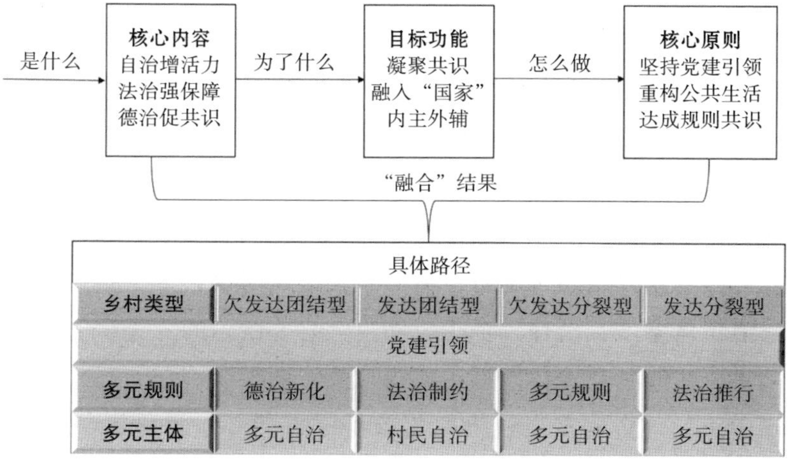

图1 新时代“三治融合”治理模式的分析框架

二、党建引领“三治融合”的基本逻辑

（一）追根溯源：党建引领“三治融合”历史脉络

1. 传统形态：“三治融合”的可鉴资源

在中国传统社会，乡村自治表现为依靠宗族、乡绅的自治；法

治表现为礼法秩序；德治则指依靠“维系着私人的道德”进行的治理[①]。陈秋云等通过对海南黎区村规民约的探索，发现在黎区传统社会里，规约都是村峒内部长期形成的习惯法。因时代久远，再加上无文字记录，最初规约制定和形成的具体过程已经无法详细考证，但黎区各种生产、生活规约应该是历史中代代相传又代代改进的结果，是民族精神的产物。黎区地处偏远，与外界交往甚少，自然环境十分恶劣，黎族人民在长期的生产生活等社会实践中，总结积累了一定的社会经验，经过世代传承，发展成为本民族的社会规范[②]。即使是当中央政府的权力触及海南岛之后，黎区传统社会规约对当地的治理模式也有着极其深厚的影响[③]。

传统中国是由官僚中国和乡土中国共同构成的。尽管秦始皇统一中国后形成了政治权力高度集中的专制体系，但是这一体系，无论是权力集中能力，还是权力渗透能力都是十分有限的。特别是国家权力没有直接渗透于乡村社会。早在秦汉时期，为了组织国家，政权组织体系一直延伸到乡村，实行类官僚统治的乡（亭）里制。但是自唐代尤其是宋代以后，实行“强干弱枝”，政治权力高度集中于中央，地方和基层权力弱化，乡村社会实行官民合治的保甲制。由于中央权力对广阔的地域和众多的人口的统治鞭长莫及，权力越来越分散于社会，由此形成两个极端：一是政治权力高度集中于中央，形成中央的绝对统治；二是实际统治社会的权力高度分散于各个村落。毛泽东在著名的《湖南农民运动考察报告》中说道：

① 慕良泽、曲建波：《“三治结合”乡村治理体系的渊源与趋向》，《山西农业大学学报》（社会科学版）2019 年第 1 期。

② 陈秋云：《黎族传统社会习惯法研究》，法律出版社 2011 年版，第 57 页。

③ 陈秋云、姚俊智：《乡村治理视野下海南黎区村规民约的裂变与传承》，《原生态民族文化学刊》2019 年第 6 期。

“四种权力——政权、族权、神权、夫权，代表了全部封建宗法的思想和制度，是束缚中国人民特别是农民的四条极大的绳索。”[①] 除政权以外，其他三种权力都是生长于乡村社会之中，并具有重要支配地位的权力。由此形成上下分立、国家统治与乡村社会自治的治理体系。“王权不下县”，国家体制性的正式权力只到县一级，县以下主要依靠非体制性的权力进行治理，从而构成“县官治县，乡绅治乡”的权力格局。作为乡村精英的乡绅因此成为乡村社会权力体系中的特殊人物。

乡绅通常指那些有土地财产和国家功名双重权力资源的特殊人员。对 20 世纪上半期的中国有相当研究的费正清说：“在过去的 1000 年里，士绅越来越多地主宰了中国人的生活，以致一些社会学家称中国为士绅之国。”“在 100 年前就已超过 4 亿人口的一个国家里，正式皇帝官员不到 2 万名，带功名的士绅却约有 125 万之多。”他们是农民的真正主宰者[②]。

除了士绅，支配乡村社会的权力主体还有各种村落共同体的家族长老、部族头人、地方强人等。传统农民社会是家族性社会，同一个姓氏的家族世世代代居住在同一个村落，辈分高的长老成为家族共同体的天然权威。家族共同体内有自己长期积淀而成的习惯规则，并实际支配着农民社会。这就是费孝通先生所说的“长老统治”[③]。由于中国地域辽阔，国家权力对许多地方特别是偏远地方的统治难以达到，从而形成不少缺乏国家权力有效支配的“政治真空”。这些“政治真空”犹如“自然状态”，主要是一些强势人物在行使统治权。

① 毛泽东：《毛泽东选集》第 1 卷，人民出版社 1991 年版，第 31 页。

② ［美］费正清：《美国与中国：费正清文集》，世界知识出版社 2000 年版，第 38 页。

③ 费孝通：《乡土中国》，上海人民出版社，2013 年版，第 60–64 页。

因此，传统中国对乡村的治理是由一个正式的政权组织体系与非正式的权力网络共同构成的。正式的政权组织体系未能深入乡村社会。而在非正式的权力网络中，各个小“主权者”与国家政权的关系是不一样的。由于士绅的地位与权力在相当程度上取决于国家，所以他们在相当程度上是作为国家代理人替代着国家正式官员行使统治。他们与国家体系的联系最为紧密。也正是依靠这一群体，国家与农民社会在上下分立的情况下能够保持沟通和联系。与之相对，由于家族长老、部族头人和地方强人的权力与国家没有直接联系，因此他们更多的是依据自己所在的共同体的逻辑行使权力①。

2. 党建引领：“三治融合”的时代调适

中国传统乡村治理实行“县政乡治”，县以下实行乡村自治。这种自治有两个突出的特点：一是国家的政权统治与乡村治理在体制上属于上下隔离的板块结构。国家的体制性政权未能延伸到乡村社会。二是传统的乡村自治的权力主体是士绅等传统的地方精英，一般民众并不具有主体性地位，更没有参加政治生活的当然权利。

在中国，农民社会是一个分散的而不是组织内分化的社会。要将一个“一盘散沙”的农民社会整合到国家体系中，仅仅依靠外部性的政权机构是远远不够的。中国能够成功地进行乡村政治整合，得益于政党向乡农村的延伸：通过政党对农民进行组织与动员，从而将一个传统的乡绅引领的社会改造为一个现代政党领导和组织下的政治社会。政党是代表一定阶级、阶层或集团的利益，旨在执掌或参与国家政权以实现其政治目标的政治组织。政党是现代社会的产物。对于发展中国家来说，政党对于现代国家建构具有特殊的意义。

---

① 徐勇：《国家化、农民性与乡村整合》，江苏人民出版社 2019 年版，第 65 页。

中华人民共和国成立后，新型的政权和政党全面向乡村渗透。1962年，中共八届十次会议通过《农村人民公社工作条例（修正草案）》。条例规定：人民公社的各级组织，按照民主集中制的原则办事。20世纪80年代初，广西北部的宜山、罗城一带出现了农民自发形成的组织。据已发现的文字资料显示，宜山县（现宜州区）的屏南乡的合寨村是我国第一个村民委员会的发源地。农民群众共同参与建立村民委员会（名称不一，有的称“村管会”，有的称“议事会”或“治安领导小组”），并通过这一组织管理公共性事务[①]。这一组织形式很快引起了中央高层领导的重视，并视之为吸纳和重组农民的重要方式。将村民委员会作为吸纳和重组农民的方式，一开始就具有民主，即赋权于民的特性。中共十一届三中全会是改革开放的起始标志。

自1987年以后，村民自治作为一项国家法律制度，开始在全国试行和推广，并取得了意想不到的效果，这就是农民重新回归到国家组织体系，国家也可以凭借组织化的条件进行政治整合。仅依靠由少数人构成的基层政权和基层党组织，无法赋予农民统一性的法定村民身份。因为村民委员会属于国家体制内的组织，作为村民委员会一员的村民并不是自然村的自然共同体的成员，而属于国家体制内的村落共同体的成员。国家凭借村民委员会与分散的农民交往，可以大大减少国家政权下乡的成本。同时，通过赋权于民，奠定了建设社会主义民主政治的稳固基础，这也一直是现代国家设计者的重要目标。正因如此，1997年中共十五大高度评价了村民自治的意义，1998年全国人大修订《中华人民共和国村民委员会组

① 徐勇：《最早的村委会诞生追记——探访村民自治的发源地——广西宜州合寨村》，《炎黄春秋》2000年第9期。

织法》并正式实施[①]。

2005年，党的十六届五中全会认为，建设社会主义新农村是我国现代化进程中的重大历史任务，要按照生产发展、生活宽裕、乡风文明、村容整洁、管理民主的要求，扎实稳步地加以推进。2013年，浙江嘉兴桐乡率先推出“三治”建设，并于2014年推向浙江全省，是“三治融合”治理体系发源地。2017年，党的十九大首次提出实施乡村振兴发展战略，加强农村基层基础工作，健全自治、法治、德治相结合的乡村治理体系。党的十九届四中全会进一步强调，要构建基层社会治理新格局。完善群众参与基层社会治理的制度化渠道。健全党组织领导的自治、法治、德治相结合的城乡基层治理体系，健全社区管理和服务机制，推行网格化管理和服务，发挥群团组织、社会组织作用，发挥行业协会商会自律功能，实现政府治理和社会调节、居民自治良性互动，夯实基层社会治理基础。所以“三治融合”乡村治理体系的出现不是空中楼阁，而是党和政府在总结实践的基础上提出来的。

（二）重构公共生活：党建引领“三治融合”的社会机理

半个多世纪的时间，费孝通笔下的“乡土中国”早已不复存在[②]；信息不对称的乡土社会进入了“半熟人社会”[③]；村庄行动主体的缺席，乡村社会迈入“无主体熟人社会”[④]。杨华通过对农村的观察发现，“无主体熟人社会”不仅是吴重庆认为的农民“身体不在村”，还是农民“人心不在村”的一种情感缺失。农民之间的纠纷

---

① 徐勇：《国家化、农民性与乡村整合》，江苏人民出版社2019年版，第103页。

② 费孝通：《乡土中国》，上海人民出版社2013年版，第6–11页。

③ 贺雪峰：《新乡土中国：修订版》，北京大学出版社2013年版，第6页。

④ 吴重庆：《无主体熟人社会及社会重建》，社会科学文献出版社2014年版，第181页。

越来越少，一方面是农民的生活水平越来越好，不再纠结那些小的利益得失；另一方面则是农民之间相互接触的频率越来越少，没有那么多公共交往，矛盾自然就减少了[①]。

公共性的交往有几个显著特点。第一，交往中谈论的内容都是村落的“公事”，而且会对村落本身及人们相互间的关系产生影响。第二，人们在谈论、臧否、理论中所援引的合法性资源具有公共性，人们以村落的基本道德、共识、规则和原则等为标准来评价话题中的人和事。公共性交往呈现和彰显的是公的规则。第三，公共性交往的效果是正面的，有利于强化村落基本的道德和共识，增加熟人社会的社会资本和共同体的凝聚力。

以杨华在湘南农村调查到的一起婚外情为例，可以证实公共性交往的上述特点。蓝茗是位70多岁的老年妇女，喜欢打听村落、邻里事务，在村落里有说话的权威。一日清晨，她见杨某从藕寡妇家门口出来，觉得很诧异。蓝茗当日没有跟人提起这事，怕是自己有所误会。后来几日她连续去探究，发现果然如此，于是就将此事在三五成群的人中说了。事情很快就传开了，也很快传到了藕寡妇的耳朵里。藕寡妇当然不认账，要向蓝茗讨说法，于是两个妇女就在村落里打起口水仗来，其他人则在背后议论此事。越来越多的事情从口水仗中被抖了出来，私下的议论、证据对藕寡妇越来越不利。最后藕寡妇无功而返，蓝茗则得理不饶人，硬是死缠烂打要藕寡妇道歉，并在数天之后如愿以偿。

按一般逻辑，此事是蓝茗抖人家私事在先，然后非但不认错，反倒要人家向她道歉，真是“恶人先告状”。但在村落熟人社会中，蓝茗却是有理的，原因就在于她谈论的事情不存在公私之分，在村

① 杨华：《陌生的熟人：理解21世纪乡土中国》，广西师范大学出版社2021年版，第35页。

落共识中，它不是夫妻私房话，而是实打实的公事。这一揭发，在村落里引起了很大的议论，首先是因为当事男子有妻子，若是光棍汉，事情可能不会引起轩然大波；其次是该男子与寡妇的丈夫是同一个家族的，而且血缘很近，此事在伦理道德上很难被接受，有乱伦的嫌疑。因此，人们的议论，是在村落基本道德层面上提问题，是有的放矢。既是有“的”放矢，就意味着谈论本身是有范围、有界限、有底线、有原则的，“的”之外的事不会引起人们的注意和兴趣，也就不会被涉及。因此，从另一个方面来讲，交往中的谈论，是在重申村落的地方性共识，重申人们在性规范上的基本道德底线和界限，从而起到强化甚至再生产的目的，并使之作用于当事人。议论本身除了能强化旧有规则、放大共识，还能凝练新的共识，提出对问题的新的一致看法①。

事实上，在2000年以后，慢慢地，农民在一起都不谈论人家的“私事”，有人张嘴要谈，也很快会被别人制止，说“千万不要到外边去谈，别人（当事人）会说”。无论男女老幼，在一起开始谈论天气地理、电视剧情节、综艺节目、国际新闻，打牌、打麻将越来越普遍、越来越专心，等等，交往行为较之前有很大的转变。受访者介绍，20世纪八九十年代，农民也打牌，但总是停停打打，三心二意、东拉西扯，争论起某个话题来就放下牌指手画脚；听到外边有什么动静，比如婆媳吵架，都丢下牌跑去看，不像现在这么专心，谁都不管其他闲事②。

农民交往的性质发生了根本性变化，交往已经从公共性转向私

① 杨华：《陌生的熟人：理解21世纪乡土中国》，广西师范大学出版社2021年版，第37页。

② 杨华：《陌生的熟人：理解21世纪乡土中国》，广西师范大学出版社2021年版，第39页。

人性。熟人社会交往的性质由公共性、公的逻辑起作用，变成了私人性、私的逻辑起作用。虽然还是同样的人，同样的场所，但当交往的性质发生变化之后，交往的结果与状态就很不一样。以前的交往，将琐事纳入公的规则中，整个氛围充满了道德性和正义感，明辨是非，拨云见日。如今的交往，谈论外界的风卷云涌，万千气象，与己无关，与村落无关，充满了和谐①。

“身体不在村”意味着行动主体的缺席，“人心不在村”意味着行动主体归属感的缺失，社会互动减少意味着农民之间公共生活的减少，原来依靠农民公共生活形成的“公规则”，也随之消亡。“公规则”的退步，“私规则”的进入，农民之间公共性的交往已经转向私人性交往。以前的交往，将琐事纳入公的规则中，使得整个村庄充满了道德性和正义感；如今的交往，谈论气象万千，却与己无关，与村子无关。私人性交往的兴起，导致“自己人”的圈子变得越来越小，逐步瓦解了原有治理关系的载体——公共生活，原有乡村治理模式也尽数失灵。

“无行动主体”与“无主体性”是一个整体，振兴乡村不仅要把行动主体留在土地上，特别是青壮年劳动力，还要在行动主体性方面下功夫，即留住乡愁，召回“人心”。每个时代都有每个时代的产物，产物也只会在属于它的时代发挥作用。传统公共生活所演化的“公规则”有其积极一面，但也存在落后腐朽的产物，原有“公共规则”难以满足时代发展的需求。即使村庄复苏了原有的公共生活，主体回归，主体性再续，面对市场逻辑盛行的时代，多元主体错综复杂的关系，既显得渺小脆弱，又会与时代格格不入。

公共规则对乡村治理的作用十分突出，公共生活对公共规则的

---

① 杨华：《陌生的熟人：理解 21 世纪乡土中国》，广西师范大学出版社 2021 年版，第 40 页。

演化而言十分重要。因此，要实现乡村善治，就必须重建乡村治理的公共规则；要重建公共规则，就必须重构乡村社会的公共生活，确保治理关系能够获得有效载体。

（三）党建引领“三治融合”的理论逻辑

1.“三治融合”：一个功能主义的视角

（1）制度互动：“融合”本质

结构功能主义，大可以解释整个人类社会，小可以解释某一具体制度。“三治融合”本质而言是一种制度之间的互动，即自治、法治、德治三种治理模式之间的调控。制度通常在特定的情境下运行，这个情境是由多个制度交叉形成的，当这些制度在特定的环境中相遇时，可能会出现一些有趣的现象：既可能是冲突，也可能是合作。这些情境中或冲突或合作的节点是新制度开发的源泉，从而导致源制度无法达到最初设置时的实施效果。

制度互动是“制度之间发生的因任务和行动所致的无意识后果或者包含在制度设计里的有意识关联”[①]，简而言之就是制度之间有意无意的相互影响。奥波斯赫和格林把制度互动定义为两种制度之间的因果关系。他们认为如果有一种制度会对另一种制度产生影响，导致其发展和表现偏离原来的预期，在此时，制度互动就出现了[②]。

基于结构功能主义研究视角在一定程度上能够有效促进“三治”厘清彼此的关系，促进其有序融合，提升乡村治理的能力水平。结构功能主义是由美国社会学家帕森斯在 20 世纪 40 年代正式提出并系统总结的。结构功能主义把社会与有机体进行类比，认为

① 孔凡伟：《制度互动研究：国际制度研究的新领域》，《国际观察》2009 年第 3 期。

② OBERTHÜR S，GEHRING T. Institutional interaction in global environmental governance: synergy and conflict among international and EU policies［M］. MIT Press，2006：P22.

社会是一个由各个相互依存的子系统构建而成的整体系统，各个子系统在整体系统中都各自发挥着一定的功能和作用，确保整体系统的生存和发展。因此，要发挥“三治融合”的积极作用，一方面需要厘清自治、法治、德治三者之间的逻辑关系，即自治、法治、德治在“三治融合”中发挥的功能；另一方面也需要构建一个容纳“三治融合”关系的载体，即自治、法治、德治在“三治融合”中的结构关系。

（2）凝聚共识：乡村自治

乡村自治是指村民通过村民委员会对乡村事务实行自我管理、自我教育和自我服务，实现民主选举、民主决策、民主管理和民主监督，要求广大村民作为自治主体积极参与[①]。自治意味着社会共同体的成员根据其内在需求自主选择其生活方式[②]，是与“他治”相对而言的概念。在主流学术话语中，中国乡村自治有着悠久的历史。受地域环境、经济和信息技术等因素的影响，中央权力无法直接到达乡村田野，中国历史上“皇帝无为天下治”的局面，正是因为乡村自治这一低成本治理才得以实现的。

乡村自治在过往的历史长河中发挥着重要作用，当今时代的乡村振兴，特别是乡村治理，更不能忽视乡村自治在治理过程中的地位。资源的有限性限制了国家对乡村资源的投入，缺乏资源难以对乡村进行有效治理，借助乡村自治治理乡村不失为一番良策。时代发展与科技进步，为中央权力直达乡村打通了要塞，但面临地域广阔、特色各一的中国乡村，中央权力所能发挥的作用微乎其微，无

---

① 徐勇：《民主与治理：村民自治的伟大创造与深化探索》，《当代世界与社会主义》2018 年第 4 期。

② 徐勇：《村民自治的深化：权利保障与社区重建——新世纪以来中国村民自治发展的走向》，《学习与探索》2005 年第 4 期。

法实现治理的有效性。现代乡村治理模式要成功，离不开对传统乡村治理模式的借鉴。

任何自治都是相对而非绝对的。乡村不是中国独有的，自治亦不是中国特有的；中国乡村与国外乡村是有区别的，中国古代的治理与中国现代的治理也存在差异性。如托克维尔笔下美国乡镇自治是一种“众人自治”的乡村治理模式[①]；在中国古代，封建社会地主阶级的专制统治决定了乡村是由农村少数上层人士统治；而在中国现代，以1987年公布的《村组法》为标志，中国村民自治进入制度化运行时期，通过村民委员会实现村民自治[②]。中国乡村自治既不能照搬国外乡村自治模式，也不能沿袭中国古代的自治方法，而应形成新时代中国特色的自治道路，即在党组织的领导下，村民通过村民委员会对村庄事务进行治理。

然而，仅依赖自治是难以实现乡村善治的。一是自治本身过于“任性”[③]；二是自治主体——村民——受中国社会政治冷漠文化传统的影响比较深；三是有限资源难以满足治理需求。

（3）融入“国家”：乡村法治

乡村法治是指以法律规则约束主体行动从而稳定乡村社会秩序，本质是在乡村建立统一普适的规则之治[④]。法治是经常被用作与“人治”相对的一个概念范畴。在传统乡村社会治理过程中，并

① ［法］托克维尔：《论美国的民主》，董果良译，商务印书馆2011年版，第72–84页。

② 徐勇：《中国农村村民自治［增订本］》，生活·读书·新知三联书店2018年版，第28页。

③ 侯宏伟、马培衢：《“自治、法治、德治”“三治融合”体系下治理主体嵌入型共治机制的构建》，《华南师范大学学报》（社会科学版）2018年第6期。

④ 陈柏峰、董磊明：《治理论还是法治论——当代中国乡村司法的理论建构》，《法学研究》2010年第5期。

不缺乏“法治”身影。现代化“法治”的权威来源于国家法律，而传统乡村社会“法治”的权威来源于儒家文化、风俗习惯等非正式制度。虽然二者都是“法治”，但无论是内涵、功能方面，还是作用方面都不能相提并论。我国真正意义上使用法治是在党的十五大，会议首次将依法治国确立为治国之基本方略，党的十八大不断推进法治化建设，党的十九届四中全会进一步强调建设中国特色社会主义法治体系。

至此，法治通过强势的话语表达在国家治理体系中的地位不断彰显，也很好地回应了现代化对形式正义的吁求。在基层治理过程中，法治的意义以及界定尚不明确与清晰①，法律的表达和话语实践背离的张力始终存在②，构成了中国传统法律体系中既矛盾又抱合的“实用道德主义”统一体。其深层次的意涵是既要解决实践问题，又要实现国家政权建设的双重目标，需要在乡村社会“找回国家”，防止“只知有村、不知有国”把国家挡在门外的“土围子”出现③。由此，有学者提出了以法治为根本遵循和基本原则，通过涵养村民规则意识和法治精神、确立自治和德治的法律边界、强化政府服务村民的公共责任，构建乡村治理新格局④。

“法治”是乡村治理的“硬治理”，是乡村治理的底线保障，也是由国家主导的普遍主义的国家意志得以落地的基本路径。尽管在以工业化和城镇化为表征的现代化冲击下，“熟人社会”逐步向

---

① 钟海、任育瑶：《“三治融合”乡村治理体系研究回顾与展望》，《西安财经大学学报》2020年第4期。

② 黄宗智：《中国的新型正义体系：实践与理论》，广西师范大学出版社2020年版，第211页。

③ 贺雪峰：《大国之基：中国乡村振兴诸问题》，东方出版社2019年版，第83页。

④ 左停、李卓：《自治、法治和德治“三治融合”：构建乡村有效治理的新格局》，《云南社会科学》2019年第3期。

“半熟人社会”甚至是“无主体熟人社会”转变，以“实质非理性”主导的乡土逻辑被“形式理性”主导的市场逻辑所替代，在农村基层治理中出现了“迎法下乡”需求[①]。

然而，文化作为一个民族的基因，其变迁需要经历从量变到质变的长期过程。特别是对地域广袤、内部差异巨大且有几千年文化积淀传承的中华文明，传统的“熟人社会”在全域意义上并非同步、均衡瓦解。从截面意义上看，中国目前是传统封闭型乡村、传统开放型乡村、过渡型城郊乡村和城镇化乡村并存，基于“差序格局”的实质非理性逻辑依然普遍存在，而国家法治体系作为一种普遍性质的治理模式，缺乏乡村社会的乡土特色，造成国家法治难以真正融入乡村社会的治理过程中[②]。如果不考虑不同地区千差万别的农村情况带来村庄治理事务不规则性和差异性以及乡土社会具有时空延展性的模糊性智慧，强制推行过于复杂的细化法律条文，不仅增加了巨额管理成本，而且还带来了成倍交易成本，甚至可能激化乡村社会传统治理模式与现代化国家治理体系之间的矛盾，造成事与愿违的结果。具体而言，过于复杂和细化的法律与乡村治理实践差异过大，如强行适用，则扼杀了乡村社会中与法律精神一致的有效、实用的“内生规则”的生命力；如完全不用法律条文，则面临着法律权威的丧失，弱化村民对国家法律的认同。

因此，新时代“乡村法治”坚持以乡村社会的道德规范为基础，将中国传统乡村治理中秉持的模糊即正义的智慧融入代表国家意志的现代化国家法治体系，制定原则性、方向性而不是过于细

① 董磊明、陈柏峰、聂良波：《结构混乱与迎法下乡——河南宋村法律实践的解读》，《中国社会科学》2008 年第 5 期。

② 林星、吴春梅、黄祖辉：《新时代“三治结合”乡村治理体系的目标、原则与路径》，《南京农业大学学报》（社会科学版）2021 年第 2 期。

化、缺乏韧性的法律，形成既有利于维护法律本身的权威性，又能给予乡村共同体“内生规则”的使用空间，保持“内生规则”的活力以及乡村共同体的“事实性存在”的适合乡村社会治理的新“法治”体系。

（4）内主外辅：乡村德治

乡村德治是基于共识的治理，是乡村社会存在的一种无形规则，是乡村社会的“软治理”，是可以约束所有人的道德前提，而非简单地通过道德来治理[①]。有学者认为，乡村治理中“德治”太软[②]。这作为一个事实判断虽然没有太大的问题，但也仅仅是基于当下乡村德治作出的一个整体性判断，并不是“德治”自身具有偏软的属性。如果认为一般意义上“德治”偏软，忽视了“德治”发挥作用的社会舆论机制，这种结论的得出是基于乡村共同体瓦解、村庄社会关联日益松散化，导致舆论失灵、面子贬值、社会资本流散，而仅仅依赖于内化于心的一种“习惯”的“礼治”[③]。也有学者认为德治是乡村治理的坚实基础[④]。在乡村治理的过程中，“德治”主要发挥着道德的协调、约束和凝聚功能[⑤]，强调在自治之中要融入德治[⑥]，法治要建立在德治的基础上[⑦]。

相对于依靠国家正式权力的力量来维持社会秩序的法治而言，

① 贺雪峰：《乡村如何治理有效》，《决策》2021 年第 10 期。

② 侯宏伟、马培衢：《“自治、法治、德治”“三治融合”体系下治理主体嵌入型共治机制的构建》，《华南师范大学学报》（社会科学版）2018 年第 6 期。

③ 费孝通：《乡土中国》，上海人民出版社，2013 年版，第 46–50 页。

④ 李小伟：《“三治融合”创新农村社会治理体系》，《经济问题》2021 年第 10 期。

⑤ 陈洋庚、胡军华：《通往“乡村之治”：挑战与出路——以“新冠”疫情防控中的江西为样本》，《农林经济管理学报》2020 年第 4 期。

⑥ 孙冲：《村庄“三治融合”的实践与机制》，《法制与社会发展》2021 年第 4 期。

⑦ 郁建兴：《法治与德治衡论》，《哲学研究》2001 年第 4 期。

以德治为核心的乡绅自治体系维系了上千年的乡村社会秩序，较为成功地实现了有效治理[①]。因此，“德治”与“法治”之别，不在德和法这两个字上，而是“在维持秩序时所用的力量，和所根据的规范的性质”[②]。“德治”依靠的是个体内化于心的社会公认的合式行为规范或者共同体，因为道德规范约束，是一种非正式制度约束；而“法治”是一种正式制度约束。法律是靠国家的权力来推行的。从乡村来看，只有德治是基层民间秩序的内生规则，而法治是国家行政推进的外来规则。

德治是中国治理的底色，在乡土社会治理过程中发挥了重要作用。但随着“熟人社会”的逐步瓦解和乡村认同的淡化以及传统文化的衰弱，德治所依赖的内生规则逐渐失去效力。因此，重新构建德治的内生规则是德治的首要任务，也是乡村治理的必由之路。王冠群和杜永康提出要通过互联网工具实现“熟人社会”的再回归，进而强化村民的身份认同、重构乡村道德舆论场[③]；张陈一轩和任宗哲认为乡村精英有助于重新构建基层的道德教化机制，加强德治作用[④]；姜珂提出要建立新型乡村德治主体，即中国共产党领导下的乡村基层组织和全体村民[⑤]。总而言之，这类学者的目的都是重建乡村内生规则，进而实现德治复苏。

---

① 欧阳静：《乡村振兴背景下的“三治融合”治理体系》，《天津行政学院学报》2018年第6期。

② 费孝通：《乡土中国》，上海人民出版社2013年版，第47页。

③ 王冠群、杜永康：《技术赋能下“三治融合”乡村治理体系构建——基于苏北F县的个案研究》，《社会科学研究》2021年第5期。

④ 张陈一轩、任宗哲：《精英回乡、体系重构与乡村振兴》，《人文杂志》2021年第7期。

⑤ 姜珂：《乡村振兴视域下新型乡村德治建构的若干问题》，《伦理学研究》2021年第5期。

虽然现代德治和传统德治都是通过内化规则来发挥作用的，但其外延却不可同日而语。德治是以道德规范来约束人们的行为从而形成社会秩序的治理观念和方式的内生规则[①]。一种道德规范必须与特定的社会形态相匹配、相适应，才能有效发挥其作用，一旦社会结构发生变迁，原有道德规范对人们的约束力就会下降进而失去其有效性[②]。因此，新时代“乡村德治”既要注重对传统德治文化的继承与发展，又要立足于新时代的社会变迁，不断开辟独特而丰富的德治内涵和路径，引领社会成员构建积极向上的道德规范，提升自身的道德修养以补齐国家治理现代化的短板[③]。

2. 党建引领：“三治融合”的基本界面

实现乡村善治，“三治融合”是关键。目前，乡村治理仅靠某一种治理方式无法实现乡村善治，必须将自治、法治、德治三者在公共生活交往中得到融合，实现“1+1+1>3”的效果。然而，公共生活的重构面临着种种困境。首先，农民、村民委员会、乡镇政府、社会组织以及相关企业等多元主体之间的利益难以调和，对某一问题的态度难以达成共识。农民有农民的人情世故，村民委员会有村民委员会的治理规范，乡镇政府有乡镇政府的治理规则，企业也有企业的利益考量。其次，作为自治主体的农民对于公共事务的积极性较弱；乡镇政府对于各个乡村治理的灵活变通性不足；企业给乡村治理带来的治理效果有限。众多困境使得乡村治理难以有效，公共生活的重构也是寸步难行。

重引乡村社会回到以公共交往为主的传统公共生活是极其困难

① 郁建兴：《法治与德治衡论》，《哲学研究》2001 年第 4 期。

② 王小章：《经典社会理论与现代性》，社会科学文献出版社 2006 年版，第 146 页。

③ 刘婷婷、俞世伟：《乡村德治重构与归位：历史之根和现代之源的成功链接》，《行政论坛》2020 年第 1 期。

的，更不用谈及关系错综复杂、治理主体多元、利益纠纷众多的现代乡村社会如何破除困境，回到以公共交往为主的公共生活。然而，传统规则逐渐失效，现代规则尚未完善，乡村治理的社会基础的重建迫在眉睫，重构以公共交往为主的公共生活更是势在必行。多元主体难以自发形成新型社会团结，因此，重构现代公共交往的公共生活，必须以共同利益或共同参与的事件为契机，在党的领导下，以“体”领“系”，将多元主体团结起来，形成一种新型乡村社会团结，在这种新型的乡村社会团结的氛围下重新达成规则的共识，即新型社会规范。

三、党建引领“三治融合”的运作机制——以余江区土地二轮延包为背景

（一）案例呈现：乡村治理制度互动的实践

笔者以余江区土地二轮延包为研究背景，对党建引领“三治融合”的运行机制进行分析。之所以选择此案例为研究背景，主要原因有二：一是余江区宅基地改革作为全国及省级政府力图打造的“试点项目”，具有典型意义。二是拥有余江区宅基地改革的第一手资料，比较熟悉项目的运作过程。个案本身虽然特别，但是通过个案分析得出“三治”张力抵牾的内在机制却有普遍意义。

我国于 2015 年启动农村宅基地制度改革，原计划于 2017 年底结束。其后为进一步深入推进试点工作，更好地总结试点经验，并与土地管理法规修改工作衔接，于 2017 年底和 2018 年底分别两次延长试点期限。余江区二轮土地承包于 2027 年到期。经过一轮 15 年、二轮 30 年的承包期，历时 45 年，在漫长的 45 年中，农村

经济社会、农户家庭人口等将发生巨大的变化，农民对土地承包认识、承包收益取得的预期也有很大变化。余江区在第二轮土地承包时指出要收集并整理二轮延包或最后一次承包关系资料，对在第一轮、第二轮土地承包期内，因人口变动、土地征用、违章建房等造成的历史遗留问题采取积极有效的措施，妥善加以处理解决，具体措施是实施“一村一策”。《中华人民共和国农村土地承包法》（以下简称《承包法》）第十三条指出“农民集体所有的土地依法属于村民集体所有的，由村集体经济组织或者村委会发包；已经分别属于村内两个以上农村集体经济组织的农民集体所有的，由村内各该农村集体经济组织或者村民小组发包”。余江区的土地承包根据《承包法》第二十条规定，严格按照程序进行：①本集体经济组织成员的村民会议选举产生承包工作小组；②承包工作小组依照法律、法规的规定拟订并公布承包方案；③依法召开本集体经济组织成员的村民会议，讨论通过承包方案；④公开组织实施承包方案；⑤签订承包合同。土地承包的发包主体被确定为村民会议选举产生的工作小组，即土地承包权的分配实际上是由村民自治实现的。

尽管权力已经下放到对于当地情况较为了解的村民自己手中，但是自治失效的情况依旧存在。《承包法》第十二条规定县级以上地方人民政府农业农村、林业和草原等主管部门分别依照各自职责，负责本行政区域内农村土地承包及承包合同管理。乡（镇）人民政府负责本行政区域内农村土地承包经营及承包经营合同管理。

2003 年，有一谢氏村小组按照村民规定及要求，在村委会的协助下召开了承包地调整会议，根据人口变动情况等重新调整承包地，由于当时种田的效益低，而且要上交农业税，谢氏兄弟多次向小组明确表示放弃承包地，并未参加土地承包，但未签订书面协议。税费改革后，不但不对其收取农业税，而且给予其补贴。从

2005 年开始，谢氏兄弟提出要回原承包地的请求。大多数村民不同意，认为谢氏兄弟二轮承包期内自愿放弃承包地，在二轮承包期内就不能重新要回，这是符合《承包法》规定的。而且当时该小组 2003 年放弃承包地的村民还有其他人，不只有他们兄弟。由于利益冲突，谢氏兄弟与其他村民协商、调解不成，于是向县人民法院起诉。

2008 年 3 月 13 日，县人民法院以“没有当事人书面证据”自愿放弃土地承包权利为由，作出《江西省余江县人民法院民事判决书（2007）余民初字第 224 号》判决：该乡该村委会该村小组返还谢氏兄弟承包的土地 7.65 亩。

由于全村村民不同意，反映强烈并表示不能因此而造成更多类似的事情发生，导致实质上的不公平，而且也没有办法将已经分配好的土地打乱重分，故“还谢氏兄弟承包土地”的法院判决结果无法执行到位。谢氏兄弟见判决结果并未付诸执行，于是上访，要求执行法院的判决。后来经过县信访局调解，县人民法院调解执行，乡政府、村委会等协调，余江县人民法院作出《江西省余江县人民法院民事调解书（2010）余民初字第 415 号》，但调解结果并不尽如人意。最终于 2013 年 1 月 29 日，在县法院、乡政府的参与协调下达成了以下协议：一是谢氏兄弟享有与该村小组村民同等的土地承包经营权（按七个人口计算）。二是被告该村小组补偿原告谢氏兄弟粮食及综合资料补贴等各种经济损失共计人民币贰万元整（补偿时间为 2003 年至达成调解协议之日止）。三是此协议到第二轮土地承包政策结束，终止协议。第二轮土地承包结束后，该小组按照村民同等要求分给谢氏兄弟责任田，该村委会有义务协助配合，并给予解决。

该村小组按照协议中的要求执行，至 2018 年底诸多条款已执行到位。但是谢氏兄弟尽管享受着该村小组的补偿却并不遵守协议，仍然上访，并强烈要求要回“第一轮承包的地块和面积”，这使得其他村民十分不满。

（二）党建嵌入：多元规则如何互动

乡村治理须要依赖一套规范且完善的治理规则。无论是“土生规则”德治，还是“外来规则”法治，在治理过程中都存在局限性，德治太“软”，法治太“硬”。因此，必须依靠德治的“土生规则”和法治的“外来规则”相融合的新型规则进行治理，实现治理规则合法化和情理化，保证乡村治理过程中规则的有效性。然而，传统“土生规则”与现代“外来规则”在融合的过程中存在一些冲突，如“外嫁女”享有正当权利的问题，是应该遵从当地“内生规则”，抵触法律“外来规则”，拒绝给予“外嫁女”应有的权利呢？还是遵守法律，否定当地习俗，同意给予“外嫁女”应有的权利呢？即当德治与法治二者发生冲突的时候，是应该遵守法律，还是依照旧俗呢？或者说在“三治融合”的过程中，多元规则彼此出现张力，存在冲突的时候，应如何调控才能降低彼此的张力，甚至是消除“三治”之间的张力，使其真正有效地实现“三治融合”。

从经济人的视角来看，在该案例中，当2003年承包土地种地需要上交税费的时候，谢氏兄弟选择了放弃土地承包权；而在税费改革后，农业税取消并且增加种田补贴时，谢氏兄弟要求要回原承包地；另外，谢氏兄弟通过法律手段和村内调解要回第二轮承包的土地之后仍选择上访，期望通过上访的方式要回第一轮土地承包的土地。谢氏兄弟的每一次选择都在追求自身利益的最大化。

《承包法》第二十条规定：本集体经济组织成员的村民会议选举产生承包工作小组；承包工作小组依照法律、法规的规定拟订并公布承包方案；依法召开本集体经济组织成员的村民会议，讨论通过承包方案；公开组织实施承包方案和签订承包合同。土地承包权在实际操作上被下放到了村民会议选举的承包工作小组，属于村民自治组织。此时的承包工作小组代表的是大部分村民的利益。当法院判定还给谢氏兄弟 7.65 亩土地时，谢氏兄弟的利益诉求是与全村村民利益有冲突的，全体村民（包括承包工作小组的成员）均不同意该判决。村民不满谢氏兄弟出尔反尔同时有可能损害自身利益的行为，但是又碍于以法院判决为代表的法治的权威，于是采取了一种折中的方式——请县信访局调解，县人民法院调解执行，乡政府、村委会等共同进行调解，最后在县法院、乡政府的协调下，达成了一致协议。“县信访局、县人民法院”的调解执行实质是普遍规则遇到特殊现实的灵活实施，村委会的介入与承包工作小组的妥协是自治组织发挥作用的体现，调解行为本身就是利益主体双方共同的妥协。

在这个案例中，自治组织成了村民集体利益的发言人，其站位是随着集体的利益指向而变动的。而法治以普遍规则的形态稳定存在，只维护法律文本框架内的权益。案例的特殊之处在于，案例的主人公之一——谢氏兄弟，虽然出尔反尔攫取利益最大化的行为在法律上是不受谴责的并且享有同等的维护自身利益的权利，但是在道德层面上，谢氏兄弟的行为是受谴责的——“唯利是图”“出尔反尔”“得寸进尺”，与德治强调的道德体系和乡土感召相违和，另外谢氏兄弟的行为损害了大部分村民的利益，法院的判决无异是将村民与谢氏兄弟置于对立面，也就将双方背后支撑的自治与法治对立起来。调解的行为看似是两种治理方式的让步，就其结果而言，其实是自治向法治的妥协。

该案例包含实践过程的丰富性和复杂性，让法律的介入需要在形式主义的法律逻辑、实体主义的公平正义之间进行取舍。形式主义的法律逻辑一方面强调行政程序的无瑕疵性，又代表了国家的权威性；另一方面考虑了道德上济弱观念的优点（土地是农民的生存保障）。

粗略一看，判决是最优结果。然而，却没有考虑到谢氏兄弟之前未交农业税行为背后的义务逃避，以及承接该土地的农户代交农业税的机会成本，违反了农民的基础公平观和法律意义上的权利与义务对等原则。利用调解来解决纠纷是中国法律体系中道德主义存在的一个主要例子。在实践中，调解依赖于关于“应该做什么”的道德规范，而不只是关于“什么是合法的”或“不合法的”的法律原则。它与美德有关，与法律条文无关。它追求的是“和谐”的理念，而不是权利及其保护。它旨在通过相互让步来解决争端，而不是确定法律上的是非。它希望通过人们的“让”“忍”等美德来建设一个更好的道德社会，而不是简单地禁止和惩罚违法行为[①]。《承包法》第十九条指出土地承包应当遵循的原则包含“按照规定统一组织承包时，本集体经济组织成员依法平等地行使承包土地的权利，也可以自愿放弃承包土地的权利”。谢氏兄弟在2003年明确表示了放弃土地承包却没有出示书面证明，而土地《承包法》也没有规定村民在放弃土地承包权时需要有书面协议。另外，根据《承包法》第五十五条指出，“因土地承包经营发生纠纷的，双方当事人可以通过协商解决，也可以请求村民委员会、乡（镇）人民政府等调解解决。当事人不愿协商、调解或者协商、调解不成的，可以向农村土地承包仲裁机构申请仲裁，也可以直接向人民法院起诉。”对承包地征收补偿费用分配引起的争议，因其同样属于平等民事主体之间的纠纷，人民法院也应当依法予以受理。但是，集体经济组

① 黄宗智：《实践与理论：中国社会、经济与法律的历史与现实研究》，法律出版社2015年版，第605页。

织成员因未实际取得土地承包经营权提起民事诉讼的，人民法院应当告知其向有关行政主管部门申请解决。也就是说，人民法院手里的农村土地承包纠纷，实际上就是土地承包经营权确立之后（其标志为承包合同生效）产生的相关争议。在本案例中，谢氏兄弟因调解不成而向法院提起上诉，且法院受理了此案件，说明谢氏兄弟所在的乡（镇）级人民政府此时已经通过了该村小组与谢氏兄弟签订的土地承包合同。并且《承包法》第十九条土地承包的原则中还指出，承包方案应当按照规定，依法经本集体经济组织成员的村民会议三分之二以上会员或者三分之二以上村民代表的同意。这与大多数村民不愿意分配给谢氏兄弟土地是相悖的。让人不禁思考谢氏兄弟是否通过特殊手段使承包工作小组至少三分之二以上的人同意其承包请求。其中涉及承包工作小组的治理能效的问题以及其是否真正代表了村民的利益。

该案例中的制度互动主要是一种“结果”层级上的互动。原本自治作为宅基地改革治理的源制度，赋予了宅基地承包工作小组制定宅基地承包方案的权力，谢氏兄弟也处于权力管辖的范围之内。拥有自治权力的承包工作小组依据上级文件给予的规范制定了相应的承包方案。但是谢氏兄弟想获取更多利益的行为——求诸法律，刺激了法治治理方式参与其中。法律对于谢氏兄弟利益保护的判决激发了源制度的行为体，即以承包工作小组为代表的村民们的行为改变（全体村民不同意），于是引起了目标制度（法治）后果行为的进一步改变（县法院参与调解）。值得一提的是，不论提出要求法律保护自身权益的人是谁，法律文书给出的判决都是一样的，也就是说，源制度受到的影响的产生并不受目标制度本身的决策所影响，而是由目标制度行为体的行为引发的。

根据上述分析，“三治”张力存在的原因在于，当冲突发生的时候，站在各自角度的治理方式和参与主体都选择将自身“棱角”扩大，而不是寻找可耦合的凹凸点实现有机融合。“三治”的耦合仅仅依靠制度的常规运行是难以实现的，因为制度设定之初就没有为融合预留下卡槽，在这种情况下，只能够借助第四方的参与来促进“三治融合”体系的形成。

无论是德治、法治，还是自治，自身都有着自己的合法性解释，面对矛盾冲突，彼此都没有多余的空地来兼容其他主体，彼此互不退步。因此，必须通过一个强有力的正确领导核心来协调二者之间的关系，实现“三治融合”。所以笔者认为，多元规则之间的互动，必须在党组织的领导下达成共识，进而形成一种新型社会规范，消除彼此的张力，促使自治、法治、德治相融合。

第一，党建均衡法治。向来以普遍主义形式出现的法治，下沉至基层乡村时也遇到困难。农村社会本身就是饱含乡土性与人文情怀的社会，强制性地向村民灌输法律条文常常不能够与村民的思想体系和洽。然而乡村中的确也存在诸多的纠纷需要强制性的工具帮助调解。借助基层党组织这一媒介将“乡土性的法治”向普遍主义靠拢，何谓“乡土性的法治”，即利用基层党组织向村民传输“法”的概念，“法”的概念不仅仅是法律，更指代的是一种权利与义务对等的契约精神。基层党组织加强教育村民们对“法”的概念的注重，同时可以因地制宜将一些村规民约纳入这个“法”的概念中，既解决了法律条文普遍主义不能“入乡随俗”的问题，又切实解决了乡村社会中的矛盾纠纷。

第二，党建注入德治。德治不仅聚焦于个人道德修养的修炼，更注重整个社会的思想道德体系建设。乡村德治以德高望重的乡贤引领为典型特征。为了整个社会思想道德体系建设在迸发活力的同时做到和谐统一，党建嵌入德治之中可以依靠这些乡贤，一方面积极鼓励乡贤发扬地方特色优秀文化、贬斥恶俗文化，另一方面将中国社会主义核心价值观注入乡贤的道德体系之中，让乡贤作为一个融合体，起带头榜样作用。传统道德要跟上时代的步伐，需要社会主义核心价值观引领传统道德观向前迈步。传统道德观向上并齐，要求与党组织达成合作的乡贤寻找传统道德观与核心价值观的共通之处，党组织再据此将核心价值观向下渗透，因地制宜地对传统道德观进行创造性改造。

第三，党建监督自治。自治权是社会治理权相对于官方统治的物质存在，具体表现为社会组织对社会事务的控制权，特别是对人事、资源、财务和行动计划的控制权①。党建引领基层农村自治不是将这种实际控制权牢牢把控在自己手中，而是要界定清楚地方自治组织的权力清单，明确党建工作和村庄事务划分的清单。地方自治组织拥有相当的权力，如果不对其权力和负责的事务作出清晰的划分，做好有效的监督，就难保组织中的个别人不以公谋私，侵害公共利益。另外，党建引领自治需要将党建工作拓展到乡村社会组织中。由地方特色拥起的社会组织将地方特殊性表现得更甚，在社会组织中注入党建，可以消解特殊主义与国家制度层面的摩擦。在均衡特殊主义的同时，党政依旧坚持制度的框架。如此一来，既能够调动自治的活力，又能够约束自治的权力边界，使自治收放有度。

中国共产党既是一个强有力的领导核心，也拥有着对乡村治理的丰富经验，所以通过基层党建来调控自治、法治、德治三者之间的制度张力，是实现“三治融合”，形成新型社会规范的一条可行路径。

（三）重叠共识：多元主体如何协同

目前，农民、村民委员会、乡镇政府、社会组织以及相关企业等主体对象都是乡村治理的主体，一方面，多主体能够为乡村治理

① ［美］黄宗智：《中国乡村研究》，商务印书馆 2003 年版，第 193–194 页。

带来充足的资源与活力；另一方面，多主体之间的立场和定位不一致容易引发内耗，令治理工作难以顺利开展。因此，要实现乡村治理的有效性，需要紧密团结多元主体，形成一种新型社会团结。

革命、建设和改革的实践经验证明，中国共产党作为领导核心，具有强大的政治优势和组织权威，发挥着秩序建设和群众动员的双重作用。中国共产党作为三治的主体既是使命性的，又有经验性的理由。坚持党领导农村治理是中国特色社会主义制度的结构性命题。农村治理主体的多元性、利益格局的复杂性和利益诉求的个体化，要求党的组织发挥政治领导、利益整合和服务群众的功能。因此，将基层党建作为第四方参与到“三治融合”体系的构建中是必要的。之所以放权至基层，是因为不同地域乡土性不同，可以因地制宜发挥更好的治理成效。政党在嵌入乡村基层时也面临相同的情况。建设基层党组织如果不能够克服自身的官僚特性与科层制特性的话，是无法融入当地的治理当中的，农村社会的乡土性会将基层党建与乡村社会治理割裂开，甚至根本无对话的可能。故基层党建必须与农村的乡土性相融合以破解这种割裂局面。比如说利用党员的血缘、地缘关系来开展党建工作，将乡村政治“立起来”而不只是以表面形式存在，真正将乡村政治盘活。破除基层党建和乡村治理的壁垒需要增强其和乡村社会的匹配性，提高其黏合度。

中国共产党一直以来都与人民群众保持着密切联系，如今已是世界第一大执政党，党员人数超过了 9900 万，基层组织也超过 500 万个，已深深融入了人民群众生活之中。农民和其他组织成员之间有党员干部，村民委员会以及其他组织都有党的组织。广大党员干部紧密团结在党的周围，通过党的组织上下纵向、左右横向沟通联系，将多元主体紧密联系起来，在党的领导下达成共识，形成一种新型社会团结，集中力量，共治乡村。

“三治融合”的治理体系强调有机的融合而不是简单的叠加。运用制度互动的原理减少“三治”摩擦的可能。在制度“输出”的时候，它是一个包涵整个社会的庞大个体，在具体实施的过程中，要依靠“结果”层面的制度互动来使个体下的子个体，即各具体的实施情境中依靠“相关行为体”的行为来促使制度在这些不同情境中能够达到其最初设定所要达到的目标。而这个相关行为体到达乡村层面包括了我们所说的基层党组织。以基层党组织为行为体去促进乡村中“三治”之间的制度互动，要以基层党小组为“三治融合”的契机，让三种治理方式在基层党组织中并存。具体表现为使党小组成员的“成分”“三治化”：党小组的成员本身是村民的一分子，这使得其拥有与其他村民的血缘与地缘关系，而且对村内的自治事宜会比较了解。党小组的成员同时积极学习法律的普遍规则，使其能够在治理中自然而然融入法治治理。而同时这位成员内外兼修，是村内人人敬仰的楷模。当然，要求一位成员做到多方面的和谐统一并不容易，但这也是基层党建的意义——既要保留特色，又要向前发展。尽管在短时间内可能无法完成，但其不失为基层党建一个努力的方向。与此同时，打造党建引领“三治”治理的说事议事平台，让融合的实现拥有切实的操作界面。以党建为中心的和谐共同体的打造要始终坚持基层党组织的引领地位，在落地操作时，要表现出党建对“三治”的统合作用，而不能为了乡土化而丢失掉党组织的原则。

（四）分类调适：区域差异如何应对

党建引领多元规则相融合，党建引领多元主体相协调。基于规则共识，形成公共规则；基于主体协调，重构行动主体。在新的公共规则下，新的行动主体彼此互动形成新型社会团结，重构乡村社会公共生活。以公共生活为基点，以各主体之间密切相关的公共事务为契机，实现自治、法治、德治相融合的“三治融合”乡村治理模式。

然而，纵观整个中国农村，从南到北，从东到西都有着显著差异性。笔者依据贺雪峰①、侯宏伟②等学者的观点，根据地区经济发展水平和宗族力量强弱两大因素对中国农村进行类型划分，根据宗族力量强弱将村庄划分为团结型乡村和分裂型乡村，根据地区经济发展水平高低划分为发达型乡村和欠发达乡村。两两组合，将中国农村大致划分为四大类，即发达团结型乡村、欠发达团结型乡村、发达分裂型乡村、欠发达分裂型乡村，如图 2 所示。

通过“三治融合”完善乡村治理体系建设，形成“党领导下法治、德治相融合的多元规则，多元规则下党领导的多元主体自治”新时代乡村善治模式。针对中国乡村的四种基本类型采取权变的治理模式。

图 2　中国乡村类型的划分及其治理模式

① 贺雪峰：《南北中国：中国农村区域差异研究》，社会科学文献出版社 2017 年版，第 14 页。

② 侯宏伟、马培衢：《“自治、法治、德治”“三治融合”体系下治理主体嵌入型共治机制的构建》，《华南师范大学学报》（社会科学版）2018 年第 6 期。

1. 发达团结型乡村：党建引领、村民自治、法治制约

这类乡村主要存在于中国东南地区，即经济发展水平较高、宗族力量较强，属于中国乡村较为高级的形式，但目前在我国这类乡村的数量较少。发达团结型乡村，经济发展水平较高意味着它们有着足够的资源能够去提供自己所需的公共物品以及治理乡村问题；宗族力量较强决定了村民之间关联性和集体行动力较强，他们能够较为积极主动地与村委会等自治主体进行协同治理，通过彼此的对话和与交流，厘清关系网络和利益界限，从而达到一种良好的共识状态。

强有力的宗族力量能够保证乡村德治得到有效实施，确保德治规则能够在村民自治过程能够发挥积极作用。然而，过于强大的宗族力量易引发自治的失控，使得自治组织异化为宗族村霸组织，甚至将德治与它们的合法性来源同化，导致自治“失控”，德治“失行”。因而必须通过党的领导和规范、国家法律的制约，对发达团结型乡村自治予以规制。一是党建引领乡村自治规范化。以党领导下村民为核心的自治才能有效抑制自治“失控”。中国共产党始终坚持人民至上，来源于人民，植根于人民，一切行动为了人民。因此，只有在乡村自治过程中嵌入党的领导，自治成果才更贴近人民，而不会成为某些组织或个人的私人货物。二是德治规则法治化。德治规则被宗族村霸组织同化为其合法性来源主要在于德治规则没有很好进行制度化建设，进而被村霸组织强行或歪曲解释。因而，将德治规则制度化可以有效防止德治“失行”。

2. 欠发达团结型乡村：党建引领、多元自治、德治新化

这类乡村主要存在于中国西南地区，即宗族力量较强，但经济发展水平较低。宗族力量较强决定了村民之间利益关系联系密切；经济发展水平较低意味着依靠乡村自治组织或者村民本身的力

量无法解决相关治理问题。因此，首先，以党领导下村民为核心多元主体是乡村自治成功的关键。缺乏资源和能力治理乡村问题是此类乡村自治“失效”的重要原因，通过党的领导力和感召力，充分联系农民、村小组、村委会、乡镇政府、企业以及其他社会组织为乡村经济发展和问题的治理提供资源和技术手段，确保乡村治理能够得到有效实施。其次，强调党建引领德治。团结型乡村村民彼此联系紧密，对许多道德规范存在共识，这便有利于乡村德治规则的制定。德治不仅有利于自治的顺利开展和成本的降低，而且也有利于继承和发展我国古代的优秀文化传统，建设东方礼仪之邦。所以在党的领导下，有序建设符合时代发展规范的德治规则，依靠“新德治”治理乡村社会。最后，社会的迅速变迁直接引发社会环境的动态多变，尤其是处于国家治理边缘的乡村社会，不能忽视其出现“失效”“失控”以及“失行”等问题。因此，不能忽略法治保障体系的建设，法治保障体系的建设是作为乡村社会自治的底线规则，一旦触碰，便立即开展法治建设，以防事件的危害进一步扩大。

3. 发达分裂型乡村：党建引领、多元自治、法治推行

这类乡村主要存在于中国东北地区，其特征是经济发展水平较高而宗族力量较弱。宗族力量较弱意味着村民之间集体缺乏积极主动性，因此，此类乡村发展的关键因素在于如何将一盘散沙的治理结构凝聚起来，提高乡村自治水平。一是发挥党组织的核心引领作用。此类乡村有着丰富的资源足以去进行公共物品自我供给，但由于宗族力量较弱决定了村民之间联系不强的问题，进而出现了治理“失能”。因而，要通过党的凝聚力和组织力，组织和凝聚村民、村小组、村委会、乡镇政府等基层自治主体，重塑乡村治理结构，化“沙”为“石”，提升乡村自治效能。二是大力推行法治建设。法治现代社会治理的基本方式，也是现代文明的标志。发达分裂型乡村

社会其宗族影响力量较弱，德治规则认知较弱，这就有利于法治规则的融入和法治体系的建设。法治规则的介入可以有效防止村民自治过程中因经济实力过强而新生“恶势力”的问题，确保多元主体自治的合理性和规范性，保障了乡村治理的有序性。

4. 欠发达分裂型乡村：党建引领、多元自治、多元规则

这类村庄主要存在于中国西北地区，其宗族力量较弱并且经济发展水平也比较低，是中国当前乡村存在的普遍形式。宗族力量较弱意味着村民之间关联性和集体行动性不足；经济发展水平不高决定了其缺乏资源和能力进行乡村社会的治理。要发展此类乡村，既要提高村民自治水平，也要解决当地经济发展水平较弱的问题，但这两个问题没有必要去分开解决，可以共同解决，解决问题的方法是“形成党领导下法治、德治相融合的多元规则，多元规则下党领导的多元主体自治”新时代乡村善治模式，即党建引领“三治融合”。

解决的路径分为三个步骤。首先，发挥党的组织感召力。通过党的领导力和感召力，充分联系农民、村小组、村委会、乡镇政府、企业以及其他社会组织为乡村经济发展和问题的治理提供资源和技术手段，确保乡村治理能够得到有效实施；组织和凝聚村民、村小组、村委会、乡镇政府等基层自治主体，重塑乡村治理结构，化“沙”为“石”，提升乡村自治效能，共建党领导下多元主体自治的治理格局。其次，发挥党的核心引领作用。党建引领“三治融合”，“三治融合”不仅仅包括自治主体、法治主体以及德治主体，而且还包括自治规则、法治规则以及德治规则的融合。将党的领导贯穿“自治、法治、德治”整个“三治融合”过程，形成党领导下法治、德治相融合的多元规则，做到乡村治理既“有法可依”，又“有情有义”。最后，党建引领乡村治理组织重构。党领导下法

治、德治相融合的多元规则，多元规则下党领导的多元主体自治是新时代乡村善治模式。通过充分发挥党在基层治理中的作用，构建“新”治理模式，集聚多元主体的资源与能力，在有情亦有义的法治规则下，乡村自治步入一个新时代。在有序的规则下，开展共识与协同话题。

四、余论

现有关于“三治融合”的研究成果丰硕，但鲜有研究注意到乡村社会的公共生活已经发生了翻天覆地的变化，原有治理模式的社会基础也相继丧失。因而，笔者认为必须通过党建引领重构公共生活，形成新型乡村社会团结，实现“三治融合”。

首先，笔者阐述了党建引领“三治融合”的基本逻辑应该是如何的。基于结构功能主义的研究视角，分别论述了自治、法治、德治核心内容和目标功能，揭示了“三治融合”的本质，是三种制度彼此互动的结果。并分别回顾了“三治融合”的历史演变和新中国成立以后的探索，奠定了党建引领“三治融合”的历史根基。其次，笔者阐述了党建引领“三治融合”的运作机制是怎样的。辅以余江区宅基地改革中的案例，讨论多元规则如何互动、多元主体如何协调的问题。最后，论述了不同地域乡村须根据当地实际状况形成具有当地特色的新型乡村社会团结，实现乡村善治的目标。

根据贺雪峰等学者的研究，本章将中国乡村大致划为发达团结型乡村、欠发达团结型乡村、发达分裂型乡村、欠发达分裂型乡村四大类型，在不同类型的乡村需要侧重不同的治理模式。如发达团结型乡村需要侧重法治制约；欠发达团结型乡村需要侧重德治新化；发达分裂型乡村需要侧重多元主体之间的协作以及法治的推行；欠发达分裂型乡村需要侧重多元主体和多元规则并重。无论是哪种类型的乡村社会治理，都必须以党的领导为核心。历史与现实经验表明，中国共产党的领导是中国特色社会制度最大的政治优势和制度优势，将党的领导融入乡村社会的治理过程中，形成党领导下“三治融合”乡村善治模式。没有一种唯一或最好的乡村社会治理模式，只有充分把握乡村社会的具体要素，权变治理模式，才能实现乡村善治，助力乡村振兴。

第八章　何以有效：高效能基层治理的评价维度

党的十九大提出“推进社会治理体系和社会治理能力现代化”的社会治理改革发展总要求，基层治理体系建设是社会治理体系和社会治理能力现代化的应有之义。党的二十大指出，“健全共建共治共享的社会治理制度，提升社会治理效能”，而基层治理是社会治理的重要构成，提升基层治理效能对于完善社会治理体系具有重要意义。基层治理是指县级及其以下机关直接治理或与其他组织共同治理辖区内各种公共事务的活动。县级及其以下机关治理辖区内的各种公共事务实质上就是对辖区内的社会生产和社会生活等基础性社会体系进行管控。

基层治理是一项复杂的系统工程，有效推进基层治理，必须把握好基层治理的重点。基层治理体系由组织体系、制度体系、运行体系、评价体系和保障体系等构成，基层治理评价指标是基层治理评价体系的重要组成部分，更是用于监测、预警、评价基层治理效能的实用工具。建立基层治理评价体系，有助于定量化评价基层治理能力现代化的实现程度，分析基层治理在发展和改革中的薄弱领域与环节，进而为政府部门、公务人员和政策制定者提供有效讯息，同时对政府工作人员具有重要的激励和监督作用，以提升工作人员素质和基层治理效能。

一、基层治理效能的评价原则与内容

（一）基层治理效能评估的文献梳理

习近平总书记指出："基层是一切工作的落脚点，社会治理的重心必须落实到城乡、社区。"推进改革发展稳定的大量任务在基层，推动党和国家各项政策落地的责任主体在基层，推进国家治理体系和治理能力现代化的基础性工作也在基层。城乡、社区是社会的基础单元，是各种利益关系的交汇点、社会矛盾的集聚点、社会建设的着力点。因此，强化基层治理正是提升人民获得感、幸福感、安全感的必然路径。党的十九届四中全会对社会基层治理提出了明确要求：坚持和完善共建共治共享的社会治理制度，保持社会稳定、国家安全，必须加强和创新社会治理，完善党委领导、政府负责、民主协商、社会协同、公众参与、法治保障、科技支撑的社会治理体系，建设人人有责、人人尽责、人人共享的社会治理共同体，确保人民安居乐业、社会安定有序，建设更高水平的平安中国。

通过建立科学的基层治理效能评价指标体系，有助于反映基层治理现状和提出针对性举措，达到中央对基层治理提出的总体要求，然而提升治理效能也面临着重重困难。从基层社会常态化运行来看，我国主要矛盾已经转变为人民日益增长的美好生活需要和不平衡不充分的发展之间的矛盾，而新时代人民所追求的美好生活既包括多元化、强质量、高效率的刚性需要，也包括对稳定、安全、民主、正义、和谐等方面的柔性需求，需求多元化是矛盾多元化的主要因素之一，而矛盾化解、社会进步等方面治理效能的实现离不开基层治理效能评估体系的推动。从基层社会危机应对来看，结合我国近几年的发展现状不难发现，包括自然灾害、事故灾害、公共卫生事件、群体性事件在内的危机事件越来越呈现多元化、频次高的特点，这些危机事件的应对无疑是对基层治理能力的一种考验，也是影响治理效能提高的重要方面。因此，为了有效应对和处理纷繁复杂、变幻莫测的危机事件，建立科学的基层治理效能评价指标体系迫在眉睫。

1. 研究现状

（1）效能评估概念界定研究

“效能”是我国特有的概念，与国外的“绩效”相对应。至今，西方学者依然习惯用“政府绩效”表示政府履行职能的能力及效果。西方对于政府绩效管理的研究始于 20 世纪初，“绩效”一词最早在泰勒的《科学管理原理》中出现。绩效管理首先在企业的人力资源管理中得到运用，主要采用技术效率的研究方法。20 世纪 50 年代，行为科学的研究在美国兴起，绩效管理逐渐开始关注人的因素。20 世纪 80 年代，世界各国在全球化、知识经济的大潮中，开启了一场影响深远的“重塑政府”行政改革运动。政府在管理中引入企业绩效管理理念，形成了企业家政府理论，实现了“效率—绩效”的转变。

我国对于政府行政效能的评估，大致经历了从效率到绩效，再到效能的转变。对于“效率”“绩效”与“效能”的概念界定，学者们有着不同看法。吴权伟对行政效能进行剖析：一是行政活动效率价值内涵的转变，更注重“公共性”；二是研究的具体范畴发生转变，由“效率”转向“绩效”“质量”；三是研究方法更新，选择经济学理论、公共选择理论作为主要研究方法。[①] 陈宏彩认为“效率”忽视了政府行为本应表现的正义和善治，应注重对行政效能建设的追求。[②]

通过总结前人研究成果，可以发现效率强调投入产出比，效果强调客观结果，效能则是超出效率概念的行政术语，其内涵更为丰富，涵盖了效率、效果。根据评估的形式、目的和内容，效能评估可划分成能力评估与绩效评估。能力评估是对组织的潜在能力水平进行评估，影响组织能力的因素包括组织的结构、管理、人员、物质技术条件等，对这些因素进行评估可以得到组织能力的基本评价结果。绩效评估是对组织的业绩与工作成效进行评估。影响业绩的因素除了上述影响组织能力的因素，还有外部工作环境条件等。基于我国现实国情，社会基层治理的判断标准具有更强的价值导向和目标导向，更多体现为基层治理场域中的多元主体对社会公共事务进行治理，从而实现治理目标以及产生的社会影响程度。

（2）治理效能评估指标体系

治理现代化，不仅是理念，更应是可操作、可测度的实践。国际上具有诸多评估治理水平的指标体系，比较有代表性的是世界银行的“世界治理指标”、联合国人类发展中心的“人文治理指标”、联合国奥斯陆治理研究中心的“民主治理测评体系”，以及经济合作与发展组织的“人权与民主治理测评指标体系”。但基于国别的经济状况、政治制度和历史文化等差异，国际上无法形成一套公认的、科学的、客观的治理评价指标。治理评估所需的基本数据和调查材料匮乏，多数仅限于有限的样本国家。此外，评估机构采用不

① 吴权伟：《我国改革开放以来行政效率性质研究综述》，《行政论坛》2002 年第 1 期。

② 陈宏彩：《效能政府建设的框架体系与运作机制研究——基于浙江经验的实证分析》，人民出版社 2009 年版，第 11 页。

同的方法测评指标体系，评估标准往往受“西方价值”的影响，以致评估结果的权威性受到质疑。

国内关于国家、地方、社会治理水平评估指标体系的研究取得不少成果，学者们提出了较为完善、自成系统的评估指标体系。俞可平（2008）从12个维度设计了国家治理指标体系，明确了治理目标、重点领域、主要指标与数据来源，形成较为全面的治理评估框架[①]。何增科（2008）根据民主治理和善治的评价标准建立公共治理评价框架，涵盖10个二级指标及100个三级评价指标[②]。施雪华和方盛举（2010）从政策、体制、行为三个视角设计了一套评价省级政府公共治理效能的指标体系，对提升地方政府的综合治理效能具有重要应用价值[③]。张书林（2012）从社会民生、社会稳定、社会组织、社会参与、社会发展、虚拟社会与价值构建等角度建立了社会管理效能指标体系[④]。“中国社会管理评价体系”课题组（2012）发布了社会治理评价指标体系，包括6个二级指标及35个三级指标，体现了民主、法治、公平、正义、稳定、参与、透明和自治等社会治理的重要价值理念。唐天伟等（2014）设计了测度地方政府治理现代化的指标体系，同时介绍了测评方法[⑤]。张欢和胡静（2014）从社会治理的公平感、社会服务的满意度和社会幸福感三个维度构建评估社会治理绩效的公众主观指标体系，丰富了社会

① 俞可平：《中国治理评估框架》，《经济社会体制比较》2008 年第 6 期。

② 何增科：《中国治理评价体系框架初探》，《北京行政学院学报》2008 年第 5 期。

③ 施雪华、方盛举：《中国省级政府公共治理效能评价指标体系设计》，《政治学研究》2010 年第 2 期。

④ 张书林：《社会管理科学化水平之效能指标体系与测评》，《中共四川省委党校学报》2012 第 2 期。

⑤ 唐天伟、李林：《2016 我国地方政府治理现代化测度与分析——以内地 292 个地级市为例》，《地方治理研究》2017 年第 4 期。

治理评估指标来源[①]。徐汉明和张新平（2016）设计了社会治理法治建设指标体系[②]。樊红敏和张玉娇（2017）从治理过程、治理效果两个维度设计政府治理、社会自发治理、村（居）民自我治理、居民生活质量、社会发展质量五个三级指标，通过专家访谈和实证检验，筛选出47个可测指标的县域社会治理综合评价指标体系[③]。刘凤等（2019）提出应从民主决策公共事务、有效提供公共服务、及时化解社会矛盾、充分激发社会活力四个方面考察基层治理效能[④]。

笔者梳理文献并发现一些问题：一是评估指标范围过大、过泛，主题和重点不够突出，标准和指标设置不够科学；二是专注于社会治理水平的评估指标体系较少，多数指标体系缺乏实际测评的检验和修正；三是测量治理指标的部分数据很难获得，或涉及政治敏感，或牵扯主观因素，都会影响研究结论的可信度。

2. 学理支持

理论来源和凝练于实践，同时指导实践发展，西方发达国家对政府效能评估的理论总结，为我国的实践发展提供了理论借鉴。笔者选取了新公共管理理论与新公共治理理论作为本研究的理论基础。

（1）新公共管理理论

新公共管理理论（New Public Management）是一种改革的思想

---

① 张欢、胡静：《社会治理绩效评估的公众主观指标体系探讨》，《四川大学学报》（哲学社会科学版）2014年第2期。

② 徐汉明、张新平：《社会治理法治建设指标体系的设计、内容及其评估》，《法学杂志》2016第6期。

③ 樊红敏、张玉娇：《县域社会治理评价体系：建构理路与评估框架》，《河南师范大学学报》（哲学社会科学版）2017年第1期。

④ 刘凤、傅利平、孙兆辉：《重心下移如何提升治理效能？——基于城市基层治理结构调适的多案例研究》，《公共管理学报》2019年第4期。

与模式。20 世纪 80 年代，西方政府管理因集权化和官僚主义等，形成了政府垄断，导致效率低下、财政赤字、公众对政府不信任等社会问题出现。新公共管理理论应运而生，对传统公共行政理论（威尔逊与古德诺的“政治—行政二分法”和马克斯 · 韦伯的官僚制理论等）提出挑战。

新公共管理理论具有以下特点：一是强调公共管理中引入竞争机制，重视发挥市场作用，大力倡导民营化改革，试图构建有限政府；二是在公共部门中引入私营部门的管理技术和方法，重视人力资源管理，强调成本—效益分析、全面质量管理和提高效率；三是坚持公民导向与结果导向，放松严格管制，注重产出和结果，加强换位思考，符合顾客偏好；四是重视政府责任，提出行政并非中立，政策制定与执行不应截然分开。在这场改革运动中，政府效能评估被普遍采用。

新公共管理理论中的成本—效益分析法（Cost-benefit analysis）是通过比较项目的全部成本和效益来评估项目价值的一种方法，它被广泛运用于政府效能评估。政府成本是政府行政过程中所发生的各种费用，包括现阶段和未来一段时间的间接成本。该分析法是针对某项支出目标，提出若干实现该目标的方案，运用技术方法计算各方案的成本和收益，通过比较并依据一定原则，选择最优方案。

政府成本结构或范围由三部分组成：一是内部管理成本，包括公务人员工资、行政管理费用等；二是外部决策成本，是政府向社会和公民提供公共产品和公共服务的总支出，包括公共财政支出、特定公共项目投资等；三是隐性额外成本，主要指无效或是欠妥的政府决策和政府行为给社会公众带来的额外支出，这些支出成本难以用具体货币形态衡量。为了避免鼓吹“政绩工程”，对成本的核算能够使政府效能评估更真实可靠。此外，从收益角度来看，政府效能评估所获得的收益往往不是直接的物质利益，而是间接的，收益需要长时间后才能够感受得到。

（2）新公共治理理论

公共治理最初只是公共政策实施和公共服务提供的两种体制（公共行政和新公共管理）中的要素之一，到如今已经发展为独具特色的体制——新公共治理（New Public Governance）。在 21 世纪公共服务提供主体日益多元化和政策制定过程愈加复杂的背景下，新公共治理能够充分反映和把握公共政策实施及公共服务提供的各种现实[①]。不同于强调"市场"的新公共管理，新公共治理强调的是"网络"。新公共治理扎根于制度理论和网络理论，假定公共活动的参与者是多元的，大量相互依赖的行动主体共同致力于提供公共服务；假定公共活动的决策制定过程是复杂的，政策制定系统由各种不同的过程组成；关注组织间的关系和对过程的控制管理，强调依赖公共服务组织与环境间的交互作用来提高服务效率和产出；核心资源的分配机制是组织间网络，责任需要通过网络内部组织间和人际间的协商来决定，这些网络间的主体地位不平等，通常是分散且相互竞争的。

新公共治理是回应和应对 21 世纪公共政策实施与公共服务提供日益复杂、多元和碎片化的一个产物。在新公共治理范式中，系统、关系和公共价值成为公共服务效能评估新的关注焦点。具体而言，一是效能评估的分析单位，从个体到系统。治理网络主体间存在相互依赖性，实现整体效能需要公共服务提供主体间发挥协同作用，单个主体的效能情况直接影响其他主体乃至整个系统的最终效

① ［英］史蒂芬·奥斯本：《新公共治理？——公共治理理论和实践方面的新观点》，包国宪、赵晓军译，科学出版社 2006 年版，第 7 页。

能。系统评估涉及多重网络和更多利益相关者，不仅扩大了效能评估的范围，还拓展了评估的思考广度。二是效能评估的维度，强调关系。从主体方面看，新公共治理重视公共服务提供主体之间的网络合作关系，甚至将顾客、服务对象视为合作生产者；从内在机制看，新公共治理下的关系更强调合作和信任；从评估实践看，在其话语体系中常出现合作、关系、信任、承诺等。三是效能评估的价值基础，更加重视公共价值的形成和实现。在该研究范式下，公共服务能够提供广泛的公民参与空间，以此促进多元关系建立，这些都是形成公共价值的有效举措。基于此，新公共治理理论对政府、公民、企业或是社会组织提出了更高要求，促使其必须具备公共精神、系统思维与参与意识。[①]

（二）基层治理效能评估的价值诉求

1. 科学发展

基层治理效能是对基层政府在促进发展中的功能的实际测量。基层政府的发展战略、方式以及服务理念、服务方式是对上级政府发展观的积极实践。习近平总书记提出创新、协调、绿色、开放、共享的发展观，促进经济社会和人的全面发展，引领正确的政绩观，昭示政府公共服务活动的理想未来，由此解答了“为什么评估”的价值诉求，成为基层治理效能评估体系的构建依据和渊源，要求基层治理效能评估着眼于社会长远发展和人民根本利益。围绕公民普遍的共同利益开展基本活动，其指标体系构建应体现和遵循政府本位转向以人为本、政府生产力转为公共价值、全能政府转为效能政府以及片面发展转为全面协调可持续发展。

---

① 包国宪、赵晓军：《新公共治理理论及对中国公共服务绩效评估的影响》，《上海行政学院学报》2018 年第 2 期。

2. 公平正义

科学发展的导向旨在切实保护公共利益，需要通过包含公平正义价值的基层治理效能评估内容体现。在《正义论》一书中，罗尔斯强调将“公平正义”作为社会体制的首要价值，以取代“功利主义”，这是衡量社会制度合法性和公共精神满足程度的关键条件[①]。这需要包含公平正义价值的基层治理效能评估内容来解答“评估什么”的价值诉求，由此形成社会包容机制，协调好各方面利益关系，实现国民的基本福利和公共服务的均等化分配，同时特别关注弱势群体的民生状况，对于在经济和社会发展过程中受益最少的弱势群体给予额外利益补偿，从而促进科学发展与和谐发展。

3. 公民满意

基层政府作为最重要的公共利益维护者的角色定位，决定了基层治理效能评估的“最佳主体”理应是接受基层政府服务的社会组织、公民团体和公众个人，而非仅仅是政府本身[②]。公众满意程度已经成为评估政策制定、服务改进、政府以及公共部门绩效的主要衡量指标。这是因为政府的服务效果和质量更多地取决于社会公众的认同。基层治理效能评估已经趋向于关注公民所期望的结果。公众满意程度不仅仅是一个简单的指标，它所解答的是“评估主体与评估标准”的价值诉求。它本质上体现了公民选择、参与和评价公共服务的权利，并在增强公民对政府的信任和支持方面起到重要作用。公众满意程度的重要性在政策制定、服务改进和绩效评估中日益凸显。

---

① ［美］罗尔斯：《正义论》，何怀宏、何包钢、廖申白译，中国社会科学出版社 1988 年版，第 15 页。

② 何文盛、李明合、张欢：《地方政府绩效评估结果偏差的矫正路径探析》，《西北大学学报》（哲学社会科学版）2013 年第 1 期。

4. 公民参与

公共服务的目标是以公共利益为导向，不仅要关注公众需求，还应当允许公民通过参与公共服务来表达他们的公民权。在基层治理效能评估中，强调实现“以人民为中心”的实质在于公民治理，特别是公民参与。这种参与方式回应了对评估方式的价值诉求。当然，公民参与的发展是一个渐进的过程，当前阶段在加强效能评估中的公民参与方面，我们要实现从“部分参与”到“全程参与”的转变。这意味着公民不再仅限于被动的“信息供给者”，而是成为“信息供给和决策共享者”。在整个过程中，公民的发言权和影响力应得到不断提升。

5. 公共责任

新公共管理强调以结果为导向，效能评估旨在向公民展示政府的效能水平，并通过评估结果的奖惩机制激励和约束政府部门及公务人员履行责任。该理念重塑了传统官僚制下基于层级控制和内部管理改进的政府责任机制。然而，在民主政府中，责任不仅仅是法律约束或外部控制机制的体现。在登哈特看来，行政人员扮演着多重角色，包括公共利益的引导者和服务提供者、公共资源的管理者、公民权利和民主对话的促进者、社区参与的推动者以及街道层面的领导者等，增加了政府责任的复杂性与多样性。因此，公众、公民权利和公共利益被置于政府责任的核心位置，它们是服务行政的基石，也是满足人们对“评估结果运用”的需求的关键要素。

（三）基层治理效能评估的指标体系

1. 评估原则

（1）客观性原则

客观性原则是首要评估原则。只有保证评估的客观性，评估信息才具有可信性。首先，确保所采集的评估信息准确无误，即使存在一定误差，也必须在合理范围内，并能经得起验证。其次，在评估过程中，要坚持实事求是的原则，不受主观因素的影响，确保评估结果的客观正确性。最后，针对不同的评估对象和要求，制定合理的评估指标体系和实施方案，每个具体问题都需要进行独立分析和考量。

（2）可比性原则

政府部门在制定评估指标时，需要确保在时间和空间上保持一致，这样可以使同一部门不同时期的评估结果能够进行纵向比较和趋势分析，以便深入探究变化趋势及其根源。同时，也要保证不同部门在同一时期的评估结果具有可比性，能够展开横向比较和差异分析，从而探寻彼此的差异及其原因。为了满足可比性原则，指标应该相对稳定，政府部门所采用的指标应当统一。随着评估技术的成熟和公共组织的发展变化，评价指标体系在全面清晰地反映基层治理特征的前提下，必须达到简单明了、简便易行和重点突出等标准。评估过程中还要切实保障评价结果的客观性与全面性，同时确保主观指标和客观指标的选取比例均衡适当，既要避免主观因素过多导致失真，又要注意客观指标的可获得性和可靠性。

（3）有用性原则

评估信息的有效性在于其实用性，并且需根据基层政府的法定职责来选择合适的测度指标。通过从发展需求出发、排除无关因素、明确优点和不足等方式，评估可以更真实地反映基层政府治理的实际情况，为组织的改进和发展提供有益的参考。评估并非旨在收集一个组织的全部信息，也不是对所有方面都作出评估结论。相反，它应依据基层政府承担的法定职责，选择能真实反映基层政府治理情况的现代化测度指标进行评估。同时，评估过程还应从政府部门发展的需要出发，考虑那些对组织效能有实质影响的因素，而排除那些对结果产生微小或可以忽略的影响的因素，由此避免评估结果被无关因素干扰，使评估更加客观准确。

（4）动态和静态相结合原则

动态和静态相结合，这是马克思主义唯物辩证法在公共组织效能评估中的方法论运用。对政府部门的评估，坚持动态原则，即除每年定期评估外，还要根据国家政治法律制度，政策改变的重大影响以及国内外其他重要因素的显著影响，及时对政府部门效能的重大变化进行评估。同时坚持静态评估原则，才能对政府部门的具体情况进行深入调查，以获得共时性的评估信息。

（5）定性与定量相结合原则

定量数据可以帮助我们了解基层政府的运作状况、工作效率以及财务状况等方面的情况，而定性数据则可以帮助我们深入了解基层政府的管理能力、服务质量以及领导能力等方面的情况。此外，我们还可以结合定量数据与定性数据，开展比较分析，比如将定性数据转化为数值，与定量数据进行综合评估，以便更全面、客观地了解基层政府的治理效能，为政府提供更有效的改进方案。一方面，测度指标体系要具备科学性。一是测度指标应充分体现先进的现代化治理理念，即法治、民主、责任、效率、有限、合作、协调等；二是测度指标体系要包含地方政府治理的结果指标、投入与过程指标等。另一方面，选择测度指标要遵循现代化的可度量性，即主观指标和客观指标都应当以资料数据为支撑。这些资料数据具有可获得性，须是公开且易于处理的，从而使测度体系具有可操作性。

2. 评估维度

基层治理是国家治理和地方治理的重要基石。将乡镇政府界定为基层政府是惯例，一般也将县级政府界定为基层政府、将县级以下社会界定为基层社会。根据《宪法》第一百零七条和地方各级人民代表大会与地方各级人民政府组织法，县级以上各级人民政府依照法律规定的权限，管理本行政区域内的经济、教育、科学、文化、卫生、体育事业、城乡建设事业和财政、民政、公安、民族事务、司法行政、计划生育等行政工作，发布决定和命令，任免、培训、考核和奖惩行政工作人员。由此可知，县级政府是职能部门设置最完整的基层政府，是直面群众和协调处理基层重大事项与重大问题的“一线指挥”。基层治理在整个国家治理体系框架内，兼具一般性和特殊性。一方面，基层治理目标必须与中央、地方顶层设计的基本战略相一致；另一方面，基层治理也有相应的自治空间。

基层治理的综合性评估框架包括过程性评估和效果性评估。过程性评估既体现党和政府与基层治理相关的重大部署，又反映基层治理水平，同时体现了基层社会以及公民自我治理的水平和状况。根据基层治理主体不同，效果性评估指标体系从人的福祉和社会发展两个层面，构建了不同类型的评估指标。

治理主体也是治理系统必不可少的要素。根据党的十九大报告，新时代社会治理的首要任务是改善社会治理制度，党委领导、政府负责和公众参与是主要内容，而这三个方面都与治理主体密切相关。因此，治理主体也应是新时代基层治理效能评估的考衡要素。同时治理还要讲究方式方法，因而新时代基层治理效能评估应聚焦于治理主体、治理工具、治理过程和治理成效等维度。

（1）治理主体维度

社会参与一直被视为基层治理评估的重要内容。新时代社会治理要加强党的领导，同时政府的作用也不能缺失，但应从政府主导转变为政府负责。在党建统领、政府负责的政治制度和社会参与背景下，新时代基层治理提倡社会自治，而自治组织是促进社会自治的核心。因此，新时代基层治理效能评估应该全面把握基层社会治理中各主体的角色和作用。

（2）治理工具维度

要有效开展基层治理工作，就需要掌握方式方法，学会使用技术和工具。法律和道德一直是中华民族治国理政的有效工具，而依法治理和以德治理就是两种治理方法，前者依靠于法律约束，后者有赖于道德教化。除了传统治理工具，时代发展孕育了新的治理技术和工具，例如，现代信息技术的普遍应用衍生出的智慧治理，即依托和运用智慧技术手段的治理，是伴随社会发展形成的一种新颖治理方式，也是顺应新时代基层社会治理智能化潮流的治理模式。

（3）治理过程维度

效果导向下的新时代基层治理也不能忽视了治理过程。对基层治理的评估既要看结果，也要看过程。即使治理成效在指标数据上体现良好，但如果治理过程不科学、不民主、不规范，这样的基层治理依然亟待改进。因此，不少学者在构建评估指标体系时都把过程作为重要维度之一。但对过程的评估不应只着眼于过程监督，从决策到执行也需要评估。基层治理是社会协同的过程，不仅政府职能部门本身应受到监督，基层政府同样有权力和责任监督其他主体的社会行为。基层治理评估的治理过程维度是对过程的全方位评估，主要把治理过程分为决策、执行和监督三个方面，这三个方面需要多元主体互相协作、互相监督。

（4）治理成效维度

治理成效是对基层治理目标分解后得出的另一重要准则。效果导向是基层治理的核心理念之一，自然也是基层治理的重要评判标准。效果导向下的基层治理评估应当关注治理成效。这里的治理成效是指通过治理取得的成绩和效果，是基层社会各主体共同努力的结果，就某种程度而言，那些仅靠基层政府单方面投入就能取得的结果不能纳入治理成效。以具体指标举例，基层文明程度可视为治理成效，基础设施覆盖率则不可。但治理成效也是可以用明确的数据或分数来衡量的，其项下的指标大部分是可量化的，即使是主观性指标，如公众满意度也应能够通过问卷调查，运用统计方法，获得综合分数，否则难以准确评估。

3. 评估指标

系统全面的基层治理效能评估指标体系，能够相对完整地划分和涵盖基层治理工作成果。一套完整的分级评估指标体系可以划分为目标层、因素层与操作层：第一级是目标层，为综合评估指标；第二级是因素层，为分类评估指标，是一些问题域的描述，如“党委领导”“政府负责”和“社会参与”等，它具有数据挖掘价值，但是可操作性较低；第三级是操作层，为具体的子指标，结构单一、简明可辨，几乎都具有可操作性，能够被用于评估实践，如“社区党组织覆盖率”“自治组织选举参与率”和“城镇劳动保障三大保险覆盖率”等。如表 6 所示，从一级指标、二级指标、三级指标分层构建基层治理效能评估指标体系的总体框架，形成结构合理的递阶评价结构。①②③

① 倪星：《中国地方政府绩效评估创新研究》，人民出版社 2013 年版，第 132 页。

② 陈丽君、郁建兴、董瑛：《中国县域社会治理指数模型的构建》，《浙江社会科学》2020 年第 8 期。

③ 中国社会管理评价体系课题组：《中国社会治理评价指标体系》，《中国治理评论》2012 年第 2 期。

表 6　基层治理效能评估的三级指标

一级指标	二级指标	三级指标	指标解释
治理主体	党委领导	社区党组织覆盖率	
		规模以上私有制企业党组织覆盖率	
		社会组织中党组织应建已建率	
	政府负责	行政人员学历	本科以上学历人数占比
		行政人员专业化程度	计算机、法律、中文、管理类等专业人数占总人数比例
		行政经费支出占比	行政经费 / 部门财政支出金额
		内部普通公务员参与决策的机制落实率	内部普通公务员参与决策的机制 落实质量 / 部门总决策落实数量
		办事章程的完整性	是否有完备的办事章程
		政策的连贯性、稳定性与有效性	政策是否具有可操作性
		社会管理腐败发生数	
		市民热线按期办结率	市民热线按期办结 / 市民热线总数
		各项费用审批公开程度	费用审批公示
		经济腐败案件涉案人数	人数的统计
	社会参与	万人常住人口拥有社会组织数	
		实名注册志愿者人数占全市常住人口的比例	
		万人拥有专业社会工作者人数	

续表

一级指标	二级指标	三级指标	指标解释
治理主体	社会自治	自治组织选举参与率	
		自治组织直选率	
		小区业委会建成率	
		社区代表会议／社区委员会建成率	
		企业集体合同签订率	
治理工具	法制建设	基层治理相关法规规章覆盖面、更新情况	划分层级对公民进行随机抽样调查
	德治建设	公民道德水平提高程度	道德失范、诚信缺失等事件的数量
		社会抚恤、救济人口总数占需要者人数比例	
		城镇劳动保障三大保险覆盖率	
		新型农村合作医疗覆盖率	
	智治建设	社会治理信息数据库	数量统计
		社会治理公共信息平台建设、浏览量	数量统计
		协同治理平台建设	数量统计
		线上受理社会案件占总受理社会案件比例	
		网上办事及时度	时间统计
治理过程	决策协同	重大决策听证率	
		社会参与决策渠道建设	
		社会治理政策法规指定公民参与率	

续表

一级指标	二级指标	三级指标	指标解释
治理过程	执行协作	政府购买社会服务占社会管理支出比例	
		劳动人事争议仲裁率	
		人民调节组织调解率	
	监督合力	网络舆情监测机制建设	
		媒体监督的回应率	
		政府部门完整回应市民监督率	
治理成效	社会安全	单位地区生产总值生产安全事故伤亡率	
		万人治安案件发生率	
		万人刑事案件发生率	
		药品抽检合格率	
		食品抽检合格率	
		道路交通事故每万车发生率	
		伤亡率	
	社会文明	教育发展速度及普及率	受到义务教育人数 / 该地区总人数
		体育事业发展速度及水平	体育事业支出 / 该地区生产总值
		生活垃圾无害化处理率	无害化处理的生活垃圾数量 / 地区生活垃圾总数量
		每万人道路交通违规率	
		地区征信对象失信率	
		规模以上企业年度社会责任报告发布率	

续表

<table>
<tr><th>一级指标</th><th>二级指标</th><th>三级指标</th><th>指标解释</th></tr>
<tr><td rowspan="12">治理成效</td><td rowspan="2">社会文明</td><td>群体事件发生数</td><td></td></tr>
<tr><td>矛盾纠纷调解成功率</td><td></td></tr>
<tr><td rowspan="10">公众满意</td><td>群众安全感指数</td><td rowspan="10">划分层级对公民进行随机抽样调查</td></tr>
<tr><td>群众幸福感指数</td></tr>
<tr><td>居民对社会管理的满意度</td></tr>
<tr><td>居民对社会参与的满意度</td></tr>
<tr><td>对地区临时性管理规定的满意度</td></tr>
<tr><td>对行政审批办结率的满意度</td></tr>
<tr><td>对行政行为告知的满意度</td></tr>
<tr><td>对行政行为救济的满意度</td></tr>
<tr><td>对受理、处置行政行为的满意度</td></tr>
<tr><td>对行政行为结果的满意度</td></tr>
</table>

二、基层治理效能的评价方法与运用

（一）文献梳理

目前，英美等发达国家普遍遵循的效能评估基本设计原则为“SMART”原则[①]。它偏重于技术上的说明，体现的是设计指标体

① “S”代表“Specific”，要求绩效指标“具体”“明确”“切中目标”；“M”代表“Measurable”，要求绩效指标“可衡量”“可评估”；“A”代表“Achievable”，要求绩效指标“能够实现”；“R”代表“Realistic”，要求绩效指标是“现实的”；“T”代表“Time Bound”，要求绩效指标具有“时限性”。

系的技术原则。20 世纪 80 年代，英国公共组织效能评估围绕“经济”（Economy）、“效率”（Efficiency）、“效益”（Effectiveness）的“3Es”指标体系展开。之后，为弥补“3Es”评估指标体系框架存在的不足，加入了“公平”（Equality）指标。标杆管理法（Benchmarking management）由美国施乐公司（Xerox）于 20 世纪 70 年代末开始倡导，帕特里夏 · 基利认为：“标杆管理是一个认识和引进最佳实践，以提高绩效的过程。”平衡计分法（Balanced scorecard method）由美国哈佛商学院罗伯特 ·S. 卡普兰和大卫 ·P. 诺顿共同设计，从企业发展战略出发，将目标分解成财务状况、顾客服务、内部经营过程、学习和成长等绩效评估指标，再引入政府效能评估中。此外，还有专门的定量分析法，主要包括：主成分分析法（斯皮尔曼，1904 年）、层次分析法（马斯 · 塞蒂，20 世纪 70 年代）、数据包络分析法（查恩斯、库珀，1978 年）等。不同政府在同一时间段或同一政府在不同时间段，根据实际情况引入不同评估方法，采用适宜的制度设计，建立科学的评估体系，以此实现政府效能的提升。

在我国，建立效能评估体系是基层治理标准化的重大突破，“枫桥经验”正是我国基层社会治理标准化的建设典范之一。枫桥镇开展标准化创建时重点突出以乡镇为实施领域，以基层治理为内容，结合近年探索的治理方法，从社会矛盾化解、公共安全、违法监管、公共服务、基层自治五方面构建标准体系，形成富有操作性和时代性的“枫桥标准体系”。枫桥镇的实践具有开创性意义和价值，不但对枫桥自身治理发挥了规范作用，还对各地治理产生了示范引领作用，引起了众多学者及社会各界对基层治理问题的关注。

王辉和苏立宁（2006）在对安徽省县（区）级职能部门效能评估调查的基础上，提出县（区）级政府应从教育引导、评估技术、制度安排、评估指标及评估主体等方面提高对效能评估的认识，优化评估的方式方法，建立规范和长效的制度安排，明确多元化评估主体及科学的评估指标，建立科学合理的县（区）级职能部门评估体系。陆斌（2007）对县级绩效评估进行系统论述，结合我国县级政府实际情况，从评估理念、内容与方法等角度入手，探索建立了一套县级政府效能评估体系。邵赛赛（2007）借鉴企业绩效评估的平衡计分法，构建了政府效能评估指标体系，同时进行了实证检验。陈玲（2011）借鉴企业绩效评估的 KPI 方法，构造了较为合理的县级职能部门效能评估指标体系。茅立波（2013）对诸暨市广告服务中心基于平衡记分卡的效能评估进行研究，从服务对象、内外部绩效、工作流程、学习与成长四个维度构建评估指标体系。孙彩虹（2016）对甘肃省三个地级市下辖的县级政府的效能评估内容与方式进行研究，发现该地是以基层领导班子的评估为主带动对县级政府完成目标任务情况的考核，以层层签订的目标管理责任书为依据开展评估与记分，评估过程中存在一些问题：评估主体的构成体现出对县级政府及领导班子的管控倾向、评估的内容项目和权重比例分配不平衡、评估一刀切等。黄鹏进（2020）对杭州市基层社会治理"六和指数"评估体系进行了研究，该体系由"党建领和""政府主和""社会协和""智慧促和""法治守和""文化育和"为一级指标，同时包含 20 个二级指标、59 个三级指标。研究发现："六和指数"评估体系具有鲜明的数字治理特色，通过数字赋能，各项指标数据一般从"城市大脑"数据库中直接抓取、自动生成，节省了评估成本，也方便了评估结果的多元化运用，实现由传统"金字塔式"考核向"扁平化"评估转变。此外，杭州市基层社会治理评估体系中的指标设置（类别与权重）是定期动态调整的，精心设置引领性评估指标、合理设置加分项等动态调整能够发挥引领基层社会治理改革的良效。

（二）基层治理效能评价案例——以上海市静安区为例

上海市静安区地区工作办公室与上海市社会建设研究会，自2019年5月起合作开展了“关于构建上海市静安区基层治理指标体系”的研究工作。主要目的有三：一是以工具现代化促进基层治理体系和治理能力现代化；二是以治理工作指标化适应基层治理精细化；三是以构建闭环机制适应街镇治理绩效评价需求。

该研究项目启动后，综合采用文献研究、调研座谈、深度访谈及专家咨询等方法开展工作，通过前期研究、编制方案、启动部署、指标汇集、征询意见、研究梳理、深入研讨等环节，最终取得了丰富的项目成果。一是撰写了《关于构建上海市静安区基层治理指标体系的研究报告》，该报告以调研结果为主要依据，详细阐述了理论依据、构建思路、完善过程及其应用机制等；二是建立了一个能衔接区级相关职能部门工作要求并对应街镇相关工作部门，既体现静安区鲜明特质又具有较强科学性、时代性和实用性的基层治理指标体系。这一指标体系从最终结果上精准反映静安区基层治理工作实际情况，具备监测、预警、评价等功能。该指标体系是上海市16个区中首个反映区级基层治理工作要求并对应各个街镇相关工作部门予以落实工作任务的指标体系。该指标体系的构建为建立健全部门协同、上下联动、整体推进静安区基层治理的工作机制提供了有效抓手。[1]

1. 构建静安区基层治理指标体系的思路

（1）界定基层治理概念

界定基层治理概念的内涵与外延是构建基层治理效能评估指标

---

① 卢汉龙、周海旺、杨雄：《上海社会发展报告（2020）》，社会科学文献出版社2020年版，第345页。

体系的关键一步。“基层治理”有两个层面的含义：一是街镇层面意义上的基层治理；二是居民区层面意义上的基层治理。在上海社会治理话语体系中，这两个层面的基层治理都属于“基层治理”。在本案例中，将“基层治理”这一概念的外延定位为街镇层级的“基层治理”。对于街镇层面的基层治理，上海市 16 个区在治理内容上存在较大共性，但静安区也独具自身特性，这里所称的“基层治理”指的是具有静安区特色的“基层治理”。

（2）坚持治理目标导向

将区级各职能部门的治理目标作为构建静安区基层治理指标体系的重要价值取向。具体而言，区级各职能部门对自己的工作目标进行分解并指标化，明确各街镇在一个自然年度内在相应指标上要达到的目标值，并一一对应街镇“八办”及三支下沉队伍或其他工作部门。“八办”是指街镇内设的八个办公室，即党政办公室、社区党建办公室、党群工作办公室、社区平安办公室、社区管理办公室、社区服务办公室、社区自治办公室、社区发展办公室；三支下沉队伍，即城管执法中队、绿化市容所、房管办事处。如此对接的原因，一是推动“条”对街镇的行政工作要求具体化；二是实现指标体系实用化；三是实现绩效评价简约化。

（3）回应居民群众需求

在基层治理领域，居民群众对美好生活具有“八大需求”，即“更加优越的民生保障、更加优质的公共服务、更加有序的公共管理、更加广泛的社会参与、更加丰富的精神生活、更加安全的生活环境、更加宜居的美丽家园、更加充分的财政支出”。构建评估指标体系时，静安区充分考虑目前居民群众的“急难愁盼”类问题在整个指标体系中的分量，如住宅小区物业治理、社区养老、老旧小区改造等主题，通过增加指标数量、赋予指标更大权重等方式体现。同时，适当兼顾底线民生、基本民生、质量民生三类指标的数量与权重结构。

（4）关注影响治理因素

影响基层治理的主要因素有以下五个方面。一是居民参与状况。居民参与社区治理意识、居民社区归属感、居民整体素质、居民经济条件、居民间关系友好程度对基层治理创新具有显著正向影响，因而基层治理务必重视居民教育、动员居民参与。二是社会组织的发展程度。社会组织是政府和居民之间的桥梁，将政府制定的政策传递到社区居民当中，同时也向政府部门反映社区居民的意见和诉求。大力发展社会组织，政府能够逐渐将部分社会治理事务交给社会组织，或者购买社会组织服务以及开展政府引导的服务项目。三是社区共建共治。整合社区党组织、社会组织、居委会、企业、居民等多元主体力量，搭建共治主体架构；建立联动的配套机制，构建共建共治共享的基层治理格局。四是社区安全。社区安全包括居民居住安全、公共卫生安全、隐私信息安全等。五是社区服务。社区服务包括物业管理、养老服务、社会保障服务、社会救助和优抚、便民利民服务、家政及托幼服务等，对社区物质文明和精神文明建设具有较强推动作用。构建基层治理评估指标体系时应关注上述因素，真实反映基层治理效能水平。

（5）突出指标体系特点

静安区基层治理指标体系突出了三大特点。一是体现指标体系构建的科学性。在构建指标框架阶段，通过文献研究对比后，编制了系统性研究方案。同时，在明确“规律性和程序性”的基础上制定了适合评估静安区基层治理效能的初步指标。二是注重指标设计和筛选。项目组经过系统研究大量文献资料，参考南京市的“幸福南京”指标体系、上海市社会建设指标体系、上海浦东新区社会治理指数体系、上海市闵行区社会治理指标体系、上海市松江区社会建设指标体系等，结合中央与上海市委对社会治理的要求，系统设计了静安区基层治理指标体系。同时，为了更为科学合理地构建指标体系，项目组会同多个静安区区级职能部门及各街镇，征集“清单”反复征询，通过专题研究调整和补充指标，确定了主要的评估指标。这些指标是基层治理能力的综合体现，而非简单加总。三是注重体现区委、区政府对基层治理的总体要求。项目组进行了指标补充，这些指标区级相关职能部门虽未提及，但结合区委总体部署，对全区基层治理相当重要。在选取指标时，也剔除了非街镇职责类指标。区分街镇“块”的属地责任和区级职能部门“条”的主体责任，对那些不属于街镇职责范围内的指标予以剔除，通过这一方式对区级职能部门下沉街镇事项进行把关。

（6）明确指标设计原则

一是普遍性与特殊性相结合。静安区基层治理指标体系既应遵循指标体系设计的普遍性原则，又应体现评估静安区基层治理效能的特殊性要求。普遍性原则包括目的性、科学性、联系性、统一性、可比性、可获得性等。特殊性要求包括静安区基层治理指标体系在主题、层级、应用目的等方面的特定要求。二是系统性与层次性相结合。系统性要求将指标体系视为一个整体，层次性要求指标体系内部各层级之间应具有鲜明层次结构。三是代表性与导向性相结合。代表性是指所选指标虽数量有限，但要能够基本反映基层治理的主要工作内容，每个领域的指标力求以点带面。导向性是指整个指标体系要侧重于当前工作的重点领域，通过增多重点领域的指标或提高重点领域指标的权重以突出重点工作。四是传承性和创新性相结合。传承性是指注意选用和优化静安区历年用来评价基层治理工作的部分旧指标。创新性是指注重选取区相关职能部门并未提出但能体现静安区基层治理价值取向的指标。五是自上而下与自下而上相结合。由区地区办及区相关部门提出基层治理的主要工作任务并予以指标化，由街镇作为责任主体予以落实。同时，由街镇将各项指标分解到八个办公室和三支下沉队伍，构建区职能部门主导推进、街镇责任部门具体落实的指标闭环系统。

2. 构建静安区基层治理指标体系的过程

（1）学研文献，编制方案

该项目组先后学习了四类文献，包括静安区社会治理“十三五”规划及其相关评估报告、关于基层治理指标体系研究的相关文献、静安区关于基层治理的领导讲话及工作总结、上海市及静安区统计年鉴等。同时组织学习了对构建静安区基层治理指标体系具有借鉴意义的相关省市和上海市其他区社会建设、社会治理的指标体系。较具代表性的包括南京市“幸福南京”指标体系、上海市社会建设指标体系、上海市浦东新区社会治理指数体系、上海市松江区社会建设指标体系等。在学习研究的基础上，编制了关于构建上海市静安区基层治理指标体系的方案，同时确定了构建静安区基层治理指标体系的研究步骤和重点。

（2）启动实施，明确要求

2019 年 5 月 16 日，静安区地区办召开了静安区基层治理指标体系建设启动会暨联络员会议。38 个区级职能部门的办公室工作人员参加了会议（共通知了 44 个部门）。启动会上下发了《关于汇集基层工作指标的通知》和《静安区基层工作指标汇总表》，详细部署了基层工作指标的汇集与梳理工作。会上明确了征集基层工作量化清单的任务，要求各参会部门汇集由区各职能部门负责制定下达、各街镇作为落实主体的工作指标并报送给区地区办。

（3）征集清单，反复征询

静安区基层治理指标体系建设启动会结束后，区相关部门结合各自职能对会上部署的工作量化清单进行研究，将研究结果报送静安区地区办。前期，区地区办共向全区 44 个部门征集基层工作量化清单，随后两个部门主动提出也有意愿参与，因此共有 46 个部门就此项工作进行研商。反馈欠缺相关指标（清单）的部门为 19 个，即区纪委、区委办、区委组织部、区侨办、区台办、区政法委、区人大办、区府办、区政协办、区人保局、区体育局、区发改委、区商务委、区科委、区民政局、区规划资源局、区建管委、区红十字会、区统计局。反馈具有并报送相关指标（清单）的部门为 27 个，即区委宣传部、区委统战部、区民宗办、区工商联、区信访办、区教育局、区司法局、区退役军人局、区生态环境局、区文化旅游局、区卫生健康委、区市场监管局、区绿化市容局、区房管局、区应急局、区民防办、区投资办、区金融办、区城管执法局、区总工会、团区委、区妇联、区科协、区残联、区城运中心、区行政服务中心、区拆违办。27 个部门总计报送原始指标（清单）143 项，主要涉及社区党建、社区服务、社区管理、社区公共安全、社区共治自治、社会组织培育发展、基层队伍建设等领域。在去除各部门上报的定性工作指标后，筛选出涉及基层工作的可量化指标总计 110 项，形成了《静安区基层工作量化清单汇总表》（征求意见稿）。随后，区地区办向 14 个街镇发放通知，就《静安区基层工作量化清单汇总表》（征求意见稿）的 110 项工作指标向各街镇征求意见。14 个街镇总体上认同 110 项指标可以下达街镇，而且基本上与街道“八办”相对应。对个别街道反馈中有修改建议的，再次进行研究讨论并对指标进行调整。在此基础上，按照构建指标体系的“三要素”（指标名称、指标目标值、指标年度统计值）原则，对 110 项指标逐项梳理论证，对其中具备“三要素”条件的 44 项指标提出拟纳入静安区基层治理指标体系的建议，形成了《拟纳入静安区基层治理指标体系一览表（建议稿）》。

（4）专题研究，调整补充

2019 年 7 月 9 日，项目组对《拟纳入静安区基层治理指标体系一览表（建议稿）》进行专题研究和讨论，结合其他资料，取得两方面成果。一是删减并调整了该建议稿中的指标。考虑各街镇不一定都适用等原因，删减了三项指标，即“街镇旧住房成套改造推进”“既有住宅小区电动自行车充电设施建设（小区数）”“廉租住房申请受理”。剩余 41 项指标中部分指标在名称、单位、目标值、计算方法等方面不妥或欠缺，分别作出调整。二是补充了 31 项其他相关指标。项目组学习借鉴了上海市社会建设指标体系、浦东新区社会治理指数体系、闵行区“十三五”时期社会治理主要指标、“幸福南京”指标体系等，从中吸收相关部门尚未提出但实际上比较重要的指标，结合静安区实际情况，确定《拟纳入静安区基层治理指标体系补充建议表》指标总计 31 个。对于补充的指标再行征询意见，最后确定是否纳入静安区基层治理指标体系中。

后续又针对指标体系构建开展了以下工作。

一是初步征询意见。对《拟纳入静安区基层治理指标体系一览表（建议稿）》《拟纳入静安区基层治理指标体系补充建议表》反复研究和继续征询各部门及街镇意见，进一步确定静安区基层治理指标体系中所有指标的名称、单位、目标值、统计值等内容。

二是进行分类分级。确定纳入静安区基层治理指标体系的全部指标后，根据指标所属领域及不同领域的层级关系，将对全部指标进行分类分级工作。

三是形成指标体系。经与各部门协商与征询后，对指标作出修订及分类，确定了涉及社区发展客观指标、社区党群、城市管理、社区服务、平安建设、社区自治、生态文明、智能化建设八大领域，共 86 项具体指标（暂定）。如表 7 所示，形成了《静安区基层治理指标体系一览表（试行）》。

四是广泛征求建议。基本确定静安区基层治理指标体系后，静安区地区办召开部分人大代表、政协委员、居委会党总支书记、社会组织代表座谈会，根据与会代表的意见和建议，持续调整和完善指标体系。

3. 构建静安区基层治理指标体系的机制

（1）建立智能化的数据汇集机制

数据是开展基层治理评估的基础和依据，静安区基层治理指标体系的评估工作拟一年开展一次，其基础工作是对所有指标进行年度统计汇集。2019 年指标数据的统计汇集由静安区各职能部门通过工作邮箱报送静安区地区办，由该地区办进行汇集和梳理。为了进一步提高数据汇集效率和数据运用便捷程度，建议区地区办负责牵头于 2020 年初开发设计智能化软件，搭建静安区基层治理指标体系数据汇集平台，对所有数据进行年度汇集。区委宣传部、区委统战部、区民宗办、区工商联、区信访办、区教育局等基层治理部门各自负责收集本条线全区及各街镇基层治理指标体系数据，于当年 12 月至次年 1 月底将年度相关统计数据填报至数据汇集平台。为了便于开展和实施静安区基层治理指标体系评估工作，区地区办统一将上述数据转达至项目评估实施单位。

（2）建立基层治理评估报告机制

评估实施单位采用定量评估的方法，对上一年度静安区基层治理状况进行评估，并于次年 4 月底前出具上一年度静安区基层治理评估报告。总体要求是通过对静安区自身基层治理状况的年度纵向比较以及全区内部各街镇之间、静安区与本市其他区基层治理状况的横向比较，精准反映静安区基层治理工作实际情况，从全区各职能部门、各街镇以及基层治理的各领域反映静安区基层治理全貌。需要研判静安区基层治理的整体发展水平，分析静安区基层治理存在的短板，有针对性地提出加强静安区基层治理的对策建议。最终形成评估结果的总报告和简报。总报告注重全面翔实，简报侧重简短精要，通过总结提炼方式向有关领导汇报评估结果。总报告的评估分析分两个层面展开：一是静安区区级年度评估分析；二是 14 个街镇的横向比较分析。

（3）建立指导性的成果应用机制

一是指标体系的构建对静安区社会治理的规划具有重要参考价值。通过构建静安区基层治理指标体系并进行指标体系评估，一方面可以对接静安区社会治理规划，为规划评估做准备；另一方面，评估结果也能够为静安区制定社会治理"十四五"规划提供参考依据。随着指标体系数据逐年累计，分析各项指标变化可较为宏观地掌握静安基层治理能力的改善情况。二是指导静安区每一年社会治理的创新与推进。通过指标体系能监测和反映静安区基层治理状况，进而探寻问题、探究原因、探求对策。在这一过程中能够发现静安区基层治理工作中的亮点与薄弱环节，进一步提升静安区基层治理效能。三是引领街镇基层治理能力共同提升。各街镇的职能部门作为对应工作的落实点，在每一年指标体系的统计数据及评估报告中可以明确找到各街镇差异点，经由横向比较形成补短板、共促进的良性发展氛围，为静安区提升基层治理效能夯实基础。

表 7　静安区基层治理指标体系一览表

静安区基层治理指标体系一览表（试行）					
类别	序号	指标名称	单位	统计数据提供部门	2019 年统计值
一、社区发展客观指标	1	常住人口数	万人	区公安分局	
	2	老旧小区占街镇小区总数比例	%	区房管局	
	3	城镇最低生活保障人数占户籍人口比例	%	区民政局	
	4	每百名户籍老年人口拥有养老机构床位数	张	区民政局	
	5	每千人（常住人口）医疗机构床位数	张	区卫健委	
	6	每万实有人口（常住人口）刑事案件立案数	起	区公安分局	
	7	人均（常住人口）公园绿地面积	平方米	区绿化市容局	
	8	公交站点 600 米覆盖率	%	区建管委	
	9	人均（常住人口）公共文化设施面积	平方米	区文旅局	
	10	人均（常住人口）体育场地面积	平方米	区体育局	
	11	社会组织参与社区治理项目数	个	区地区办	
二、社区党群	12	新建业委会委员中党员比例	%	区委组织部	50
	13	符合条件的业委会中党支部或党的工作小组组建率	%	区委组织部	100

续表

类别	序号	指标名称	单位	统计数据提供部门	2019 年统计值
二、社区党群	14	没条件成立党支部或党的工作小组的业委会中党建指导员覆盖率	%	区委组织部	100
	15	在职党员“双报到”“双报告”年增长率	%	区委组织部	10
	16	区域化党建共建项目年增长率	%	区委组织部	5
	17	建立三级党建网格发现解决问题增长率	%	区委组织部	逐年增长
	18	注册志愿者人数占常住人口数比例	%	区委宣传部	＞10
	19	上海市学习网市民修身专题网页注册人数	人	区委宣传部	15 万
	20	非公企业工会组织覆盖率	%	区总工会	未定
	21	集体合同覆盖率	%	区总工会	90
	22	小学生爱心暑托班开设数	个	团区委	37
	23	“青春社区”（含综合型）建成数	个	团区委	67
	24	市级“五好家庭”数	个	区妇联	未定（每年变化）
	25	市、区级“最美家庭”数	个	区妇联	未定（每年变化）
	26	多部门预防和制止家庭暴力工作体系覆盖率	%	区妇联	100

续表

类别	序号	指标名称	单位	统计数据提供部门	2019 年统计值
三、城市管理	27	市拆违任务完成率	%	区拆违办	100
	28	区拆违任务完成率	%	区拆违办	100
	29	“无违建”先进居村（街镇）创建完成率	%	区拆违办	＞ 90
	30	新增违法建筑查处率	%	区拆违办	100
	31	质量提升及质量基础建设提升率	%	区市场监管局	100
	32	产品质量、工程质量、服务质量、人居环境质量安全可控无事故数	次	区市场监管局	0
	33	街镇标准类网格案件结案率	%	区城运中心	≥ 99
	34	街镇标准类网格案件及时结案率	%	区城运中心	≥ 99
	35	街镇标准类网格案件督查发现率	%	区城运中心	≥ 70
	36	街镇标准类网格案件督查完成率	%	区城运中心	≥ 95
	37	“12345”市民服务热线办结率	%	区城运中心	≥ 99
	38	“12345”市民服务热线市民满意度分值	分	区城运中心	≥ 70
	39	“12345”市民服务热线先行联系率	%	区城运中心	≥ 90

续表

类别	序号	指标名称	单位	统计数据提供部门	2019 年统计值
四、社区服务	40	长者照护之家和综合为老服务中心实现街道、镇全覆盖率	%	区民政局	100
	41	标准化老年活动室居村委会覆盖率	%	区民政局	100
	42	社会体育指导员占区常住人口比例	‰	区体育局	2
	43	网上企业服务咨询和服务诉求解决率	%	区投资办	> 90
	44	对口服务企业稳定率	%	区投资办	> 95
	45	对口服务企业走访覆盖率	%	区投资办	100
	46	康健苑覆盖率	%	区地区办、区卫健委	各居委会力争全覆盖
	47	智慧健康小屋数	个	区卫健委	首批 5 街镇各 1 个
	48	参加健康自我管理小组的人数（常住人口）	人	区卫健委	2 万（全区）
	49	社区精神障碍患者居家规范管理率	%	区卫健委	97
	50	“美丽家园”旧住房综合改造面积	平方米	区房管局	164 万（全区）
	51	老旧房屋加装电梯台数	台	区房管局	50（全区）
	52	社区（居委会）开展科普活动覆盖率	%	区科委（科协）	80

续表

类别	序号	指标名称	单位	统计数据提供部门	2019 年统计值
四、社区服务	53	无障碍进残疾人家庭改造完成率	%	区残联	100
	54	每万人拥有社会组织数量（常住人口）	个	区社联会	3
	55	社会组织获 3A 以上评估等级率	%	区社联会	10
五、平安建设	56	住宅小区主要出入口和管理处规范化建设小区覆盖率	%	区房管局	≥ 30
	57	市、区两级平安社区创建率	%	区委政法委	＞ 90
	58	市、区两级平安示范社区数	个	区委政法委	90（全区）
	59	人民调解调处成功率	%	区司法局	＞ 90
	60	一居委一法律顾问覆盖率	%	区司法局	90
	61	劳动人事争议仲裁结案率	%	区人社局	＞ 92
六、社区自治	62	试点推进住宅小区物业服务费调整小区数	个	区房管局	各街镇至少 1 个
	63	推进商品房住宅小区维修资金续筹小区数	个	区房管局	各街镇至少 1 个
	64	业主大会账户的代理记账率	%	区房管局	≥ 20
	65	业委会按时换届率	%	区房管局	≥ 60
	66	住宅小区公共收益入账率	%	区房管局	100
	67	已成立业委会小区占符合成立条件小区比例	%	区房管局	＞ 90

续表

类别	序号	指标名称	单位	统计数据提供部门	2019 年统计值
六、社区自治	68	在符合条件的小区推行居委会成员兼任业委会成员交叉任职率	%	区房管局	90
	69	“美丽楼组”创建率	%	区文明办	—
	70	“美丽楼组”覆盖率	%	区文明办	—
	71	含青年委员的业委会数量覆盖率	%	团区委	10
七、生态文明	72	市容环境卫生责任区责任告知书签约率	%	区绿化市容局	100
	73	市容环境卫生责任区管理达标率	%	区绿化市容局	88
	74	市容环境卫生责任区管理示范道路创建数	条（段）	区绿化市容局	10（全区）
	75	垃圾分类绿色账户指标完成数	户	区绿化市容局	383444
	76	定时定点 / 垃圾房功能改建数	座	区绿化市容局	1105
	77	生活垃圾分类达标居住区累计数	个	区绿化市容局	551
	78	实行垃圾分类小区覆盖率	%	区绿化市容局	100
	79	“两网融合”（城市环卫系统与再生资源系统两个网络）服务点累计数	个	区绿化市容局（区分减联办）	355
	80	垃圾分类可回收物收运量	吨 / 日	区绿化市容局（区分减联办）	177

续表

类别	序号	指标名称	单位	统计数据提供部门	2019年统计值
七、生态文明	81	道路冲洗率	%	区绿化市容局	82
八、智能化建设	82	信息系统上云数量比例	%	区政务数据管理中心	100
	83	信息系统目录编制、更新比例	%	区政务数据管理中心	100
	84	数据归集并及时更新比例	%	区政务数据管理中心	100
	85	信息系统数据对接比例	%	区政务数据管理中心	100
	86	街镇提供数据共享度	%	区政务数据管理中心	100

第九章　面向未来：基层治理创新的变革维度

一、基层治理创新的时代境遇与驱动机制

（一）基层治理创新的时代境遇

党的十八大以来，“创新”成为党和国家社会治理的关键词。2015年10月29日，党的十八届五中全会第二次全体会议鲜明提出了“创新、协调、绿色、开放、共享”的新发展理念，“创新”位于五大发展理念之首，其重要性显而易见。习近平总书记指出：“创新是一个民族进步的灵魂，是一个国家兴旺发达的不竭动力，也是中华民族最深沉的民族禀赋。在激烈的国际竞争中，惟创新者进，惟创新者强，惟创新者胜。”[①] 在党的十八届五中全会上，习近平总书记又提出：“必须把创新作为引领发展的第一动力，把人才作为支撑发展的第一资源，把创新摆在国家发展全局的核心位置，不断推进理论创新、制度创新、科技创新、文化创新等方面创新，让

---

① 习近平：《在欧美同学会成立一百周年庆祝大会上的讲话》，《人民日报》2013年10月22日。

创新贯穿党和国家一切工作，让创新在全社会蔚然成风。”① “创新”在任何时代都是推动社会发展的源泉动力，纵观改革开放以来的中国基层治理，一个很重要的特点就是治理体系和制度规范的不断探索与创新，从 1980 年广西宜山县创建第一个村委会，到 1986 年吉林梨树乡北老壕村首创的“海选”模式，再到浙江温岭 1999 年首创民主恳谈会，以及 2004 年浙江金华武义县后陈村创建的第一个村务监督委员会，无不体现着创新推动基层治理发展的实践路径，可以说，不断探索创新是改革开放以来中国基层治理的一条主线②。

2017 年 10 月 18 日，习近平总书记在党的十九大报告中指出“中国特色社会主义进入了新时代”，这个新时代是从党和国家事业发展的全局视野、从改革开放近 40 多年历程和党的十八大以来取得的历史性成就和历史性变革的基础上作出的科学判断。站在新的历史方位，面对时代环境发生的巨大变化，我们国家基层治理仍然要坚定不移走“创新”发展道路，创新引领基层治理现代化是从以往成功实践中汲取的有效经验，更是推动未来基层治理发展的制胜法宝。新时代，基层治理创新从宏观和微观层面都面临全新的时代境遇，对其提出更加复杂的挑战和要求，赋予基层治理更加深刻的理论和实践意义。

1. 宏观层面

（1）国家治理现代化是基层治理创新的现实背景

党的十八届三中全会通过的《中共中央关于全面深化改革若干重大问题的决定》提出：“全面深化改革的总目标是完善和发展中

---

① 习近平：《在党的十八届五中全会第二次全体会议上的讲话》，《人民日报海外版》2016 年 3 月 1 日。

② 参见赵秀玲：《乡村治理研究应处理好六大关系》，《武陵学刊》2016 年第 5 期。

国特色社会主义制度，推进国家治理体系和治理能力现代化”，这是第一次把国家治理体系和治理能力与现代化联系起来，着眼于现代化，并以现代化为落脚点，揭示了现代化与国家治理有着密切的内在关系，国家治理离不开现代化，现代化构成国家治理的应有之义。推进国家治理体系和治理能力现代化，从内涵上看，国家治理体系就是规范社会权力运行和维护公共秩序的一系列制度和程序，具体来说，国家治理体系是一个制度体系，分别包括国家的行政体制、经济体制和社会体制[①]。在韦伯官僚制的影响下，我国建立起从中央到地方系统而完整的垂直式治理体系，广大省市、县区和乡镇从上而下在这一体制内平稳运行。在城市基层和乡村基层实行自治，基层群众自治制度作为我国的一项基本政治制度为广大基层的有效治理和平稳发展提供保障。基层社会治理的变迁与国家治理整体发展同频共振，新时期，站在新的历史方位，着眼于现代化，国家治理体系和治理能力现代化的总体目标为基层治理创新奠定了坚实基础、指明了发展方向，未来基层治理创新应以“现代化”为基本遵循和目标。乡村治理是社会基层治理的一个重要方面，在国家治理现代化的总体发展目标下，2017 年，习近平总书记在党的十九大报告中提出实施乡村振兴战略，2018 年 1 月，中共中央国务院出台《关于实施乡村振兴战略的意见》，并指出：“实施乡村振兴战略，是党的十九大作出的重大决策部署，是决胜全面建成小康社会、全面建设社会主义现代化国家的重大历史任务。”此后，关于乡村振兴的理论研究和实践探索如雨后春笋般蓬勃发展，乡村振兴战略作为乡村治理创新的顶层设计，在基础条件的改善、主导力量的培育、法制环境的营造等维度为基层实践的乡村治理创新创造了新机遇。

① 参见俞可平：《推进国家治理体系和治理能力现代化》，《前线》2014 年第 1 期。

（2）基层治理创新是实现国家治理现代化的前提基础

基层是国家治理的基础和重要支撑，基层强则国家强，基层安则天下安。基层是一切工作的出发点和落脚点，国家政策文件和领导人的讲话充分体现了党和国家对基层的重视与关切。习近平总书记在吉林考察时强调："一个国家治理体系和治理能力的现代化水平很大程度上体现在基层。"①2021 年 4 月，中共中央、国务院《关于加强基层治理体系和治理能力现代化建设的意见》中指出："基层治理是国家治理的基石，统筹推进乡镇（街道）和城乡社区治理，是实现国家治理体系和治理能力现代化的基础工程。"② 在乡村治理方面，2018 年中央一号文件指出："没有农业农村的现代化，就没有国家的现代化……加快推进乡村治理体系和治理能力现代化，加快推进农业农村现代化，走中国特色社会主义乡村振兴道路"，这些充分表明了基层治理对国家治理的重要意义。在国家治理系统中，基层治理既是国家治理的"最后一公里"，也是人民群众感知公共服务效度和温度的"神经末梢"，基层治理能力乃至国家治理能力是否有所提高，基层群众最有发言权。基层治理的理想状态就是善治，实现"善治"也是基层治理体系和治理能力现代化建设的一大目标，改革开放以来，基层社会治理不断取得突破和成就的经验告诉我们，新时代国家治理现代化必须以基层治理现代化为依托、以乡村治理现代化为重要面向、以创新为重要手段，创新是实现治理现代化的必然要求。

---

① 参见翟羽佳：《推进基层治理现代化亟需重视的几大问题》，《人民论坛》2020 年第 29 期。

② 《中共中央国务院关于加强基层治理体系和治理能力现代化建设的意见》，人民出版社 2021 年版，第 1 页。

2. 微观层面

基层治理创新是完善基层治理体系、提高基层治理能力的重要手段，也是实现国家治理现代化建设目标的基础性工作。创新需要以现有的思维模式提出有别于常规或常人思路的见解为导向，创新意味着改变与突破，所谓“不破不立”，创新必须在认识现状、把握现状的基础上寻找“破”与“立”的新思路。当前基层治理存在深刻的复杂性，未来基层治理创新面临多重任务，理顺治理现状、明确发展任务，才能在创新中做到有的放矢。

（1）资源下沉赋能基层治理

为推进基层治理现代化，国家在精准扶贫、基层党建、生态文明建设、乡村振兴等领域提出了一系列治理目标，同时匹配了大量的项目资源密集下沉，国家向基层的资源输入以专项资金或项目制的方式，对基层社会基础设施建设、人才培养、产业发展等进行投入与建设。以乡村治理为例，乡村振兴战略作为乡村发展的顶层设计，给乡村社会带来深刻变化，也为乡村治理创新基层实践创造了新机遇。在改善乡村基础条件方面，2018 年出台的《乡村振兴战略规划（2018—2022 年）》中强调：“继续把基础设施建设重点放在农村，持续加大投入力度，加快补齐农村基础设施短板，促进城乡基础设施互联互通，推动农村基础设施提档升级。”并对农村交通物流设施、农村水利基础设施、农村现代能源体系、乡村信息化基础等方面的基础建设进行指导。治理现代化背景下，乡村基础设施建设不仅包括水利、道路、电力、农产品加工基地等传统基建项目，更包括农村互联网基础设施、农业机器人、智慧冷链物流等新基建以及对传统基建的换代升级。第 52 次《中国互联网络发展状况统计报告》显示，截至 2023 年 6 月，我国农村网民规模达 3.01

亿人，占网民整体的 27.9%，农村地区互联网普及率为 60.5%。[①]《2023 年数字乡村发展工作要点》对新一年农村互联网建设提出目标：到 2023 年底，数字乡村发展取得阶段性进展。数字技术为保障国家粮食安全和巩固拓展脱贫攻坚成果提供更加有力支撑。农村宽带接入用户数超过 1.9 亿，5G 网络基本实现乡镇级以上区域和有条件的行政村覆盖，农业生产信息化率达到 26.5%，农产品电商网络零售额突破 5800 亿元，全国具备条件的新型农业经营主体建档评级基本全覆盖。乡村治理数字化水平稳步提高，乡村数字普惠服务不断深化，农民数字素养与技能持续提升，数字乡村试点成效更加凸显。[②] 在产业发展方面，许多村庄根据自身情况发展特色产业，如旅游开发、智慧养殖、绿色农业、农产品深加工等，并利用新型网络直播、定点收购等形式进行农产品销售，产业发展使农村经济整体发展良好，农村居民人均可支配收入持续提升，城乡差距不断缩减（见表 8）。

表 8　城乡居民人均可支配收入对比情况

年份	城镇居民人均可支配收入		农村居民人均可支配收入		城乡居民收入比（农村为 1）
	绝对数（元）	实际增速（%）	绝对数（元）	实际增速（%）	
2012	24126.7	9.6	8389.3	10.7	2.88
2013	26467.0	7.0	9429.6	9.3	2.81
2014	28843.9	6.8	10488.9	9.2	2.75
2015	31194.8	6.6	11421.7	7.5	2.73
2016	33616.2	5.6	12363.4	6.2	2.72

① 《第 52 次〈中国互联网络发展状况统计报告〉》，人民网 2023 年 8 月 28 日。

② 《五部门印发〈2023 年数字乡村发展工作要点〉》，中国政府网 2023 年 4 月 13 日。

续表

年份	城镇居民人均可支配收入		农村居民人均可支配收入		城乡居民收入比（农村为 1）
	绝对数（元）	实际增速（%）	绝对数（元）	实际增速（%）	
2017	36396.2	6.5	13432.4	7.3	2.71
2018	39250.8	5.6	14617.0	6.6	2.69
2019	42358.8	5.0	16020.7	6.2	2.64
2020	43833.8	1.2	17131.5	3.8	2.56
2021	47412.0	7.1	18931.0	9.7	2.50

人才培养方面，在市场机制诱导下，人才、资金、技术等要素将会在乡村集聚，新产业新业态不断壮大，这一过程带动乡村整体状况改善，村民生活条件改善、生活水平提高，由此催生一大批内生型的乡村致富能手，大学毕业生、在外务工乡村精英也将陆续回归。资源下乡推动乡村基础设施持续改善、经济产业不断发展、人才队伍成长壮大，这些将为乡村基层治理奠定物质基础，资源下乡为基层治理赋能。

（2）权力下移与治理优化

由国家政策推动的治理资源的下沉必然伴随着国家治权的下移。国家对基层社会的资源输入通过县区、乡镇基层政府进入基层治理场域，对这些资源的分配和使用成为基层政府的一项重要职权，资源赋权，基层政府作为国家正式权力的基层代表，也被赋予更多资源分配、经济发展、服务保障等职责，成为推动乡村发展的主导力量，这无疑给基层政府带来重大治理压力，基层负担过重的问题随之而来。“上面千把刀，下面一颗头”“层层发文、层层开会、层层加码”等工作样态频出，在我国现有的党政科层体制内部条块关系、层级关系、权责关系等保持稳定和基层社会性质变化不大的情况下，基层负担过重在近几年成为越发突出而普遍的问题。基层负担问题事关基层干部干事创业的积极性和基层治理成效，更关乎国家基层政权建设和广大群众获得感以及国家认同，基层减负成为当前基层治理研究的热点问题。

基层治理是国家治理的基石，有效推进基层减负赋能，是实现国家治理体系和治理能力现代化的基础工程。2019 年以来，以习近平同志为核心的党中央高度重视基层减负工作，2019 年 3 月，中共中央办公厅印发《关于解决形式主义突出问题为基层减负的通知》，该通知将 2019 年作为“基层减负年”，并从党的政治建设、加强计划管理和监督实施、完善问责制度和激励关怀机制等方面对基层减负提出相关工作要求[①]。2020 年，中共中央办公厅印发《关于持续解决困扰基层的形式主义问题为决胜全面建成小康社会提供坚强作风保证的通知》，再次聚焦基层减负问题[②]。但学界有学者认为“基层负担过重问题并没有得到有效逆转，甚至越减越负，基层减负悖论始终难以有效消除”[③]。基层负担过重状态下给政府职能转变带来诸多困境，对其职能定位、职能发挥、财政功能、治理功能等方面产生不良影响。基层负担过重是在变动的社会环境背景下产生的复杂治理问题，与当前基层治理过程中密集下沉的治理资源、过程管理与结果导向并重的监督考核机制以及基层干部个人工作作风等因素紧密相关，仅仅依靠“基层减负年”“专项行动”等暂时性治理手段难以达到长期有效的治理效果，未来基层治理体系和治

① 《中共中央办公厅印发〈关于解决形式主义突出问题为基层减负的通知〉》，中国政府网 2019 年 3 月 11 日。

② 《关于持续解决困扰基层的形式主义问题为决胜全面建成小康社会提供坚强作风保证的通知》，人民出版社 2020 年版，第 34 页。

③ 参见王向阳：《国家治理转型与基层减负悖论——基于近年来基层治理实践的考察》，《理论与改革》2022 年第 3 期。

理能力现代化建设中，转变政府职能、减轻基层负担成为基层治理创新的重要方面。

近年来，国家整体发展和治理现代化的总体要求促使基层社会发生深刻变革，基层治理领域也面对更多复杂性状况。国家资金、产业、人才、信息等资源的下沉给基层治理创新发展带来机遇，但伴随出现的基层负担过重和基层减负问题不容小觑，未来基层治理创新需要探索出一条在资源下沉、权力下移背景下，实现治理优化、释放基层治理效能的新路子。

3. 理论诉求

现有基层治理在理论层面受网格化管理的影响较深，2013 年，党的十八届三中全会发布的《中共中央关于全面深化改革若干重大问题的决定》指出："坚持源头治理，标本兼治、重在治本，以网格化管理、社会化服务为方向，健全基层综合服务管理平台，及时反映和协调人民群众各方面各层次利益诉求。"[①] 在这份文件中"网格化管理"首次出现。此后，随着社会治理理念的转变，"网格化管理"的提法逐渐转变为"网格化治理"，在实践中也经历了从网格化管理到网格化治理的蜕变与优化。

网格化治理，就是把基层自治组织的治理界域进一步细化为便于复制和考核的网格模式，通过信息化平台实现基层社会治理的精准化[②]。网格化治理的好处在于能形成"专群（专业力量与社区群众）结合、条块（职能部门与属地）结合、社群（社会力量与社区

① 《中共中央关于全面深化改革若干重大问题的决定》，人民出版社 2013 年版。

② 参见冉昊：《基层社会治理视角下的网格化治理：创新、挑战与对策》，《治理现代化研究》2019 年第 1 期。

群众）结合”的全新的工作格局。[①] 网格化治理体现了国家治理体系和治理能力现代化的必然要求，成为当前基层治理的主要方式。

但是，网格化治理与基层自治的运行逻辑存在一定矛盾，在基层治理实践中引发一些问题。网格化治理以科层制为基础，其具体工作事务按照网格事项清单展开，工作人员受同级网格中心的监督考核。基层自治是基层群众通过民主协商等方式，共同解决社区公共事务，实现基层群众的自我管理、自我服务、自我教育与自我监督。网格化服务管理的科层逻辑与基层自治的民主协商认同逻辑之间存在一定矛盾，这种矛盾在基层治理中又通常表现为“行政有余，自治不足”[②]。网格化治理将基层社区划分为更为结构、功能精细的治理单元，每个“网格”内部严丝合缝、整齐划一，这与国家治理现代化背景下社会资本、人才资源等要素的流动性、开放性产生冲突，不仅会影响社会资本的流动，反过来也会对网格化治理下基层治理能力的提升产生消极影响。再者，网格化治理模式本身也逐渐引起争议。网格化治理最早由政法部门提出，其最原始、最根本的目的是“维稳”，即维持基层社会秩序稳定运行，“维稳”成为网格化治理的头等大事。但从社会发展的长远趋势来说，提供更优质的公共服务、实现共建共治共享的社会治理格局才是基层社会治理更为重要的目标。特别是在国家治理现代化的总体目标下，基层治理仅追求维稳是远远不够的，现代化的治理更加追求高效、多元，更加注重发挥基层社区的自治功能，保障基层群众的积极性和主动性，构建稳定又充满活力的现代化基层治理格局。

① 参见本刊政治编辑部调研组：《社会服务管理网格化：创新社会服务管理的有效途径——来自“走转改”一线的报告》，《求是》2011 年第 21 期。

② 参见李丹、石嵩、朱瑞：《网格化服务管理与基层自治有效衔接的有益探索》，《社会治理》2022 年第 3 期。

网格化治理与基层自治是基层治理的两个重要部分，网格化治理创新成为破解基层社会治理发展瓶颈的重要突破口。推动网格化治理与基层自治有效衔接，不仅是提升基层治理效能，推进基层治理体系和治理能力现代化的现实要求，也是中国基层治理理论的有益探索。

4. 实践维度

“经验治国”是自古以来中国推进社会治理的最为重要的手段和方式，直到今天这种模式依然占有十分重要的地位。[①] 在国家治理现代化的整体目标下，基层治理现代化建设步伐愈加紧凑，治理创新在广大基层全面展开，并在实践中取得良好成效，积累了大量创新经验，为了更好服务未来基层治理创新发展，对已有经验进行总结很有必要。

（1）基层治理创新与国家顶层设计相协调

不断探索创新是改革开放以来中国基层治理的一条主线，创新是具有探索性和超前性的，这为党和国家的政策制定打下了坚实基础。不少地方根据自身资源条件、环境特征、地理要素、传统文化等特点，因地制宜发挥优势，进行基层治理创新的探索尝试，在完善自身治理体系、提高自身治理能力的同时，也给其他地方的基层治理创新提供经验借鉴，为党和国家基于实践创新的制度创新提供参考。如《村委会组织法》就吸收了前期村民自治的创新成果，党的十八大报告中的民主协商制度规定也与浙江温岭的民主恳谈探索直接相关[②]。在实践中形成并在实践中不断完善的基层治理相关政

① 参见高德强、陈琳、罗邈：《基层创新经验助推国家治理现代化的路径思考》，《行政科学论坛》2020 年第 12 期。

② 参见赵秀玲：《近年来中国基层治理创新趋向及其思考》，《福建论坛》（人文社会科学版）2017 年第 8 期。

策文件、法律制度进一步为基层治理创新提供指导，它们作为顶层设计为各地探索基层治理创新提供价值导向和方向指引。紧跟国家政策进行基层治理最大的优势是方向正确、目标明确、工作踏实，也会取得事半功倍之效。如在乡村建设和乡村基层治理创新中，以2018年出台的《关于实施乡村振兴战略的意见》、2021年颁布的《关于全面推进乡村振兴加快农业农村现代化的意见》和《中华人民共和国乡村振兴促进法》以及历年印发的"关于做好全面推进乡村振兴重点工作的意见"等"乡村振兴"系列法规为指导，乡村振兴工作取得重大进展，乡村基层治理创新在广大乡村地区进行广泛探索，取得丰硕成果。作为顶层设计的"乡村振兴"，从基础条件改善、主导力量培育等维度为基层实践的乡村治理创新创造了新机遇[①]。顶层设计为基层治理创新指明方向、创造条件，基层治理创新则推动顶层设计"落脚生根"。

（2）发挥基层党组织的指导作用

基层治理一直是中国共产党治国理政的重要领域，深入基层联系群众、紧密团结人民群众的优良传统贯穿百年党史。新中国成立以来，中国共产党与时俱进，不断优化制度、完善体制机制，形成了党建引领基层治理创新的有效路径，在实践中积累大量经验，推动了基层治理的现代化转型。新时期，党建引领基层治理创新依然是持续推进基层社会发展的重要手段，全国各地兴起了党建引领基层治理的创新实践。将党建工作与基层治理有机融合，既是推进基层治理现代化建设的迫切要求，也是巩固党的执政基础、提升基层治理效能的必然要求。

在基层治理实践中，"党建引领"成为治理创新的重要经验，

① 参见江维国、李立清：《顶层设计与基层实践响应：乡村振兴下的乡村治理创新研究》，《马克思主义与现实》2018年第4期。

并取得良好成绩。在乡村基层治理方面，广大乡村响应“全面从严治党”的号召，形成党建工作全覆盖，对软弱涣散村党组织进行整顿，优化组织配置，基层党员思想觉悟不断提高。如黑龙江省漠河县，为贯彻落实中央文件精神，改变乡村党组织落后状况，先后制定了多个规章制度，主要包括《全县软弱涣散基层党组织转化升级三年工作规则》《全县基层党组织建设和党员队伍建设工作要点》《党建工作考评细则》《标准化党支部创建规则》和《党务工作一本通》等。漠河县还确定 14 个重点整顿软弱涣散党组织，对它们通过全面排查“漏洞”，防止“破窗效应”，全面整改补“短板”，解决“木桶效应”等工作方法进行整改。[①] 在城市基层社区建设方面，“党建引领”依然有着广泛实践，如上海市“区域化党建工作”，上海市于 2004 年起，着眼于发挥社区党组织领导核心作用，在全市推行“1+3”社区党建组织体制，为推进区域化党建工作提供有力的组织保障，显著提高了区域化党建工作的组织化程度[②]；武汉市印发《关于实施“红色引擎工程”推动基层治理体系和治理能力现代化的意见》实施基层治理“红色引擎工程”，让党组织和党员“动”起来，发挥引领带动作用，打出了“八个红色”的组合拳，以党建为抓手，带动整个城市发展[③]。“党建引领”在中国大地上有着广泛而深刻的实践，成为我国基层治理创新发展的重要经验。“党建引领”基层治理创新体现着治理理念的进步与优化，新时代推进基层治理现代化依然要坚持党的领导，只有这样，基层治理才

① 《黑龙江漠河：集中整顿软弱涣散党组织 全面压实从严治党主体责任》，中国共产党新闻网 2016 年 11 月 16 日。

② 《上海不断完善区域化党建工作格局》，中国共产党新闻网 2013 年 12 月 17 日。

③ 《武汉发动“红色引擎”推进社会治理 让党组织和党员“动”起来》，中国共产党新闻网 2017 年 5 月 22 日。

能确保方向正确、价值正当。

（3）从传统文化中汲取养分

实现基层治理现代化，必须走创新发展道路。创新意味着开拓，但开拓式创新不是于空中楼阁之上泛泛而谈，而是基于实际、基于对以往优秀治理经验的继承与发扬。“问渠哪得清如许，为有源头活水来”，当代基层治理之“渠”若想获得长效发展，有必要从中国传统文化中汲取动力，优秀传统文化是基层治理创新发展的“源头活水”。习近平总书记在近年来的多次讲话中也对传统文化的价值作出高度评价，2014 年 10 月 13 日，在中共中央政治局第十八次集体学习会上，习近平总书记指出：“一个国家的治理体系和治理能力是与这个国家的历史传承和文化传统密切相关的，解决中国的问题只能在中国大地上探寻适合自己的道路和办法……我国古代主张民为邦本、政得其民，礼法合治、德主刑辅，为政之要莫先于得人、治国先治吏，为政以德、正己修身，居安思危、改易更化，等等，这些都能给人们以重要启示。治理国家和社会，今天遇到的很多事情都可以在历史上找到影子，历史上发生过的很多事情也都可以作为今天的镜鉴。中国的今天是从中国的昨天和前天发展而来的。要治理好今天的中国，需要对我国历史和传统文化有深入了解，也需要对我国古代治国理政的探索和智慧进行积极总结。”[①]这些观点深刻表明了传统治理思想文化之于现代基层治理的重要意义，基层治理创新之路要充分汲取传统治理思想的当代价值。

乡村基层社会，其文化积淀往往更加丰富多样，在乡村基层治理创新的实践中也体现着对传统文化的继承与发扬。如对法治文化

---

① 习近平：《牢记历史经验历史教训历史警示 为国家治理能力现代化提供有益借鉴》，新华网 2014 年 10 月 13 日。

资源的肯定继承，强调中国古代法制思想文化的重要性[①]。也有人用“家政文化”来概括传统家规、家训、家风、家教等与家庭治理相关的内容，并探讨“家政文化”[②]和非正式制度[③]在当代乡村治理中的应用。还有人对中国传统孝道文化进行发掘，反映出中国传统孝文化对于建设美丽乡村、促进乡村文明和城乡融合发展的重要意义[④]。在基层治理实践中，对传统“乡绅”“乡贤”文化的继承应用较为广泛，学界对新时代“新乡贤”的研究也取得众多成果，这种“精英治理”自古有之，对当今基层社会的人才培养与聚集依旧发挥重要作用。实践证明，只有从传统文化中汲取营养和力量，结合当前时代特征和具体实践要求，形成各具特色的文化氛围，才能走好新时代基层治理创新之路，推动形成中国式现代化的治理新格局。

（二）基层治理创新的驱动机制

1. 政治驱动力

基层治理创新必须从根本上把握正确的政治方向，从中国共产党领导的中国特色社会主义事业中发掘政治驱动力。党的领导是中国特色社会主义制度的最大优势，基层治理创新之路也必须始终坚持党的领导，完善党领导下的基层治理机制是化解基层治理困境、实现基层治理体系和治理能力现代化的一项基础工程，也是筑牢国家治理基石的关键所在[⑤]。2014 年，习近平总书记在江苏调研时提

---

① 朱苏力：《法治及其本土资源》，中国政法大学出版社 1996 年版，第 6 页。

② 参见赵秀玲：《传统“家政文化”与当前中国乡村治理》，《求索》2017 年第 1 期。

③ 参见赵秀玲：《中国古代乡村治理资源的价值重估》，《东南学术》2020 年第 3 期。

④ 参见谭英：《美丽乡村建设背景下的孝文化与乡村治理》，《中共浙江省委党校学报》2016 年第 6 期。

⑤ 参见陈建平、张燕妹：《党建引领基层协商治理的实践与思考——以晋江市英林镇为例》，《领导科学》2022 年第 2 期。

出“全面从严治党”的口号，这成为基层治理开始重视党建工作的关键[①]。2015 年 3 月 5 日，习近平总书记在全国两会期间参加上海代表团的审议时指出，要把加强基层党的建设、巩固党的执政基础作为贯穿社会治理和基层建设的一条红线[②]。党的十九大报告更是明确提出“完善党委领导、政府负责、社会协同、公众参与、法治保障的社会治理体制，打造共建共治共享社会治理格局”的战略举措[③]。基层治理中的“党建引领”是将基层党组织建设嵌入基层治理，以党的政治引领、组织引领和服务创新为核心内容，整合党建逻辑与治理逻辑，充分发挥基层党组织在政治领导、组织动员、联系群众、资源整合、宣传引导等方面的优势和作用，实现基层社会再组织化、基层公共服务供给持续优化、现代社会共同体意识不断凝聚、基层治理现代化深入推进和执政基础切实巩固的实践探索[④]。

党建引领基层治理创新，要加强基层党建的组织力，通过组织建设将各方基层建设力量团结起来。组织，广义上是指由诸多要素按照一定方式相互联系起来的系统；狭义上是指人们为实现一定的目标，互相协作结合而成的集体或团体。在中国，“组织”一词具有文化意义和党派性质，“党组织”可以看作由中国共产党领导的为实现中华民族伟大复兴而团结起来的党员集体。“党的组织体系”

① 参见赵秀玲：《十八大以来中国乡村治理重要变革》，《福建论坛》（人文社会科学版）2018 年第 10 期。

② 参见陈亮、李元：《去“悬浮化”与有效治理：新时期党建引领基层社会治理的创新逻辑与类型学分析》，《探索》2018 年第 6 期。

③ 习近平：《决胜全面建成小康社会　夺取新时代中国特色社会主义伟大胜利——在中国共产党第十九次全国代表大会上的报告》，《人民日报》2017 年 10 月 28 日。

④ 参见曾巧：《党建引领基层治理的现实困境与路径回应》，《领导科学论坛》2021 年第 10 期。

作为中国特色的话语范畴，历经中国革命、建设、改革和新时代治国理政的宽阔实践，实现了马克思主义政治术语的中国化表达[①]。规范、有效的基层自治离不开基层党组织的指导与帮助，党的基层组织是党全部工作和战斗力的基础，党的基层建设是党的组织建设的基础性工作。每个人的力量是有限的，基层党员群众不被组织就是一个普通人，一旦被组织起来，加入一个自我认同的团队后，内心潜在的积极因子，以及为集体荣誉而战的精气神儿就会被激活。组织的力量是无穷的，但是要把具有主观性、能动性的人组织起来并不容易。一方面，以提升组织力为重点，加快完善基层党组织在城乡自治组织，如居民委员会、村民委员会中的横向布局，以“微治理”为导向，将党的组织建设深入更小的治理单元，延伸街道党小组、楼栋党小组等纵向组织体系；另一方面，对社会力量进行“授权赋能”，探索在党建引领下开展城市小区自治、单元自治、楼栋自治和乡村村民小组自治、院落自治等，通过培训、孵化、引导等方式，提升居委会、村委会、业委会、社区群众等多元治理主体的治理能力，形成以基层党组织为轴心、凝聚各类治理主体的强大组织体系。

党建引领基层治理创新，还要处理好基层党建与基层自治组织之间的关系。党建引领基层社会治理，是我国基层社会治理的鲜明特色，也是中国特色社会主义基层治理体系的重要组成部分。基层治理坚持走党建引领的发展路径毋庸置疑，但在实践过程中要注意与基层自治的关系，“自治”始终是基层治理的核心。我国在城乡基层实施自治，基层群众自治制度是我国的基本政治制度，是依照宪法和法律，由居民（村民）选举的成员组成居民（村民）委员

---

① 参见巩瑞贤：《党的组织体系：概念、特征与时代价值》，《学术探索》2021年第2期。

会，实行自我管理、自我教育、自我服务、自我监督的制度。党组织在基层治理中扮演“引路人”的角色，发挥引领、指导作用，对村庄具体事务的参与应保持适度原则。近年来，在乡村治理中实行村“两委”“一肩挑”，这一措施在协调“两委”关系、化解“两委”矛盾[①]、整合乡村治理资源、加强乡村组织建设和提高治理效率等方面起到巨大的积极作用。但也逐渐出现对这一高度集中的权力结构的争议与反思，部分学者认为支书主任“一肩挑”并不能消除派系斗争[②]，且在实践中由于组织内部缺乏权力运行的制约机制容易出现基层“小微腐败”、村民“搭便车”、“依持—庇护”等不良问题[③]。因此，基层党建要充分考虑党组织与自治组织之间的关系，在实践中发现问题解决问题，不断优化党建引领基层治理的方法路径。

2. 价值牵引力

基层治理创新在价值方向上必须遵循以人民为中心的发展理念，以人民为中心、全心全意为人民服务是我们党和政府一以贯之的工作宗旨。习近平总书记指出：“始终坚持全心全意为人民服务的根本宗旨，是我们党始终得到人民拥护和爱戴的根本原因，对于充分发挥党密切联系群众的优势至关重要。我们任何时候都必须把人民利益放在第一位，把实现好、维护好、发展好最广大人民根本利益作为一切工作的出发点和落脚点。”[④] 党的十八届五中全会通过

---

① 参见唐鸣、张昆：《论农村村级组织负责人党政“一肩挑”》，《当代世界社会主义问题》2015 年第 1 期。

② 参见陈涛、吴思红：《村支书与村主任冲突实质：村庄派系斗争——兼论支书主任“一肩挑”的意义》，《中国农村观察》2007 年第 6 期。

③ 参见吴思红、陈琳：《试论村“两委”书记主任“一肩挑”的权力监督》，《中共杭州市委党校学报》2015 年第 2 期。

④ 王绍先：《坚持群众路线全心全意为人民服务》，人民网 2014 年 2 月 25 日。

的《中共中央关于制定国民经济和社会发展第十三个五年规划的建议》首次提出“坚持以人民为中心的发展思想”的重大命题[①]，这一命题体现并阐明了坚持人民主体地位的内在要求，彰显了人民至上的价值追求，反映了鲜明的政治立场和价值关怀，为新时代党和国家的各项工作指明了根本价值遵循。实现国家治理现代化的总体目标离不开“以人民为中心”发展理念的指导，作为国家治理格局重要基础的基层治理也必须旗帜鲜明地践行这一理念，坚持以人民为中心的发展思想。

全面提升基层社会治理能力和水平，必须强化“基层为上，基层为重”的意识，做到工作重心向基层下移，切实解决与人民群众生活息息相关的各项问题。将“以人民为中心”作为基层治理创新的价值驱动，在基层治理的实践中已经取得良好成效。福建省漳州市华安县新圩村和诏安县在践行“群众路线”方面进行了积极探索。新圩村位于群山之中，有 9 个自然村，地广人稀，村落分散，村民办事很不方便。为更好地服务群众，村党支部利用村民“五日一圩”赶集的传统，创造性提出“一圩一日”集中办事制度、“村干部 110”承诺服务、民主管理“五要”等农村管理服务新模式，做到“小事不出组，大事不出村”，推动了村务民主管理的规范化建设[②]。在诏安，随着项目建设和城镇化加快推进，因利益调整分配产生的矛盾增多。针对这一情况，诏安出台《关于建立干部倾听群众诉求常态化工作机制的实施意见》，推动干部走出机关大院，进村入户听民声、访民情，为群众排忧解难，形成信访维稳、作风

---

① 《中共中央关于制定国民经济和社会发展第十三个五年规划的建议》，中国政府网 2022 年 7 月 9 日。

② 《漳州市深化华安新圩经验、推广诏安倾听群众诉求常态化工作的做法和启示》，共产党员网 2012 年 9 月 23 日。

建设、社会管理创新三位一体的平台[①]。

未来以人民为中心的基层治理发展路径，首先要坚持以人民为中心的发展思想与价值立场，坚持人民在基层社会治理中的主体地位，引领和推动更多的社会力量参与基层治理实践，以更加多元的方式搭建基层治理“共建共治共享”新格局；其次要在推进基层社会治理创新进程中实现治理成果由人民群众共享。党的十八届五中全会提出的“创新、协调、绿色、开放、共享”发展理念，“共享”注重的是解决社会公平正义问题，使改革开放的成果由全民共享。我国经济发展的“蛋糕”不断做大，但分配不公问题比较突出，由此导致的城乡收入、区域收入水平差距较大。以人民为中心，“人民”是指最广大人民群众，在基础资料来源上要坚持城市基层和农村基层两个治理场域统筹推进、协调发展，加大对偏远农村基层治理的政策支持和资源投入，在基础教育、医疗救助和养老保险等基层人民最关心的方面给予重点扶持，有效解决农村治理资源供给不足的问题[②]。

3. 制度保障力

当前，全面推进依法治国成为贯穿我国社会治理各个方面的主线，基层治理也要牢牢把握法治化、规范化的发展路径。十八届四中全会通过的《中共中央关于全面推进依法治国若干重大问题的决定》提出了推进基层治理法治化的重大战略任务[③]；2021 年 4 月，中共中央、国务院印发的《关于加强基层治理体系和治理能力现代

---

① 《福建诏安建立干部倾听群众诉求常态化工作机制》，中国政府网 2012 年 5 月 24 日。

② 参见王志立：《以人民为中心的基层社会治理逻辑与实现路径》，《领导科学》2019 年第 2 期。

③ 《中共中央关于全面推进依法治国若干重大问题的决定》，中国政府网 2014 年 10 月 29 日。

化建设的意见》在“健全基层群众自治制度”方面提出：“加强村（居）民委员会规范化建设。坚持党组织领导基层群众性自治组织的制度，建立基层群众性自治组织法人备案制度，加强集体资产管理，规范撤销村民委员会改设社区居民委员会的条件和程序……完善村（居）民委员会成员履职承诺和述职制度。”[①] 对基层自治组织法治化、规范化建设提出要求。

基层治理法治化、规范化建设有助于增强基层社区的自治能力，形成政府、社会与广大人民群众共同维护社会秩序的良性互动局面，从而加速基层社区治理的现代化进程。当前，基层治理中存在的负担过重、集权与分权之争等问题都与基层自治的体制机制相关，基层自治迫切需要深化法治化、规范化发展理念，不断为基层治理增添制度保障力，依法协调基层矛盾纠纷，破解基层社区治理的法治难题。

基层法治建设是我国依法治国方略的基础，直接关系到基层治理现代化和国家治理现代化整体目标的实现。但从我国的国情来看，推进基层法治是一项长期而艰巨的任务，不可能一蹴而就、一劳永逸。首先，加强党组织法治建设是基层治理法治化的关键。基层党组织既是推进基层治理法治化的领导者和组织者，也是实践者和示范者，只有将基层党组织打造成法治型党组织，才能切实提高基层治理法治化水平。其次，要理顺基层政府与基层群众自治组织之间的关系。坚持并完善基层政府“权力清单”和“责任清单”制度[②]，明确基层政府的权力范围，厘清基层政府与群众自治组织的

---

① 《中共中央国务院关于加强基层治理体系和治理能力现代化建设的意见》，人民出版社 2021 年版，第 7–8 页。

② 参见李占宾：《基层治理的现实困境及法治化路径》，《河南师范大学学报》（哲学社会科学版）2016 年第 43 期。

权力边界。此外，基层治理法治化要因地制宜，根据具体治理场景，结合不同地区的传统习俗、文化氛围等将国家正式法规有效嵌入，促进正式规则与非正式规则的有效结合。如在乡村基层，由于传统礼治文化、宗族文化，地缘远近、血缘亲疏等至今仍或多或少影响乡村治理秩序，现代法治精神和法治规则进入乡村场域可能出现“排异”现象，正式规则的进入需要与乡村传统治理规则、村规民约相契合，这样有利于村民的理解和接受，法制规则也才能发挥其原本效用。基层治理应在实践中不断优化法治化、规则化的具体实施方式，以制度保障力推进基层治理创新发展。

4. 技术支撑力

互联网技术在近二十年的快速发展下给全球治理带来深刻变革，当今社会已然进入数字时代，国家治理现代化必然离不开数字化、信息化。2015 年 7 月 4 日，国务院印发了《关于积极推进“互联网 +”行动的指导意见》，明确了“互联网 +”的发展方向，展示了中国政府大力推广技术治理的决心[①]。2021 年 4 月 28 日，中共中央、国务院印发的《关于加强基层治理体系和治理能力现代化建设的意见》中指出：“加快全国一体化政务服务平台建设……建设开发智慧社区信息系统和简便应用软件，提高基层治理数字化智能化水平。”[②]多年来，在党和国家有关数字建设政策文件的指引下，全国数字治理开始了大刀阔斧的尝试。在基层治理实践中，数字技术的应用已有广泛实践。

有学者对近几年新闻报道中的基层数字治理实践进行总结，将

---

① 《国务院关于积极推进“互联网 +”行动的指导意见》，中国政府网 2015 年 7 月 4 日。

② 《中共中央国务院关于加强基层治理体系和治理能力现代化建设的意见》，人民出版社 2021 年版，第 11–12 页。

目前全国各地运用互联网技术开展基层社会治理的模式分成三种：第一种是“微信公众号＋网格管理”模式，这种做法简单易行，最为普及；第二种是“政务服务网或综合信息系统＋网格管理”模式，其特点是强化了网络的功能，侧重于信息采集；第三种是“综合信息系统＋综合指挥中心＋网格管理”模式，该模式不仅突出了互联网技术的作用，而且为了搞好技术治理还进行了管理体制变革[①]。从发展前景来看，使用第三种模式的地方政府会越来越多。

在各省的基层数字治理实践中，广东、浙江、福建、四川、安徽、山东、贵州等省份发展成为比较有代表性的探索创新基层单位[②]，其中，浙江省和贵州省形成了为学界广泛讨论研究的“浙江实践”与“贵州经验”。浙江省基层数字治理发展以“数字浙江”整体建设规划为依托，具备起步早、基础好、发展快等优势，在基层数字经济、数字政府建设等方面积攒大量经验，收获丰硕成果。浙江是全国首个信息经济示范区，也是国内唯一同时承担国家电子政务综合试点、公共信息资源开放试点、政务信息系统整合共享试点这三个国家级数字领域试点任务的省份，浙江的基层数字治理一直都走在全国前列。如果说浙江省基层数字治理代表了东部经济发达地区乃至全国基层数字化发展的尖端水平，那么贵州省的数字乡村建设则为西部经济落后地区探索形成乡村数字治理的“贵州经验”。早在2014年，贵州省就率先建立了中国首个省级政府数据统筹存储、共享开放和开发利用的云计算平台——“云上贵州”系统平台，由此，开启了贵州推进乡村数字治理的探索实践历程。“云

① 参见郑春勇、张娉婷、苗壮：《基层社会治理中的整体性技术治理：创新与局限——基于浙江实践》，《电子政务》2019年第5期。

② 参见赵秀玲：《乡村善治中互联网运用及其价值》，《社会科学辑刊》2019年第3期。

上贵州”系统平台通过数据共享打破传统各部门间各自为政的碎片化现象，有效克服信息孤岛，实现数据信息的融合应用，促进部门间的政务合作，为后续打造数字政府、实施电子政务奠定了平台基础和数据支撑。近年来，贵州省又上线并不断更新“贵州数字乡村”App及同名微信小程序、微信公众号方便政府工作人员和村民使用，“贵州数字乡村”App管理后台覆盖全省11万多个自然村的12万余个垃圾收集点、5981辆垃圾清运车，其运行情况一目了然[①]。贵州发挥贵州省深处西部内陆，全境多山区，不沿海、不延边，在地理区位和发展基础上并不占优势，但贵州省充分发挥当地地质结构稳定、气候凉爽、能源充足等优势，大力建设南方数据中心示范基地，吸引了包括苹果、华为、腾讯、FAST等公司或机构的项目落地，投运及在建重点数据中心23个[②]。大数据与社会治理的深度融合，以及贵州据此探索集成的一整套数据治理的贵州经验，正在成为贵州的新名片[③]。贵州省数字化建设和乡村数字治理发展的“贵州经验”给广大西部经济欠发达地区做出良好示范。

数字治理对我国政治建设、经济建设、社会建设、文化建设和生态文明建设带来全方位、深层次的影响，未来基层治理创新在数字治理的整体趋势下离不开数字化、信息化发展路径，数字技术赋予基层治理创新强大的技术支撑力。

① 《网跨千年，村中有“数”——“数字乡村”赋能西部发展观察》，新华网2022年3月26日。

② 《“数字”赋能贵州》，新华社2021年5月16日。

③ 《以数字经济引领高质量发展的贵州路径》，贵阳网2019年5月23日。

二、基层治理创新的趋势与路径

未来乡村基层治理不断追寻创新与突破是全面推进乡村振兴、实现乡村治理现代化的必然选择。理论研究方面，学界对于乡村基层治理的研究热情持续高涨，不断取得丰硕研究成果；实践方面，各地都在党和国家的鼓励号召下探索乡村治理的创新路径，中央农办、农业农村部、国家乡村振兴局为鼓励引导治理创新，联合开展了全国乡村治理典型案例征集推介活动，面向全国征集乡村治理的好经验好做法，目前该活动已经开展到第四批，经过前三年的遴选推介，一大批全国乡村治理典型案例已经成为各地学习借鉴的样板，在乡村治理体系建设中发挥了良好的示范作用。从学界研究和各地实践探索中可以洞察未来乡村基层治理的创新之路将朝着生态化、民主化、法治化、数字化以及中国式乡村治理现代化的方向迈进。

（一）生态化

从古至今，人与自然的关系以及人类对自然界的认识随着人类社会的发展处于不断变化之中，大致经历四个时期：一是人类早期崇拜自然、依赖自然时期；二是农耕时代人类适应自然、改造自然时期；三是工业时代人类征服自然、战胜自然时期；四是近现代人类尊重自然、保护自然、人与自然和谐共生时期。人类对自然界从感性认识到理性认识，从将二者对立到人与自然和谐相处，每个时期的转变都伴随着社会生产力的提高。

21 世纪以来，我国对生态环境的重视程度不断加深，在国家领导人的推动下逐渐形成了建设环境友好型社会的发展共识，绿色发展观、可持续发展观逐渐形成并不断深入人心。近年来，以“绿色”为基调的“习近平生态文明思想”包含了绿色发展观、绿色政绩观、绿色生产方式、绿色生活方式等广阔内涵，体现了以人为本、人与自然和谐相处的生态理念，成为我国生态文明建设的总指挥。2012年，党的十八大报告对“五位一体”总体布局的阐述是“全面推进经济建设、政治建设、文化建设、社会建设、生态文明建设，实现以人为本、全面协调可持续的科学发展”。党的十八大把生态文明建设纳入中国特色社会主义事业总体布局，使生态文明建设的战略地位更加明确。2017年，习近平总书记在十九大报告中提出“强化土壤污染管控和修复，加强农业面源污染防治，开展农村人居环境整治行动”。2018年1月2日，中共中央、国务院印发的《关于实施乡村振兴战略的意见》指明未来乡村建设的目标是：“按照产业兴旺、生态宜居、乡风文明、治理有效、生活富裕的总要求……统筹推进农村经济建设、政治建设、文化建设、社会建设、生态文明建设和党的建设……”，“生态宜居”和“生态文明建设”作为未来乡村建设的发展方向和目标被明确写进国家正式文件中；2021年12月7日，中共中央办公厅、国务院办公厅印发的《农村人居环境整治提升五年行动方案（2021—2025年）》从指导思想、工作原则、行动目标等方面对提升农村人居环境进行规划，提出“扎实推进农村厕所革命、加快推进农村生活污水治理、全面提升农村生活垃圾治理水平、推动村容村貌整体提升、建立健全长效管护机制”等具体工作安排。2022年3月14日，农业农村部办公厅、工业和信息化部办公厅等六部门联合开展“2022年绿色建材下乡活动”，引导绿色建材生产企业、电商平台、卖场商场等让利于民，助推乡村绿色消费。2022年10月16日，党的二十大报告中也明确提出：“我们坚持绿水青山就是金山银山的理念，坚持山水林田湖草沙一体化保护和系统治理，全方位、全地域、全过程加强生态环境保护，生态文明制度体系更加健全，污染防治攻坚向纵深推进，绿色、循环、低碳发展迈出坚实步伐，生态环境保护发生历史性、转折性、全局性变化，我们的祖国天更蓝、山更绿、水更清。”从中可以看出，党和国家对生态环境尤其是对乡村生态治理的重视程度不断加深。

1. 乡村生态环境治理困境

乡村振兴，生态宜居是关键，良好生态环境是农村最大优势和宝贵财富[①]。乡村振兴战略实施以来，产业下乡、金融下乡等惠农政策给乡村经济带来巨大发展机遇的同时，也给乡村生态环境带来更大的挑战。伴随着乡村生产生活活动的丰富，乡村生态环境污染问题也日益突出，生态环境持续恶化，点源污染与面源污染同时存在，各种新旧污染相互交织，主要表现为内源性的农业污染、工业污染、生活污染以及外源性的城市转移污染。

首先是农业污染。农业污染来源主要包括化肥使用、农药使用、地膜使用、秸秆焚烧和畜禽养殖等。我国化肥用量和农药用量远远高于世界平均水平，据统计，我国粮食产量占世界的16%，而化肥用量占31%，每公顷用量是世界平均用量的4倍[②]。2022年中国的农药用量约为23.6万吨，农药利用率为41.8%，农药的有效利用率不高。近年来，我国耕地面积逐年减少，而化肥、农膜、农药的使用量却有增无减，造成严重的土壤污染，雨水冲刷作用下又会对地表地下水产生影响；长期使用化肥农药会降低土壤肥力，农民为了增加土壤肥力最直接的做法是对秸秆进行焚烧，秸秆

① 《中共中央国务院关于实施乡村振兴战略的意见》，《人民日报》2018年2月5日。

② 参见成波：《新状态：为减肥减药注入核动力》，《营销界》（农资与市场）2017年第17期。

焚烧又会造成严重的粉尘污染和大气污染，造成乡村生态环境污染的恶性循环；畜禽养殖是乡村生态环境污染的又一重要原因，许多乡村的畜禽养殖是以家庭为单位的散养模式，畜禽毛发、粪便无序排放，影响乡村人居环境。养殖场的畜禽养殖规模较为粗放，集约化、规模化水平不高，废弃物处理技术水平不高，无法达到相关部门规定的生态养殖标准，污染物偷排偷放现象普遍，大量的畜禽粪便经雨水冲刷集中在乡村河流，对水资源造成重大污染。其次是工业污染。乡村振兴带来产业下乡，为了吸引年轻人回乡创业以及促进乡村剩余劳动力就业，国家采取一系列优惠政策，如财政补贴、税贷优惠等措施鼓励、扶持乡镇企业发展，于是，乡镇企业在国家优惠政策的引导下纷纷加入农村经济建设中。乡镇企业的发展一方面可以提高村民收入、带动当地经济建设、完善乡村基础设施建设和资源开发，另一方面也造成多方面的生态污染。乡镇企业建设用地增多导致乡村耕地面积逐年减少；由于农村地区的水源、交通等基础设施不足，工业企业便通过钻井开采地下水用于生产灌溉、毁林开荒用于种植，破坏了农村原有的地形地貌，造成水土流失、土地荒漠化现象，严重破坏了农村生态平衡。再次是生活污染。生活污染源主要由生活污水、生活垃圾、粪便排放三个方面构成。乡村居民聚集程度不高，凌乱、分散的状态导致很难建立遍布全村的污水回收管道进行统一处理，居民将污水直接排放进水渠，随之汇入河流或渗进土壤造成水污染和土壤污染。乡村居民日常活动产生的垃圾来源多样、成分复杂，包括厨房垃圾、日常生活用品、塑料制品、玻璃制品、纸制品等，虽然近年来省市相关部门对乡村生活垃圾处理问题较为重视，每年都下拨专项资金进行整治，给村庄配备专门的环卫工人、投放垃圾箱、设置垃圾处理厂，但由于村民环保意识普遍较差，且垃圾的清运主要是采用敞开式或半封闭式收集设备，且偏重于人力收集，促使农村面源污染治理形式更为严峻复杂，极大地增加了治理难度。最后是外源性的城市转移污染。与乡村地区相比，城市污染类型多样、污染程度更深，最重要的是城市环境治理更为严格、污染治理成本更高。大批企业污染排放超标，政府限制其生产，而农村在生态治理方面则相对松懈滞后，于是一大批工业企业为了减少污染治理的成本，便将工厂转移到农村，直接将废气、废水等污染物排放到农村，加剧了农村环境的恶化。面对城市转移污染，乡村基层政府通常是向城市污染企业收取“排放费”以增加财政收入，而对转移而来的污染物的治理是有心无力，甚至是无心无力。

以上内源性的农业污染、工业污染、生活污染以及外源性的城市转移污染对乡村土壤、水体、大气、人居环境等多方资源造成严重危害，极大地破坏乡村生态环境。而现实中对乡村生态环境的治理也存在诸多困境，涉及城乡发展结构、法律法规的制定与执行、环保部门间的沟通与合作、村民环保意识单薄等多个方面，严重阻碍着乡村环境污染防治和自然资源保护。

2. 现有乡村生态环境治理模式

在党和国家生态治理的号召下，当前乡村生态环境治理有着丰富的实践。治理主体由过去的政府主导或村民无序治理转变为政府、社会、企业、村民等利益相关者的多主体共治；治理手段更加注重软硬兼施，行政规制式的强制手段和环保宣传教育共同培养村民环境保护意识；环境保护视野格局放眼于整个生态系统，治理对象从单一的环境要素向系统生态环境转变。在实践中形成了政府美丽乡村综合治理模式、问题导向下的政府统筹推进专项治理模式、政府支持下的生态移民重建治理模式、乡村绿色产业发展协调治理模式、企业负责制生态环境治理模式、村民自治生态环境治理模式、城乡统筹生态环境治理模式、特殊生态区环境修复模式等多种治理模式[①]。

（1）政府美丽乡村综合治理模式

美丽乡村综合治理模式是政府以美丽乡村建设为抓手，统筹各部门力量，协同推进农村生态环境治理的模式。农村生态环境治理包括农村集中水源地保护，农村生活污染、农业生产污染、农村工矿污染治理，以及农村大气污染、水体污染和土壤污染的治理及修复等，涉及环保、住建、水利、资源、农业、交通、卫生、财政等多个部门。这就要求各职能部门在政府统筹下齐抓共管，协同推进各项工作。这一模式主要适用于主要领导高度重视、美丽乡村建设条件较好的农村地区。浙江省“千万工程”就是典型的乡村振兴政府统筹美丽乡村综合整治模式。习近平同志 2003 年在浙江提出“既要金山银山，又要绿水青山，绿水青山就是金山银山”的生态发展理念，并从 2003 年起，在时任浙江省省委书记习近平同志支持下统筹推进“千村示范、万村整治”工程，是浙江“绿水青山就是金山银山”理念在基层农村的成功实践。该工程以农村生产、生活、生态的“三生”环境改善为重点，以改善农村生态环境、提高农民生活质量为核心，通过农业、水利、环保、住建、规划、国土、旅游等各部门等通力配合，从道路硬化、垃圾处理、卫生改厕到生活污水处理、面源污染整治、河道疏浚及生态修复、农房改造等方面入手，形成农村人居条件和生态环境同步建设格局。目标是花 5 年时间，从全省 4 万个村庄中选择 1 万个左右的行政村进行全面整治，把其中 1000 个左右的中心村建成全面小康示范村。2022 年起，浙江省又全面启动海上“千万工程”，引导渔民从过分追求

① 参见鞠昌华、张慧：《乡村振兴背景下的农村生态环境治理模式》，《环境保护》2019 年第 47 期。

产量的传统粗放式捕捞，向资源友好型作业方式转变。多年来，浙江省久久为功，扎实推进“千万工程”，造就了万千美丽乡村，取得了显著成效，带动浙江乡村整体人居环境领先全国。2018 年 9 月，该工程荣获联合国最高环保荣誉——“地球卫士奖”，成为全球农村生态环境综合治理的典范[①]。

（2）问题导向下的政府统筹推进专项治理模式

问题导向下的专项整治模式是政府以亟待解决的某一重大生态环境问题为对象，由政府统筹各部门力量，专门开展专项治理行动，推进农村生态环境治理的模式。这一模式主要适用于面临重大突出生态环境问题的农村地区。如农村秸秆焚烧和散煤燃烧成为我国季节性空气污染的重要因素，直接影响到大气污染防治攻坚战的整体成效，成为政府重视、公众关注的突出环境问题，有必要在农村专门通过相应的一系列工程和管理措施等予以解决。京津冀 2017 年实施的禁煤区煤改电、煤改气项目是典型的问题导向下的政府统筹推进专项整治模式。又如“长江十年禁渔计划”，在过去几十年快速、粗放的经济发展模式下，长江流域生态环境遭到严重破坏。许多人竭泽而渔，采取“电毒炸”“绝户网”等非法捕捞方式，最终形成“资源越捕越少，生态越捕越糟，渔民越捕越穷”的恶性循环，长江生物完整性指数已经到了最差的“无鱼”等级，实施禁捕，让长江休养生息，迫在眉睫。为此，2020 年 1 月，农业农村部发布《长江十年禁渔计划》，从 2020 年 1 月 1 日 0 时起开始实施长江十年禁渔计划，长江干流和重要支流除水生生物自然保护区和水产种质资源保护区以外的天然水域，最迟自 2021 年 1 月 1 日 0 时起实行暂定为期十年的常年禁捕，其间禁止天然渔业资源的

① 武卫政、顾春、王浩：《浙江 15 年持续推进“千村示范、万村整治”工程纪实》，《人民日报》2019 年 12 月 29 日。

生产性捕捞。截至 2021 年 2 月，长江十年禁捕共计退捕上岸渔船 11.1 万艘、涉及渔民 23.1 万人[①]，有效恢复长江渔业资源、保护生物多样性。

（3）政府支持下的生态移民重建治理模式

生态移民重建治理模式是对处于生态脆弱区的农村，根据政府规划安排，整体搬迁并重建生态环境基础设施和运行管理机制，开展相应生态环境治理的模式。这一模式主要适用于生态移民农村。青海省海西州格尔木市唐古拉山镇就属于典型的生态脆弱区生态移民重建模式。唐古拉山镇地处青藏高原腹地、三江源自然保护区核心区域，平均海拔 4700 米，这里深居高原、地势险峻、交通闭塞，长期的传统游牧生产生活方式导致三江源自然保护区的生态环境日益脆弱，短短二三十年时间，同一片草场能养活的牦牛锐减四分之三，与此同时，旱涝交替、鼠害连年也给村民发展畜牧增添了困难。为改善村民生活、保护三江源地区的生态环境，唐古拉山镇的 6 个村子 128 户村民从 2004 年开始生态搬迁，他们的新家园坐落在 400 多公里外的格尔木市南郊，被命名为长江源村。2017 年，长江源村正式脱贫摘帽；2019 年，长江源村人均可支配收入 2.7 万元，基本医疗保险参保率、基本养老保险参保率都达到 100%；2020 年，全村适龄儿童就近入学，孩子们的毕业率、升学率达到“双百”[②]。生态移民使得唐古拉山镇焕发新生，不仅保护了三江源自然生态区，还切实提高了村民生活水平。

（4）乡村绿色产业发展协调治理模式

乡村绿色产业发展协调治理模式是将乡村生态环境治理与其绿

---

① 《农业农村部慰问渔民和渔政执法人员》，中华人民共和国农业农村部 2021 年 2 月 10 日。

② 《生态移民村里的深情祝福》，央视网 2020 年 12 月 29 日。

色发展相结合，结合乡村生产发展需要开展生态环境治理，使之真正成为农民需要的模式。只有将乡村生态优势转化为发展生态经济的优势，改善生态环境质量的同时提供更多更好绿色生态产品与服务，才能在生态和经济间形成良性循环。将生态环境治理与有机食品基地建设等生态农业结合起来，既能推动绿色农业发展，又有利于提升区域土壤、灌溉水环境质量。将生态环境治理与乡村景观化改造结合起来，发展农家乐、乡村游等休闲服务业，在提供良好的生产经营环境条件的同时改善农村生活环境。该模式适用于具有绿色产业发展优势和自然条件的地区。2021 年，农业农村部开展了全国农业绿色发展典型案例征集活动，于 2022 年 2 月 24 日推介出北京市顺义区等 51 个 2021 年全国农业绿色发展典型案例[①]，这些都是典型的乡村绿色产业发展协调治理模式。

（5）企业负责制生态环境治理模式

企业负责制生态环境治理模式是利用市场机制，在政府统筹下委托专业环保企业，负责区域农村环境基础设施建设和运营，推进乡村生态环境治理的模式。该模式适用于经济及市场环境发达的地区。江苏省常熟市农村生活污水治理工程就是较为典型的企业负责建设及运营的区域环境治理模式。该市委托专业化水处理公司对全市已建成的分散式污水处理设施进行运行与维护。对于新建的分散式污水处理设施实施 PPP 项目，通过向社会企业公开招标的方式探索投资建设和运行管理的新模式。常熟市还依托中国科学院，制定了农村分散式生活污水处理设施运行管理规定、运行监管细则和考核办法等制度，并开发远程监控系统，实现农村生活污水治理的远程集中管理。在此基础上，常熟市通过政府购买服务，将中国科

① 《农业农村部办公厅关于推介 2021 年全国农业绿色发展典型案例的通知》，中国政府网 2022 年 2 月 23 日。

学院生态环境研究中心作为第三方监管单位，为农村生活污水治理提供技术支撑。常熟市通过管理创新、技术创新，探索建立了“统一规划、统一建设、统一管理、统一运行”的农村生活污水综合治理“常熟模式”，农村生活污水治理工作成效显著，被住房城乡建设部评为“县域村镇污水综合治理示范区”。

（6）村民自治生态环境治理模式

村民自治生态环境治理模式是在村民自治框架下，积极争取社会支持，充分尊重村民意愿，村民亲身建设、参与，由村民环保组织推进乡村生态环境治理的模式。该模式适用于村民环保及自治意识较强，农村集体经济能力相对较好，有愿意带领村民开展生态环境治理的能人的地区。安徽省广德市誓节镇石鼓村的人居环境整治工作就是较为典型的村民自治生态环境治理模式①。石鼓村毕沟村民组整体规划布局较为散乱，150多户村民零星散落，主干道两旁废旧危房、残垣断壁，影响村容村貌。人居环境整治是事关群众切实利益的系统工程，如何依靠群众、发动群众尤为重要。当地成立毕沟人居环境整治村民理事会，理事会成员充分发挥自身德高望重、联系广泛、群众认可的优势，上门入户宣传人居环境整治，收集村民的意见，使规划方案贴近群众实际、体现群众意愿，旧房危房改造工作得到全员支持并自发拆除。2021年，石鼓村人居环境整治工作顺利完成，广泛的村民参与实现了村民自我教育、自我服务、自我约束，提升群众参与度与积极性，营造了乡风和谐的浓厚氛围。

（7）城乡统筹生态环境治理模式

城乡统筹生态环境治理模式以城乡一体化为宗旨，通过构建城乡一体化的生态环境管理组织体系，规划建设城乡一体化的生态环

① 《广德市：村民自治助力人居环境整治》，央广网2021年7月21日。

境设施，由城乡一体化的运营机构统一开展环境网络的运行维护，执行城乡一体化的生态环境治理标准，以及城乡一体化的生态环境统一监管。农村是我国水、气、土环境的一个重要污染来源，农村生活污水和农业污染源已经成为河湖污染的重要来源，耕地土壤点位超标威胁餐桌安全，农村生态环境治理密切影响到污染防治“三大战役”的总体部署。这一模式主要适用于城市近郊地区农村及城镇化水平较高的发达地区农村。张家港农村生活污水治理工程就属于这一模式的典型代表，该市系全国首家国家环保模范城市，社会经济发达，位居全国百强市县前列，工业化城镇化发展水平较高。为统筹全市城乡生活污水治理，降低农村分散式收集处理的不规范低标准等问题，该市采取全部接入市政管网并集中处理的模式，目前该市 95% 的农户生活污水已纳入城镇管网处理。

（8）特殊生态区环境修复模式

特殊生态区环境修复模式是地处重要生态功能区、脆弱区的农村，基于生态功能维护和生态脆弱区保护需要，结合政府生态治理规划，开展相应生态环境修复的模式。湖北丹江口水库周边的农村环境整治模式就属于典型的重要生态功能区生态修复模式。丹江口市位于秦岭—大巴山生物多样性保护与水源涵养重要区，该市丹江口水库是南水北调中线工程的核心水源地。为保护南水北调水源，丹江口市被首批纳入农村环境连片整治项目，大力推进生活垃圾收集转运系统及垃圾资源化分类回收中心建设，污水处理设施及配套污水收集管网建设，加强畜禽养殖污染防治，禁用化肥农药，控制面源污染。目前，该市 194 个行政村已全面实现农村环境综合整治全覆盖。同时，大力开展封山育林、退耕还林、水土保持项目等生态治理工程。为有效保护南水北调中线水源发挥了积极作用。

3. 未来乡村生态环境治理创新路径

（1）治理模式创新：城乡融合治理

乡村生态环境治理在实践中存在许多困境，其中最关键的问题是生态环境城乡二元分治模式。乡村生态环境问题，实质是长期以来的城乡二元结构禁锢下的落后理念所导致的传统经济增长型模式背后负面问题的叠加效应，是属于经济发展、制度转型、治理革新和文化重塑的复杂性系统问题，这也是研究乡村生态治理的基本立足点[①]。根据环境库兹涅茨曲线，城市与乡村处于不同发展阶段。城市发展更多依靠技术效应和结构效应，而乡村发展更多依靠规模效应，经济增长需要投入大量自然资源，由此产生更多污染物排放，且乡村环境保护基础设施建设不足、生态治理能力弱，乡村生态资源使用与污染治理能力不对等，无法对生态污染进行及时有效的治理，导致乡村生态环境的恶化。总之，城市发展更多依靠人造资本、人力资本与科技进步，乡村发展更多依赖自然资源[②]。

城乡发展差距导致乡村在生态环境整治过程中遇到更多困境，其治理基础、治理能力远不如城市地区，与此同时，生态环境城乡二元分治下治理资源分配的严重失衡更加剧了二者的治理差距。资源配置的失衡表现在治理资金、环保基础设施建设、环保机构设置等方面的失衡。《2021 中国环境统计年鉴》中统计数据表明，2017 年，我国生态环境治理投资总额为 9539 亿元，其中城市生态环境治理投资总额达 6085.7 亿元，占比高达 63.8%，这也意味着乡村生态环境治理投资总额占比仅为 36.2%。城乡之间生态环境治理资

① 参见李志强、张灵灵、刘亚兰：《乡村振兴中的生态困境问题解析及破解路径》，《山西农业大学学报》（社会科学版）2018 年第 9 期。

② 参见常烃：《乡村振兴政策下农村生态环境治理研究》，《农村经济与科技》2019 年第 9 期。

金配置失衡给乡村生态环境治理带来巨大阻力。党和政府一直以来把环保工作的重心放在城市，对城市环境保护基础设施的建设投入远远超过农村，只有小部分农村有比较完备的环保设施，如垃圾桶、垃圾回收处理站、污水处理管道等，在大部分偏远的农村几乎没有环保设施，农民将农业生产废料、生活垃圾、禽畜粪便等随意排放，造成土壤污染、水体污染和大气污染。在环保机构设置方面，现阶段生态环保机构仅仅覆盖至乡镇层面，乡村层面难以有效覆盖触及，使得乡村生态环境治理缺乏组织保障。

生态环境资源的流动性、外部性、整体性与关联性的特质使得乡村生态环境问题的危害突破城市与乡村的地域界限与社群界限向外扩散传播，城市生态系统与乡村生态系统两者共同构成共生共荣的生命共同体，对生态环境的治理不可人为地割裂为城乡二分。从整体入手，构建城乡融合发展的乡村生态治理体系成为未来生态环境治理的发展趋势。城乡融合发展的乡村生态治理模式是在城乡社会经济一体化的基础上，尊重城乡生态环境系统的整体性与关联性，加强城乡生态资源、技术、信息与人才的互补与共享，从根本上消除城乡生态失衡问题，构建城乡生态和谐与互惠共生的新秩序。构建城乡融合发展的乡村生态治理模式有助于破解城乡生态二元结构，促进城乡生态服务均等化，促进乡村生态善治与生态绿色发展[①]。推进生态环境治理的城乡融合，首先，要从城乡差距入手，对先行的以城市为中心的环境保护政策进行调整，从资金投入、环保基础设施建设、基层环保部门建设等方面向乡村倾斜，以弥合城乡发展裂痕。其次，对于目前已经遭到破坏的乡村生态系统可以实行生态补偿机制，对生态环境受损状况以及生态环境价值进行准确

① 参见李宁：《城乡融合视阈下乡村生态治理困境及其路径创新》，《青海社会科学》2020 年第 4 期。

的评测预估，按照“谁污染谁治理”的原则制定客观公正的乡村生态补偿方案，使生态环境受益方承担应有的生态修复责任。

（2）治理理念创新：综合生态系统管理理念

从生态环境整体来看，生态环境资源的流动性、外部性、整体性与关联性要求生态环境治理在地域范围上突破城乡限制，构建城乡融合的生态环境治理体系。从乡村生态环境内部来看，农业污染、工业污染、生活污染和城市转移污染使得乡村环境污染防治和自然资源的保护面临十分严峻的形势。同时，作为乡村生态环境治理主体的政府、企业、社会组织和村民等利益相关者在治理目标上呈现一致性，都是要实现乡村生态环境整体改善，促进农业整体高质量生产发展，满足广大农民对美好生活的向往。因此，乡村生态环境治理要求各治理主体相互配合、协同合作。作为乡村生态环境治理对象的“山水林田湖草”也是一个相互依存、相互影响的生命共同体，要统筹兼顾、整体施策、多措并举，全方位、全地域、全过程开展生态文明建设[①]。乡村生态环境问题的复杂性和严重性以及生态治理主体、治理对象的关联性要求乡村生态环境治理要善于运用综合生态系统管理理念，构建综合型乡村生态环境治理体系。

综合生态系统管理（IEM，integrated ecosystem management）最初由全球环境基金在全球生态规划国际研讨会上提出，是管理自然资源和自然环境的一种综合管理战略和方法，它要求综合对待生态系统的各组成成分，综合考虑社会、经济、自然（包括环境、资源和生物等）的需要和价值，综合采用多学科的知识和方法，综合运用行政的、市场的和社会的调整机制，来解决资源利用、生态保护和生态系统退化的问题，以达到创造和实现经济的、社会的和环

① 《习近平出席全国生态环境保护大会并发表重要讲话》，中华人民共和国生态环境部 2018 年 5 月 19 日。

境的多元惠益，实现人与自然的和谐共处[①]。综合生态系统管理理念在我国生态文明建设中已有实践，《中共中央国务院关于实施乡村振兴战略的意见》将“人与自然和谐共生”作为基本原则，要求统筹山水林田湖草系统治理，以绿色发展引领农村振兴。“山水林田湖草是一个生命共同体的理念是对综合生态系统方法理论的通俗表达”[②]。运用综合生态系统管理理念来指导我国乡村生态环境治理实践，就是要从治理主体、治理对象、治理目标等方面统筹规划，以整体性、系统性的眼光构建综合型乡村生态环境治理体系。

首先，治理主体多元共治。

乡村生态环境治理主体包括政府、企业、社会组织、乡村自组织、村民等各利益相关者，党的十九大报告提出，构建“政府为主导、企业为主体、社会组织和公众共同参与的环境治理体系”，表明了乡村生态环境治理的多元共治趋势。政府作为乡村生态环境治理的主导者，要切实担当主导者的责任，最主要的就是做好相关政策规范的制定与执行，完善乡村生态环境治理的制度与法律体系；在财政支持方面，增加乡村生态环境治理的资金投入，并通过补贴和奖励政策引导企业和个人参与农村生态环境治理。企业作为乡村生态环境治理的重要主体，要强化地方企业保护乡村生态环境的社会责任。企业作为营利组织以追求经济效益为生存根本，但经济效益与生态效益并不冲突，2014 年 3 月 7 日，习近平在参加十二届全国人大二次会议贵州代表团的审议时指出：“绿水青山和金山银山决不是对立的，关键在人，关键在思路。保护生态环境就是保护

① 蔡守秋：《基于生态文明的法理学》，中国法制出版社 2014 年版，第 349 页。

② 参见蔡守秋：《从综合生态系统到综合调整机制——构建生态文明法治基础理论的一条路径》，《甘肃政法学院学报》2017 年第 1 期。

生产力，改善生态环境就是发展生产力。”[①] 企业的生产经营活动要做到经济效益和生态效益的统一，可以通过引进高水平管理人员改进自身生产技术和经营理念，将企业的生产与经营活动引入绿色发展轨道，从而减少对农村生态环境的消极影响。最重要的是企业要主动公开环保信息，主动接受社会公众的监督，与各治理主体开展沟通协商，自觉承担起保护农村生态环境的社会责任。社会组织是乡村生态环境治理的重要参与者，《乡村振兴战略规划（2018—2022年）》中提出“鼓励利用外资开展现代农业、产业融合、生态修复、人居环境整治和农村基础设施等建设”[②]，这为吸引社会资本助力乡村生态环境治理提供了政策指引。因此，要拓宽社会组织参与环境治理的资金来源渠道，除了向政府争取财政资金，还可以向规模较大的企业争取赞助，在法律允许的范围内向公众募集专款等。相关社会组织还可以向污染企业提供专业的治理方案以获取一定的咨询报酬，提高自身创收能力。乡村自组织作为本地生态环境治理的重要主体具有不可比拟的“在场优势”。乡村自组织，如老人协会、红白理事会等通常是由当地德高望重的村民自发组织设立，他们“生于斯、长于斯”，对当地自然环境和社会情况十分了解，村民自组织的负责人大多了解本村生态环境实际情况，且能及时发现辖域内污染和破坏生态环境的行为，一般会选择最合理的方式进行保护和治理，他们参与当地生态环境治理可以发挥重要的在场优势。村民是乡村生态环境治理的实践者，村民参与是实现乡村生态环境治理有效的关键。但在治理实践中，村民的主体地位常常不被重视。一方面是因为政府、企业在生态治理过程中具备信息、

① 《生态环境保护多重要，听习近平怎么说》，新华网2018年5月18日。

② 《中共中央国务院印发〈乡村振兴战略规划（2018—2022年）〉》，中国政府网，2018年9月26日。

资源、技术等方面的优势，他们在与村民的交涉中常常更加掌握话语权；另一方面由于村民自身主体意识不强、环保意识薄弱而很难发挥自身在乡村生态环境治理中的主体作用。为此，可以搭建政府、企业、社会组织和村民等治理主体平等参与的对话平台，保证各项环保信息的畅通传达，保障村民的知情权；采取行之有效的激励措施，通过奖励等各种方式鼓励村民积极参与到乡村生态环境治理中去；还可以学习借鉴发达国家通过与村民签订环境管理协议，明确村民在环境资源保护和利用过程中的权利和义务。村民自身也应当积极学习生态环保知识，减少生产生活中的农业污染和生活污染；提高法律意识，明确自身在生态环境治理中的权利与义务，当自身合法权益受到侵害时能够及时通过合法途径表达自己的诉求。

其次，治理机构协同配合。

当前乡村生态环境主要面临农业污染、工业污染、生活污染和城市转移污染，治理对象是庞大且复杂的山水林田湖草有机生态系统，任何一种要素都是牵一发而动全身，不能“头痛医头脚痛医脚”，而是要用综合性、整体性眼光看问题，加强各环保部门和单位的协同配合。“山水林田湖草”作为乡村主要生态环境是一个有机生命共同体，对它的污染防治与资源利用需要多部门协调治理，农业部门、生态环境保护部门、水利部门、国土资源管理部门等要实现监测数据共享共用，避免造成资源浪费。在治理过程中，应进一步明确各个部门的治理职责，在政绩考核中明确量化评定标准，避免责任推脱。乡村层组织是开展农村生态环境治理的前沿实践者，且具备其他治理机构不可比拟的“在场优势”，但我国环保机构的最低一级到县，县级环保机构一般只有几十名员工，大多数乡镇都没有环保机构和环保人员，行政村更没有专门的环保执法人员[①]。因此，要完善对乡镇一级环保机构和组织的设立，明确乡镇环保所的职责和监管范围。

最后，治理目标整体化、精细化。

当前乡村生态环境治理在治理手段、治理规划布局、治理组织力量等方面都存在碎片化、分散化状况，构建综合型乡村生态环境治理体系必须系统规划农业发展、农村布局、农民生产生活的各个方面，分区域、分领域，统筹规划、整体施策，根据不同区域存在的不同污染问题采用针对性治理办法，在整体化发展战略目标下制定更加详细的、操作性强的发展目标，使治理目标更加精细化。

第一，农业发展区要根据主要农作物种植所产生的生态环境问题区分对待，重点防范土壤污染和水污染，防治秸秆焚烧所产生的空气污染。第二，农村生态保护区要依据《全国生态功能区划》《全国生态脆弱区保护规划纲要》等空间规划的规定对农村生态保护区的生态系统服务价值进行全面评估，按照生态保护红线制度重点保护，严格管控。第三，农民居住区要重点防治生活垃圾倾倒和生活污水产生的污染，加大整治力度，防止它们对其他生活空间污染的蔓延。第四，面对城镇向乡村转移的空间地点必须合理布局，防治工业污染向农村的转移性风险。转移性企业和乡镇企业的经营布局必须限定在农村生产区域内，防止与农业发展区、居住区和生态保护区的交叉，谨防污染风险的加大[②]。

（3）治理手段创新：建立健全乡村生态环境治理法制手段

---

① 参见张志胜：《多元共治：乡村振兴战略视域下的农村生态环境治理创新模式》，《重庆大学学报》（社会科学版）2020 年第 1 期。

② 参见温暖：《多元共治：乡村振兴背景下的农村生态环境治理》，《云南民族大学学报》（哲学社会科学版）2021 年第 3 期。

当前乡村生态环境治理过程中，法律缺失、执法不严成为阻碍治理实践的一大困境。首先是立法不足。受城乡二元结构的影响，我国的环境立法存在“城市中心主义”[①]问题，生态环境保护法律制度“城市化”特质凸显。从数量上看，专门针对农村生态环境治理的法律法规几乎空白。《中华人民共和国环境保护法》（2014年修订，以下简称新《环保法》）、《中华人民共和国土地管理法》、《中华人民共和国农业法》等综合性环保法律文件中，对于乡村生态环境保护有为数不多且较为零散的描述，如新《环保法》第五十条规定：“各级人民政府应当在财政预算中安排资金，支持农村饮用水水源地保护、生活污水和其他废弃物处理、畜禽养殖和屠宰污染防治、土壤污染防治和农村工矿污染治理等环境保护工作。”从内容上看，对于农业生态环境保护多为原则性规定，对乡村生态环境保护的主体、对象、目标和公民环境保护的权利义务等未进行明确规定，实际操作性不强。其次是执法不严。我国乡村地区的环境治理执法面临许多工作难点：乡村地区面积广阔，生态环境污染种类多、情况复杂，而现实中执法力量不足，难以支撑治理工作的开展，无法实现农村监管全面覆盖；执法权力界定不明晰，基层政府、农业部门、公安部门和生态环保部门环境执法权力既有交叉又有冲突，如秸秆焚烧、生活垃圾倾倒、生活污水等农村地区积重难返的环境问题一直没有得到有效监管执法和妥善解决。

习近平总书记强调，“保护生态环境必须依靠制度、依靠法治。只有实行最严格的制度、最严密的法治，才能为生态文明建设提供

---

① 参见文军、沈东：《当代中国城乡关系的演变逻辑与城市中心主义的兴起——基于国家、社会与个体的三维透视》，《探索与争鸣》2015年第7期。

可靠保障”[①]。完备的农村生态环境保护法律体系是开展农村生态环境治理、进行环境保护执法和守法监督的依据和基础，对于以上问题应从立法和执法监督层面建立健全乡村生态环境治理的法律途径。首先，针对立法不足问题，应制定出台实施专门的、针对性强的《农村生态环境保护法》，明确乡村生态环境治理的主体、对象以及各主体机构间的权责范围，对问题较多的农业污染、工业污染、生活污染以及城市专业污染进行具体规制，实现乡村生态环境治理“有法可依”。此外，各地应从当地实际情况出发，依托农村当前的治理情况，有针对性地制定农村生态环境治理的地方性法规、规范性文件、条令等，以针对性强、操作性强的法律政策体系加强各地农村生态环境保护力度[②]。其次，针对执法监督问题，应推进执法队伍建设，并定期对乡村执法人员开展职业素养和法律素养培训，提高其执法能力。贯彻农村环境目标责任制，将农村生态环境保护纳入考评体系，切实加强农村生态环保执法监管力度。

（二）民主化

我国乡村治理历来有自治的传统，但“自治”形式在不同时期有不同的表达，“自治”也并非等同于“民主”。至20世纪末，我国逐步建立起现代意义上的基层民主自治制度。1987年全国人大常委会通过《中华人民共和国村民委员会组织法（试行）》，开始了村民自治的进程；1998年通过的《中华人民共和国村民委员会组织法》标志着新型村民自治的乡村治理模式以正式法的形式得以确立，村民委员会成为基层群众性自治组织，代表村民行使自治

① 中共中央文献研究室：《习近平关于社会主义生态文明建设论述摘编》，中央文献出版社2017年版，第99页。

② 参见温暖：《多元共治：乡村振兴背景下的农村生态环境治理》，《云南民族大学学报》（哲学社会科学版）2021年第3期。

权，在此之上设立乡镇政府对基层自治进行指导，学界以“乡政村治”来定义这一时期的乡村自治模式。在这一制度安排下，特别是在取消农业税之后，国家政权对乡村基层社会的管理放松，乡镇政府作为国家基层政权从对乡村的严格管控到指导性治理，农民对乡镇政府的政治依赖性大幅减弱，广大村民通过民主选举、民主决策、民主管理和民主监督等过程实现自我管理、自我教育、自我服务和自我监督，乡村治理民主化程度大为提升。

进入新时代，我国乡村基层自治制度逐渐完善，治理理念不断更新，自治形式日益创新多元。伴随着国家整体发展，乡村社会也发展迅速，村民生活水平大为提高，自我意识不断觉醒，在规范化、民主化的制度安排下，村民的政治活动民主参与程度不断提升，在有关基层民主政治的调研中，可以观察到村庄内多数群体在现代化进程中融入政治议程的强烈意愿[①]。实践的发展催动制度设计的调整与完善，未来我国乡村基层治理将继续朝着民主化发展道路前进，民主化程度、民主治理关键领域以及民主自治的具体形式与内涵都呈现出新的发展趋势，具体来说表现为以下几点。

1. 民主化程度逐渐加深：全过程人民民主的乡村基层治理发展走向

2019 年 11 月，习近平总书记在上海市长宁区古北社区视察时提出“全过程民主”，强调“我们走的是一条中国特色社会主义政治发展道路，人民民主是一种全过程的民主，所有的重大立法决策都是依照程序、经过民主酝酿，通过科学决策、民主决策产生的”[②]。习近平总书记在庆祝中国共产党成立 100 周年大会上的讲话

① 参见谢晓通、章荣君：《全过程人民民主：理念界定、价值阐释与现实进路——基于农村基层民主视角的考察》,《学习与实践》2022 年第 2 期。

② 习近平：《中国的民主是一种全过程的民主》，人民网 2019 年 11 月 3 日。

中，明确提出“发展全过程人民民主”这一新的重要论断，为深入推进社会主义民主建设提供了实践遵循和理论指导。党的二十大报告又明确指出：“中国式现代化的本质要求是：坚持中国共产党领导，坚持中国特色社会主义，实现高质量发展，发展全过程人民民主，丰富人民精神世界，实现全体人民共同富裕，促进人与自然和谐共生，推动构建人类命运共同体，创造人类文明新形态。”党的十八大以来，我们党深化对中国民主政治发展规律的认识，立足新的历史方位，深刻把握中国社会主要矛盾发生的新变化，提出“全过程人民民主”重大理念并大力推进，为理解中国特色社会主义民主实践提供了更加全面深刻的话语阐释，也为民主价值和理念进一步转化为科学有效的制度安排和具体现实的民主实践提供价值支持，中国的民主发展进入历史新时期。

（1）乡村自治亟须全过程人民民主的有效嵌入

全过程人民民主是中国全域性的民主，广大乡村无疑是其重要组成。我国《村民委员会组织法》明确规定：村民委员会是村民自我管理、自我教育、自我服务的基层群众性自治组织，实行民主选举、民主决策、民主管理、民主监督。其中，民主选举是整个民主过程的逻辑起点和基本前提，是村民进行政治参与的最重要、最直接的民主权利，是村民当家作主行使民主权利的主要途径。民主选举作为基层民主的前提和基础，选举的质量直接关乎民主决策、民主管理和民主监督的运行效果，直接影响着基层民主运行的整体质量和实现程度。“四个民主”一套车，当然，同时也必须看到，在整个基层民主运行过程中，民主决策是民主制度安排中的重要内容，民主管理是这一制度的落实环节，而民主监督则是制度实现的重要保障。由此观之，“四个民主”无法被替代、缺一不可，只有将“四个民主”有机衔接起来，实现均衡发展，形成完整的民主运作过程，才能把乡村基层民主真正做好做实，才能使乡村基层社会的自治能力逐步成长起来，为实现更高水平的基层民主建设创造社会条件。但是，在具体实践中，“四个民主”发展失衡，民主选举环节单兵突进，后续民主环节跟进缓慢，甚至有学者认为“四者之间有轻重，不对等，根本上说其实只有一个民主，就是选举”[①]。对选举过程民主性的过分强调使得民主决策、民主管理和民主监督发展不足，也导致选举过程中的种种乱象，诸如拉票贿选、宗族势力影响以及黑恶势力渗透等也逐渐显现出来。这种重选举而轻治理的基层民主实践使“四个民主”之间的关系失衡，造成了选举与治理之间的绩效脱节[②]。民主自治过程亟须完善，自治效果有待提高。

现代化、城市化发展浪潮冲击传统乡村社会发生深刻转变，城乡之间资源、人口、信息等要素加速涌流，带来了诸多棘手的农村问题，如农村人口大规模向城镇转移带来的“空心村”问题，人口的流失、要素的流动使得传统乡村稳定、固化的文化环境趋于瓦解，村民自治实践遭遇一系列现实难题而陷入治理性困境。这也是推动我国农村村民自治从民主选举走向民主治理的基本动因。

此外，社会主要矛盾变化也正驱动着全过程人民民主广泛嵌入乡村自治。党的十九大报告指出“中国特色社会主义进入新时代，我国社会主要矛盾已经转化为人民日益增长的美好生活需要和不平衡不充分的发展之间的矛盾”[③]。社会主要矛盾的转化实际上就代表了广大村民诉求的多元化和更高质量的生活要求，国家作为保障人

---

①　参见赵端：《充分相信农民是搞好村民自治的基础——访中国发展研究基金会副秘书长赵树凯》，《中国党政干部论坛》2010 年第 7 期。

②　参见任中平：《全过程人民民主视角下基层民主与基层治理的发展走向》，《理论与改革》2022 年第 2 期。

③《中国特色社会主义进入新时代》，《光明日报》2017 年 10 月 19 日。

民民主的客体有责任对村民的诉求作出及时回应。农村基层民主需置身于人们日益增长的美好生活需要的特定情境，创造出新的民主空间，从这个意义上来看，社会主要矛盾变化是在广大乡村地区践行全过程人民民主的根本动因。这要求我们不断探索全过程人民民主有效嵌入乡村自治场域的有效路径。

（2）乡村自治中全过程人民民主的实现路径

为适应当前乡村基层治理面临的现代化、城镇化的外部环境，有效应对乡村自治实践中自身出现的“四个民主”发展不均衡的现实问题，深化和巩固多年来乡村基层民主实践的既有成效，迫切要求乡村基层民主发展路径和自治过程进行战略性调整，探索全过程人民民主在乡村自治场域中的具体运作形式和实现机制，促进“四个民主”均衡发展。

中国发展全过程人民民主，既有完整的制度程序，也有完整的参与实践。全过程人民民主，把选举民主与协商民主结合起来，把民主选举、民主协商、民主决策、民主管理、民主监督贯通起来，涵盖经济、政治、文化、社会、生态文明等各个方面。乡村基层民主的健康发展不仅要建构于“民主选举”这一特定的基础之上，还要有民主决策、民主管理和民主监督等一系列配套制度作为支持和保障，只有“四个民主”均衡发展、协同配合，才能真正实现广大群众的知情权、参与权和监督权，从而使乡村基层社会的治理能力逐渐得到提升，为实现更高水平的村民自治创造良好的社会条件。

民主选举，就是按照宪法、村委会组织法、实施村委会组织法办法和村委会选举办法等法律法规，由村民直接选举或罢免村委会干部。乡村基层民主选举是广泛的、平等的，每位村民平等享有参与民主选举的权力，一人一票、票票等值，村民的选举权和被选举权得到充分保障。中国的选举是真实的，不受金钱操控，选民按照自己的意愿选出自己信任的人；中国的选举是发展的，选举形式随着经济社会的发展不断创新和丰富，基层选举是中国最广泛、最生动的民主实践。几十年来，乡村民主选举得到广泛而深刻的实践，取得重大发展成就，农村和城市每位代表所代表的人口比例从新中国成立初期的 8∶1，到 1995 年的 4∶1，再到 2010 年的 1∶1，逐步实现了城乡人口的平等选举。村民民主意识不断增强，参选率不断提高。改革开放以来，中国先后进行 11 次县级人大代表直接选举、12 次乡级人大代表直接选举，选民参选率均保持在 90% 左右[①]。近年来，乡村民主选举方式不断创新，特别是在互联网技术的快速发展下，许多地方利用互联网进行选举，选民只需动手点击选举键，网络投票就能跨越时空界限随时随地帮助选民参与民主选举，有效解决选举过程中参选人数不足的难题。与民主选举相比，民主决策、民主管理和民主监督在乡村自治实践中的运用和发展稍显不足，这也是未来乡村基层践行全过程人民民主需要着力提升的重点领域。

民主决策是指村里面的重大事情均由村民选出的村委会和村民代表通过协商表决通过。民主决策是全过程人民民主的重要一环。以往座谈会、听证会、论证会等民主决策方式在实践中作用有限，村民参与积极性不高。对于重大村集体公共事务应召开村民代表大会商议决策，但实际的村民代表大会只是少部分人参与决策，由于信息不通畅，村干部对国家政策擅自解读，误导村民，使村民无法作出合理判断，民主决策实际上也是在村干部的主导下完成。当前乡村民主决策发展不充分，其中一个重要难点在于村民参与民主决策的途径和方式有限，可以通过设立乡村基层立法联系点来丰富村民参与民主决策的路径，切实提高乡村自治民主化程度。2014

① 《〈中国的民主〉白皮书》，中国政府网 2021 年 12 月 4 日。

年10月，党的十八届四中全会提出“建立基层立法联系点”制度。2015年7月，全国人大常委会法工委报经批准，设立上海市虹桥街道办事处等四个首批基层立法联系点试点单位，自此，一种全新的、立足基层人民群众直接参与国家立法的民主立法形式应运而生，成为除网上公布法律草案向社会公众征求意见、向部门和地方发函征求意见，以及立法调研、座谈会、听证会、论证会等形式之外的新的群众有序参与国家立法的有效形式。近年来，基层立法联系点在发展全过程人民民主中应运而生、蓬勃发展，截至2021年10月，全国人大常委会法工委共设立了20多个基层立法联系点，涉及21个省（区、市），覆盖2/3省份。各基层立法联系点共对127部法律草案、立法工作计划等提出近7800条意见建议①。当前，已初步形成国家级、省级、设区的市（自治州）级基层立法联系点三级联动的工作体系，在实践中逐渐迸发出强大活力②。然而，基层立法联系点这样一种经过实践检验的、有效的人民群众参与民主决策的方式在广大乡村地区发展极为有限，已经实践形成的“基层立法联系点三级联动的工作体系”仅仅涉及国家级、省级、市（自治州）级，乡镇一级和村一级不在其工作范围内，广大村民不能通过这一制度充分参与民主选举。因此，未来乡村全过程人民民主发展需要在民主决策方面下大力气，借鉴城市基层立法联系点制度实践经验，在广大乡村地区尝试推行，通过统筹设点布局、兼顾不同区情科学合理设置乡村基层立法联系点；不断丰富联系点形式，逐步扩大信息来源广度深度；创新工作方式，把群众参与立法做得更细更实。基层立法联系点一头连着立法机关，一头连着基层群众，

① 《〈中国的民主〉白皮书》，中国政府网2021年12月4日。

② 《基层立法联系点是新时代中国发展全过程人民民主的生动实践》，求是网2022年3月1日。

是发展全过程人民民主的一个缩影[①]。基层立法联系点这一民主立法机制打通了国家最高立法机关直接联系基层人民群众的渠道，实现了两者之间在国家立法全过程中的民主参与、民主表达、民主决策“声气相通”，彰显了人民民主的真实性、人民性和广泛性，体现出全过程人民民主坚实的民意基础，彰显了全过程人民民主的民主机制和本质特征。

民主管理是指村里的事务由村民选出的村委会代表村民进行管理。根据宪法和有关规定，农村社区居民结合本地实际，由村民讨论制定村民自治章程、村规民约、居民公约等，明确规定村民的权利和义务，村各类组织之间的关系和工作程序，以及经济管理、社会治安、消防安全、环境卫生、婚姻家庭、邻里关系、计划生育、精神文明建设等方面的自治要求，普遍实现村民在基层公共事务和公益事业中的自我管理、自我服务、自我教育、自我监督。然而，民主管理实践中形式主义依然存在，村民“办事难”现象屡见不鲜。村规民约等村民自治章程在内容上趋同，实践上出现“会上念一念、墙上挂一挂”的形式主义；村民“办事难”体现在公共部门相互扯皮推诿，服务意识和服务能力不足，随着乡村振兴的深入推进，农村事务日益繁杂，村干部管理能力不足成为制约民主管理的主要因素。民主监督是指村民有监督村主任和村委会的日常工作的权利。基层民主自治要求村民对村级事务享有知情权，村务公开是保障村民知情权的前提，但实际上，村组织对村务只是“选择性公开”，有关政府拨付、社会投资、物资的管理与使用等涉及利益核心的信息更是少之又少，导致村民对于重大村集体事务并不了解，民主监督很难发挥实际效用。

2. 民主自治的关键领域：协商民主向纵深发展

---

① 《建好基层立法联系点 传递人民的真实声音》，中国人大网 2022 年 5 月 6 日。

2012 年，党的十八大明确提出要“积极开展基层民主协商，健全社会主义协商民主制度”，“推进协商民主广泛、多层、制度化发展”，为各地进行基层协商民主探索提供了思想理论支持。2014 年，习近平总书记在庆祝中国人民政治协商会议成立 65 周年的讲话中再次强调，要“大力发展基层协商民主，凡是涉及群众切身利益的决策都要同群众进行广泛协商”。2015 年 7 月，中共中央办公厅、国务院办公厅印发了《关于加强城乡社区协商的意见》，提出“发展基层民主，畅通民主渠道，开展形式多样的基层协商，推进城乡社区协商制度化、规范化和程序化”。党的十九大报告提出实施乡村振兴战略的重大决策，有力推动乡村基层民主向民主治理转型，为基层协商民主的蓬勃发展提供了新的契机。从历史发展的角度看，民主治理经历了从参与民主到协商民主的发展过程；从中国的民主实践看，我国基层民主发展大致经历了从选举民主到协商民主的成长过程，这一发展进程，与我国乡村治理的演化过程大体一致，即从 20 世纪 80 年代后期兴起的以村民自治为核心的“乡政村治”模式，发展为现阶段实施乡村振兴战略下的“协商共治”模式。尤其是全过程人民民主的基层民主发展理念，把选举民主与协商民主结合起来，把民主选举、民主协商、民主决策、民主管理、民主监督贯通起来，涵盖经济、政治、文化、社会、生态文明等各个方面，关注国家发展大事、社会治理难事、百姓日常琐事，具有时间上的连续性、内容上的整体性、运行上的协同性、人民参与上的广泛性和持续性，使国家政治生活和社会生活各环节、各方面都体现人民意愿、听到人民声音。

（1）乡村基层协商民主现有实践与成效

近些年来，广大乡村地区不断尝试基层协商民主的有益探索，协商民主在我国广大乡村地区有着丰富的实践形式，取得良好治理成效。我国幅员辽阔、民情复杂多样，所谓“千村千貌”，不同地区的乡村有着不同的传统文化背景和独特的风土人情，区域间经济发展水平、人口结构、文化习俗等千差万别，由此发展而来的基层协商民主实践形式丰富多样。比较典型的有浙江温岭的“民主恳谈会”、河南邓州的“四议两公开”等。

浙江省温岭的“民主恳谈会”是基层协商民主的雏形，是将解决群众的思想问题与实际问题结合起来，并在实践中逐渐发展起来的一项基层民主的创新制度。温岭的“民主恳谈会”在20世纪末萌芽，经过十多年的发展完善，有着深远的历史背景。20世纪末，温岭干群关系紧张，村民对政府的政策漠不关心，甚至出现抵触情绪。为缓和干群矛盾，松门镇举办了“农业农村现代化建设论坛”，通过论坛的形式进行“干群对话”，引导村民广泛参与，改变过去由政府单方面说教的固化形式，这也是“民主恳谈会”的雏形[①]。松门镇的这一做法得到温岭市委的肯定并在全市广泛推行，最初的“农业农村现代化建设论坛”也逐渐发展出“民主论坛”“村民民主日”“农民讲台”“民情直通车”等多种形式，各种民主协商性质的会议、活动统称为“民主恳谈会”。“民主恳谈会”由乡镇、村或乡镇部门党组织主持，由广大的人民群体及相关代表参与，在实践中主要发展形成四种类型：镇级民主恳谈、镇各部门恳谈、村级民主恳谈以及企业民主恳谈[②]。作为我国基层协商民主的典型实践，浙江温岭的民主恳谈会经历了从村镇恳谈到市级恳谈的发展历程，呈现出层级推进的发展特征，涉及社会政治经济发展各个领域的多

① 参见赵秀玲：《协商民主与中国农村治理现代化》，《清华大学学报》（哲学社会科学版）2016年第1期。

② 参见龚骏、罗家为：《治理创新视角下的基层协商民主》，《天津行政学院学报》2016年第6期。

个部门，吸纳了大量群众的参与。温岭民主恳谈活动还由村、镇两级向非公有制企业和市级政府部门延伸，2003 年，中国第一个工资协商范本在新河镇产生，民主恳谈由此扩展到了行业工资协商领域。2004 年 3 月，温岭“民主恳谈会”获第二届“中国地方政府创新奖”，这一时期，将民主恳谈制度化、规范化，将民主恳谈与人大制度相结合，将民主恳谈与党内民主建设相结合成为温岭努力的方向。为了将民主恳谈引入基层人民代表大会体制，众多专家和学者推动实施了著名的“泽国实验”。如今，温岭“民主恳谈会”已逐渐变成党政部门组织、广大群众参与、平等对话沟通、协调利益关系、推进合作共赢的听证会、协调会、促进会，在温岭的社会管理中发挥着巨大的作用。

为了扩大基层民主，提高村民参与，加强基层组织建设，河南省邓州市结合基层民主建设的实际，优化村级事务处理办法，创新融合民主协商机制，于 2004 年出台了“四议两公开”工作法。“四议”指的是村党支部会提议、村“两委”会商议、党员大会审议、村民代表会议或者村民会议决议；“两公开”指的是决议公开和实施结果公开。习近平总书记对“四议两公开”工作法进行评价：“它把党的领导、村民自治、党内基层民主和农民主人翁地位融为一体[①]，是党领导的村级民主自治机制的有效实现形式。”新时代加强党对基层治理的领导是未来乡村治理现代化建设的一个重要面向，党的领导也是乡村治理的一大优势，但在实践中，由于党支部与村委会权力来源的不同，二者在乡村治理过程中的职责划分、权力界限很难厘清，在村日常事务处理过程中难免发生矛盾。“四议两公开”则有效地融合了党的领导机制与村民自治机制。一

① 参见李安增、武艳：《“四议两公开”工作法：我国农村基层民主机制的重要创新》，《理论学刊》2011 年第 10 期。

方面，重大事项的协商由党支部提议，党员大会审议有效地维护了党的领导，坚持了党管农村的原则。另一方面，村庄重大事项由村“两委”会商议，村民代表会议或村民会议决议，一定程度上依法保障了村民的自治权利，集中体现了村民自治的自我管理、自我服务、自我监督。“四议两公开”还将党内民主机制与人民民主机制有效融合，一方面，村内事务由党支部提议、村“两委”商议，经过党员大会审议，将村庄内所有党员都纳入了决策和协商程序，集中体现了党内民主；另一方面，村民代表会议或村民会议作为村内重大事务的决议机构，拥有最高决定权，凸显了人民民主的地位。此外，“两公开”通过决议公开和实施结果公开切实履行村务公开，保障了民主监督，促进了党的领导，村民自治、党内民主、人民民主、民主参与、民主监督的有机结合，保障了各利益主体的民主权利。

除上述浙江温岭的“民主恳谈会”、河南邓州的“四议两公开”外，乡村基层协商民主的典型实践还有广东云浮的“自然村乡贤理事会”、湖北省秭归市的协商重心下沉的村落自治模式、山东省日照市的协商自治清单制度、四川省邛崃市的新村发展议事会、四川省成都市的“村民议事会”等，这些实践因地域不同、经济发展程度的差异而呈现出各自鲜明的个性特征，但也有着共性之处，广泛的村民参与使得村民公共精神不断提升，村民参与乡村治理的热情不断高涨；通过优化治理机制将协商民主的优势深入乡村基层，激活乡村末梢治理单元。全国各地涌现和兴起的乡村协商民主实践为中国乡村基层自治提供了可资借鉴的实践样本，也拓展了协商民主在村民自治中的发展空间和制度价值。[①]

① 参见黄君录：《协商民主的地方治理模式及其内生机制——基于村民自治地方经验的四种模式》，《南京农业大学学报》（社会科学版）2019 年第 4 期。

（2）乡村基层协商民主的创新路径

首先，创新协商民主实践形式。

我国幅员辽阔、人口众多，自然村、行政村数量庞大，当前乡村基层协商民主在风土人情各异的广大乡村地区有着各具特色的实践形式，它们为协商民主在乡村社会的发展提供良好示范，积累大量实践经验。今后若创新协商民主实践形式，首先，要充分发挥人民群众的首创精神，根据各地不同经济、文化发展状况，依靠广大人民群众的智慧在实践中不断探索出有效的协商民主新形式。其次，政府要在这一过程中发挥指导、协助作用，将已经出现的实施效果好、设计科学合理的带有协商民主要素的民主参与形式进行适当提炼和总结，给予一定的财政支持使其不断发展壮大，依据实际情况进行适当的推广。对于各种形式的乡村基层协商民主实践形式应透过个性抓共性，擅于总结具有普适意义的实践经验，必要时可将其纳入村民自治制度领域。

其次，培育并优化协商民主实践主体。

乡村基层协商民主在实践过程中涉及多个主体，包括乡镇政府、乡村自治组织、乡村社会资本、村干部、村民等，未来有效实践乡村基层协商民主，必须不断培育并优化各参与主体。首先，协商民主的发展要加快构建协商型政府。乡镇政府要转变行政理念，建设服务型政府，对乡村自治组织以及村民的利益诉求及时作出回应，将协商民主纳入乡村民主决策的必要程序，促进乡镇政府、自治组织和村民之间的有效互动。其次，要培育好发展好乡村自治组织。我国基层群众自治的制度要求决定了乡村自治组织在协商民主建设过程中的基础性作用，在改造传统庙会、宗族等传统自治组织的基础上加快培育新型社会组织，最重要的是要利用好、实现好村“两委”的组织资源；乡村社会资本是指嵌入乡村社会关系中可以动用的社会资源的总和，如熟人关系网络、村规民约、乡土信任、家族权威等。[①] 乡村社会资本在协商民主与村民之间发挥桥梁纽带的功能，能够增强村协商民主的实效性，在乡村振兴战略背景下，乡村社会资本有着更丰富的内涵，协商民主建设要统筹利用来自乡村内外的各类经济、政治、文化等社会资源，取百家之长形成协商民主建设的社会力量；村干部是乡村自治的“领头羊”，发展乡村协商民主要培养具有现代意识的乡村干部。乡村发展日新月异，传统“办事型”村干部难以满足乡村治理现代化的新要求，必须加快培育具备现代意识的村干部，具体来说，具备现代意识的村干部应具备较高的科学文化素养和思想道德素养，因此，吸纳优秀乡村干部、培训和优化已有干部成为重大而迫切的任务；村民是乡村自治的主体，也是乡村基层协商民主的主体，发展协商民主要大力提升村民文化素质和政治素养。通过教育环节不断提升村民文化素质，在政治素养教育方面，有组织、有目的地进行政策宣讲和培养，配合多样化的宣传渠道，将政策方针的内容和精神渗透到农民的思维中，提升农民的权利意识和参政议政理念，纠正村民自治异化现象，增强农民的政治热情。[②]

再次，明确政府角色，保障村民话语权。

我国政府的性质和宗旨决定了乡村基层自治中村民的主体地位，因此协商民主的建设更要以村民为主体，提升村民话语权是协商民主建设的题中应有之义。当前政府主导下的协商民主村民政治参与热情不足，村民话语权难以保障。乡村基层协商民主的发展与

---

① 参见张国献、李玉华：《乡村协商民主的现实困境与化解路径》，《中州学刊》2014年第3期。

② 参见朱哲、史博、包阿古达木：《农村基层协商民主制度建设面临问题及对策》，《理论探讨》2016年第6期。

政府的大力推动作用是分不开的，但在促进乡村治理协商民主发展的同时，协商民主工作行政主导的现象也较为普遍。未来乡村协商民主的发展需要明确政府角色，促进协商工作的“去行政化”，收缩基层政府和村党委党支部权力的边界，转移部分治理职能[①]，使基层自治组织由“政府代理人”转为“政府合作者”[②]，充分发挥村民委员会和村民处理各项村务活动的自主性和积极性。

最后，协商民主制度化法治化建设。

在乡村基层协商民主的已有实践中已有不少规章制度，有的还较为丰富和完整。如江苏省沛县根据胡楼村“全民参与，全程协商”的“1+5”管理协商办法，制定了村级协商的“工作意见”和“实施细则”。不过，在中国广大乡村，有较为完整详细的规章制度的协商民主实践只是个案，并不具有普遍性，制度化和法治化建设是今后乡村基层协商民主发展应努力的目标和方向。基层协商民主制度化和法治化建设，首先要以法律的形式确定协商民主在基层社会治理中的地位，然后根据各地的实际情况，探索各具体制度的设计。可以通过随机选拔参会人员、事先发布协商信息、通过问卷调查辅助决策、领导干部适当回避、设置专家观察员等保障协商的真实性和有效性。

协商民主是全过程人民民主的重要组成部分，人民在通过选举、投票行使权利的同时，在重大决策前和决策过程中进行充分协商，尽可能就共同性问题取得一致意见，协商民主是中国民主独特的、独有的、独到的民主形式。我国的协商民主具有深厚的文化基

---

① 参见朱腾飞：《乡村治理中协商民主的实践探索与路径革新》，《乡村论丛》2021年第4期。

② 参见袁方成、杨灿：《当前农村社区建设的地方模式及发展经验》，《青海社会科学》2015年第2期。

础和实践基础，不断发展出广泛而多样的形式，未来协商民主在全过程人民民主思想的指导下将在乡村基层深刻实践并向纵深发展。

（三）法治化

党的十九大报告提出“加强农村基层工作，健全自治、法治与德治相结合的乡村治理体系”，此后，“三治融合”成为当前中国乡村治理的基本逻辑。“自治”是指治理主体在合适的治理结构中依靠治理规则进行乡村治理；“法治”依靠法律文本和典范对乡村进行治理，这是一种有形的规则，被称为乡村的“硬治理”；“德治”是乡村的“软治理”，是乡村社会存在的无形规则，往往以村规民约的形式存在。[①] 乡村治理以自治为核心、以法治为保障、以德治为基础，三者相互支撑，共同架构起新时代乡村治理的基本框架。自治、法治与德治长期存在于我国乡村基层治理的逻辑理路之中，在具体的治理实践中不同时期有不同侧重，并随着社会政治、经济、文化的整体变迁而发展。费孝通先生从纵横两个视角研究中国传统乡村治理，并认为传统乡村治理主要依靠“同意的权力”和“长老的权力”，“同意的权力”包括法治和自治，“长老的权力”主要指德治、礼治，在“无讼”状态下的传统乡村自治主要由“长老”实施“德治”，这里的“德”不仅指社会公德，更是指各个村庄在漫长的集体生活中形成的、为村民普遍接受的各种私人规则。在传统“皇权不下县”的“双轨政治”格局下，中国以很少的官员就能够统治一个大规模的帝国，依靠的不是国家的行政力量，而是道德的力量和基层社会自治的力量，即依靠德治和自治。[②]

---

① 参见侯宏伟、马培衢：《“自治、法治、德治”“三治融合”体系下治理主体嵌入型共治机制的构建》，《华南师范大学学报》（社会科学版）2018 年第 6 期。

② 参见邓大才：《走向善治之路：自治、法治与德治的选择与组合——以乡村治理体系为研究对象》，《社会科学研究》2018 年第 4 期。

治理模式一般分为人治和法治两类，作为治理模式的微观应用和具体实施，乡村的治理模式也分为人治和法治两类[①]。按照这种标准，传统乡村治理的模式囿于差序格局、横暴权力、熟人社会、宗法秩序等因素，以人治为主。而现代乡村社会顺应法治建设和改革的潮流，加之村民自我意识的觉醒、法律意识的提高而更加强调法治。"依法治国"于 1999 年载入宪法；2014 年党的十八届四中全会强调"全面推进依法治国，基础在基层，工作重点在基层"。明确提出推进基层治理法治化，并对建设法治国家与国家治理现代体系进行了详细阐述；至 2018 年一号文件《中共中央国务院关于实施乡村振兴战略的意见》的颁行，"法治乡村"在官方话语体系中第一次被明确提出。推进乡村治理法治化是新时代深入推进乡村振兴战略的必然选择，也为"治理有效"的乡村治理目标提供法制保障。

法治乡村就是依据法律法规对基层政权组织中公共权力行使者和村"两委"干部的职责范围、职能权限等进行规范界定，并对公权力进行约束，以此维护村民权益，保障乡村自治。通过对乡村事务的全面规范治理，来支持乡村振兴战略的全面实施。法治乡村以国家法治与民间规范为依托，以规范乡村事务为核心，以保障村民权利、稳定农村秩序为价值追求，是乡村治理所追求的一种理想模式和状态。法治乡村要求乡村的政治、经济、文化、社会、生态等各方面的活动依照法律进行，而不受个人意志干预、阻碍或破坏。当然，法治与人治并不对立，法治乡村不能排斥人参与乡村治理过程，相反，法治乡村的建设离不开各方主体的积极参与，法治的重点是人不能凌驾于法律权威之上。未来法治乡村建设应朝着"良法

① 参见张帅梁：《乡村振兴战略中的法治乡村建设》,《毛泽东邓小平理论研究》2018 年第 5 期。

善治”的目标前进，一是从法律角度出发，构建层次分明、结构完善的乡村法律制度规范体系，使法治乡村建设“有法可依”；二是从乡村治理角度出发，在乡村自治体制下健全乡村治理法治化的组织体系。具体来说包括以下几点：

1. 法治体系建设

法律是法治的基础和前提，良法才能善治，乡村治理法治化首先要完善法律法规，健全法治体系，确保有法可依。一是以国家宪法和《村民自治法》为基础，在自治的前提下完善乡村法律法规制度体系，搭建乡村基层民主法治化的基本框架。这一过程主要依靠国家正式法规对乡村自治具体事务作出指导性、纲领性规定，为乡村法律法规的体系建设进行顶层设计和总体规划。“法律只要不以民情为基础，就总要处于不稳定状态”①，乡村法律法规的设计要充分考虑传统乡土性，尽管人口流动冲击着传统乡村的“固态社会”，但延续了数千年的乡土传统、熟人逻辑依然存在，并对村民的思维逻辑与行为选择产生重要的影响。人际关系在村民的生存结构中占据重要位置，也正是由于这个原因，乡村内便形成以维护人际交往为主的舆论环境。② 因此，国家正式规则进入乡村治理场域要充分立足乡土情景，以村民的主体地位和权利保障为其价值取向，避免法规设计与乡土社会产生排斥，拥有良好与完备的法律规范是乡村治理法治化的基本前提，但更重要的是法律融入乡土以后的恰当适用与良性运行。二是善于制定和利用村规民约，充分发挥村规民约在乡村法治化建设中的独特优势。村规民约是指村民依据党的方针

---

① ［法］托克维尔：《论美国的民主》（上），董果良译，商务印书馆 1991 年版，第 315 页。

② 参见李牧、李丽：《当前乡村法治秩序构建存在的突出问题及解决之道》，《社会主义研究》2018 年第 1 期。

政策和国家法律法规，结合本村实际，为维护本村的社会秩序、社会公共道德、村风民俗、精神文明建设等方面制定的约束规范村民行为的一种规章制度。[①] 村民通过村民会议共同协商，根据治村实际拟订村规民约，乡镇基层政府对此进行指导、审查、备案等，充分保证村规民约制定过程的民主性，形成以村民自治为核心、以村规民约为基础的乡村法治治理路径，这是当下村级治理法治化的重要方式。村规民约通过自治的方式吸纳国家法的核心价值及内容，能够有效调和自治与法治之间、习惯法与国家法之间在乡村治理场域难以避免的鸿沟，村规民约的制定和实施过程以村民为主体，以村民会议为载体，通过广泛的民主协商制定村规民约充分体现村民意志，使得农村治理法治化成为可能。村规民约的制定和实施过程应注意两个问题：首先，应严格按照《村民委员会组织法》明确村规民约制定主体、规范具体内容，提升村规民约科学性。《村民委员会组织法》明确授权村民会议制定或修改村规民约，村民会议是制定修改村规民约的唯一合法主体，只有经村民大会广泛讨论、充分协商而制定的村规民约才能被村民认可和接受；村规民约的具体内容应与党的方针、政策以及国家现行法律法规相符合，使之能正确调适村民之间、村民与集体、集体与国家、本村与邻村的关系[②]。其次，要完善村规民约备案审查程序。《村民委员会组织法》中仅规定“村规民约应报乡镇人民政府备案”，而未规定审查权限，在实践中容易导致乡镇政府大多只是在村规民约制定后被动地、机械地备案存档，而不是在村规民约制定前积极地、主动地参

① 参见陈寒非：《乡村治理法治化的村规民约之路：历史、问题与方案》，《原生态民族文化学刊》2018 年第 1 期。

② 参见姚保松、周昊文：《乡村振兴视域下村规民约的困境及出路探析》，《学习论坛》2019 年第 3 期。

与审查，对村规民约中的具体内容是否合理合法等问题乡镇政府难以给予有效指导。因此，要进一步明确乡镇政府的备案审查权限及程序，防止“只备案不审查”的现象出现。

2. 多主体推进乡村治理法治化

有学者认为“中国特色乡村治理主体大致包括农村基层党组织、群众性自治组织、农村经济组织、农村社会组织、新乡贤和村民等”[①]，此观点基本涵盖了乡村治理主体的主要承担者和实践者，也是乡村法治化建设的主要参与者。多主体共同推进乡村法治化建设，一是要巩固基层党组织的领导地位，进一步提升其组织力和领导力，以基层党建及党员的带头作用强化村民的法治认同，以党组织的法治化建设推进乡村治理的法治化建设。二是要发挥乡村自治组织在乡村治理中的示范作用，乡村自治组织是实施自治的主体，也是乡村法治化建设的主要载体，在深入推进乡村振兴的时代背景下，乡村社会格局不断开放，众多发展要素的涌入使得乡村治理对乡镇基层政府的依赖不断减弱，乡村法治化建设要求更多依靠乡村内部，整合村级组织力量，激发创新思维，发扬村级组织在乡村治理法治化进程中的示范作用。三是要提高村民法律素养，有效激活乡村民众参与乡村治理的主体动能是实现乡村治理法治化的关键环节[②]。乡村民众作为乡村治理的基础力量，要转变他们在村治中的传统观念，通过公平公正的民主选举和严格有力的民主监督激发出乡村民众在乡村治理法治化中的动能作用，提升他们的参与感、共建感。

---

① 参见高其才、池建华：《改革开放 40 年来中国特色乡村治理体制：历程 · 特质 · 展望》，《学术交流》2018 年第 11 期。

② 参见覃晚萍、王世奇：《新时代多元主体推进乡村治理法治化路径探讨》，《广西民族大学学报》（哲学社会科学版）2019 年第 3 期。

3. 优化法律服务方式

法治乡村建设要以公共法律服务为保障，优化针对村民需求的法律服务方式。按照供给主体和交易方式不同，法律服务可以分为私人法律服务和公共法律服务两大类。私人法律服务遵循市场竞争原则和自愿有偿规则，主要由市场规则来调节。公共法律服务由政府直接或间接提供，是政府公共职能的重要组成部分，是保障和改善民生的重要举措，是全面依法治国的基础性、服务性和保障性工作。2019 年 7 月 30 日，中共中央办公厅、国务院办公厅印发《关于加快推进公共法律服务体系建设的意见》，对公共法律服务体系建设提出目标："到 2022 年，基本形成覆盖城乡、便捷高效、均等普惠的现代公共法律服务体系；到 2035 年，基本形成与法治国家、法治政府、法治社会基本建成目标相适应的公共法律服务体系。"并强调"均衡城乡配置，健全村（居）法律顾问制度，加快推进村（居）法律顾问全覆盖。"[①] 有学者通过调查走访发现，有大量乡村纠纷需要专业法律服务，但受制于较为落后的经济条件、偏远的地理位置和传统的"无讼"文化，加之法律知识数量庞大，专业性、技术性较强，使得村民对于私人法律服务望而却步，因此需要政府为其提供优惠、有效的公共法律服务。公共法律服务不只是一种形式，更要注重其服务质量、公众可得性及其与乡村社会的融合，进一步加强法务工作站、法律服务机构的建设，为基层组织的依法治理和群众的依法参与提供专业化的法律帮助。针对特殊服务对象，可建立乡村公共法律服务的特殊援助通道，对于农民工、老年人、流动人口等符合条件的群体简化流程，特事特办，充分发挥法律定

① 《中共中央办公厅 国务院办公厅印发〈关于加快推进公共法律服务体系建设的意见〉2019 年第 21 号国务院公报》，中国政府网 2019 年 7 月 30 日。

分止争和维护权益的作用[①]。

（四）数字化

乡村数字治理伴随着社会整体数字治理的实践发展而发展，自21世纪初，二十多年来我国数字乡村建设不断推进，各地在实践中取得丰硕成果，积累了大量经验，但在此过程中也存在着诸多不足，这些不足之处也影响着未来中国乡村数字治理的前进道路与发展新趋势。未来以数字技术持续推动乡村基层治理创新需要做好以下几个方面：

1. 关注并解决网络安全问题

网络安全，通常指计算机网络的安全，实际上也可以指计算机通信网络的安全。在乡村数字治理过程中，各参与主体利用互联网进行数据收集、处理、分析、应用以及信息的传输、共享等，在这一复杂过程中，实现网络安全要确保各主体在互联网上传输的个人信息不被他人发现、篡改，确保个人在互联网上发送的信息源是真实的不是假冒的，确保信息发送者对发送过的信息或完成的某种操作是承认的，即确保各主体传输信息的真实性、完整性和保密性、责任性。信息的真实性是任何治理活动最基本的要求，数字治理依托庞大的数据信息实现高效、便捷的治理活动，这个过程对信息的真实性要求更高，然而互联网信息数量庞大、质量良莠不齐，信息在收集、传输、使用过程中因人为因素和客观技术因素发生的信息失真问题时常发生；信息的完整性和保密性是实现数字治理效能、保障个人数据权的必然要求，互联网信息运用数字技术进行存储和传输，难免受到技术漏洞和技术性错误而被损坏或遗失；数字治理关联主体甚广，其责任性要求技术主体在搭建网络平台、推行智能应用、设计算法规则时充分考虑用户权益，对用户负责；政府及各

① 参见李营：《乡村治理法治化转型困境及破解之策》，《领导科学》2019 年第 22 期。

类组织作为数字治理的主要实施者，在收集、处理、应用群众个人信息时更应注意保密性，防止他人信息泄露；广大群众作为信息收集对象，应积极主动配合政府及各类组织合法规范的信息收集活动，真实、准确填报个人信息，是实现治理有效的基础工作。

近年来，随着数字治理的广泛应用和深入实践，网络安全问题越发突出。在乡村基层，由于整体数字思维有限、村民数字素养不高、基层干部对互联网的使用能力有限，在乡村数字治理过程中的网络安全问题更甚。党和国家已经意识到网络安全问题的严重性，国家领导人对此高度重视，并出台相应政策法规和道德规范，着力应对网络安全问题。2014 年 2 月 27 日，中央成立“中央网络安全和信息化领导小组”，习近平总书记在会上强调：“没有网络安全就没有国家安全”①；国务院颁布的《中华人民共和国网络安全法》于 2017 年 6 月 1 日起实施，它是我国第一部全面规范网络空间安全管理方面问题的基础性法律②；2021 年 11 月 11 日，中国共产党第十九届中央委员会第六次全体会议通过的《中共中央关于党的百年奋斗重大成就和历史经验的决议》中提到：“党高度重视互联网这个意识形态斗争的主阵地、主战场、最前沿，健全互联网领导和管理体制，坚持依法管网治网，营造清朗的网络空间。”③2021 年 11 月 18 日，习近平总书记在中共中央政治局会议上强调：“要加快提升网络安全、数据安全、人工智能安全等领域的治理能力。”2022 年 1 月，国家互联网信息办公室等十三部门修订发布《网络安全审

① 《中央网络安全和信息化领导小组成立》，新华网 2014 年 2 月 28 日。

② 《解读〈网络安全法〉四大亮点》，中国经济网 2024 年 3 月 18 日。

③ 《中共中央关于党的百年奋斗重大成就和历史经验的决议》，人民出版社 2021 年版，第 45 页。

查办法》[①]，将网络平台运营者开展数据处理活动影响或者可能影响国家安全等情形纳入网络安全审查。这些充分显示出国家对网络安全的重视与应对网络安全问题的决心。

维护网络安全，仅仅靠出台政策文件和道德法规是远远不够的，政策法规的生命在于执行和落实，只有将党和国家对解决网络安全问题的指导思想落到乡村数字治理的具体实践中去，才能真正改善乡村网络环境，使乡村数治朝着安全健康、规范化的方向发展。首先是树立数据思维理念。数据本身只是一个冰冷的数字，只有经过技术加工、人为分析、实践应用，数据才能发挥其治理作用和价值。因此，在乡村数字治理过程中，基层干部应转变传统治理观念，树立数据思维，形成数字治理新理念，培养掌握数字治理必备技能。村民作为乡村基层自治的主体更要注重提高数字素养，学习使用各种智能设备，通过各种网络平台、手机软件等参与数字治理。其次是完善乡村数据标准建设。乡村基层治理环境涉及农业、农村和农民，农业生产包括农、林、牧、副、渔等多个领域，农村环境和资源也有着独特的乡土特征，如丰富的土壤资源、耕地资源、水资源、乡村旅游资源等，农民由于国家城镇化发展及城乡发展差异等现实，其生产生活行为也发生重大改变。“三农”信息数量庞大、种类繁杂，且处于不断更新变化状态，需要借助数字技术进行动态掌握和管理，分领域分类别对乡村数据进行归纳整合，完善乡村数据标准建设，构建农业基准数据框架[②]。最后是加快数据立法进程，保护乡村治理主体利益。以往数据的收集和使用通常是

① 《国家互联网信息办公室等十三部门修订发布〈网络安全审查办法〉》，网信办网站2022 年 1 月 4 日。

② 参见张春华：《大数据时代的乡村治理转型与创新》，《重庆社会科学》2017 年第 6 期。

政府部门和各组织单位依据自己的治理目标随意向村民收集，村民由于缺乏数据安全意识和权益保障意识很少对征集单位的合法性产生怀疑，村民在此过程中处于不利地位。因此，在乡村数字治理过程中应从法律法规等层面厘清数据所有权，明确数据使用方式和数据共享的范围边界，充分做好农业农村农民的数据安全保障。

2. 注重整合式发展

整合式乡村数字治理主要包括治理过程的信息整合和治理场域的空间整合。

乡村数字治理过程中，基层政府、社会组织、涉农企业、乡村干部等治理主体为推进数字化转型，引入推行各类信息平台、智能应用、小程序等，在处理日常事务时根据需要随时随地向村民收集各类信息，各主体各部门各单位之间存在各自为政、条块分割的状况，以至于出现信息的封闭、重复、浪费等现象，造成公共服务供给碎片化①。在涉农事务方面，由于涉农企业繁杂、涉农单位众多，在数字治理过程中数据浪费、信息重叠现象更为突出。究其原因，除了技术硬件的问题，还有各涉农治理主体的传统思维定式制约着数据开放共享。基层政府公职人员、乡村干部因工作性质具备一定的权力优势，涉农企业具备资源优势，数字企业毋庸置疑占据技术优势，它们习惯了在治理过程中的优势地位，对于各类数据信息习惯性保密，形成过度保密、保密泛滥，阻碍信息共享与业务交流。数据开放、信息共享是整合式数字治理发展的前提，2016 年 10 月 18 日，农业部办公厅发布《农业农村大数据试点方案》，指出“推进涉农数据共享。开展省级农业农村大数据中心建设，通过软硬件资源整合和架构重建，形成上下联动、覆盖全面的省级农业农村大

① 参见曹桂茹、王新城：《基于乡村振兴战略的农村社会治理创新目标与路径研究》，《农业经济》2020 年第 6 期。

数据共享平台”，“促进信息资源共享共建、系统互联互通、业务协作协同”。因此，首先，要解决阻碍数据共享的技术性阻碍，整合功能类似、内容相同的数字平台和智能应用，搭建数据共享平台，打破基层所面临的“信息孤岛”和信息壁垒的现象，加快农村各治理主体的数据共享进程。其次，治理主体应转变传统观念，摒弃以自我为中心的优势思维定式，一切业务活动都要切实考虑村民利益，真正做到为人民服务。未来整合式乡村数字治理应在数据开放、信息共享的基础上加强省、市、县、乡、镇、村多层次的治理联动，强化多部门、多领域、多项目以及多种形式的数字治理合作，形成治理联动、治理合作的整合式乡村数字治理新趋势。

乡村数字治理场域的空间整合主要针对发展过程中的城乡失衡和省际失衡。首先是城乡失衡。城乡二元发展由来已久，由此带来的城乡差异在数字治理过程中表现尤为突出，广大乡村地区普遍存在数字素养不高、数字能力不足、数字人才欠缺等问题，乡村在数字化转型过程中始终处于劣势，数字乡村建设多年，虽取得不小成绩，但与城市相比还有较大差距，乡村数字治理面临严峻的“数字鸿沟”问题。据中国互联网络信息中心发布的《第 52 次中国互联网络发展状况统计报告》显示，截至 2023 年 6 月，我国城镇地区互联网普及率为 85.1%，农村地区互联网普及率为 60.5%，城乡互联网普及差距明显；我国城镇网民规模达 7.77 亿人，占网民整体的 72.1%，农村网民规模达 3.01 亿人，仅占网民整体的 27.9%；[①] 从地区来看，我国非网民仍以农村地区为主。因此，应持续高度关注乡村数字建设，加快建设互联网基础设施，积极培育数字人才，从“硬件”和“软件”两方面加快城乡融合，缩小城乡“数字鸿沟”，解决乡村数字治理的城乡失衡问题。其次是省际失衡。由于

① 《第 52 次〈中国互联网络发展状况统计报告〉》，人民网 2023 年 8 月 28 日。

各省经济状况和发展条件不同，在乡村数字治理推进过程中，各省的实践步调有早有晚，实践水平参差不齐（如表 9）。

表 9　中国区域数字化发展指数测算结果

地区	创新要素投入	数字基础设施	数字经济发展	数字社会建设	总得分
广东	0.70	0.88	0.84	0.72	0.80
浙江	0.60	0.75	0.76	0.66	0.71
北京	0.60	0.77	0.72	0.73	0.71
江苏	0.57	0.69	0.74	0.66	0.68
上海	0.75	0.56	0.63	0.59	0.63
山东	0.35	0.38	0.50	0.58	0.46
四川	0.53	0.26	0.42	0.54	0.44
福建	0.40	0.54	0.40	0.40	0.43
重庆	0.50	0.45	0.27	0.46	0.39
陕西	0.49	0.27	0.27	0.51	0.36
湖北	0.53	0.31	0.21	0.49	0.35
安徽	0.27	0.19	0.25	0.67	0.33
辽宁	0.48	0.24	0.27	0.37	0.32
天津	0.36	0.23	0.29	0.44	0.32
河南	0.35	0.33	0.30	0.32	0.32
湖南	0.38	0.23	0.25	0.46	0.32
江西	0.31	0.23	0.28	0.41	0.30
河北	0.39	0.31	0.16	0.41	0.29
海南	0.26	0.32	0.03	0.59	0.25
云南	0.15	0.13	0.18	0.53	0.23

续表

地区	创新要素投入	数字基础设施	数字经济发展	数字社会建设	总得分
贵州	0.17	0.21	0.08	0.59	0.23
宁夏	0.17	0.27	0.11	0.47	0.23
广西	0.26	0.27	0.13	0.33	0.23
青海	0.20	0.17	0.11	0.53	0.22
内蒙古	0.35	0.17	0.10	0.33	0.21
西藏	0.20	0.14	0.09	0.55	0.21
山西	0.27	0.20	0.10	0.29	0.19
甘肃	0.16	0.23	0.08	0.26	0.18
新疆	0.26	0.18	0.11	0.26	0.18
吉林	0.23	0.09	0.10	0.38	0.18
黑龙江	0.23	0.05	0.11	0.34	0.18

数据来源：中国区域数字化发展指数报告

2021 年 3 月 22 日，在北京发布的《中国区域数字化发展指数报告》显示，广东、浙江、北京、江苏、上海等省市数字化发展水平较高，总得分均在 0.63 分以上，与其他省市区形成明显差距，它们基本代表我国数字治理的尖端水平，全面引领数字化发展进程；而海南、云南、宁夏、青海、新疆等偏远地区数字化水平不高，在创新要素投入、数字基础设施、数字经济发展和数字社会建设等方面还大幅落后。因此，在肯定数字乡村建设取得巨大成绩的同时，还应看到治理实践中的数据浪费、应用泛滥、治理碎片化问题，以及城乡、省际间的发展不平衡问题，在今后的乡村数字治理发展中应注重整合式发展。

3. 做好数字人才建设工作

以上乡村数字治理过程的信息整合和治理场域的空间整合，主要是为了解决数字乡村建设过程中越发凸显的治理碎片化、发展过程中的城乡失衡和省际失衡。从本质上看，造成乡村数字治理碎片化、信息浪费、城乡失衡、省际失衡等问题的根本原因在于缺乏高水平的数字应用类人才。城乡二元发展过程中的乡村人才流失问题由来已久，在偏远地区的乡镇，年轻人大量流向城市，留守在本地的大部分是老人、妇女和儿童，乡村发展后劲不足，由此组建的村“两委”干部和乡镇基层干部年龄结构老化，治理能力和水平不足，维持村务正常处理、治理活动正常运行已实属不易，数字治理于他们而言难以企及。当前我国农村数据处理人才、信息服务人才等大数据专门人才总体短缺，当地干部数字能力不足，外来数字人才往往由于工资待遇低、工作环境闭塞、生活质量不高等而离开农村去往城市寻求更好的发展。不论时代如何发展，人才始终是推动社会发展的第一动力，数字时代，乡村数字治理所需要的人才类型与传统治理模式下的人才有着质的不同。数字治理是基于足够量的数据，以计算机技术为依托，作出一定的判断与预测，能够作出较为全局性的分析和参考的治理过程。数据本身没有意义，只有经过人的加工处理分析，才能发挥其治理价值，因此，能够熟练使用数字设备、科学处理数据信息并能够根据数据信息作出合理预测的数字专业人才显得尤为重要，要发挥出数据的巨大价值，必须着力培养具备大数据思维理念、数字素养较高的基层干部。

应根据乡村状况同时吸引外生型人才、培养内生型人才，双管齐下解决乡村数字治理的人才困境。针对外生型人才，首先，市、县两级党委政府作为国家行政机关要做好辖区内乡村治理大数据人才队伍建设的整体规划，做好人才引进，制定科学的人才选用机制，构建多层次的大数据人才选拔培养体系，建设多层次的大数据人才队伍。[①] 其次，加大大数据产业的资金投入力度，通过政策倾斜支持和产业涵养吸引更多优秀的数字人才投入乡村治理中，打破大数据嵌入乡村治理的人才瓶颈。对于内生型干部，要积极参加相关大数据培训、向专业人士请教，运用信息技术进行远程学习，不断提高数字治理能力。学习的目的在于应用，基层干部要积极开展大数据实践，将理论与实践相结合，在实践中成长。

4. 乡村数字治理与传统治理方式相结合

整体来看，我国乡村数字治理发展迅速、效果良好、成绩优异，新时代乡村振兴与数字技术相结合碰撞出乡村数字化转型发展的新通路。数字乡村建设如火如荼，但也出现诸多治理问题，有学者对此进行反思，意识到数字技术本身存在的治理缺陷以及乡村治理场域对数字技术的排异性。未来乡村治理创新应注重数字治理与传统治理方式相结合，实现数字技术与乡村治理场域的适恰融合。

首先是网络交流与实际走访相结合。传统治理方式下，干部特别是村干部每天都要接触村民，与农民同吃同住同劳动。数字治理下各单位广泛运用互联网处理工作事务，干部与村民之间的信息交流大都在网上进行，村干部的工作活动范围从田间地头到虚拟的网络空间，若过于依赖互联网技术，乡村干部就难以贴近基层、倾听广大村民的声音，难以了解乡村发展真实状况，这样乡村治理就容易陷入乡村数字治理的形式主义或技术主义歧途。在乡村推行数字治理要遵循适度原则，对待数字治理不能一味叫好，对待传统治理方式也不能完全摒弃，村干部日常工作应将网络交流与实际走访相结合，二者取长补短，在追求数字治理效度的同时守住乡村治理温

① 参见赵敬丹、李志明：《从基于经验到基于数据——大数据时代乡村治理的现代化转型》,《中共中央党校（国家行政学院）学报》2020 年第 1 期。

度。其次是科学决策与经验决策相结合。数字治理利用大数据技术对乡村公共事务的相关信息进行采集和批量管理，及时挖掘有效信息，精准预测治理问题，促使乡镇党委政府科学决策，比以往依靠决策者个人经验作出决策更加客观、科学。但数据不是万能的，数据失真、数据遗失问题依然存在，乡村治理可以利用数据进行科学决策，但不可完全依赖数据，决策者个人的经验有时更能解决实际问题，应具体问题具体分析，将科学决策与经验决策相结合。最后是信息储存方式传统与现代相结合。电子信息传递方式易形成路径依赖，在追求快捷方便的同时忽视了其他方式的应用，甚至会带来信息泄露、失真等巨大安全隐患电子信息在保存和传递过程中都有丢失的风险，这种情况一旦发生就是毁灭性的。相反，传统的纸本信息虽然低效，但便于保存、可查核、易纠正，某种程度上安全系数更高。因此，在中国广大乡村，最好是新科技信息与传统信息两种方式并存，即科技方式再发达也要用传统方式“留一手”，以作为安全保护屏障。

（五）中国式乡村治理现代化

我国国家治理正努力朝着治理体系和治理能力现代化的目标前进，在中国特色社会主义道路上实现现代化，即“中国式现代化”是我国现代化建设更为准确具体的表达。早在 1979 年，邓小平同志就提出“中国式的现代化”[①]，近年来，习近平总书记又对“中国式现代化”进行了精辟概括[②]。按照“中国式现代化”的发展逻辑，未来乡村治理也应探索本土化发展路径，在乡村治理场域实现“中国式乡村治理现代化”。

---

① 《邓小平文选》第 2 卷，人民出版社 1994 年版，第 163 页。

② 《深刻认识擘画“十四五”时期发展蓝图的理论创新》，《经济日报》2020 年 11 月 20 日。

改革开放以来，我国广大乡村地区不断探索基层治理高效路径，各省市地区也进行了诸多特色创新实践，中国乡村治理成效显著。但不可否认，受到西方理论学说和价值观的影响，甚至有消极、不健康和反动的思想传入国内，导致乡村主流意识形态分散化。以村民自治为例，国内学者总有人用西方的平等、自由、民主等概念和标准来衡量我国村民自治成就，认为近年来施行的村“两委”“一肩挑”、基层党组织建设等政策过程中国家行政权力对乡村基层自治干预过多，认为党的领导与县乡镇基层政府的干预阻碍了基层自治民主化进程。对于中国乡村民主的问题，“西化”在相当程度上左右其内涵、外延的理解。西方公共治理发展起步早、理论成果丰硕，在学科领域中的确拥有更大权威，近现代我国社会治理在理论方面广泛“西学中用”，外来因素作为一种变革力量深刻推动我国社会治理进步，“本土因素和外来因素都会对一个国家现代化的发展道路产生影响，但外来模式更与其他现代化后来者的模式相似，而本土模式则反映着一个国家独具的历史背景”。因此，吸收借鉴西方先进治理理念、治理经验时要与中国乡村本土因素相结合，从理论和实践上对外来因素进行本土化改造。

1. 理论创新本土化

我国乡村治理曾经或现在依然流行的整体性治理、网格化治理、数字治理、协同治理、协商民主理论等均来自西方，当它们来到中国，由于政治体制、传统理念的差异，不一定会完全与我国乡村社会契合，因此，对西方治理理论进行本土化改造、在实践中结合中国传统乡土特征进行理论创新尤为必要。

近年来为推进乡村人才振兴，伴随着乡村本土人才的回归，“情感治理”逐渐被学者们关注并研究。在西方，从柏拉图时代“情感”这种感性因素就被放到了理性的对立面，他们认为“情感”

是主观的、非正式的，情感因素介入社会政治生活必然会引起不公平现象产生，导致社会治理的失衡，社会治理需要的是理性的工具和客观的规则、制度。但在中国社会，“情感治理”由来已久。早在孔孟时代，古代先哲们就提出了“仁政”思想，儒家“仁爱”思想至今依然熠熠生辉，影响着历代社会治理，成为中华民族品性中的重要部分。治理活动并非纯粹的完全的理性行为，只要有人的参与，就不可能完全避免情感等主观因素介入治理行为，况且中国传统乡村社会充斥着乡土气息，村民之间的交往除了遵循理性的“法理”秩序，更会受到潜移默化形成的“情理”秩序的影响，正如李泽厚所指出的“中国人是情本体的，这意味着，情感是立国与社会建设的基础。”[①]“中国的老百姓将国家视为情感与道德维系的对象，而非西方意义上立足于契约的国家想象。”[②]这表明，我们有着不同于西方的治理国家与社会的方式。“情感治理”肯定主观因素在治理活动中的积极作用，主张通过善用“情理”秩序实现乡村治理场域的有效治理。在实践中，已经有不少乡村基层践行情感治理的逻辑内涵，如广东顺德以集体经济、产业集群连成经济纽带，以当地传统习俗、精神作为共同的文化符号，以家族、同乡亲族等构建社会关系，共同搭建起基层治理情感场域的“乡情共同体”，通过声誉机制、场合机制、信任机制、共识机制和互惠机制创新实行“乡情治理”，是对乡村治理中集体行动、利益协调和服务供给等领域的治理创新[③]。此外，还有乡村生态治理的“两山

① 参见何雪松：《情感治理：新媒体时代的重要治理维度》，《探索与争鸣》2016年第11期。

② 参见项飚：《普通人的“国家”理论》，《开放时代》2010年第10期。

③ 参见蓝煜昕、林顺浩：《乡情治理：县域社会治理的情感要素及其作用逻辑——基于顺德案例的考察》，《中国行政管理》2020年第2期。

理论”“三治融合”治理体系等，都是我国各治理主体在实践中探索而来的中国本土治理理论，但大多数本土理论不够系统完整，经验性大于理论性，未来本土治理理论创新依然任重道远。

中国特色社会主义政治制度过去和现在一直生长在中国的社会土壤之中，未来要继续茁壮成长也必须深深扎根于中国的社会土壤。未来乡村治理创新应结合中国乡村实际，重视理论创新的基础性作用，重视制度的针对性、可行性、实用性，以避免按西方制度模式实施带来的不落地状态[①]。对待外来理论不可盲从，要把握“以我为主、为我所用”的原则，吸收借鉴西方治理理论的同时不断发挥乡土精神和民间智慧，在乡村治理实践中践行中国特色社会主义理论自信。

2. 迈向负责任的基层治理创新

基层治理创新是将我国制度优势转化为实际治理效能的关键手段，是实现基层治理现代化目标的重要环节，中国式乡村治理现代化更要求实践创新立足本土环境，发掘本土特色。各地基层治理创新取得丰硕成果的同时，“伪创新”问题也相伴而生，一些基层部门在大力倡导治理创新的大环境下似乎患上了“创新强迫症”，文必见“创新”，言必称“创新”，行必举“创新”，各类“创新”政策和做法层出不穷，一些所谓的“创新”有名无实，成为危害甚广的“伪创新”。

关于“伪创新”的概念学界尚未达成共识，在理论认知上存在差异与模糊，大致从动机、形式、过程、产出等角度进行分析理解。从动机来看，利己主义是地方政府伪创新的价值主导；[②] 从形

① 参见赵秀玲：《乡村治理与中国式现代化》，《东方论坛》2021 年第 3 期。

② 参见金太军、袁建军：《地方政府创新博弈分析》，《江海学刊》2005 年第 5 期。

式上看，创新目的与手段倒置成为地方政府伪创新的主要形式；[①]从过程来看，重政策制定而轻落实执行是地方政府伪创新的核心特征；[②]从产出来看，忽视成本—收益核算、财政资源浪费、创新绩效低下等是地方政府伪创新的主要结果。[③]也有学者认为基层治理“伪创新”是与“实质创新”相对应的概念，主要指基层政府在政绩目标驱动下，利用政策模糊带来的弹性空间，以创新为名实施的偏离基层治理创新价值目标的系列偏差行为。[④]“伪创新”现象在实践中并不少见，基层单位忽视人民群众实际需要，片面追求标新立异，为创新而创新的“造词式”创新、“复制式”创新、“亮点式”创新等“伪创新”问题层出不穷。“造词式”创新忽视基层治理的本质内容，舍本逐末着眼于各类文件、材料，变换表述玩“文字游戏”，如在关爱农村留守儿童问题上，各地“爱心妈妈”“阳光计划”“心连心，手牵手”等各类活动层出不穷，但工作内容大同小异，改了个名字、换了个说法，就成了创新做法。“复制式”创新忽视本地具体情况，惰于创新过程中的问题判断和需求识别，调研过程走马观花，机械移植他地优秀治理经验。随着“河长制”“林长制”的流行，有的基层工作创新风向呈现以“长”为荣的趋势：治理马路有“路长”，负责环境有“环长”，综合治理有“综长”等，以“某长制”作为新工作思路，却并未将相关机制办法作适配

---

① 参见谷志军、黄卫平：《“上下联动”：地方政府创新可持续性的影响因素分析》，《学术研究》2018 年第 10 期。

② 参见沈承诚：《地方政府伪创新的机理探究及反伪举措——基于新制度经济学视角的考量》，《理论与改革》2006 年第 2 期。

③ 参见陈科霖、谷志军：《论中国地方政府创新的十大关系》，《深圳大学学报》（人文社会科学版）2018 年第 6 期。

④ 参见姜晓萍、吴宝家：《警惕伪创新：基层治理能力现代化进程中的偏差行为研究》，《中国行政管理》2021 年第 10 期。

性调整，忽视了本地发展实际，只是简单地复制移植经验。“亮点式”创新仅关注局部问题，集中资源刻意打造品牌亮点，而忽视科学统筹，难以长效发展。基层部门在介绍这些所谓的“亮点”时，惯用“全国首创”“某某第一”等字眼吸引上级领导和舆论的关注，实际上这些经过精心包装、打扮粉饰出来的“亮点”缺乏普适经验，在实践中难以推广。村里的村史馆建得“高大上”，迎检多次被夸新颖，却常年闭门不对老百姓开放；党建展板琳琅满目，楼梯、走廊随处张贴，内容却华而不实，这些“亮点式”创新只能反映在资料上、停留在会议上、外显在标语上，最终沦为“伪创新”。

无论何种形式的“伪创新”，本质上都是官僚主义、形式主义的变种。基层治理创新脱实向虚，片面追求标新立异，忽视实际工作效果和群众需求，增加基层负担，浪费治理资源，破坏基层政治生态。未来基层治理创新务必警惕“伪创新”，探索践行负责任的创新道路。

“负责任创新”这一概念源于国外，2003 年德国学者海斯托姆[①]首次提出了“负责任创新”的概念，2011 年欧洲委员会发布《地平线 2020》报告，“负责任创新”这一理念首次被列为欧盟发展战略的重要内容，指出负责任创新的基本要素包括社会利益、道德伦理可接受程度及风险管理等[②]。近年来，多个国家理论界对“负责任创新”逐渐展开理论研究和实践探索，但对于其定义、内涵及外延尚未形成清晰而统一的共识。我国学者以往的研究更多的是沿袭西方传统的思路，强调创新本身在伦理、环境、社会价值关

① HELLST R OM T. Systemic innovation and risk: Technology assessment and the challenge of responsible innovation. Technology in Society，2003，25（23）: 369 — 384.

② European Commission. Ethical and regulatory challenges to science and research policy at the globle level. Brussels: European Commission，2012.

怀、无私利和可持续发展等方面的功能弥补，而较少从国家战略的角度对“负责任创新”予以关注，整体而言，我国学界对“负责任创新”的研究重视程度不足，研究成果较为单一。因此，未来中国式基层治理现代化要想从“创新”层面取得突破，“负责任创新”不乏为一个具有前瞻性的研究视角。

在企业经济发展与社会责任的实践方面，我国不少企业已有不错的尝试。2021 年责任中国年度盛典活动，从乡村振兴、绿色低碳、公益责任三方面选出京东、字节跳动、沃尔玛中国、元气森林等 31 份企业优秀案例，案例充分展示出企业社会责任的创新表达。如京东集团实施“五大提速计划”，有效助农发挥新型实体企业的作用，让农业实现真正的可持续发展，在乡村振兴方面做出表率。在社会治理方面，我国学者周姝含和陈喜乐通过构建“负责任创新”柔性模式，将科技创新与社会发展相联通，在社会治理领域弘扬“可持续发展”理念和“责任文化”意识，倡导政府、科学共同体、企业和公众有序参与科技创新决策和发展进程，推动多主体在平等对话与交流互动中实现责任共建、协商共治与成果共享，创制、整合与优化治理工具集群，提升综合治理效能，助推“负责任创新”的系统性转变[①]。实践方面，乡村治理在“负责任创新”方面也有初步尝试，广东联通精准对接基层干部与农户的迫切需求解决，弥合数字鸿沟，数字技术赋能基层乡村，提升基层治理效能。

但要真正克服“伪创新”，实现全社会基层治理的“负责任创新”仍然任重而道远。创新不只是喊口号或被视为上级部门的“要求”，从创新活动发生的机理来看，创新是一个“扬弃”的过程，是新事物对旧事物的辩证否定，是行动者对动态变化着的环境做出

---

① 参见周姝含、陈喜乐：《基于治理的“负责任创新”柔性模式研究》，《自然辩证法通讯》2022 年第 8 期。

的选择适配活动。在基层治理领域，只有当治理条件、治理环境、治理客体等要素发生不同以往的变化，且这种变化产生新的问题时，治理主体针对新条件、新环境、新问题作出的有效应对手段才称得上是有意义的、负责任的创新。负责任创新以问题为导向，以解决实际问题为价值标准，求真务实是治理创新的前提，创新不能只从单一维度衡量，应该充分考虑适配性、实用性等，创新要宁缺毋滥，对“伪创新”坚决说“不”。

参考文献

一、党政类文献

1.《马克思恩格斯全集》(第3卷),人民出版社1960年版。

2.《毛泽东选集》(第1–4卷),人民出版社1991年版。

3.《邓小平文选》(第1–3卷),人民出版社1994、1994、1993年版。

4.《中共中央关于全面深化改革若干重大问题的决定》,人民出版社2013年版。

5. 中共中央文献研究室、新华通讯社:《毛泽东新闻作品集》,新华出版社2014年版。

6. 中共中央文献研究室:《十八大以来重要文献选编》(上),中央文献出版社2014年版。

7. 中共中央文献研究室:《十八大以来重要文献选编》(中),中央文献出版社2016年版。

8. 中共中央文献研究室:《习近平关于社会主义社会建设论述摘编》,中央文献出版社2017年版。

9.《习近平谈治国理政》(第一至四卷),外文出版社2018、2017、2020、2022年版。

10. 习近平:《决胜全面建成小康社会 夺取新时代中国特色社会主义伟大胜利》,人民出版社2017年版。

11. 中共中央文献研究室：《习近平关于社会主义生态文明建设论述摘编》，中央文献出版社 2017 年版。

12.《中共中央关于坚持和完善中国特色社会主义制度 推进国家治理体系和治理能力现代化若干重大问题的决定》，人民出版社 2019 年版。

13.《法治社会建设实施纲要（2020—2025 年）》，人民出版社 2020 年版。

14. 中共中央办公厅著：《关于持续解决困扰基层的形式主义问题为决胜全面建成小康社会提供坚强作风保证的通知》，人民出版社 2020 年版。

15. 习近平：《在中央政治局常委会会议研究应对新型冠状病毒肺炎疫情工作时的讲话》，《求是》2020 年第 4 期。

16. 习近平：《坚定不移走中国特色社会主义法治道路 为全面建设社会主义现代化国家提供有力法治保障》，《求是》2021 年第 5 期。

17.《中共中央关于党的百年奋斗重大成就和历史经验的决议》，人民出版社 2021 年版。

18.《中共中央国务院关于加强基层治理体系和治理能力现代化建设的意见》，人民出版社 2021 年版。

19. 习近平：《高举中国特色社会主义伟大旗帜 为全面建设社会主义现代化国家而团结奋斗》，人民出版社 2022 年版。

20. 习近平：《新发展阶段贯彻新发展理念必然要求构建新发展格局》，《求是》2022 年第 17 期。

21. 习近平：《在文化传承发展座谈会上的讲话》，《求是》2023 年第 17 期。

22. 中共中央党史和文献研究院：《习近平关于基层治理论述摘编》，中央文献出版社 2023 年版。

23.《中共中央关于进一步全面深化改革 推进中国式现代化的决定》，人民出版社 2024 年版。

24. 黄炎培：《延安归来》，国家行政管理出版社 2021 年版。

二、著作类（含译著）

1.［美］罗尔斯著:《正义论》，何怀宏、何包钢、廖申白译，中国社会科学出版社 1988 年版。

2.［法］托克维尔著:《论美国的民主》，董果良译，商务印书馆 1991 年版。

3. 苏力:《法治及其本土资源》，中国政法大学出版社 1996 年版。

4. 苏力:《送法下乡——中国基层司法制度研究》，中国政法大学出版社 2000 年版。

5.［美］费正清著:《美国与中国》，世界知识出版社 2000 年。

6.［英］安东尼 · 吉登斯著:《失控的世界》，周红云译，江西人民出版社 2001 年版。

7. 于建嵘:《岳村政治：转型期中国乡村政治结构的变迁》，商务印书馆 2001 年版。

8.［美］黄宗智:《中国乡村研究》，商务印书馆 2003 年版。

9. 李强:《农民工与中国社会分层》，社会科学文献出版社 2004 年版。

10. 丁学东:《世界贸易组织与农业政策》，中国财政经济出版社 2004 年版。

11.［德］乌尔里希 · 贝克著:《风险社会》，何博文译，译林出版社 2004 年版。

12. 刘怀廉:《中国农民工问题》，人民出版社 2005 年版。

13. 曾峻:《公共秩序的制度安排——国家与社会关系的框架及其运用》，学林出版社 2005 年版。

14.［英］史蒂芬 · 奥斯本著:《新公共治理？——公共治理理论和实践方面的新观点》，包国宪、赵晓军译，科学出版社 2006 年版。

15. 赵鼎新:《社会与政治运动讲义》，社会科学文献出版社 2006 年版。

16. 王小章：《经典社会理论与现代性》，社会科学文献出版社 2006 年版。

17. 陈宏彩：《效能政建设的框架体系与运作机制研究——基于浙江经验的实证分析》，人民出版社 2009 年版。

18. 张静：《现代公共规则与乡村社会》，上海书店出版社 2010 年版。

19. 赵树凯：《乡镇治理与政府制度化》，商务印书馆 2010 年版。

20. 梁漱溟：《乡村建设理论》，上海人民出版社 2011 年版。

21. 陈秋云：《黎族传统社会习惯法研究》，法律出版社 2011 年版。

22. 徐建牛：《基层政府行为演进的制度逻辑》，上海三联书店 2012 年版。

23. 费孝通：《乡土中国》，上海人民出版社 2013 年版。

24. 温铁军等：《八次危机：中国的真实经验 1949–2009》，东方出版社 2013 年版。

25. 贺雪峰：《新乡土中国》（修订版），北京大学出版社 2013 年版。

26. 倪星：《中国地方政府绩效评估创新研究》，人民出版社 2013 年版。

27. 贺雪峰：《城市化的中国道路》，东方出版社 2014 年版。

28. 蔡守秋：《基于生态文明的法理学》，中国法制出版社 2014 年版。

29. 吴重庆：《无主体熟人社会及社会重建》，社会科学文献出版社 2014 年版。

30. 秦晖：《传统十论》，东方出版社 2014 年版。

31. 胡恒：《皇权不下县？——清代县辖政区与基层社会治理》，北京师范大学出版社 2015 年版。

32. 黄宗智：《实践与理论：中国社会、经济与法律的历史与现实研究》，法律出版社 2015 年版。

33. ［美］阎云翔著：《中国社会的个体化》，陆洋等译，上海译文出版社 2016 年版。

34. ［英］克里斯多夫 · 皮尔逊著：《论现代国家》，刘国兵译，中国社会科学出版社 2017 年版。

35. 贺雪峰:《南北中国：中国农村区域差异研究》，社会科学文献出版社2017年版。

36. 徐勇:《中国农村村民自治》(增订本)，生活·读书·新知三联书店2018年版。

37. 徐勇:《国家化、农民性与乡村整合》，江苏人民出版社2019年版。

38. 张静:《基层政权：乡村制度诸问题》，社会科学文献出版社2019年版。

39. 贺雪峰:《大国之基：中国乡村振兴诸问题》，东方出版社2019年版。

40. 周俊华:《少数民族地区乡村内源性自治资源——乡规民约的发展与创新》，云南大学出版社2019年版。

41. 杜赞奇:《文化、权力与国家：1900–1942年的华北农村》，江苏人民出版社2020年版。

42. 黄宗智:《中国的新型正义体系：实践与理论》，广西师范大学出版社2020年版。

43. 颜德如、隋永强:《社区应急治理的理论与对策研究》，东北大学出版社2020年版。

44. 王维翊等:《新时代社会治理创新二十三讲》，中共中央党校出版社2021年版。

45. 杨华:《陌生的熟人：理解21世纪乡土中国》，广西师范大学出版社2021年版。

46. 周园:《高韧性社会》，中译出版社2021年版。

47. [丹]埃里克·郝纳根著:《安全的新内涵与实践》，马晓雪、乔卫亮译，社会科学文献出版社2021年版。

48. 贺雪峰:《大均衡：进城与返乡的历史判断与制度思考》，广西师范大学出版社2022年版。

49. 邓社民:《全周期管理与治理现代化》，人民日报出版社2022年版。

50. 唐钧:《公共安全风险治理》,中国人民大学出版社 2022 年版。

51. 刘守英:《中国乡村转型与现代化》,中国人民大学出版社 2023 年版。

52. 黄宗智:《长江三角洲的小农家庭与乡村发展》,广西师范大学出版社 2023 年版。

53. 李小云:《乡村振兴的维度》,生活 · 读书 · 新知三联书店 2024 年版。

54. 刘守英:《迈向城乡融合文明新形态:南海案例》,中国人民大学出版社 2024 年版。

三、期刊类

1. 贺雪峰:《论半熟人社会:理解村委会选举的一个视角》,《政治学研究》2000 年第 3 期。

2. 徐勇:《最早的村委会诞生追记——探访村民自治的发源地——广西宜州合寨村》,《炎黄春秋》2000 年第 9 期。

3. 郁建兴:《法治与德治衡论》,《哲学研究》2001 年第 4 期。

4. 吴权伟:《我国改革开放以来行政效率性质研究综述》,《行政论坛》2002 年第 1 期。

5. 李红卫:《生态文明——人类文明发展的必由之路》,《社会主义研究》2004 年第 6 期。

6. 徐勇:《村民自治的深化:权利保障与社区重建——新世纪以来中国村民自治发展的走向》,《学习与探索》2005 年第 4 期。

7. 金太军、袁建军:《地方政府创新博弈分析》,《江海学刊》2005 年第 5 期。

8. 王跃生:《当代中国家庭结构变动分析》,《中国社会科学》2006 第 1 期。

9. 沈承诚:《地方政府伪创新的机理探究及反伪举措——基于新制度经济学视角的考量》,《理论与改革》2006 年第 2 期。

10. 陈涛、吴思红:《村支书与村主任冲突实质：村庄派系斗争——兼论支书主任“一肩挑”的意义》,《中国农村观察》2007 年第 6 期。

11. 何重达、吕斌:《中国单位制度社会功能的变迁》,《城市问题》2007 年第 11 期。

12. 董磊明、陈柏峰、聂良波:《结构混乱与迎法下乡——河南宋村法律实践的解读》,《中国社会科学》2008 年第 5 期。

13. 何增科:《中国治理评价体系框架初探》,《北京行政学院学报》2008 年第 5 期。

14. 薛澜等:《风险治理：完善与提升国家公共安全管理的基石》,《江苏社会科学》2008 年第 6 期。

15. 俞可平:《中国治理评估框架》,《经济社会体制比较》2008 年第 6 期。

16. 孔凡伟:《制度互动研究：国际制度研究的新领域》,《国际观察》2009 年第 3 期。

17. 于建嵘:《从刚性稳定到韧性稳定——关于中国社会秩序的一个分析框架》,《学习与探索》2009 年第 5 期。

18. 施雪华、方盛举:《中国省级政府公共治理效能评价指标体系设计》,《政治学研究》2010 年第 2 期。

19. 赵端:《充分相信农民是搞好村民自治的基础——访中国发展研究基金会副秘书长赵树凯》,《中国党政干部论坛》2010 年第 7 期。

20. 项飚:《普通人的“国家”理论》,《开放时代》2010 年第 10 期。

21. 王海光:《移植与枳变：中国当代户籍制度的形成路径及其苏联因素的影响》,《党史研究与教学》2011 年第 6 期。

22. 李安增、武艳:《“四议两公开”工作法：我国农村基层民主机制的重要创新》,《理论学刊》2011 年第 10 期。

23.《社会服务管理网格化：创新社会服务管理的有效途径——来自“走转改”一线的报告》,《求是》2011 年第 21 期。

24. 张书林:《社会管理科学化水平之效能指标体系与测评》,《中共四川省委党校学报》2012 第 2 期。

25. 中国社会管理评价体系课题组:《中国社会治理评价指标体系》,《中国治理评论》2012 年第 2 期。

26. 陈柏峰、董磊明:《治理论还是法治论——当代中国乡村司法的理论建构》,《法学研究》2010 年第 5 期。

27. 薛澜:《中国应急管理系统的演变》,《行政管理改革》2010 年第 8 期。

28. 清华大学课题组:《以利益表达制度化实现长治久安》,《学习月刊》2010 年第 23 期。

29. 姜平:《中国特色应急管理体系的构建和完善》,《理论探讨》2011 年第 2 期。

30. 邱霈恩:《中国特色应急管理体系建设探略》,《上海行政学院学报》2012 年第 3 期。

31. 金太军等:《基层政府"维稳怪圈":现状、成因与对策》,《政治学研究》2012 年第 4 期。

32. 何文盛、李明合、张欢:《地方政府绩效评估结果偏差的矫正路径探析》,《西北大学学报》(哲学社会科学版)2013 年第 1 期。

33. 刘锐、袁明宝:《接点治理与国家政权建设——湖北荆门 J 村调查》,《天津行政学院学报》2013 第 3 期。

34. 俞可平:《推进国家治理体系和治理能力现代化》,《前线》2014 年第 1 期。

35. 张欢、胡静:《社会治理绩效评估的公众主观指标体系探讨》,《四川大学学报》(哲学社会科学版)2014 年第 2 期。

36. 李玲、江宇:《有为政府、有效市场、有机社会——中国道路与国家治理现代化》,《经济导刊》2014 年第 4 期。

37. 张国献、李玉华:《乡村协商民主的现实困境与化解路径》,《中州学刊》2014 年第 3 期。

38. 周黎安:《行政发包制》,《社会》2014 年第 6 期。

39. 唐鸣、张昆:《论农村村级组织负责人党政“一肩挑”》,《当代世界社会主义问题》2015 年第 1 期。

40. 吴思红、陈琳:《试论村“两委”书记主任“一肩挑”的权力监督》,《中共杭州市委党校学报》2015 年第 2 期。

41. 许远旺等:《中国乡村共同体的历史变迁与现实走向》,《西北农林科技大学学报》(社会科学版)2015 年第 2 期。

42. 袁方成、杨灿:《当前农村社区建设的地方模式及发展经验》,《青海社会科学》2015 年第 2 期。

43. 文军、沈东:《当代中国城乡关系的演变逻辑与城市中心主义的兴起——基于国家、社会与个体的三维透视》,《探索与争鸣》2015 年第 7 期。

44. 赵秀玲:《协商民主与中国农村治理现代化》,《清华大学学报》(哲学社会科学版)2016 年第 1 期。

45. 赵秀玲:《乡村治理研究应处理好六大关系》,《武陵学刊》2016 年第 5 期。

46. 龚骏、罗家为:《治理创新视角下的基层协商民主》,《天津行政学院学报》2016 年第 6 期。

47. 徐汉明、张新平:《社会治理法治建设指标体系的设计、内容及其评估》,《法学杂志》2016 第 6 期。

48. 谭英:《美丽乡村建设背景下的孝文化与乡村治理》,《中共浙江省委党校学报》2016 年第 6 期。

49. 朱哲、史博、包阿古达木:《农村基层协商民主制度建设面临问题及对策》,《理论探讨》2016 年第 6 期。

50. 张晓山:《农村基层治理结构:现状、问题与展望》,《求索》2016 年第 7 期。

51. 何雪松：《情感治理：新媒体时代的重要治理维度》，《探索与争鸣》2016 年第 11 期。

52. 李占宾：《基层治理的现实困境及法治化路径》，《河南师范大学学报》（哲学社会科学版）2016 年第 43 期。

53. 樊红敏、张玉娇：《县域社会治理评价体系：建构理路与评估框架》，《河南师范大学学报》（哲学社会科学版）2017 年第 1 期。

54. 赵秀玲：《传统“家政文化”与当前中国乡村治理》，《求索》2017 年第 1 期。

55. 蔡守秋：《从综合生态系统到综合调整机制——构建生态文明法治基础理论的一条路径》，《甘肃政法学院学报》2017 年第 1 期。

56. 桂华：《论法治剩余的行政吸纳——关于“外嫁女”上访的体制解释》，《开放时代》2017 年第 2 期。

57. 唐天伟、李林：《2016 我国地方政府治理现代化测度与分析——以内地 292 个地级市为例》，《地方治理研究》2017 年第 4 期。

58. 张春华：《大数据时代的乡村治理转型与创新》，《重庆社会科学》2017 年第 6 期。

59. 赵秀玲：《近年来中国基层治理创新趋向及其思考》，《福建论坛》（人文社会科学版）2017 年第 8 期。

60. 李牧、李丽：《当前乡村法治秩序构建存在的突出问题及解决之道》，《社会主义研究》2018 年第 1 期。

61. 陈寒非：《乡村治理法治化的村规民约之路：历史、问题与方案》，《原生态民族文化学刊》2018 年第 1 期。

62. 包国宪、赵晓军：《新公共治理理论及对中国公共服务绩效评估的影响》，《上海行政学院学报》2018 年第 2 期。

63. 刘炳辉等：《当代中国国家治理的基础单元辨析》，《中州学刊》2018 年第 3 期。

64. 钟开斌:《组建应急管理部的现实意义》,《紫光阁》2018 年第 4 期。

65. 江维国、李立清:《顶层设计与基层实践响应:乡村振兴下的乡村治理创新研究》,《马克思主义与现实》2018 年第 4 期。

66. 邓大才:《走向善治之路:自治、法治与德治的选择与组合——以乡村治理体系为研究对象》,《社会科学研究》2018 年第 4 期。

67. 刘祖云等:《重构乡村共同体:乡村振兴的现实路径》,《甘肃社会科学》2018 年第 4 期。

68. 徐勇:《民主与治理:村民自治的伟大创造与深化探索》,《当代世界与社会主义》2018 年第 4 期。

69. 张帅梁:《乡村振兴战略中的法治乡村建设》,《毛泽东邓小平理论研究》2018 年第 5 期。

70. 何阳、孙萍:《“三治合一”乡村治理体系建设的逻辑理路》,《西南民族大学学报》(人文社科版)2018 年第 6 期。

71. 侯宏伟、马培衢:《“自治、法治、德治”“三治融合”体系下治理主体嵌入型共治机制的构建》,《华南师范大学学报》(社会科学版)2018 年第 6 期。

72. 陈亮、李元:《去“悬浮化”与有效治理:新时期党建引领基层社会治理的创新逻辑与类型学分析》,《探索》2018 年第 6 期。

73. 陈科霖、谷志军:《论中国地方政府创新的十大关系》,《深圳大学学报》(人文社会科学版)2018 年第 6 期。

74. 欧阳静:《乡村振兴背景下的“三治”融合治理体系》,《天津行政学院学报》2018 年第 6 期。

75. 邱成:《应急管理的本质属性》,《安全》2018 年第 8 期。

76. 李志强、张灵灵、刘亚兰:《乡村振兴中的生态困境问题解析及破解路径》,《山西农业大学学报》(社会科学版)2018 年第 9 期。

77. 刘守英、王一鸽:《从乡土中国到城乡中国——中国转型的乡村变迁视角》,《管理世界》2018 年第 10 期。

78. 赵秀玲:《十八大以来中国乡村治理重要变革》,《福建论坛》(人文社会科学版)2018 年第 10 期。

79. 谷志军、黄卫平:《“上下联动”:地方政府创新可持续性的影响因素分析》,《学术研究》2018 年第 10 期。

80. 高其才、池建华:《改革开放 40 年来中国特色乡村治理体制:历程 · 特质 · 展望》,《学术交流》2018 年第 11 期。

81. 郁建兴:《社会治理共同体及其建设路径》,《公共管理评论》2019 年第 1 期。

82. 冉昊:《基层社会治理视角下的网格化治理:创新、挑战与对策》,《治理现代化研究》2019 年第 1 期。

83. 慕良泽、曲建波:《“三治结合”乡村治理体系的渊源与趋向》,《山西农业大学学报》(社会科学版)2019 年第 1 期。

84. 王志立:《以人民为中心的基层社会治理逻辑与实现路径》,《领导科学》2019 年第 2 期。

85. 贺雪峰:《如何应对农村老龄化——关于建立农村互助养老的设想》,《中国农业大学学报》(社会科学版)2019 年第 3 期。

86. 左停、李卓:《自治、法治和德治“三治融合”:构建乡村有效治理的新格局》,《云南社会科学》2019 年第 3 期。

87. 赵秀玲:《乡村善治中互联网运用及其价值》,《社会科学辑刊》2019 年第 3 期。

88. 姚保松、周昊文:《乡村振兴视域下村规民约的困境及出路探析》,《学习论坛》2019 年第 3 期。

89. 覃晚萍、王世奇:《新时代多元主体推进乡村治理法治化路径探讨》,《广西民族大学学报》(哲学社会科学版)2019 年第 3 期。

90. 刘凤、傅利平、孙兆辉:《重心下移如何提升治理效能?——基于城市基层治理结构调适的多案例研究》,《公共管理学报》2019 年第 4 期。

91. 孙柏瑛，张继颖:《解决问题驱动的基层政府治理改革逻辑——北京市“吹哨报到”机制观察》,《中国行政管理》2019 年第 4 期。

92. 贺雪峰:《规则下乡与治理内卷化：农村基层治理的辩证法》,《社会科学》2019 年第 4 期。

93. 黄君录:《协商民主的地方治理模式及其内生机制——基于村民自治地方经验的四种模式》,《南京农业大学学报》(社会科学版) 2019 年第 4 期。

94. 郑春勇、张娉婷、苗壮:《基层社会治理中的整体性技术治理：创新与局限——基于浙江实践》,《电子政务》2019 年第 5 期。

95. 贺雪峰:《行政还是自治：村级治理向何处去》,《华中农业大学学报》(社会科学版) 2019 年第 6 期。

96. 陈秋云、姚俊智:《乡村治理视野下海南黎区村规民约的裂变与传承》,《原生态民族文化学刊》2019 年第 6 期。

97. 常烃:《乡村振兴政策下农村生态环境治理研究》,《农村经济与科技》2019 年第 9 期。

98. 刘秉镰、朱俊丰:《新中国 70 年城镇化发展：历程、问题与展望》,《经济与管理研究》2019 第 11 期。

99. 付瑞平等:《中国特色应急管理体系的内涵与架构》,《中国应急管理》2019 年第 11 期。

100. 李营:《乡村治理法治化转型困境及破解之策》,《领导科学》2019 年第 22 期。

101. 鞠昌华、张慧:《乡村振兴背景下的农村生态环境治理模式》,《环境保护》2019 年第 47 期。

102. 杨磊:《返场、控制与捆绑：乡镇干部的压力源及其解释》,《公共管理与政策评论》2020 年第 1 期。

103. 刘婷婷、俞世伟:《乡村德治重构与归位：历史之根和现代之源的成功链接》,《行政论坛》2020 年第 1 期。

104. 张晓欢，田琳琳:《新时代乡村组织发展与社会治理》,《社会治理》2020 年第 1 期。

105. 周庆智:《重构乡村社会：国家视角或社会视角》,《甘肃社会科学》2020 年第 1 期。

106. 赵敬丹、李志明:《从基于经验到基于数据——大数据时代乡村治理的现代化转型》,《中共中央党校（国家行政学院）学报》2020 年第 1 期。

107. 张志胜:《多元共治：乡村振兴战略视域下的农村生态环境治理创新模式》,《重庆大学学报》（社会科学版）2020 年第 1 期。

108. 贺雪峰:《从新冠肺炎疫情防控认识中国国情》,《社会发展研究》2020 年第 2 期。

109. 邓大才:《反向避责：上位转嫁与逐层移责——以地方政府改革创新过程为分析对象》,《理论探讨》2020 年第 2 期。

110. 蓝煜昕、林顺浩:《乡情治理：县域社会治理的情感要素及其作用逻辑——基于顺德案例的考察》,《中国行政管理》2020 年第 2 期。

111. 颜德如:《构建韧性的社区应急治理体制》,《行政论坛》2020 年第 3 期。

112. 赵秀玲:《中国古代乡村治理资源的价值重估》,《东南学术》2020 年第 3 期。

113. 钟海、任育瑶:《“三治融合”乡村治理体系研究回顾与展望》,《西安财经大学学报》2020 年第 4 期。

114. 陈洋庚、胡军华:《通往“乡村之治”：挑战与出路——以“新冠”疫情防控中的江西为样本》,《农林经济管理学报》2020 年第 4 期。

115. 王弢、张健:《数字治理下突发公共事件中农村社区治理策略研究》,《北京农业职业学院学报》2020 年第 4 期。

116. 李宁:《城乡融合视阈下乡村生态治理困境及其路径创新》,《青海社会科学》2020 年第 4 期。

117. 颜德如、张玉强：《“接点治理”：乡村振兴中的公共空间再造——基于上海市 Y 村的空间治理实践》,《理论探讨》2020 第 5 期。

118. 尹彤：《推进基层治理法治化问题研究》,《新西部》2020 年第 5 期。

119. 吴晓林、谢伊云：《国家主导下的社会创制：城市基层治理转型的“凭借机制”——以成都市武侯区社区治理改革为例》,《中国行政管理》2020 年第 5 期。

120. 马卫红等：《何谓基层？——对当前城市基层治理基本概念的拓展》,《治理研究》2020 年第 6 期。

121. 曹桂茹、王新城：《基于乡村振兴战略的农村社会治理创新目标与路径研究》,《农业经济》2020 年第 6 期。

122. 陈丽君、郁建兴、董瑛：《中国县域社会治理指数模型的构建》,《浙江社会科学》2020 年第 8 期。

123. 吴晓林、岳庆磊：《皇权如何下县：中国社区治理的“古代样本”》,《学术界》2020 年第 10 期。

124. 朱正威等：《适应风险社会的治理文明：观念、制度与技术》,《暨南学报》(哲学社会科学版) 2020 年第 10 期。

125. 高德强、陈琳、罗邈：《基层创新经验助推国家治理现代化的路径思考》,《行政科学论坛》2020 年第 12 期。

126. 翟羽佳：《推进基层治理现代化亟需重视的几大问题》,《人民论坛》2020 年第 29 期。

127. 徐淑华等：《基层网格化应急治理：主要问题及改进路径》,《中国安全科学学报》2021 年第 1 期。

128. 李小园：《体制与技术双轮驱动的基层整合式治理创新路径——以浙江基层治理“四个平台”建设为例》,《中共天津市委党校学报》2021 年第 1 期。

129. 董石桃：《新时代科学防范和化解重大风险的五个维度——学习习近平总书记关于防范和化解重大风险的重要论述》，《社会主义研究》2021 年第 1 期。

130. 钟伟军、陶青青：《压力下的权威拓展：基层政府如何塑造非正式治理资源？——基于浙江省 W 镇“仲规依”的案例分析》，《公共管理学报》2021 年第 2 期。

131. 刘畅：《国家治理中问责与容错的内在张力与合理均衡》，《政治学研究》2021 年第 2 期。

132. 林星、吴春梅、黄祖辉：《新时代“三治结合”乡村治理体系的目标、原则与路径》，《南京农业大学学报》（社会科学版）2021 年第 2 期。

133. 郑磊：《数字治理的效度、温度和尺度》，《治理研究》2021 年第 2 期。

134. 张贤明等：《风险治理的责任政治逻辑》，《理论探讨》2021 年第 2 期。

135. 巩瑞贤：《党的组织体系：概念、特征与时代价值》，《学术探索》2021 年第 2 期。

136. 温暖：《多元共治：乡村振兴背景下的农村生态环境治理》，《云南民族大学学报》（哲学社会科学版）2021 年第 3 期。

137. 赵秀玲：《乡村治理与中国式现代化》，《东方论坛》2021 年第 3 期。

138. 邓念国：《整体智治：城市基层数字治理的理论逻辑与运行机制——基于杭州市 S 镇的考察》，《理论与改革》2021 年第 4 期。

139. 孙冲：《村庄“三治”融合的实践与机制》，《法制与社会发展》2021 年第 4 期。

140. 朱腾飞：《乡村治理中协商民主的实践探索与路径革新》，《乡村论丛》2021 年第 4 期。

141. 姜珂：《乡村振兴视域下新型乡村德治建构的若干问题》，《伦理学研究》2021 年第 5 期。

142. 王冠群、杜永康：《技术赋能下“三治融合”乡村治理体系构建——基于苏北 F 县的个案研究》，《社会科学研究》2021 年第 5 期。

143. 何艳玲等：《基础设施风险：城市风险的空间化》，《学海》2021 年第 5 期。

144. 白锐等：《治理态理论视域下的风险社会治理》，《上海大学学报》（社会科学版）2021 年第 5 期。

145. 郑作彧等：《卢曼的风险理论及其风险》，《吉林大学社会科学学报》2021 年第 6 期。

146. 何阳、汤志伟：《迈向技术型自治：数字乡村中村民自治的“三化”变革》，《宁夏社会科学》2021 年第 6 期。

147. 武靖国：《公共风险的应对困境及其破解》，《理论探索》2021 年第 6 期。

148. 张劲松：《风险社会视域下的人类命运共同体理念》，《上海交通大学学报》（哲学社会科学版）2021 年第 6 期。

149. 蔡炉明：《农村社会稳定风险的生成逻辑》，《华南农业大学学报》（社会科学版）2021 年第 6 期。

150. 张海波：《总体国家安全观下的安全生产转型：从“兜底结构”到“牵引结构”》，《中国行政管理》2021 年第 6 期。

151. 张陈一轩、任宗哲：《精英回乡、体系重构与乡村振兴》，《人文杂志》2021 年第 7 期。

152. 袁利平、林琳：《新时代中国高等教育治理话语体系建设的逻辑理路》，《北京教育（高教）》2021 年第 7 期。

153. 李春根、罗家为：《从动员到统合：中国共产党百年基层治理的回顾与前瞻》，《管理世界》2021 年第 10 期。

154. 贺雪峰：《乡村如何治理有效》，《决策》2021 年第 10 期。

155. 姜晓萍、吴宝家：《警惕伪创新：基层治理能力现代化进程中的偏差行为研究》，《中国行政管理》2021 年第 10 期。

156. 李小伟：《“三治融合”创新农村社会治理体系》，《经济问题》2021 年第 10 期。

157. 钟伟军：《技术增负：信息化工具为什么让基层干部压力重重？——基于扎根理论的探索性研究》，《电子政务》2021 年第 10 期。

158. 曾巧：《党建引领基层治理的现实困境与路径回应》，《领导科学论坛》2021 年第 10 期。

159. 唐皇凤等：《百年大党防范化解社会风险的基本历程与主要经验》，《贵州社会科学》2021 年第 10 期。

160. 范黎波、刘佳、尚铎：《基层治理的困境及对策——基于内卷化的研究视角》，《行政管理改革》2021 年第 11 期。

161. 汪超：《迈向富有韧性的社区治理研究》，《城市发展研究》2021 年第 12 期。

162. 林茂：《多元与融合：风险社会中的危机致贫及治理框架建构》，《社会科学》2021 年第 12 期。

163. 于健慧：《党建引领乡村治理：理论逻辑及实现路径》，《西北师大学报》（社会科学版）2022 年第 1 期。

164. 苏岚岚、彭艳玲：《农民数字素养、乡村精英身份与乡村数字治理参与》，《农业技术经济》2022 年第 1 期。

165. 郁建兴、樊靓《数字技术赋能社会治理及其限度——以杭州城市大脑为分析对象》，《经济社会体制比较》2022 年第 1 期。

166. 李小云、林晓莉、徐进：《小农的韧性：个体、社会与国家交织的建构性特征——云南省勐腊县河边村疫情下的生计》，《农业经济问题》2022 年第 1 期。

167. 张康之：《风险社会中人的存在及其行动》，《中州学刊》2022 年第

1 期。

168. 陈伟：《突发公共卫生事件治理模式探索——风险社会理论视角》，《北京航空航天大学学报》（社会科学版）2022 年第 1 期。

169. 何艳玲等：《统筹的逻辑：中国兼顾发展和安全的实践分析》，《治理研究》2022 年第 2 期。

170. 王亚琪：《后实证主义视角下的全球治理机制碎片化及其管控》，《国际论坛》2022 年第 2 期。

171. 金莹等：《抗逆力塑造：乡村社区应急治理新框架》，《农业经济问题》2022 年第 2 期。

172. 朱国伟等：《社会风险传导变异视角下的政府风险管理策略研究》，《宁夏社会科学》2022 年第 2 期。

173. 王亚琪：《后实证主义视角下的全球治理机制碎片化及其管控》，《国际论坛》2022 年第 2 期。

174. 谢晓通、章荣君：《全过程人民民主：理念界定、价值阐释与现实进路——基于农村基层民主视角的考察》，《学习与实践》2022 年第 2 期。

175. 任中平：《全过程人民民主视角下基层民主与基层治理的发展走向》，《理论与改革》2022 年第 2 期。

176. 周振超等：《象限治理：应对基层治理模糊性和碎片化难题的策略选择》，《理论与改革》2022 年第 3 期。

177. 段哲哲、贾泽民：《数字治理视域下的互联网 + 基层治理：困境与优化路径——以 S 市为例》，《江苏师范大学学报》（哲学社会科学版）2022 年第 3 期。

178. 王向阳：《国家治理转型与基层减负悖论——基于近年来基层治理实践的考察》，《理论与改革》2022 年第 3 期。

179. 李丹、石嵩、朱瑞：《网格化服务管理与基层自治有效衔接的有益探索》，《社会治理》2022 年第 3 期。

180. 张海波：《中国第四代应急管理体系：逻辑与框架》，《中国行政管理》2022 年第 4 期。

181. 童星：《统筹发展与安全的依据、意涵和关键抓手》，《广州大学学报》（社会科学版）2022 年第 4 期。

182. 何艳玲、王铮：《统合治理：党建引领社会治理及其对网络治理的再定义》，《管理世界》2022 年第 5 期。

183. 董磊明、李健民：《制度实践中的生活逻辑：非正式运作的社会基础与运行机制》，《开放时代》2022 年第 5 期。

184. 熊易寒、林佳怡：《模糊正义：基层治理中的情理、道德与法治》，《华中师范大学学报》（人文社会科学版）2022 年第 5 期。

185. 周黎安：《"一体多面"：中华帝制时期的国家—社会关系再研究》，《社会》2022 年第 5 期。

186. 袁振龙、徐鸿海：《建设基层社会治理共同体的五个关键》，《社会治理》2022 年第 8 期。

187. 周姝含、陈喜乐：《基于治理的"负责任创新"柔性模式研究》，《自然辩证法通讯》2022 年第 8 期。

188. 黄振华、常飞：《从乡土中国到乡愁中国：理解中国社会变迁的一个视角》，《理论月刊》2022 年第 10 期。

189. 梁正：《数字双赋打通韧性城市建设"最后一公里"》，《人民论坛 · 学术前沿》2022 年 11 期。

190. 姚俊智：《规则之治：乡村治理的历史演进与发展进路》，《领导科学》2022 年第 12 期。

191. 燕继荣：《基层治理的理想与现实》，《探索与争鸣》2023 年第 1 期。

192. 仇叶：《论基层公共行政体系的建构：目标、原则与社会基础》，《求实》2023 年第 2 期。

193. 杨开峰、仇纳青、郭一帆：《"三治融合"：重塑当代中国基层社会与基层治理》,《公共管理与政策评论》2024 年第 1 期。

194. 王天夫:《数字时代的社会连接与研究转变》,《中国社会科学评价》2024 年第 1 期。

195. 汪玉凯:《社区治理中群众组织的自主性和创新性研究——基于深圳福田 Y 街道的案例分析》,《社会治理》2024 年第 2 期。

196. 王佃利、徐静冉:《服务与空间融合:基层治理共同体建设的优化路径》,《华南师范大学学报》(社会科学版)2024 年第 2 期。

197. 何得桂:《基层治理现代化:理论内涵、现实困境与优化路径》,《广西大学学报》(哲学社会科学版)2024 年第 3 期。

四、报纸类

1. 习近平:《在欧美同学会成立一百周年庆祝大会上的讲话》,《人民日报》2013 年 10 月 22 日。

2. 习近平:《在纪念毛泽东同志诞辰 120 周年座谈会上的讲话》,《人民日报》2013 年 12 月 27 日。

3. 习近平:《在党的十八届五中全会第二次全体会议上的讲话》,《人民日报海外版》2016 年 3 月 1 日。

4.《中国特色社会主义进入新时代》,《光明日报》2017 年 10 月 19 日。

5.《中共中央国务院关于实施乡村振兴战略的意见》,《人民日报》2018 年 2 月 5 日。

6.《习近平春节前夕在北京看望慰问基层干部群众》,《人民日报》2019 年 2 月 2 日。

7.《关于加强和改进乡村治理的意见》,《人民日报》2019 年 6 月 24 日。

8. 武卫政、顾春、王浩:《浙江 15 年持续推进“千村示范、万村整治”工程纪实》,《人民日报》2019 年 12 月 29 日。

9.《给自然资源明晰“主家”》,《山西日报》2020 年 6 月 11 日。

10. 习近平新时代中国特色社会主义思想研究中心：《深刻认识擘画“十四五”时期发展蓝图的理论创新》，《经济日报》2020 年 11 月 20 日。

11. 范超：《数字技术深度融入乡村治理推“智治”促振兴》，《经济参考报》2021 年 4 月 15 日。

12. 习近平：《坚持和完善人民代表大会制度不断发展全过程人民民主》，《人民日报》2021 年 10 月 15 日。

13. 吴新星：《数字技术赋能城市基层治理的互嵌耦合机理》，《中国社会科学报》2021 年 11 月 25 日。

14. 刘成良：《基层治理应避免“重技术轻治理”》，《中国社会科学报》2021 年 12 月 6 日。

15.《建设数字乡村，让乡村居民共享互联网发展成果》，《新京报》2022 年 2 月 23 日。

16.《城市有大脑 治理更聪明》，《中国纪检监察报》2022 年 4 月 26 日。

17. 习近平：《在庆祝中国共产主义青年团成立 100 周年大会上的讲话》，《人民日报》2022 年 5 月 11 日。

18. 袁金辉：《调动多元主体参与，助推乡村数字治理再上台阶》，《科技日报》2022 年 5 月 23 日。

19. 徐家林、赵宬斐：《促进数字政府整体智治》，《中国社会科学报》2022 年 6 月 30 日。

20.《奉节巧用“双网格”提升基层治理质效 走好新时代党的群众路线》，《重庆日报》2023 年 12 月 16 日。

21.《2023 年农民工监测调查报告》，《中国信息报》2024 年 5 月 6 日。

五、网络资料

1. 吴合琴：《蓝皮书：乡村治理面临“农村空心化”等五大困境》，中国新闻网 2016 年 4 月 29 日。

2. 周勉：《湖南益阳：把村民服务中心“搬”到手机上》，新华网长沙 2016 年 8 月 24 日。

3. 刘伟：《马克思主义共同体思想发展的新境界》，学习时报 2018 年 1 月 3 日。

4. 国家统计局：《2017 年农民工监测调查报告》，国家统计局官方网站 2018 年 4 月 27 日。

5.《生态环境保护多重要，听习近平怎么说》，新华网 2018 年 5 月 18 日。

6.《漳州市深化华安新圩经验、推广诏安倾听群众诉求常态化工作的做法和启示》，共产党员网 2012 年 9 月 23 日。

7.《德清数字赋能基层智治路径研究》，湖州市人民政府网 2021 年 3 月 26 日。

8.《乡村治理问题存在哪些方面？有哪些现实难点？》，美丽乡村公司 2021 年 5 月 21 日。

9.《普华商业集团：区块链技术或将重塑政企关系》，区块链讯 2021 年 9 月 24 日。

10.《“数字”赋能贵州》，新华社 2021 年 5 月 16 日。

11.《中央网络安全和信息化领导小组成立》，新华网 2014 年 2 月 28 日。

12.《国家互联网信息办公室等十三部门修订发布〈网络安全审查办法〉》，网信办网站 2022 年 1 月 4 日 .

13.《第 52 次〈中国互联网络发展状况统计报告〉》，人民网 2023 年 8 月 28 日。

14.《农业农村部慰问渔民和渔政执法人员》，中华人民共和国农业农村部 2021 年 2 月 10 日。

15.《生态移民村里的深情祝福》，央视网 2020 年 12 月 29 日。

16.《农业农村部办公厅关于推介 2021 年全国农业绿色发展典型案例的通知》，中国政府网 2022 年 2 月 23 日。

17.《广德市：村民自治助力人居环境整治》，央广网 2021 年 7 月 21 日。

18.《习近平出席全国生态环境保护大会并发表重要讲话》，中华人民共和国生态环境部 2018 年 5 月 19 日。

19.《中共中央国务院印发〈乡村振兴战略规划（2018—2022 年）〉》，中国政府网，2018 年 9 月 26 日。

20. 习近平：《中国的民主是一种全过程的民主》，人民网 2019 年 11 月 3 日。

21.《〈中国的民主〉白皮书》，中国政府网 2021 年 12 月 4 日。

22.《基层立法联系点是新时代中国发展全过程人民民主的生动实践》，求是网 2022 年 3 月 1 日。

23.《建好基层立法联系点 传递人民的真实声音》，中国人大网 2022 年 5 月 6 日。

24.《中共中央办公厅 国务院办公厅印发〈关于加快推进公共法律服务体系建设的意见〉2019 年第 21 号国务院公报》，中国政府网 2019 年 7 月 30 日。

25. 岳翔宇：《加强数字政府建设，创新提升治理效能》，光明网 2022 年 7 月 1 日。

26.《中共中央办公厅印发〈关于解决形式主义突出问题为基层减负的通知〉》，中国政府网 2019 年 3 月 11 日。

27.《武汉发动“红色引擎”推进社会治理 让党组织和党员“动”起来》，中国共产党新闻网 2017 年 5 月 22 日。

28.《黑龙江漠河：集中整顿软弱涣散党组织 全面压实从严治党主体责任》，中国共产党新闻网 2016 年 11 月 16 日。

29. 习近平：《牢记历史经验历史教训历史警示 为国家治理能力现代化提供有益借鉴》，新华网 2014 年 10 月 13 日。

30.《上海不断完善区域化党建工作格局》，中国共产党新闻网 2013 年 12 月 17 日。

31. 王绍先：《坚持群众路线全心全意为人民服务》，人民网 2014 年 2 月 25 日。

32.《福建诏安建立干部倾听群众诉求常态化工作机制》，中国政府网 2012 年 5 月 24 日。

33.《中共中央关于全面推进依法治国若干重大问题的决定》，中国政府网 2014 年 10 月 29 日。

34.《国务院关于积极推进“互联网 +”行动的指导意见》，中国政府网 2015 年 7 月 4 日。

35.《网跨千年，村中有“数”——“数字乡村”赋能西部发展观察》，新华网 2022 年 3 月 26 日。

36.《以数字经济引领高质量发展的贵州路径》，贵阳网 2019 年 5 月 23 日。

37.《中共中央关于制定国民经济和社会发展第十三个五年规划的建议》，中国政府网 2022 年 7 月 9 日。

38.《数字化改革如何扎根基层？专家学者建言制度与技术并驱》，中国新闻网 2022 年 7 月 16 日。

39.《五部门印发〈2023 年数字乡村发展工作要点〉》，中国政府网 2023 年 4 月 13 日。

40.《解读〈网络安全法〉四大亮点》，中国经济网 2024 年 3 月 18 日。

后　记

从大国之治的治理格局来看，“基础不牢，地动山摇”之说突出了基层之治的重要性和必要性。古语有云：“郡县治，天下安。”基层乃国家的基石、社会的细胞、治理的重心，基层强则国家强，基层安则天下安。“中央一号文件”发布情况就是一个很好的证明。随着中央一号文件《中共中央国务院关于学习运用“千村示范、万村整治”工程经验有力有效推进乡村全面振兴的意见》于 2024 年 2 月 3 日发布，这是 21 世纪以来第 21 个、党的十八大以来的第 12 个指导“三农”工作的中央一号文件。如果时间再往前追溯至改革开放后第一个中央一号文件（1982 年 1 月 1 日），其实已有 26 个“中央一号文件”发布。它们无一不是强调“三农”问题在中国特色社会主义事业中“重中之重”的地位。鉴于我国的国情，关心关注“三农”问题就是把基层治理问题重视起来了，道相同、共为谋！此外也出台了不少直接相关的指导性政策，如《关于加强和改进城市基层党的建设工作的意见》（2019 年 5 月）、《关于加强和改进乡村治理的指导意见》（2019 年 6 月）、《中共中央国务院关于加强基层治理体系和治理能力现代化建设的意见》（2021 年 4 月）

等。尤其是税费改革后，支农惠农强农政策逐渐“下乡”，治理资源也逐步向基层倾斜，而政策效用最终究竟如何要由群众来评价，由实践来检验，有关政策精神和用意、基层治理主体意愿和行为倾向、基层乡土的实践逻辑及其效果评价等一系列问题就需要进行学理性研究和阐释。在本书撰写之时，根据时代和社会发展态势，公共管理学一级学科建制也有了革新。国务院学位委员会公共管理学科评议组，自 2021 年 4 月始启动公共管理学一级学科下属二级学科目录更新设置工作以来，经过广泛的调研和充分的论证，完成了新版的公共管理学一级学科下属二级学科指导性目录，并于 2023 年 5 月底向社会发布。其中作为一个重要的学科方向，“城乡公共治理”应运而生，并将学科重心落脚于“科学描述和分析城乡发展规律，研究城乡发展问题并致力于实现城乡善治”。可以说，本书从创意、撰写到完成正是机缘巧合地“和着”学科发展的节拍而诞生的！

承蒙中国工人出版社的信任，有幸主导完成了这部《中国国家治理中的基层效能》。本书作为“中国国家治理现代化研究丛书”之一，纳入了“十四五”国家重点出版物出版规划项目，与有荣焉并深感责任之大！所幸得到各方的关心和支持，遂能有序完成！首先感谢信任。在本书即将付梓之际，特别感谢中国工人出版社傅娉编辑在本书出版过程中给予的大力支持和悉心指导！其次，感恩合作。在本书即将付梓之际，也向每一位为这本书的出版付出努力的伙伴们表示深深的谢意！没有他们“赠予玫瑰”，注定是失色与黯然的！在本著的分工安排中，本人负责整体思路和大纲设计，撰写了前言、后记并总纂书稿（20 余万字）。其余各章分工如下：第一章由本人和华中农业大学文法学院彭志伟撰写；第二章由福建农林大学马克思主义学院张燕妹副教授和本人撰写；第三章由本人和厦门大学马克思主义学院陈克佳撰写；第四章由本人和福建农林大学公共管理与法学院汤文秀撰写；第五章由本人和福建农林大学公共管理与法学院俞敏捷撰写；第六章由本人和福建农林大学公共管理与法学院樊佩撰写；第七章由江西农业大学人文与公共管理学院陈洋庚副教授、南昌大学公共管理学院李有为和本人撰写；第八章由本人、东北大学文法学院黄种兴和华东政法大学魏含璐撰写；第九章由本人、福建农林大学公共管理与法学院周静和福州大学马克思主义学院吴可凡撰写。合作者们给予了大力支持，协助工作完成得都很出色，感谢他们的支持！当然，文中若有讹误之处，主责在我！本著撰写过程也得到了所在单位公共管理与法学院（原为公共管理学院）各位领导和同事的关心和支持！感谢学院两任党委书记陈进寿、曾起郁，感谢学院三任院长，他们分别是郑逸芳教授、阮晓菁研究员、郭为桂教授，感谢乡村振兴学院执行院长苏时鹏教授，他们在教学、科研等诸多方面给予指导、关心和帮助！感谢学院的其他各位领导以及行政管理系的各位同事，他们在各个方面给予了同样宝贵的帮助支持！郑庆昌教授领衔区域特色发展智库，他们秉承着“智谋善行、成人成己”的理念不断做特做强，一直是我学习的榜样！

本书在撰写过程中查阅了大量国内外相关文献，汲取了相关专家的成果和智慧，在此向各位著者表示诚挚的感谢！建构中国自主的知识体系是中国特色哲学社会科学的时代使命，也是赋予中国学人的使命指向与思想追求。立基于中国之制、中国之治，系统化而深层次地探寻和阐析“中国之理”，必然会提上议事日程，也必然会折射到中国特色的基层治理理论与实践研究中。本书的出版，也仅仅是初步的研究成果。由于作者水平有限，加之时间紧、任务重，书中难免有不足之处，还望各位专家和读者批评指正，提出宝贵意见，以便在未来的研究中不断加以改进。

陈建平于福州闽江畔

2024 年 9 月 8 日